Heinrich Krohn

Welche Lust gewährt das Reisen!

Heinrich Krohn

Welche Lust gewährt das Reisen!

Mit Kutsche, Schiff
und Eisenbahn

Prestel–Verlag München

Für meine Frau

© Prestel-Verlag München 1985
2. Auflage 1987
Passavia Druckerei GmbH Passau
ISBN 3-7913-0703-7

Inhalt

ZU DIESEM BUCH

Eine große Landstraß ist unsere Erd'
wir Menschen sind Passagiere
Heinrich Heine, 1826

Am 2. Mai 1838 fährt ein etwa vierzigjähriger Herr mit
der belgischen Eisenbahn von Antwerpen nach Mecheln.
Aufmerksam beobachtet er Ablauf und Umstände der Reise,
mißt die Fahrzeit und macht Notizen. Kein Wunder, daß
alle Einzelheiten den Passagier interessieren, war die Strecke
doch erst zwei Jahre zuvor in Betrieb gegangen. Das belgische Königreich hatte damals neben Frankreich vor allen
anderen Staaten des Kontinents zuerst die Vorteile des neuen
Verkehrsmittels erkannt und verfügte nun schon über ein
Netz von Verbindungen zwischen den wichtigsten Städten,
während in Deutschland zur selben Zeit kaum mehr als
zwanzig Kilometer Streckenlänge in Betrieb waren. Unser
Reisender – es ist der Buchhändler und Verleger Karl Baedeker aus Koblenz – macht an diesem Tag seine erste Fahrt mit
der Eisenbahn überhaupt; abends faßt er die Eindrücke in
einem enthusiastischen Brief an seinen Vater zusammen.
Nachdem er genau die Vorteile der Bahn gegenüber der
altehrwürdigen Postkutsche hervorhebt – Bequemlichkeit,
Schnelligkeit und Billigkeit –, schließt er pathetisch: »Welche
Lust gewährt das Reisen!«

Ein Zitat? Es mußte wohl eines sein, denn es paßte so gut in jene Jahre stürmischer Veränderungen, wo neue Formen des Transports und zunehmender wirtschaftlicher Wohlstand eine Entwicklung eingeleitet hatten, die schließlich auch zum Massentourismus unserer Tage führen sollte.

Einige Jahre vor Baedeker, im Mai 1824, reist der junge Heinrich Heine mit der Schnellpost von Berlin nach Göttingen, wo er die Rechte studierte. Nach der Ankunft schildert er die Fahrt in einem Brief an seine Schwester Charlotte Embden. Er berichtet darin, daß die Kutsche um Mitternacht in Harzgerode angekommen sei: »Im Posthaus ist die Stube mit Passagieren gefüllt, die teils mit anderen Postwagen, teils mit Extras gekommen waren und dort Kaffee tranken, ihre Pelze an- und auszogen, mit dem Postmeister laut zankten, über das Wetter laut fluchten und Katzenjammergesichter schnitten.« Und der Dichter erzählt nun seiner Schwester von einer wunderschönen Frau, die über all das Ungemach in der engen Poststube verdrießlich wird und ihren Begleiter mit Vorwürfen überhäuft. Da mischt sich Heine in das Gespräch ein: »Ich suchte die mißmutige Dame so gut als möglich zu trösten und trillerte aus Jean de Paris: Welch Vergnügen gewährt das Reisen!« Und er schließt dann seinen Brief: »Diese Worte klingen mir heute den ganzen Morgen im Ohr!«

Das ging aber nicht nur ihm so. Es war also tatsächlich ein Zitat! Daß es bei Heine ein Vergnügen war und bei Baedeker eine Lust, welche das Reisen gewährte, das mochte von den verschiedenen Übersetzungen der Vorlage kommen, dem Libretto zu der Oper ›Jean de Paris‹ von Adrien Boieldieu, einem seinerzeit sehr beliebten Werk.

Dieses »Welche Lust gewährt das Reisen« ließ sich aber auch sehr vieldeutig verwenden: Baedeker gebraucht es voll Enthusiasmus, Heine – wie konnte es anders sein – gibt ihm eine sarkastische Note. Freud und Leid des Passagiers spiegeln sich schließlich darin wider, und an beiden hatte es wahrlich keinen Mangel in jener so ereignisreichen Epoche der Geschichte des Tourismus. Das Aufkommen der Eisenbahn, die ersten Dampfschiffe, der Abschied von der guten, alten Postkutsche, der Beginn des organisierten Tourismus, all das ereignete sich ja damals innerhalb nur weniger Jahrzehnte. Nicht nur diesen vielfältigen Linien des Fortschritts nachzugehen, sondern auch zu schildern, wie die Reisenden seinerzeit die mannigfachen Veränderungen erlebten, hat sich dieses Buch zur Aufgabe gestellt.

»Eine große Landstraß ist unsere Erd'«, sagte Heinrich Heine und sah uns Menschen wohl alle zeitlebens auf dieser endlosen Straße. Ist sie wirklich endlos, oder muß alles Reisen nicht doch auch ein Ziel und Ende haben? Der Dichter Novalis gab schon die Antwort, als er schrieb: »Wo gehn wir denn hin?« und fortfährt: »Immer nach Hause!«

Teufelsbrücke über die Reuss, Aquatinta um 1780

AUF SCHUSTERS RAPPEN

*Ich halte den Gang für das Ehrenvollste
und Selbständigste in dem Manne und
bin der Meinung, daß alles besser gehen
würde, wenn man mehr ginge.*

Johann Gottfried Seume, 1803

Der Wind treibt graue Wolkenfetzen über den Paß. Nach
dem Gewitter des Vortags ist es empfindlich kalt geworden.
Obwohl schon Mitte Juni, liegen beiderseits des Saumpfads
noch hohe Schneemauern. Schnee überdeckt auch auf weite
Strecken den Weg, so daß die beiden Wanderer manches
Mal bis zur Brust einbrechen. Es sind Johann Gottfried
Seume, 1802 auf seinem Rückweg von Syrakus, und ein
wandernder Schneidergeselle, der sich ihm angeschlossen
hat.

Die beiden sind am frühen Morgen in Airolo aufgebrochen und haben nun nach zwei Stunden die Höhe des Gotthard erreicht. Von den Bergen ringsum ist nichts zu sehen,
da »in einer Viertelstunde manchmal dichter Nebel, Sturm,
Schneegestöber, Regen und Sonnenschein war«. Im Schutz-
haus nimmt man ein Frühstück ein, dann macht man sich
wieder auf den Weg, durch das Urseler Loch und über die
Teufelsbrücke hinunter nach Göschenen und dann hinaus bis
Flüelen am Vierwaldstätter See. Dort war vor Altdorf die
Reuss durch starke Regenfälle aufgestaut, so daß man »eine

Viertelstunde ziemlich bis an den Gürtel auf der Straße im Wasser waten mußte«.

Bedenkt man nun die Tagesleistung der beiden Fußgänger, so kommt man auf respektable 55 km, auf einen Anstieg zum Paß von 1000 m Höhe und auf eine Differenz abwärts von 1700 m. Der Weg über den Gotthard war damals – wie auch schon im Mittelalter – nur ein Saumpfad, passierbar auf Pferden, mit Sänften oder zu Fuß. Seume selbst zieht das Fazit des Tages: »Wir schlenderten eine hübsche Partie ab, da wir an einem Tage von Airolo den Berg hinüber und hinab über Altdorf nach Flüelen am See gingen.«

Wer war dieser Johann Gottfried Seume, der eines Tages Ende 1801 beschlossen hatte, zu Fuß von Leipzig bis Syrakus an der Südküste Siziliens zu gehen und auch heimwärts auf den Beinen zu bleiben, denn »wer zuviel im Wagen sitzt, mit dem kann es nicht ordentlich gehen«?

Seume, mit seinem »Spaziergang nach Syrakus« zum Vorbild aller Fußwanderer aus Passion geworden, kam 1763

Vierwaldstättersee bei Flüelen, Radierung von Salomon Geßner

als Sohn eines Landwirts in der Nähe von Weißenfels in Thüringen zur Welt. Nach dem frühen Tod des Vaters ließ ein Gönner den aufgeweckten Jüngling studieren. Auf einer Wanderung nach Paris fällt er Werbern des hessischen Landgrafen in die Hände, der um 21 Millionen Gulden einige Tausend seiner Landeskinder an die Engländer für den Krieg in Nordamerika verkauft hatte. Für die Mutter und seine Freunde ist er lange Zeit vermißt. Sie geben eine Suchanzeige auf, während er schon mit seinen Leidensgenossen die unfreiwillige Reise über den Atlantik angetreten hatte: »In den englischen Transportschiffen wurden wir gedrückt, geschichtet und gepökelt wie die Heringe.« Als man nach Amerika kommt, sind die Kriegshandlungen schon vorüber, das eintönige Lagerleben der nutzlosen Truppe zermürbt die Soldaten. Doch Seume tröstet sich mit Büchern, er liest, was er bekommen kann; diese Liebe zum Lesen, zum Aufnehmen und Verarbeiten fremder Gedanken wird für sein ganzes Leben bestimmend: »Schützen Sie sich vor geschmacklosen und gefährlichen Gesellschaften mit einem gewählten Buche! Langeweile ist nur die Qual der Schwachköpfe!«

Nach der Entlassung und Rückkehr fällt er nochmals Werbern, diesmal preußischen, in die Hände, flieht zweimal, wird wieder eingebracht und entgeht knapp der Todesstrafe. Schließlich kommt er gegen Bürgschaft frei und kann nach Leipzig heimkehren.

Nach einem Zwischenspiel als Offizier in russischen Diensten betätigt er sich als Übersetzer und wird endlich Lektor im Verlag Göschen in Grimma. Doch die Stubenhockerei behagt ihm auf Dauer nicht, hatte er sich doch schon bei Anstellung vertraglich ausbedungen, nach einigen Jahren Urlaub für eine längere Reise zu erhalten. Ende 1801 packt er seinen Tornister aus Seehundsfell, neben notwendigster Kleidung bilden vor allem Bücher, Taschenausgaben meist alter Autoren, sein Gepäck.

Die ersten Tage über Dresden bis Prag begleiten ihn einige Freunde. In einem stillen Augenblick allein hält er sein Reisegebet: »... daß der Himmel mir geben möge, billige,

Fußwanderer, aus einer Lithographie nach Karl Heinzmann

freundliche Wirte und höfliche Torschreiber von Leipzig bis Syrakus.« Nach knapp vier Monaten erreicht er sein Ziel im Süden Siziliens. Längere Aufenthalte gab es nur in Wien (Schwierigkeiten bei der Ausstellung des Passes), in Venedig und Neapel. Wenn man die Seereise von Neapel nach Palermo abrechnet, geht Seume fast die ganze Strecke zu Fuß. Wie seine Tagesetappen dabei beschaffen waren, wissen wir ja: »Tornisterten wir von halb acht früh bis halb sechs Uhr abends sieben Meilen sehr bequem ab . . .«, das sind immerhin 53 km.

Wichtigste Voraussetzung für ein solches Pensum war für ihn, am Morgen früh aus den Federn zu kommen und noch vor dem Frühstück ein gutes Wegstück zu marschieren. »Du mußt wissen, daß ich entweder gar nicht frühstücke oder erst, wenn ich zuvor einige Stunden gegangen bin; versteht sich, wenn ich etwas finde.« Da konnte es dann schon mal vorkommen, daß er nichts fand, was aber den Wanderer auch nicht verdroß: »Ich hatte den Morgen nichts gegessen, fand unterwegs kein einladendes Haus; und mein Freund, ich machte im Januar fünf Meilen recht stattlich ab.«

Seume lernt auf seiner Reise zwangsläufig alle Arten des Übernachtens kennen, wobei er schon sehr zufrieden war, wenn ihn abends Brot, Wurst, Wein und ein Kopfkissen aus

Stroh erwarteten. Untertags hält er sich an die Bäche, »denn für mich geht nichts über schönes Wasser, das ich überall trinke«. Oft muß er sich über den miserablen Zustand der Straßen und Wege ärgern, für die dem Reisenden noch dazu Geleite und Wegegeld abgefordert werden, wobei er »sich kaum aus dem Kot herauswinden kann, um dieses Geld zu bezahlen«.

Als der Spaziergänger in Syrakus einpassiert, geht dies ohne lästige Befragung und Kontrolle ab; Seume stellt mit Befriedigung fest: »Das war doch noch eine artige, still-schweigende Anerkennung meiner Qualität.« Sein Reisege-bet war also erhört worden. Der Rückweg führt ihn dann über Neapel, wo er den Vesuv besteigt, Rom und Mailand nach Zürich. Hier besucht er einige Freunde, bevor er seine Reise nach Paris fortsetzt. Nach insgesamt neun Monaten kommt er über Frankfurt wieder in Leipzig an, nicht ohne in Hessen die »schlechtesten Wirtshäuser der ganzen Reise« gefunden zu haben.

Für Seume war es die Reise seines Lebens schlechthin. Für uns ist sein Spaziergang nach Syrakus, den er auf Bitten von Freunden im folgenden Jahr zu Papier brachte, noch heute einer der kurzweiligsten, aber auch informativsten Reisebe-richte überhaupt. Wir begleiten ihn mit seinem Tornister aus Seehundsfell, mit dem großen und schweren Knotenstock, bestehen mit ihm manche gefährlichen Begegnungen mit Banditen und Landstreichern, erleben aber auch die Stunden ärmlicher, doch herzlicher Gastfreundschaft. Wie er sind wir befriedigt, wenn er bei seiner Rückkehr feststellt: »... muß ich Dir noch sagen, daß ich in den nämlichen Stiefeln ausge-gangen und zurückgekommen bin, ohne neue Schuhe ansetzen zu lassen und daß diese noch das Ansehen haben, in baulichem Wesen noch eine solche Wanderung mitzu-machen.«

Seume hatte vorher schon manches geschrieben, sein »Wir Wilde sind doch bess're Menschen« wird heute noch zitiert; er verfaßte auch danach noch einiges, so auch einen Reisebe-richt über eine Fußwanderung nach Moskau, Finnland und

Schweden. Was aber gerade heute noch Gültigkeit hat, ist seine Bewertung der verschiedenen Reiseformen aus dem Empfinden heraus, daß dem Menschen die Fortbewegung zu Fuß von seinem Herkommen her am besten ansteht, denn »so wie man im Wagen sitzt, hat man sich sogleich einige Grade von der ursprünglichen Humanität entfernt«. Soweit Seume.

»Wer in die Fremde will wandern«

Wenn aber Wandern in den ersten Jahrzehnten des 19. Jahrhunderts wirklich zur Mode wurde, so war dies manches Mal weniger die Folge von Seumes Reisephilosophie als ganz allgemein eine der vielen Ausdrucksformen des romantischen Lebensgefühls dieser Zeit. Wer fühlte sich nicht in die Eintönigkeit kleinbürgerlichen Alltags eingespannt, wer träumte nicht davon, sich eines Tages aufzumachen und in die Welt hinauszugehen wie Eichendorffs Taugenichts? Sein »Wem Gott will rechte Gunst erweisen« oder sein »Wer in die Fremde will wandern, der muß mit der Liebsten gehn« vergoldete den simplen Fußmarsch – bei Seume noch ·ein »Abtornistern der Landstraße« – zu einer Folge romantischer Landschaftseindrücke, geheimnisvoller Begegnungen und verliebter Abenteuer.

In einer Zeit, der das Festhalten an verknöcherten Traditionen ebenso zu eigen war wie die Sehnsucht nach Veränderungen, waren nun mal die Herzen und Sinne offen, Schönes zu erleben und zu empfinden. Wo aber meinte man hierfür mehr Gelegenheit zu haben als eben auf Reisen?

Lawrence Sterne hatte schon Jahrzehnte früher mit seiner ›Sentimental Journey‹ dem Reisen einen emotionalen Wert gegeben. Als sein deutscher Übersetzer Johann Christoph Bode mit der Übertragung von ›sentimental‹ nicht zurechtkommt, bittet er Lessing um Rat, der ihm empfiehlt: »Wagen Sie *empfindsam!*« – eine völlig neue Wortschöpfung. Empfindsam zu reisen wird Ausdruck romantischen Lebensgefühls. Wer nun war hier zum Vorbild besser geeignet als

eben Eichendorffs Taugenichts! Vielleicht ist es aber kein
Zufall, daß dieser – wie man nachlesen kann – schon nach
kurzem Fußmarsch von »einem köstlichen Reisewagen« aufgenommen wird und nun wesentlich komfortabler dem
Tagesziel zurollt. Eichendorff selbst war ja beileibe kein großer Wanderer. Seine einzige bedeutende Fußreise hatte ihn
schon als Student mit seinem Bruder Wilhelm von Halle aus
auf den Brocken geführt. Der Marsch durch »schwarze,
waldige Täler und über schöne Wiesen, geschmückt mit
hohen, roten Blumen« erhebt zwar ihre Sinne, doch als sie
Zweifel wegen des richtigen Weges haben, mieten sie sich
zwei Mädchen (!) als Führerinnen, die dürfen dann auch
unseren Wanderern die schwergewordenen Tornister abneh-
men und auf den Gipfel tragen.

»Oben war herrliche Klarheit«

Eine Wanderung auf den Brocken war damals eine der beliebtesten Touren. Goethe war ja schon im Dezember 1777
auf der höchsten Erhebung des Harzes gewesen und hatte
auf dem Hexentanzplatz Eindrücke für die Walpurgisnacht
empfangen. Als der Gipfel – wie meist um diese Jahreszeit
– in Wolken verhüllt war, verzagte er schon, die Wanderung
umsonst gemacht zu haben, doch ein Förster führt ihn durch
Nebel und Wolken hinauf. Wie er an Frau von Stein schreibt,
nicht umsonst: »Ich habs nicht geglaubt, bis auf der obersten
Klippe. Alle Nebel lagen unten und oben war herrliche
Klarheit.«

Die Aussicht vom Brocken, bei günstigem Wetter bis
120 km in die Runde reichend, war immer erhebender Abschluß der mühseligen Wanderung, sah man doch bei klarem
Wetter, wie später Baedeker vermerkt, die Türme von Kassel, Leipzig, Magdeburg, Hannover und vielen anderen
Städten. Die Krönung einer solchen Wanderung war aber
das Erlebnis des Sonnenaufgangs. Ihn zu empfinden, näch-
tigte man im Brockenhaus, oft in qualvoller Enge und mit
einem Strohlager zufrieden. Den langen Abend vertrieb man

sich mit mancher Bouteille und lustigen Schwänken, nach kurzer Nacht weckte der Wirt die Gäste beim ersten Morgengrauen. Heine schildert eine solch halbdurchzechte Brockennacht: »Ich fand das Haus voller Gäste, und wie es einem klugen Mann geziehmt, dachte ich schon an die Nacht, an die Unbehaglichkeit eines Strohlagers; mit hinsterbender Stimme verlangte ich gleich Thee, und der Herr Brockenwirth war vernünftig genug einzusehen, daß ich kranker Mensch für die Nacht ein ordentliches Bett haben müsse.« Nun einigermaßen bequem untergebracht, erholt sich der Wanderer schnell und richtet seine Aufmerksamkeit auf das Treiben der übrigen Gäste: »In der Wirthsstube fand ich lauter Leben und Bewegung. Studenten von verschiedenen Universitäten. Die Einen sind kurz vorher angekommen und restaurieren sich, Andere bereiten sich zum Abmarsch, schnüren ihre Ranzen, schreiben ihre Namen ins Gedächtnisbuch, erhalten Blumensträuße von den Hausmädchen; da wird in die Wangen gekniffen, gesungen, gesprungen, gejohlt, man fragt, man antwortet, gut Wetter, Fußweg, Prosit, Adieu. Einige der Abgehenden sind auch etwas angesoffen, und diese haben von der schönen Aussicht einen doppelten Genuß, da ein Betrunkener Alles doppelt sieht.«

Dichter und ihre Gesellen

Nun ist aber romantische Schwärmerei immer nur einer der Gründe gewesen, zu Fuß zu reisen. Eine ganz wesentliche Veranlassung zu solchem Tun war meist auch der Umstand, daß dies eben die billigste Möglichkeit war, fortzukommen. Mancher, der später zu Ruhm kam, wanderte in jungen Jahren über die Landstraße. Die Ausfahrt des Jünglings, ausgestattet mit den mütterlichen Spargroschen, erfolgte oft noch mit der Eilpost, die Rückkehr aber wesentlich bescheidener auf Schusters Rappen. Gottfried Kellers erste Reise zum Studium nach München verlief so. Sein ›Grüner Heinrich‹ schildert die Ausfahrt, aber auch den Heimmarsch des vermeintlich Gescheiterten.

Als Friedrich Hebbel sein Studium in München abgeschlossen hatte, schon dreißig und noch ohne eigenes Auskommen, kehrte er 1843 in die Heimatstadt Hamburg zurück. Mit wenigen Ausnahmen, wo er des schlechten Wetters
wegen die Post benutzt, marschiert er die ganze Strecke.
Sechzehn Tage ist Hebbel im kalten Frühjahr unterwegs, ein
kleines Hündchen, das Hänschen, begleitet ihn, meist muß
er es tragen. Tiefer Schnee im Thüringer Wald, nächtliche
Fahrt bei eisigem Wind auf dem ›Brieffelleisen‹, einem ein-
spännigen Postwägelchen, aufdringliche Reisebegleiter und
morastige Straßen werden ihm zuteil, aber auch freundliche
Kellner und warme Gaststuben. In Hamburg angekommen,
trägt er in sein Tagebuch ein: »Des Morgens, wenn ich in
die frische Kälte hinausschritt, Mut und Kraft in jeder Ader
… dann wurden Lieder gesungen oder gedichtet; lustig
bergauf, lustiger bergab; auf einem Meilenstein oder im
Wald auf einem hohlen Stamm gefrühstückt … Hänschen,
anmutig um sein Teil bittend und von Zeit zu Zeit einen
seiner Füße aus dem Schnee erhebend, um ihn zu erwärmen,
vor mir. Mittags war ich kein Dichter mehr, aber immer
noch ein rüstiger Wanderer … [nachmittags] war das Marschieren eine Arbeit, die Sonne hatte die Wege aufgeweicht,
man konnte keinen festen Fuß fassen … Abends wurde warm
gegessen, Mut und Heiterkeit leuchten ein wenig wieder
auf, ein halbes Stündchen den Gästen in der Wirtsstube
zugehört, dann ein Licht gefordert und zu Bett, Hänschen
mir zu Füßen unter die Decke schlüpfend …« Hebbels ›Rei-
sejournal‹ hält alles fest, das Schöne wie das Widrige, und
gerade so wird es letztlich zum Lob des Wanderns.

Voralpenlandschaft, Lithographie nach Simon Warnberger, 1815

Anfang des 19. Jahrhunderts erfolgt in der Landschafts-
malerei eine starke Hinwendung zur Natur. Die Künstler
schwärmen aus über Wald und Flur, die Alpen werden von
ihnen entdeckt, die romantische Landschaft wird bevorzug-
tes Genre: »... es war unter den jungen Malern ... ein Regen
erwacht, eine Sehnsucht nach dem goldenen Süden, wie nie
zuvor«, sagt Ludwig Richter.

In Eichendorffs ›Taugenichts‹ waren es zwar zwei Maler
zu Pferd gewesen, die den Helden mitnahmen in den Süden;
doch war das nicht gerade die übliche Fortbewegungsart. In
Wirklichkeit verlief die Reise für einen jungen Künstler
damals meist wesentlich bescheidener. Ludwig Richter z. B.
tritt im Sommer 1824 von Dresden aus die Fahrt nach Italien
an, bis München noch teilweise mit der Postkutsche. Die
Stadt hält ihn nur einen halben Tag, sie sieht ihm »sehr
unscheinbar und altfränkisch« aus. Von München aus beschließt Richter, nur noch zu Fuß zu gehen, um die schmale
Reisekasse zu schonen. Der erste Marschtag, in Erwartung
der Begegnung mit den Alpen, führt von der bayerischen
Hauptstadt an den Tegernsee. Obschon zwölf Stunden auf

den Beinen, beschließt hier Richter, noch weiter bis zum Schliersee zu wandern. Es ist dunkle Nacht als er dort ankommt, im Wirtshaus kann er vor Müdigkeit keinen Bissen anrühren, die Beine sind steif und angeschwollen. Mißt man diese Tagesstrecke nach, so kommt man immerhin auf rund siebzig Kilometer, noch dazu mit schwerem Tornister und auf schlechten Wegen. Kein Wunder, daß unser Wanderer am nächsten Tag im Bett bleiben muß, die entzündeten Beine werden mit einem Aufguß aus Fliederblättern behandelt. Schnell gekräftigt ersteigt er den Wendelstein, marschiert nach Salzburg, Berchtesgaden, Ischl und schließlich durchs Zillertal nach Innsbruck. Von hier wandert er auf dem schmalen Fahrweg zum Brenner.

In seinen Lebenserinnerungen hält er fest, wer und was ihm auf dieser schon zur Römerzeit begangenen Paßstraße so alles begegnet. Es ist ein Kaleidoskop des Reisens und der Reisenden: »Es war ein Nebelmorgen, die Wolken zerrannen, blauer Himmel und Sonnenschein lachten die schöne Gegend an, und ich freute mich der verschiedenen Passagiere auf der Straße. Zuerst kam ein Bauer, der mir freundlich einen abkürzenden Fußweg zeigte; Handwerksburschen hinkten schwer bepackt und still grüßend vorüber. Ein paar vornehme Kavaliere mit ihren Dienern hinterdrein überritten mich armen Fußgänger beinahe, obwohl ich wegen des Abgrundes zur Seite nicht ausweichen konnte, und die Reitgerte fuhr mir übers Gesicht, was der Gnädige nicht merkte. Vetturinis, mit Reisenden gefüllt und mit Koffern beladen, wurden eingeholt und überholt. Ein Kapuziner, bleiches Gesicht, roter Bart, einen langen Stab in der einen, einen Korb in der anderen Hand, zog ernst grüßend seines Weges. Mittags endlich im Wirtshaus lärmten und tollten Soldaten, und die frischen, lustigen Gesichter der Kellnerinnen hatten nur für diese lustigen Vögel Augen und Ohren.«

Über den Brenner hinunter durch Südtirol wandert Richter weiter; je mehr er nach Süden kommt, um so stärker wird die Versuchung, der drückenden Hitze wegen, sich einem Lohnkutscher anzuvertrauen. In Florenz endlich beschließt er, sich »einem Vetturini zu übergeben, der mich in einigen Tagen über Siena, den Trasimenischen See entlang, Rom entgegenführte«. Zwanzig Taler etwa kostete diese Fahrt, nicht wenig, wenn man weiß, daß Richters Reisekasse für das Vierteljahr jeweils hundert Taler betrug, die ihm ein Gönner, der Leipziger Buchhändler Arnold, ausgesetzt hatte.

Auf der Walz

Waren die Künstler nur eine kleine Schar, die meist notgedrungen die Fußwanderung als billigste Reiseform wählte, so gab es doch schon seit dem späten Mittelalter viele, meist junge Leute, die – von Tradition und Gesetz veranlaßt – über die Straßen Europas marschierten: die Handwerksburschen. Drei Jahre waren es gewöhnlich, die der Geselle auf Wanderschaft ging; nicht vor Abschluß der Lehrzeit sollte die Reise beginnen, erst nach Ende der Wanderjahre konnte er die Meisterschaft erlangen und heiraten. Die Wanderregeln waren bei den einzelnen Zünften verschieden, immer und überall aber Ziel und Zweck der Wanderschaft das »Vervollkommnen der Profession«, das Kennenlernen fremder Werkstätten und Handwerksbräuche. Gar mancher fand aber mehr am Wandern als an der Arbeit in der Fremde Gefallen, nutzte das Recht, bei Meistern seiner Zunft um Unterkunft oder Zehrgeld vorzusprechen, weidlich aus und ließ das erlernte Gewerbe schließlich ganz bleiben. Polizeiliche Maßregeln schoben dem bald einen Riegel vor; in vielen Städten wurde es Vorschrift, schon beim Einpassieren am Tor seine Barschaft vorzuweisen. Oft wurde dann nur der eingelassen, der wenigstens drei oder fünf Taler sein eigen nannte.

Schon 1731 hatte man ein Gesetz erlassen, das für die wandernden Handwerker einen bestimmten Paß, die »Kundschaft«, vorschrieb. Bis dahin hatten sich die Wanderburschen bei den Meistern ihrer Zunft durch einen besonderen, nur ihrem eigenen Handwerk vorbehaltenen Gruß ausgewiesen. Auch im 19. Jahrhundert hielten die Zünfte noch an solcher Form der Legitimation fest; wer nur die Kundschaft vorzeigte, wurde gern verächtlich Briefträger genannt, wer aber dem Herkommen entsprechend ›zünftig‹ seinen Spruch sagen konnte, war ein Grüßer.

Um 1830 traten an die Stelle der Kundschaften Wanderbücher, die, von der Obrigkeit ausgestellt, eine Bestätigung des erlernten Handwerks enthielten und auf deren Leerseiten die Arbeitszeiten in den fremden Werkstätten vermerkt werden konnten. Während des Aufenthalts an einem fremden Ort behielt die Polizei dieses Wanderbuch in Verwahrung. 1835 regelte der Deutsche Bund das Gesellenwandern durch Gesetz, in den folgenden Jahren beschränkten mitunter auch politische Gründe die bisherige Freizügigkeit. Mancher, der im unruhigen Vormärz von seiner Wanderschaft neue und – wie die Obrigkeit meinte – aufrührerische Ideen mitgebracht hatte, mußte bald wieder wandern, doch diesmal ins Exil. In Paris zählte man in jenen Jahren etwa 25 000 deutsche Handwerker und Arbeiter, die nicht alle freiwillig hier ihre Heimat gefunden hatten.

Einer, den die Wanderschaft weit in der Welt herumbrachte, war der Wagnergeselle Ernst Christian Döbel, der von 1830 bis 1836 über Österreich und den Balkan bis nach Kleinasien und Ägypten gekommen war. Nach seiner Rückkehr wurde er in München am Hof empfangen, 1837 erschienen seine Erlebnisse in Buchform. Für ihn waren es Lehr- und Wanderjahre, aus denen er Nutzen für sein Leben zog, doch vermerkt er in seinen Aufzeichnungen auch mißbilligend, daß er bis in die Türkei hinein Kollegen getroffen hatte, die in den fremden Ländern vor allem die Schenken und Kaffeehäuser studierten.

»Man reise immer früh aus«

Etwa ab 1840 wählte dann mancher, den vorher finanzielle Not aus der Fußwanderung eine Tugend machen ließ, die neuen und gegenüber der Post wesentlich billigeren Angebote der Eisenbahn und Dampfschiffe.

Für andere aber wird nun die Fußwanderung wieder zur

stilleren, besinnlicheren Form des Reisens und zur Möglichkeit, dem Getriebe und Lärm der großen Menge zu entgehen. Diese wenigen meint Baedeker, wenn er 1849 in seiner ›Rheinreise‹ schreibt: »Wer frisch umherschaut mit gesunden Sinnen, wird auf einer Fußwanderung am besten alle Schönheiten auffinden, welche das gesegnete Rheintal in so reicherem Maße darbietet und sich ihrer mit offenem Herzen erfreuen.« Wer aber dem Trubel am Rhein ganz entkommen möchte, dem rät er zu einer Wanderung durch die Pfalz: »... er braucht nicht zu befürchten, hier jenem anmaßenden, übersättigten Reisepöbel bei jedem Schritt zu begegnen, der in dem engeren Rheintal vermöge des leichten Dampf-Verkehrs das Land heuschreckenartig überfluthet, das Anziehendste widerwärtig zu machen geeignet ist und in allerlei Zungen bekundet, daß er nichts gelernt und nichts vergessen hat.« Baedeker gibt auch Empfehlungen für das Reisegepäck: »Ein kleiner Reisesack, oder noch besser eine Reisetasche, die man umhängt, wird leicht soviel aufnehmen können, als man Wäsche zu einer mehrtägigen Fußwanderung gebraucht.«

Anweisungen und Vorschläge für Fußreisende nehmen ganz allgemein in Reisehandbüchern jener Jahre einen breiten Raum ein. In Leipzig erscheint z. B. 1823 ›Der Fußreisende, oder was hat man zu thun, um angenehm, nützlich, bequem und sicher reisen zu können‹. Auch Reichards ›Passagier auf der Reise‹ nennt bei den verschiedenen Arten zu reisen als erste und mit ausführlichster Darstellung die Reise zu Fuß.

»Die Zahl der Fußreisenden mehrt sich jetzt unter allen Ständen; viele ziehen diese Art zu reisen sogar dem Extrapostfliegen vor.« Reichard gibt detaillierte Empfehlungen über zweckmäßige Reisekleidung und richtiges Schuhwerk, die Art, sein Gepäck zu tragen, oder auch Führer zu mieten, er schreibt von Gesundheitspflege, von der Wahl der richtigen Reisegesellschaft, von Orientierung auf einsamen Wegen und vom Verhalten bei Überfall. Er berichtet aber auch, in welchen Ländern der Fußwanderer gerne gesehen wird oder wo er in schlechtem Kredit steht und nennt hier Eng-

Fußreisende

Der

Fußreisende

oder

was hat man zu thun, um angenehm,
nützlich, bequem und sicher reisen
zu können?

Aus vielen Erfahrungen zusammen getragen.

Zweite verbesserte Auflage.

Leipzig,
im Magazin für Industrie und Literatur.

bei gutem und schlechtem Wetter

land, Italien und Rußland. Um den Wirten eine bessere
Meinung beizubringen, rät er, im Gasthof auf guten Zimmern zu bestehen; hier wird freilich ein schmaler Geldbeutel
oft Grenzen gesetzt haben.

Die Kleidung umfaßt zwei Paar Beinkleider, eines von
leichtem, eines von schwerem Stoff; sie sollen weit, bequem
und ohne Stege sein. Ein kurzer Rock oder Sackpaletot
von wasserdichtem Zeug schützt vor Regen und ersetzt den
Mantel. Er schützt aber auch vor Staub, für den Reisenden
von damals eine der schlimmsten Plagen, vor allem auf
sommerlichen, stark befahrenen Straßen. Als Lili Parthey
auf einer Reise 1824 über Prag in Wien ankommt, klagt sie
»über die Staubfresserei, als ich mich nicht erinnere, je gehabt
zu haben«. Wie mehr noch aber mußte ein Fußwanderer
hierunter leiden.

Als Schuhwerk empfiehlt Reichard ausgetretene Schuhe,
nie ganz neu, mit Stahlstiften beschlagen. Ansonsten soll die
Reisetasche drei bis vier Hemden, ebensoviel Schnupftücher,
Socken und noch ein oder zwei Paar »Kamaschen« enthalten.

Der Oberrock wird auf den Tornister geschnallt. Anzuraten ist auch »ein simpler Frack, um an Orten, wo man sich umsehen oder verweilen will, anständig gekleidet zu erscheinen«. Die Reisetasche soll nicht über fünfzig Pfund wiegen, und da dies nun doch ein beachtliches Gewicht ist, wird empfohlen, sich jeweils einen zuverlässigen Mann aus der Gegend zu mieten, der zugleich auch als Wegweiser dient. Sicher kein unvernünftiger Ratschlag, da man so auch manchen versteckten und abkürzenden Pfad benützen kann und den staubfresserischen Straßen entgeht.

Vor Reisen im Spätherbst oder Winter wird gewarnt, da die Wege »hier kothig und die Tage kurz sind. Man reise immer früh aus, um den Tag vor sich zu haben und das Nachtquartier bequem zu erreichen«, sicher der wertvollste Rat – schon von Seume empfohlen – und in allen Handbüchern bis später hin zu Baedeker als besonderer Hinweis gegeben.

Das »Trau, Schau, Wem!« nennt Reichard als eine Hauptregel und warnt, vor verdächtigen Fremden seinen Geldbeutel herauszuziehen oder seine Barschaft zu zählen. Sollte es aber gar zu einer Bedrohung kommen, so ist ein »tüchtiger Stock, allenfalls oben mit einem starken, bleiernen Knopf versehen, um im Notfall als Streitkolben zu dienen, für den Fußgänger zweckmäßiger als Hirschfänger und Säbel«. Von Pistolen rät er ab, dies »sieht gar zu renommistenmäßig aus …, man könnte leicht darüber Händel mit der Polizei des Landes bekommen«. Ein Handbuch für Fußreisende schlägt gar vor, immer eine Handvoll Sand bereitzuhalten, um sie dem Gegner in die Augen zu schleudern: » … so tötet man den Räuber nicht … und doch ist er auf Stunden außer Gefecht gesetzt. Auch Schnupftabak ist hier zu empfehlen.«

·   *Wandern im Mittelgebirge*

Hatte Heine mit seiner 1826 erschienenen ›Harzreise‹ die Landschaft um den Brocken endgültig in Mode gebracht, so galt das Interesse der Wanderer bald auch den anderen

Mittelgebirgen, etwa der Sächsischen Schweiz oder dem Thüringer Wald. Ähnlicher Beliebtheit erfreute sich das Riesengebirge. Konnte man im Harz immerhin schon Höhen von über 1100 Meter gewinnen, so bot hier die Schneekoppe bereits mehr als 1600 Meter über dem Meere. Mehrtägige Wanderungen waren notwendig, um von den letzten Dörfern aus zu den Gipfeln und von dort zurückzukehren; wegkundige Führer und meist auch Träger für das Gepäck wurden da für unerläßlich gehalten. Zur Übernachtung boten sich die Bauden an; das konnten einmal einfache Heuhütten sein, dann aber auch Wirtshäuser, die ein bescheidenes Nachtlager bereithielten: »In dem inneren und eigentlichen Riesengebirge sind zwar alle Bauden oder einzelne Wohnstätten mehr oder weniger dazu geeignet, genügsamen Reisenden zu kurzer Herberge zu dienen, doch verdient unter der Menge von 2500 Bauden, welche in dem ganzen Gebirge zerstreut liegen, bei genauer Prüfung in der That nur eine sehr kleine Anzahl derselben die Benennung wirklicher Herbergen« (Reichard). Der Verfasser tröstet den Wanderer aber damit, daß er dann nach seiner Rückkehr ins Tal wieder mit dem gewohnten Komfort rechnen könne: »Wenn der Reisende 2 oder 3 Tage im Gebirge bloß von Haferbrod, Käse, Butter und Milch gelebt und nur zum besonderen Labsal etwa einmal einen Eierkuchen oder Forellen gefunden, dabei zugleich jede Nacht regelmäßig auf dem Heuboden geschlafen hat, kann er sich den dritten oder vierten Tag am Fuße des Gebirges an einem mit Fleisch und anderen Gerichten besetzten Tische, bei einer Bouteille guten Weins, und in einem reinlichen Bette ganz nach seinen Wünschen erquicken und zu neuen Unternehmungen im Inneren des Gebirges stärken und vorbereiten.«

Wer hier im Mittelgebirge unterwegs war, der mußte wohl manchmal feststellen, daß schmale und steile Wege, ausgesetzte Tritte und jähe Abgründe die Wanderung nicht unproblematisch machten. Dazu kamen die oft beachtlichen Höhenunterschiede. Der kgl. preußische Postdirektor Carl Friedrich Jahn empfahl deswegen für Gipfelwanderungen

Tragsessel, die von zwei Männern geschleppt zu eineinhalb Talern je Tag gemietet werden konnten. Carl Herlossohn berichtet von einer weiteren Transportmöglichkeit im Riesengebirge, zwei Damen hatten sie gewählt: Sie ließen sich auf Bahren tragen. Er schließt: »Dies kommt häufig vor, aber ich bitte Jedermann, der nicht ganz schwächlich ist, im Namen der Menschheit, diese Art der Beförderung nicht zu wählen. Wem das Bergsteigen und Fußwandern zu beschwerlich ist, der mache lieber kurze Stationen oder verzichte auf die Wanderung.«

Eine völlig neue Erfahrung bot aber dem städtischen Reisepublikum offensichtlich der Umgang mit den schlichten Riesengebirglern. Reichards Ratschläge in diesem Punkt lesen sich wie Empfehlungen, die heute etwa ein gutmeinender Touristikunternehmer für eine Abenteuerreise in das unerschlossene Innere Neuguineas bereithalten könnte: »Im Umgang und Gespräch mit dem Gebirgsvolke lasse man alle wahre oder eingebildete Hoheit seines Standes und Ranges bei Seite, und zeige durch Herablassung, Wohlwollen und natürliche Herzlichkeit, daß man trotz äußerlicher Unterscheidungen im Menschen nur den Menschen selbst ehre. Die Fragen, die der schlichte Gebirgsmann an den Reisenden stellt, beantworte dieser immer natürlich, offen und mit der seinen Einsichten angemessenen Faßlichkeit. Durch ein redliches, argloses Betragen erwirbt man sich das Zutrauen dieser Menschen, ihre Zuneigung und Offenherzigkeit.« Geschrieben im Jahre 1834! Eigentlich fehlt nur noch die Empfehlung, sich bei einer solchen Reise mit Glasperlen und anderem Flitter als Tauschmittel oder zur Belohnung für geleistete Dienste auszurüsten. Doch zehn Jahre später stehen hier die Weber auf, die Not ihrer hungernden Familien läßt ihnen keinen anderen Ausweg. Die Erhebung wird blutig niedergeschlagen, die soziale Frage aber ist weithin unüberhörbar gestellt. Von seinem Pariser Exil aus verfolgt Heinrich Heine besorgt den aussichtslosen Kampf: »Deutschland, wir weben dein Leichentuch.« Lange hat man verkannt, daß das Biedermeier eine Epoche sozialer, wirtschaftlicher und vor

allem technischer Veränderungen von unerhörten Ausmaßen
war und wahrlich alles andere als eine bürgerliche Idylle.

Die Alpen werden entdeckt

Wollte man aber auf Reisen außer Landes gehen und etwas
sehen, von dem sich nach der Rückkehr den staunenden
Freunden und Nachbarn wahre Wunderdinge berichten ließen, dann machte man eine Schweizerreise. Die Alpen waren
bislang nie Reiseland gewesen, sondern immer eine schwierige, im Winter meist nicht passierbare Durchreiseetappe auf
dem Weg in den Süden. Man wollte ja möglichst schnell
und ungefährdet die meist nur als Saumpfade ausgebauten
Pässe überwinden. Zu den Bergen erhob man kaum den
Blick, man empfand sie mit den von ihnen ausgehenden
Lawinen mehr als Bedrohung. Sie zu erklimmen, den Rund-
blick zu genießen wäre kaum jemand eingefallen. Hatte auch
Petrarca 1336 den immerhin an die 2000 m hohen Mont
Ventoux in den provenzalischen Alpen oder 150 Jahre später
Antoine de Ville den Mont Aiguille erstiegen, so waren dies
Ausnahmen gewesen und keine Vorbilder für ihre Mitwelt.
Einen Umschwung in der Wertschätzung des Hochgebirges
brachte erst das 18. Jahrhundert, und es waren die Dichter,
die nun ihren Zeitgenossen die Augen für die Schönheit der
Bergwelt öffneten.

Der Schweizer Arzt, Naturforscher und Dichter Albrecht
von Haller machte mit seinem 1732 erschienenen Lehrge-
dicht ›Die Alpen‹ den Anfang. Eingebettet in eine Beschreibung der Alpenlandschaft, stellt er hier der sittenlosen, höfi-
schen Welt das unverdorbene Leben in der Abgeschlossen-
heit des Gebirges gegenüber. Das Werk mußte Entrüstung
hervorrufen, nicht nur wegen der deutlichen Verdammung
der zivilisierten Welt und der Parteinahme für ein Ideal
unverbildeter Natürlichkeit, sondern schon allein dadurch,
daß Haller für seine Gegenüberstellung die Alpen wählte, die
bis dahin gefürchtet, für scheußlich und barbarisch gehalten
wurden und auf deren Bewohner man mit Hochmut herab-

sehen zu können glaubte. 1761 gibt dann Jean-Jacques Rous-
seau, der in Genf lebende Dichterphilosoph, seinen Briefro-
man ›La Nouvelle Héloïse‹ oder ›Briefe zweier Liebenden
aus einer kleinen Stadt am Fuß der Alpen‹ heraus. Nicht
zuletzt durch die grandiose Schilderung der Schweizer Al-
pen- und Seenlandschaften hat das Werk eine ungeheure
Wirkung in Europa.

Als dann der Genfer Naturforscher Horace de Saussure
beginnt, sich als Wissenschaftler mit den geologischen und
geographischen Verhältnissen der Alpen zu befassen und
im Rahmen seiner Studien 1787 den Montblanc besteigt,
kommen die Berge endgültig in Mode. Saussure war allerdings nicht der erste gewesen, der den Gipfel des mit 4807 m
höchsten Berges des alten Kontinents betrat.

Schon die Jahre zuvor hatten die in Chamonix – oder
Chamouny, wie man damals sagte – ansässigen Bergführer
immer wieder versucht, den weißen Riesen zu bezwingen.
1786 war schließlich der vierundzwanzigjährige Jacques Balmat dem Ziel schon sehr nah gekommen; er beschloß auf
der neuentdeckten Route nochmals einen Versuch zu wagen.
So überredete er Dr. Paccard aus Genf, sich von ihm auf den
Gipfel begleiten zu lassen. Am Nachmittag des zweiten Tages
sind sie kurz vor dem Ziel: »Paccard hatte keinen Athem
mehr; seine Knie wurden steif, und die Kälte verhinderte
ihn, weiter zu kommen. Sein jüngerer geübter und kühnerer
Gefährte sprach ihm Muth ein; allein beyde begannen an
einem glücklichen Ausgange ihres Unternehmens zu ver-
zweifeln und es zu bereuen, sich darauf eingelassen zu haben.
Eine neue Anhöhe zeigte sich vor ihnen, und sie waren
ungewiß, ob es die letzte sey. Balmat beschloß, sich davon
zu überzeugen, und eilte allein darauf zu. So wie er weiter
kam, wurde der Schnee fester und er fühlte, daß es nur noch
einiger Anstrengungen bedürfte, um die ersehnte Spitze des
Berges zu erreichen. Endlich stand er oben! Welch ein Jubel!
Welch ein Triumph! Er rief es, jauchzend! seinem Gefährten
zu; er that noch mehr; er stieg wieder hinab, kam ihm
entgegen, unterstützte ihn, feuerte ihn an, und um halb

sieben Uhr befanden sich beyde auf dem höchsten Scheitel des berühmten Bergs« (Reichard). Von Chamonix aus hatte man die Bergsteiger mit Ferngläsern beobachten können; als sie am nächsten Morgen zurückkehren, ist der Jubel groß.

Ersteigungen des Montblanc bleiben auch in den folgenden Jahrzehnten selten; in den nächsten zwanzig Jahren gelingt das Unternehmen nur sechs Gruppen. 1808 ist das erste Mal auch eine Frau, Marie Payot aus Chamonix, mit fünfzehn weiteren Bewohnern des nunmehr berühmten Bergdorfes auf dem Gipfel. Die Bedeutung der Unternehmung des Jacques Balmat und seiner Nachfolger lag aber nicht so sehr in der alpinistischen Erschließung des Montblanc als in dem Umstand, daß damit endgültig das Reisen in den Alpen populär wurde.

Der Montblanc von St. Martin im Aostatal, Holzstich 1854

Saumrosse, Holzstich 1854

Den Montblanc aber selbst zu besteigen bleibt noch lange ein Unterfangen, das umfangreicher Vorbereitungen bedarf. Berlepsch schreibt noch 1854: »... erfordert eine Montblanc-Expedition drei Tage Zeit, und zwar so, daß man zweimal auf Schnee und Eis übernachten muß ... Das Reglement schreibt mindestens vier Führer vor, deren jeder 120 Franken und nach vollendeter Reise noch einen Louisdor Trinkgeld erhält ... Ferner bedarf man mindestens vier bis sechs Träger für Lebensmittel auf drei Tage, Zelt, Holz, Decken und dergleichen.« Der Verfasser kommt zu dem Ergebnis, daß eine solche Expedition insgesamt auf den stolzen Betrag von rund tausend Franken käme, das sind nach heutiger Kaufkraft mehr als zehntausend Mark. Da ist es nicht verwunderlich, daß noch Mitte des Jahrhunderts kaum mehr als jeweils ein Unternehmen dieser Art während eines Sommers zustande kommt.

Solch gewagte Expeditionen waren dann noch lange – von wenigen Ausnahmen abgesehen – eine Domäne der Männer. Für Damen galt es überhaupt als unschicklich, größere Entfernungen wandernd zurückzulegen, dafür gab es

auch nicht die passende Kleidung. Also bediente man sich
gerne in unzugänglichen Gegenden oder bei großen Steigungen der Saumtiere, die allerorten für die Reisenden bereitge-
halten wurden. Als durchaus übliches Transportgerät für
Damen oder betagtere Herren galt auch der Tragsessel. Das
war eine Art von Lehnsessel, rechts und links mit Stangen
oder Tragriemen versehen, an denen er von zwei kräftigen
Männern aufgenommen werden konnte; wahrlich keine
leichte Arbeit: »Da dieses Geschäft für die Träger, besonders
beim Bergsteigen, sehr anstrengend ist, so müssen für größere Märsche stets 4 Mann gemiethet werden, von denen
zwei und zwei zu gewissen Zeiten einander ablösen. Ein
jeder Träger fordert in der Regel täglich 6 franz. Fr. und
außerdem 3 Fr. für den Rücklohn per Tag, wenn er am
selben Tag die Heimat nicht wieder erreichen kann« (Ebel).
Das war nun aber kein billiges Vergnügen, bei vorsichtiger
Umrechnung wird man rund 300 Mark für solche Plackerei
anzusetzen haben: viel für den, der sich tragen ließ, zu wenig
aber für die vier Träger.

»Ich bin auf dem Rigi. Weiter braucht ich nichts zu sagen!«

In der Schweiz gewesen zu sein, ohne einen Sonnenaufgang
auf diesem den Vierwaldstättersee im Norden begrenzenden
Bergmassiv erlebt zu haben, wäre seinerzeit ein nicht zu
entschuldigender Fauxpas gewesen. Der Rigi war in diesem
an touristischen Attraktionen so reichen Land absoluter König und an Beliebtheit von keiner der anderen Sehenswürdigkeiten auch nur annähernd erreicht. Schon bei seiner
ersten Schweizreise war Goethe am 18. Juni 1775 mit den
beiden Grafen Stolberg und dem Grafen Haugwitz auf dem
Berg gewesen. Von Lauerz waren die vier Haimonskinder,
wie sie sich nannten, zur Kapelle Maria zum Schnee aufge-
stiegen und hatten dann im Klösterli beim Wirt zum Ochsen
übernachtet. Am nächsten Morgen brachen sie zum Kulm
auf: »Ein Viertel nach zwei hatten wir die Höhe erstiegen;
wir fanden uns in den Wolken, diesmal uns doppelt unange-

nehm, als die Aussicht hindernd und als niedergehender
Nebel netzend. Aber als sie hie und da auseinanderrissen und
uns, von wallenden Rahmen umgeben, eine klare, herrliche,
sonnenbeschienene Welt als vortretende und wechselnde Bilder sehen ließen, bedauerten wir nicht mehr diese Zufällig-
keiten; denn es war ein nie gesehener, nie wieder zu schauen-
der Anblick, und wir verharrten lange in dieser gewisserma-
ßen unbequemen Lage, um durch die Ritzen und Klüfte
der immer bewegten Wolkenballen einen kleinen Zipfel
besonnter Erde, einen schmalen Uferzug und ein Endchen
See zu gewinnen.«

Die Vorzugsstellung bleibt der Berggruppe das ganze
19. Jahrhundert über erhalten. 1872 wird eine Zahnradbahn
eröffnet, mit der man von Vitznau bis auf den Kulm, mit
1800 m höchster Gipfel und begehrtester Aussichtspunkt des
Massivs, fahren kann. Bis zu 20 Prozent Steigung hat die
Strecke, die Lokomotive mit stehendem Kessel schiebt einen
Waggon vor sich her, der sich mit seinen 54 Sitzplätzen der
Neigung anpaßt. Anfangs stehen die Touristen der steilen
Bahn noch mißtrauisch gegenüber, so daß die Tragsessel sich
noch bis Ende des Jahrhunderts halten können. Jedes Jahr
sind es nun 60–70 000 Touristen, die das Panorama vom
Kulm, der Scheidegg, der Hochfluh oder der Staffel genie-
ßen. Iwan von Tschudi schreibt: »Seiner vorgeschobenen
Lage am Rande der Mittelgebirge und im Zentrum des
schweizerischen Seengürtels, verdankt der Rigi den Ruf
der berühmtesten Rundsicht Europas, welche durch ihre
malerischen Bilder bezaubert und durch einen ungeheuren
Umfang imponiert.« Berlepsch nennt ihn den »berühmtesten
und besuchtesten Berg des europäischen Festlandes«. Vom
Säntis im Osten geht das Panorama über die Churfirsten, den
Urirotstock, die Berner Alpen mit Mönch, Eiger, Jungfrau,
vorbei am Nachbar Pilatus bis hin zu den fernen Jurahöhen
jenseits des Genfer Sees.

Höhepunkt einer Wanderung auf den Rigi aber sind die
Stunden des Sonnenauf- und untergangs: »Die Rundsicht ist
gewöhnlich eine Viertelstunde vor, bis eine Viertelstunde

Der Gasthof auf dem Rigi-Kulm, Holzstich 1854

nach Sonnenaufgang am klarsten, später steigen Nebel und
Höhenrauch auf. Morgens zeigen sich gewöhnlich die Ber-
neroberländerberge, gegen Abend die Kette vom Säntis bis
zum Bristenstock am schönsten« (Tschudi). Schon 1814
schwärmt Reichard von dem Genuß dieser unvergleichlichen Rundschau bei Vollmond: »Eine solche unvergeßliche
Übersicht der Alpenkette im Mondglanz, mit den 10 oder 12
Seen unter mir, und der, wie ein Silberfaden, die Gotthards
herabschimmernden Reuss genoß ich hier in einer wunderschönen heiteren Mondnacht.«

Für das so begehrte Erlebnis des Sonnenauf- oder untergangs hatte sich schon früh ein strenges Ritual gebildet.
Gewöhnlich wurde ja das Gasthaus auf dem Kulm oder
einem der anderen Gipfel im Laufe des Nachmittags erreicht.
Hatte man sich dann sein Zimmer gesichert und, wie Baedeker empfahl, die Wäsche gewechselt, führte der erste Gang
auf den Gipfel; an einen Genuß der unvergleichlichen Rundsicht in stiller Einsamkeit war aber freilich nicht zu denken:
»Menschen aus den verschiedensten Kreisen der Gesellschaft
finden sich hier zu gleichem Zweck vereinigt; alle europäischen Zungen hört man durcheinander schwirren. Alles

versammelt sich vor Sonnenuntergang auf der Höhe. In großer Hast sieht man Spätlinge erwartungsvoll noch den Hügel hinansteigen. Ein heiserer Alphornkünstler bläst die Retraite der Sonne und bittet sich seine Belohnung aus … Eine halbe Stunde vor Sonnenaufgang erschallt wiederum das Alphorn. Nun entsteht ein neues Treiben im ganzen Hause. Jeder fürchtet den Aufgang der Sonne zu versäumen. Nach und nach werden die Zimmer und Zellen leer, mit schlaftrunkenen Augen, in Tücher oder Mäntel eingehüllt, eilt alles auf die Höhe, um die ersten Sonnenstrahlen zu begrüßen. Wohl dem, dem sie unverhüllt leuchten! Nur ein kleiner Theil der Rigifahrer kann sich dieses Glücks rühmen, und die alten, leider ungeordneten Rigifremdenbücher geben von mancher in Nebel, Regen oder Schnee verwandelten getäuschten Erwartung Kunde« (Baedeker). Auch Mark Twain hatte sich schließlich in seinem Reisebericht ›A Tramp Abroad‹, in dem er 1878 eine Europafahrt mit der Feder des Humoristen schildert, über dieses Zeremoniell erlustigt. Zweimal verfehlt er mit seinem Freund Harris das große Ereignis; zuerst verschlafen die beiden in der Frühe und werden erst zum Sonnenuntergang wach, dann am nächsten Morgen schauen sie in die verkehrte Richtung und verpassen so das große Schauspiel.

Und doch! bei all dem Getriebe und Gewimmel: der Rigi konnte das ganze Jahrhundert hindurch seine Position als Mekka der Schweizfahrer halten. Kaum einer, der die Eidgenossenschaft bereiste, versäumte die Bergwallfahrt, um dann den Daheimgebliebenen schwärmend seine Gefühle offenzulegen. Am besten hat dies vielleicht Felix Mendelssohn Bartholdy verstanden, wenn er 1831 nach Hause berichtet: »Ich bin auf dem Rigi. Weiter braucht ich nichts zu sagen, denn ihr kennt den Berg. Wenn nur nicht alles so unbegreiflich schön wäre!«

REISEN MIT PFERD UND WAGEN

Es schienen so golden die Sterne,
am Fenster ich einsam stand
und hörte aus weiter Ferne
ein Posthorn im stillen Land.
Das Herz mir im Leibe entbrennte,
da hab ich mir heimlich gedacht:
Ach, wer da mitreisen könnte
in der prächtigen Sommernacht!

Joseph v. Eichendorff

Wer im Jahre 1833 mit der Eilpost von Braunschweig nach
Halle reisen wollte oder mußte, hatte jede Woche zweimal
die Gelegenheit dazu. Am Montag und Freitag, jeweils um
ein Uhr mittags, fuhr die Postkutsche von Braunschweig ab,
um dann am nächsten Tag – so ungefähr um zwei Uhr am
Nachmittag – Halle zu erreichen.

Die Fahrt ging anfangs über Wolfenbüttel durch Herzoglich Braunschweigisches Gebiet, dann weiter über Halber-
stadt durch das Königreich Preußen, schließlich querte man
in Bernburg eines der anhaltischen Herzogtümer, um endlich
wieder vor Halle auf preußischen Boden zu gelangen. Auf
den rund 175 Kilometern gab es sieben Poststationen; hier
wurden alle drei oder vier Stunden die Pferde und die Postillione abgelöst. Rechnet man jeweils eine halbe Stunde für
diesen Aufenthalt, so kommt man auf eine durchschnittliche
Reisegeschwindigkeit der Kutsche von gut einer Meile in
der Stunde, das sind knapp acht Kilometer. Dieses enorme
Tempo – Reichard sprach in seinem Handbuch vom »Eilpostfliegen« – wurde erst ab Mitte der zwanziger Jahre des
Jahrhunderts erreicht; vorher hatten grundlose, ausgefahrene

Straßen und schlechtes Wagenmaterial das Vorankommen auf nicht mehr als vier Kilometer stündlich begrenzt; man fuhr also nicht schneller, als ein Wanderer gehen konnte.

Der Schriftsteller Heinrich Laube hat damals diese Fahrt gemacht; Anfang einer Reise, die ihn über Oberitalien nach Wien führen sollte – Wien, wo er dann später lange Jahre Leiter des Burgtheaters war. Laubes Bericht gibt uns ein realistisches Bild von den Mühen einer solchen Kutschenfahrt, die vor allem nach Mitternacht, in den trägen Stunden zwischen Traum und Tag zur Strapaze wird: »... Ein tiefer Schlaf liegt über dem Postwagen. Alle Häupter der Passagiere hängen welk vorne herunter auf die Brust oder auf die Seite. Alles baumelt am Körper, der Mund ist halb geöffnet, die Haare sind verwirrt, die Lippen unnatürlich geschwellt. Niemand schläft mehr richtig, aber niemand hat ausgeschlafen ...«

Da ist nun wahrlich nichts zu verspüren von Eichendorffs romantischer Sehnsucht, vom Posthorn im stillen Lande und vom heimlichen »Ach, wer da mitreisen könnte in der prächtigen Sommernacht«. Und doch wurde die Postkutsche schon damals zum verklärten, vielbesungenen Symbol der Biedermeierzeit – ein Idealbild, das heute noch Bestand hat.

Sogenannte Fahrposten waren in Deutschland nach dem Ende des Dreißigjährigen Krieges aufgekommen; bis dahin gab es auf den Postkursen nur reitende Boten. Meist waren es nun die Kutschen der Thurn- und Taxis'schen Post, die begannen, in regelmäßigen Verbindungen einzelne Städte miteinander zu verknüpfen, so 1662 Hamburg und Lübeck oder ab 1686 Nürnberg und Leipzig. Mit Beginn des 18. Jahrhunderts zeichnete sich dann ein immer dichter werdendes Netz von Postkursen ab, das dem einzelnen Passagier so etwas wie ein geplantes Reisen ermöglichte.

Das bedeutendste Nachschlagewerk des 18. Jahrhunderts, das von dem Leipziger Verleger Johann Heinrich Zedler herausgegebene und nicht weniger als 68 Bände umfassende Lexikon, räumt dem Stichwort Post schon zwölf Seiten ein. Zu der Einrichtung der Postkursverbindungen heißt es da:

»Post, Cursus Publicus, heißt auch ein Wagen, welcher mit gleicher Geschwindigkeit durch Wechselpferde Tag und Nacht fortgehet, und wo Personen, Briefe und Güter mit fortkommen können. Dieselben sind ordinair, so zu gesetzten Zeiten abgehen, und da nur eine beschränkte Anzahl Personen aufgenommen wird: oder außerordentliche, Extraposten genannt.« Zedler beschreibt hier schon die zwei grundsätzlichen Möglichkeiten, sich im Rahmen des Netzes von Postkursverbindungen fortzubewegen, nämlich das Reisen mit der fahrplanmäßigen, der ordinären Postkutsche, oder die Extrapost, bei der ein eigener oder gemieteter Wagen mit Hilfe der Pferde und Postillione der Poststationen dem Reisenden unabhängig vom Fahrplan zur Verfügung stand. Diese beiden Arten des Reisens mit der Post – durchaus zweckmäßig und den Bedürfnissen der Reisenden entgegenkommend – sollten bis zum Ende der Postkutschenära bestehen. Zedler stellt auch noch den wesentlichen Unterschied heraus: »Wer geschwinde reisen will, nimmt die Post, und wer zugleich auch gemächlich reisen will, nimmt eine Extrapost mit seinem eigenen Wagen, den er nach seinen Gefallen zurichten, und wenn es ihm beliebet stille halten, oder fortreisen kann.«

Um das Jahr 1800 waren in Mitteleuropa alle Städte von einiger Bedeutung an das Netz der Postkursverbindungen angeschlossen. In einer Stadt wie Frankfurt a. M. etwa verzeichnet 1821 Dr. J. Engelmanns ›Taschenbuch für Reisende‹ nicht weniger als vierzig Verbindungen, darunter Ziele wie Wien, Paris, Turin oder Kopenhagen. Einer der meist befahrenen Kurse war der nach Stuttgart. Dabei gab es ab Heidel-

berg zwei Möglichkeiten: Entweder die Straße neckaraufwärts über Heilbronn oder eine südlicher verlaufende Route,
die über Bruchsal führte. Beide Strecken wurden von der
Kutsche der Thurn- und Taxis'schen Post befahren. Die
Taxis hatten während der Napoleonischen Wirren in einer
Reihe deutscher Länder ihre Rechte eingebüßt. In Württemberg, Kurhessen, Hessen-Darmstadt und Frankfurt war das
Postwesen noch in ihrer Hand, wenn auch gegen Bezahlung
erheblicher Pachtgelder. In Frankfurt nun ging die Stuttgarter Kutsche um die Mittagszeit ab, um nach einer Fahrzeit
von fast zwei Tagen am übernächsten Vormittag Stuttgart
zu erreichen. Ludwig Börne hatte 1821 diese Reise gemacht.
Seinem Ärger über das langsame Vorankommen, die lässigen
Postillione und viele andere Mißlichkeiten verdanken wir
die ›Monographie der deutschen Postschnecke‹, eine bittere
Satire, in der er sich den Zorn vom Leibe schrieb, der sich
in diesen zwei verbummelten Tagen und Nächten aufgestaut
hatte:

»Herr Major«, poltert er zu einem Reisegefährten, »hätte
ich einen Säbel wie Sie, hol mich der Teufel, ich haute ein,
und es gäbe blutige Köpfe. Ist der Passagier ein Narr jeden
Postmeisters, Conducteurs und Postillions, und muß er lie-
genbleiben, so oft es diesen Herren gefällt, Wein zu trinken
oder auszuschenken? Muß ein Passagier leben wie die große
Welt in Paris und um Mitternacht Koteletts essen?« Und
Börne rechnet vor: »In Zeit von 46 Stunden, worunter 14
nächtliche, habe ich 12 Schoppen Wein getrunken und noch
einige mehr bezahlt für den Conducteur. Wie weit ist es,
Herr Major, von Frankfurt nach Stuttgart? Also kaum 40
Stunden und auf diesem kurzen Wege haben wir 15 Stunden
Rast gehalten!«

Befassen wir uns noch etwas mit dieser Reise, denn unbe-
schadet aller Ironie führt Börne doch eine Reihe interessanter
Fakten an: Die Kutsche wurde jeweils von vier Pferden
gezogen, die auf den rund zweihundert Kilometern natürlich
oftmals gewechselt wurden; an vierzehn Poststationen
wurde hierzu oder zum Füttern und Tränken Halt gemacht.

Auch die Postillione, die als Stangenreiter das Gespann vom hinteren linken, dem sogenannten Sattelpferd aus lenkten, wechselten natürlich jeweils mit ihren Pferden, während der Conducteur das Fahrzeug die ganze Strecke über begleitete. Der Kutschkasten hatte auf den beiden gegenüberliegenden Bänken sechs Plätze, die auf der Reise die meiste Zeit besetzt waren. Ein jungverheiratetes Ehepaar aus Memel fährt auch mit: Vor sechs Wochen war die Hochzeit, seitdem ist man ohne Aufenthalt unterwegs, um die Schwiegermutter in Triest zu besuchen.

Nach der mittäglichen Abfahrt in Frankfurt ist in Sprendlingen bereits Aufenthalt, die Pferde werden versorgt und Conducteur wie Postillion »sind so abgemattet, daß sie sich stärken müssen«. Abends um sechs ist man in Darmstadt – Börne meint, das wäre ihm auch zu Fuß möglich gewesen –, nun beginnt die erste Nachtfahrt. Gegen die Kälte rüstet sich unser Passagier mit seinem Biber, den Kopf hält die unvermeidliche Nachtmütze warm, gegen das Herunterfallen wegen der Stöße der Kutsche mit einem Schnupftuch gesichert. Die Postverwaltung hat auch für Behaglichkeit gesorgt, am Boden ist Stroh aufgeschüttet, um die Füße der Reisenden einigermaßen warm zu halten. Am Morgen erreicht man Heidelberg; nach einem Aufenthalt von drei Stunden fährt man dann neckaraufwärts, bei Neckargemünd geht es steil bergauf, die Fahrgäste werden gebeten, auszusteigen, und in bissigem Gespräch mit dem Conducteur machen sie einen unfreiwilligen Fußmarsch. Am späten

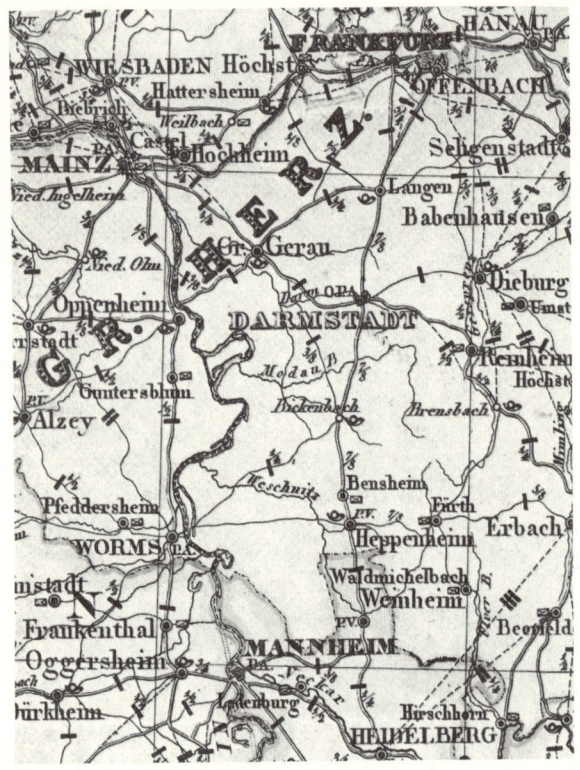

Postkurskarte von 1835

Abend ist man in Heilbronn, wo die Kutsche wieder drei
Stunden stehenbleibt, das gibt Gelegenheit, ohne Eile das
Abendessen an der Table d'hôte des Gasthofs zum Falken
einzunehmen. Um Mitternacht geht es wieder in die Nacht
hinaus, über Besigheim und Ludwigsburg erreicht man am
Vormittag um zehn Uhr endlich Stuttgart. Für die 27 Meilen
oder rund 200 Kilometer hat man 46 Stunden gebraucht,
rechnet man den Stundendurchschnitt aus, dann kommt
man auf gut vier Kilometer, vor Einführung der Eilpost das
Übliche.

Die Organisation des Postfuhrwesens

Wie war nun im Biedermeier das Postwesen in den deut-schen Staaten organisiert? In Preußen, wo die Thurn- und Taxis trotz mancher Versuche nie hatten Fuß fassen können, stand die Postverwaltung von Anfang an unter landesherrli-cher Hoheit. Seit 1782 bestand mit Gesetzeskraft die auch noch im 19. Jahrhundert gültige Post-Ordnung. Sie regelte als Grundlage der Postfuhrtarife die Stationsentfernungen oder Meilenzahlen auf den großen Poststraßen, die Vergabe der Posthaltereien, den Standard der Postkutschen und das Extrapostwesen. Landeseigene Postverwaltungen gab es auch in den Königreichen Bayern, Sachsen und Hannover, im Großherzogtum Baden sowie im Herzogtum Braun-schweig. Bayern hatte sich erst mit Erlangen der Königs-würde und nach langwierigen Verhandlungen 1808 von den Thurn und Taxis lösen können, denen das Aufgeben ihrer Rechte eine Entschädigung von einhunderttausend Gulden einbrachte. Zur Fürstlich Thurn- und Taxis'schen Postdirek-tion gehörte schließlich noch das Postwesen in dem König-reich Württemberg, in Hessen, in Nassau, in den sächsischen, thüringischen und mitteldeutschen Kleinstaaten sowie in den freien Reichsstädten Frankfurt, Hamburg, Bremen und Lübeck.

Das in den vorausgegangenen 250 Jahren entstandene Netz der Postkurse sah nun im Abstand von jeweils zwei bis drei Meilen auf den einzelnen Strecken Poststationen vor. Diese Stationen wurden von Posthaltern geführt, die als Pächter der zuständigen Postdirektion auf dem Streckenab-schnitt bis zur nächsten Poststation für den Transport von Post, Gütern und Fahrgästen verantwortlich waren. Die Posthalter – aus verständlichen Gründen meistens auch Gast-wirte – hatten für ausreichende Stallungen und eine festge-legte Anzahl von Gespannen und Kutschen zu sorgen wie auch als ihr Gesinde die Postillione zu beschäftigen. Um 1840 war zum Beispiel der Postmeister in Bamberg ver-pflichtet, im Winter ständig 40, im Sommer aber 48 Postpferde sowie 10 bis 12 Postillione bereitzuhalten. Die Conducteure wiederum, die ihre Postkutsche auf der ganzen Strecke begleiteten und vor allem für die in einem gesonderten Fach untergebrachten Wertsachen wie auch für die Briefpost und das Gepäck der Passagiere verantwortlich waren, wurden von den Postdirektionen beschäftigt. Die Postverwaltung stellte für sie und auch für die Postillione die Uniformen, die Stiefel allerdings mußten sich letztere selbst kaufen. Es waren dies die berühmten Langschäfter, an der Vorderseite fast noch das Knie bedeckend und von enormen Gewicht. Die Posthalter hatten bei der Einstellung von Postillionen auf deren Eignung zu achten, in Bayern lautete die entsprechende Instruktion: »Als Postillions dürfen nur solche Individuen aufgenommen werden, welche das 18. Lebensjahr zurückgelegt haben, gute Leumundszeugnisse besitzen, gesund und kräftig sind und bereits das Reiten, Fahren und Blasen erlernt haben.«

Die Postkutschen selbst waren in der Regel Eigentum der Postverwaltungen, jedoch hatten auch die Posthalter Wagen bereitzuhalten, um den jeweiligen Bedarf ausgleichen zu können. So setzte man, wenn mehr Fahrgäste sich anmeldeten als Sitzplätze vorhanden waren, oft weitere Wagen, sogenannte Beichaisen ein, die der eigentlichen Postkutsche nachfolgten.

In den Posthaltereien nun wurden die Gespanne entweder gefüttert und getränkt oder ausgewechselt, in diesem Fall wechselte auch der Postillion. Die Passagiere konnten dabei sitzenbleiben oder sich in dem meist zum Poststall gehörenden Gasthof stärken. Ein Austausch der Postkutschen, bei dem dann die Fahrgäste umsteigen mußten und das Gepäck umzuladen war, erfolgte nur in größeren Abständen. Daß dies nicht allzu selten geschah, erforderte der Umstand, daß auch das Wagenmaterial schließlich wieder zum Ausgangspunkt zurückkehren mußte.

Um das Umspannen abzukürzen, meldete der Postillion bereits bei Annäherung an die Poststation durch die Art des geblasenen Hornsignals, ob es sich bei seinem Wagen um die ordinäre oder eine Extrapost handelte und in welchem Umfang neue Bespannung nötig war. Bei vielen Postillionen blieb es nicht beim Blasen solch nüchterner Signale; sie wußten sich mit manchem die eintönige Fahrt verkürzenden Lied ein Trinkgeld zu verdienen. Karl Julius Weber erzählt von dem Nürnberger Poststallmeister Eckart, dem Wirt zum Wilden Mann, der »alle seine Postillions zu Virtuosen bildet, daß es eine Lust ist, mit ihnen durch die Wälder zu fahren«.

Das System der Poststationen – übrigens auch schon fast zwei Jahrtausende vorher im Römischen Reich in gleicher Weise organisiert – brachte es mit sich, daß jeder Postillion und jedes Gespann immer auf den nämlichen Strecken unterwegs waren; zogen sie doch, wenn sie ihre Kutsche in der nächsten Posthalterei übergeben hatten, einen aus der Gegenrichtung kommenden Wagen bei nächster Gelegenheit zurück. So verkehrten Roß und Reiter immer auf vertrauten Wegen, ein Umstand, der vor allem bei Nachtfahrten auf dunklen und schlechten Straßen von unschätzbarem Vorteil war. Wenn nun aus der Gegenrichtung kein Fahrzeug kam, dann ritt der Postillion seine zwei oder vier Rösser alleine zurück. Fand aber eine Extrakutsche am Zielort keine Passagiere für die Rückfahrt, so mußte auch sie wieder leer in den heimatlichen Poststall gebracht werden. Das kam öfters vor, wenn Messen, Märkte oder Feste das Publikum längere Zeit vorwiegend in eine Richtung führten; Weber berichtet einmal von zwanzig Retourkutschen (!), die ihm zwischen Augsburg und München entgegenkamen.

Diese Organisation des Postfuhrwesens galt natürlich nicht nur für die regelmäßig verkehrende ordinäre Post, sondern genauso für die Einrichtung der Extrapost. Wer sich dieser bediente, hatte Anspruch darauf, entweder mit eigenem Wagen oder einer gemieteten Kutsche auf den üblichen Strecken ebenso transportiert zu werden wie die normale Post. Notwendig war aber, daß man rechtzeitig seine Reise bei der zuständigen Postverwaltung anmeldete. Von dieser ging dann mit dem nächsten Wagen ein sogenannter Laufzettel allen Posthaltern entlang der geplanten

Strecke zu, durch den die voraussichtliche Ankunftszeit und die Anzahl der benötigten Pferde übermittelt wurde. Die Verpflichtung der Postmeister, Vorspann bereitzuhalten, endete, sofern der Reisende nicht einigermaßen pünktlich ankam, nach einer gewissen Frist; gewöhnlich waren dies sechs Stunden. Hatte der Extrapost-Reisende auf eine Voranmeldung verzichtet, so mußte er sich gedulden, bis Pferde zur Verfügung standen, wobei er hinter allen Fahrgästen zurückzustehen hatte, für die ein Laufzettel vorlag.

All diese Einzelheiten waren bei den verschiedenen Postdirektionen durch umfangreiche und ins Detail gehende Vorschriften geregelt. Hier wurden aber auch für das Verhalten der Passagiere während der Reise – offensichtlich nicht ohne Grund – Maßregeln gegeben, wie »Das Mitnehmen großer Hunde in den Postwagen ist den Reisenden nicht erlaubt ...« oder: »Das Tabackrauchen ist nur bei verschlossenen Pfeifen und selbst unter dieser Bedingung nur dann gestattet, wenn es mit Genehmigung der ganzen Reisegesellschaft geschehen kann«.

Bei den Posthaltern lagen Beschwerdebücher auf – zumindest sollten sie dies –, in denen der Reisende seinen Unmut loswerden konnte.

Freud und Leid des Passagiers

Was die Vorzüge und Nachteile des Reisens mit der Extrapost betrifft, so stellt sie Reichard in seinem ›Passagier auf Reisen‹ heraus. Über die zweckmäßigste Art, etwa in die französische Hauptstadt zu reisen, schreibt er dort:

»Die wohlfeilste und angenehmste Art, nach Paris zu reisen, ist unstreitig die, daß zwei Bekannte sich verbinden und einen gemeinschaftlichen Bedienten mitnehmen. Sie werden in jedem, nur nicht gar zu schweren Wagen, mit drei Extrapostpferden gefahren.« Dann rechnet Reichard vor, daß bei dieser Personenzahl die Reise mit der ordinären Post, der Diligence, genauso teuer käme. Voraussetzung sei allerdings, daß sich die Reisenden von zu Hause einen ausreichenden

Vorrat an Wagenschmiere mitnähmen, um unbilligen Forderungen der Hausknechte (Garçons) auf den Poststationen zu
entgehen. Als wesentlichen Nachteil des Reisens mit eigener
Extrapost hält der Verfasser fest: »Die Reparaturen an dem
eigenen Wagen. Da ist keine Rettung vor den Prellereien
des Stellmachers und Wagenschmieds. Will man vorher han-
deln, so wird alles nur aufs leichteste gemacht, und das
nemliche Eisen bricht am nemlichen Tage.«

Wesentlich bedeutender sind aber für Reichard die Vorteile der Extrapost: »1. Reiset man bequemer. So großes
Lob auch die französische Diligence im Vergleich mit den
deutschen Postwagen verdient, so ist doch auf einer langen
Reise, in einem engverschlossenen Wagen, worin sich immer
drei Sitze nebeneinander befinden, keine Bequemlichkeit zu
erwarten ... 2. Reiset man schneller. Die Geschwindigkeit,
mit der man auf den französischen Stationen befördert wird,
muß jeden in Erstaunen setzen ... 3. Bleibt man Herr seiner
Zeit und seines Weges. Der Reisende mit Extrapost kann
schlafen, essen wo und wie er will, verweilen, wo er eine
Merkwürdigkeit findet, einen Seitenweg einschlagen, woge-
gen die Diligence ihre festen Ruhepunkte, Nachtlager, Mit-
tagsquartiere hat und sonst nirgends anhält.« Und Reichard
schließt: »Sie ist wie das Schiff seinem Capitaine, so dem
Conducteur unterworfen, und in dieser Hinsicht ein wanderndes Gefängnis zu nennen.« Engverschlossener Wagen,
wanderndes Gefängnis – das sind Charakterisierungen, die
uns immer wieder begegnen und so gar nicht zum unbe-
schwerten Bild einer munteren Postkutschenfahrt über Täler
und Hügel passen wollen. Glaubt man Adolph von Schadens
›Neuestem Post- und Reisehandbuch‹ (1835), so verstärkt
sich dieser Eindruck noch:

»Reisen im Postwagen ermatten ebensosehr den Geist, wie
sie für den Körper schädlich sind. Wer nur ein paar Tage
und eine Nacht im Postwagen gefahren ist, wird zu allen
munteren Gesprächen nicht mehr fähig seyn, und alles, was
um ihn her vorgehet, fängt ihm an gleichgültig zu werden.
Das unbequeme, enge Sitzen, oft bei schwüler Luft, das

langsame Fortrutschen mit phlegmatischen und schlafenden
Postknechten, der oft pestilenzialische Gestanck unsauberer
Reisegesellschafter, das Tobackdampfen und die zotigen,
schmutzigen Reden der ehrsamen, bunten Reisekompagnie
lassen uns bald des Vergnügens satt werden und verursachen
schreckliche Langeweile und gänzliches Übelbefinden in allen Gliedern.« Und das abschließende Fazit: »... ganze Wochen und mehrere Nachtwachen in solcher Gruft zuzubringen, ist eine wahre Galeerenstrafe.« Sicher kein einzelnes
Urteil eines verärgerten Passagiers, war es doch als Warnung
für Reisende gedacht, denen kaum ein anderes Transportmittel zur Verfügung stand. Gleich kommt einem hier der Gedanke an den jungen Mozart. Als dieser 1780 zur Urauffüh-
rung seines ›Idomeneo‹ nach München reisen mußte, schrieb
er nach der nächtlichen Postkutschenfahrt seinem Vater:
»Dieser Wagen stößt einem doch die Seele aus dem Leib
heraus. Und die Sitze. Hart wie Stein!«

Ein weiterer Zeuge ist Therese Devrient, Gattin des
Schauspielers Eduard Devrient. Sie mußte seinerzeit mit ihrem Manne eine Reise von Berlin nach Hamburg machen.
Auch hier fuhr die Kutsche erst am späten Abend ab, in eine
lange Nacht hinein; Therese war beklommen zumute: »Wir
wurden nach der Nummer aufgerufen und setzten uns ein,
ich in die Ecke, Eduard neben mich, außerdem noch vier
Herren, die ich nicht sehen konnte, denn es war stockfinster;
zwei Herren stiegen zum Kondukteur ins Kabriolet, die
anderen in den Beiwagen.« Draußen dann vor dem Posthofe,
solange die Straßen noch ordentlich waren, trieb der Kutscher die Rösser an, daß ihr Hören und Sehen verging:
»... mir wurde ganz übel, und ich würgte voll Verzweiflung
Pfeffernüßchen, Ingwer, Schockoladen und eine Brotrinde
hinunter. Nach und nach gewöhnte ich mich daran, wurde
müde und legte meinen Kopf getrost auf Eduards Schulter.
So verging die erste Nacht leidlich gut.« Der Morgen beginnt
zu grauen. Therese Devrient ist als einzige wach, auch sie
erlebt nun die trägen Stunden der schwindenden Nacht:
»Um mich her schlief alles; ein häßlicher Anblick: Die Köpfe

I
Adolph Menzel
Reisepläne
Gouache 1875
Museum Folkwang, Essen

der Schlafenden, ohne Stützpunkt, baumelten hin und her,
Mützen, Kopftücher waren verschoben, das Haar zerzaust,
ich mußte fortsehen zum Fenster hinaus.«

Reisealltag im Biedermeier? Sicher eine ganz alltägliche
Fahrt von Berlin nach Hamburg. Nikolaus Lenau aber
schrieb damals – wieder der Gegensatz von romantisierender
Phantasie und Wirklichkeit des Alltags – in seinem Gedicht
›Der Postillion‹:

> *... und von flinken Rossen vier*
> *scholl der Hufe Schlagen*
> *die durchs blühende Revier*
> *trabten mit Behagen.*
>
> *Wald und Flur im schnellen Zug*
> *kaum gegrüßt – gemieden*
> *und vorbei, wie Traumesflug,*
> *schwand der Dörfer Frieden.*

Da wußte Heinrich Heine schon besser um die Realitäten
des Reisens. 1842 fährt er von Paris aus nach Hamburg,
Mutter und Schwester noch einmal zu sehen. Die Eisenbahn
verkehrt erst auf wenigen und kurzen Strecken, so bedient
er sich für das Unternehmen ausschließlich der Postkutsche.

Sein Gedicht ›Deutschland. Ein Wintermärchen‹ ist nicht
nur eine Abrechnung mit der ihm die offizielle Anerkennung
verweigernden Heimat, es bietet auch manches Detail der
Umstände der Reise:

> *Von Cölln bis Hagen kostet die Post*
> *fünf Taler sechs Groschen Preußisch.*
> *Die Diligence war leider besetzt*
> *und ich kam in die offene Beischais.*
>
> *Ein Spätherbstmorgen, feucht und grau,*
> *im Schlamme keuchte der Wagen;*
> *doch trotz des schlechten Wetters und Wegs*
> *durchströmte mich süßes Behagen!*
>
> *Das ist ja meine Heimatluft!*
> *Die glühende Wange empfand es*
> *und dieser Landstraßenkot, er ist*
> *der Dreck meines Vaterlandes!*

Bei einer Nachtfahrt hinter Detmold passiert es dann:

> *Im nächtlichen Walde humpelt dahin*
> *die Chaise. Da kracht es plötzlich –*
> *ein Rad ging los, wir halten still,*
> *das ist nicht sehr ergötzlich.*

Sicher kein Einzelfall! Johanna Schopenhauer, die Mutter des Philosophen, berichtet von einer Fahrt durch Westfalen: »Schritt für Schritt krochen die Pferde vorwärts, bis endlich unser Wagen es müde wurde. Ein heftiger Stoß, ein lauter Krach, und da lagen wir, mit einer zerbrochenen Achse bei einbrechender Nacht und heftig strömenden Regen mitten im Wege.«

Gestürzte Pferde, gebrochene Deichseln und Räder, zerrissenes Geschirr und umgeworfene Kutschen – Reisealltag im Biedermeier. Ursache war neben den Mängeln des Wagenmaterials der schlechte Zustand der Straßen ohne Unterbau und mit ausgefahrenen Spurrinnen. Im bayerischen Landtag wird 1837 Klage geführt, daß eine neue Postkutsche bei nur dreimaliger Fahrt von München nach Aschaffenburg zugrunde gerichtet wurde. Der hier anklagt, ist der kgl. bayerische Abgeordnete Georg Stöcker aus Langenfeld, als dortiger Posthalter mit der Materie wohl vertraut: »Zwischen Nürnberg und Würzburg ist die Straße teilweise so schlecht, daß ein Eilwagen erst in diesem Jahr mitten im Geleise umgeworfen worden ist. Es liegen in dieser Sache Protokolle bei der Generalpostdirektion, die von dem Kondukteur und den Passanten unterzeichnet sind und die aussagen, daß der Postillion nicht aus dem Geleise gefahren ist, folglich nicht aus Nachlässigkeit umgeworfen hat, sondern daß rein die tiefen Löcher in der Straße daran schuld waren.«

Solch üble Straßenabschnitte mußten freilich mit möglichst hoher Geschwindigkeit durchfahren werden, nur so bestand Aussicht, mit voller Kraft durch Schlamm und Kot wieder auf sicheren Boden zu gelangen. Das ging aber nur mit äußerstem Einsatz der Pferde. Stöcker: »Man muß einen Eilwagen im Trab durch den tiefen Kot der Straße fahren

sehen, wie die armen Tiere keuchen und schwitzen und nicht
mehr weiter können, und wie der Postillion mit aller Macht
mit der Peitsche auf sie einhaut. Ein Stein möchte sich darüber erbarmen.«

Die Postkutsche

Das Konstruktionsprinzip der Wagen – Kastenaufbau, zwei
Achsen, davon die vordere drehbar und beide durch einen
Langbaum verbunden, Mitteldeichsel oder Gabeldeichsel –
war schon im Altertum gebräuchlich und hatte bis ins Mittelalter hinein wenig Fortschritte erfahren. Die Kelten kannten
schon die Drehachse, bei den Römern waren an Ketten oder
Riemen aufgehängte Wagenkästen bekannt, bezeichnenderweise nannte man sie ›carruca nutans‹, also Schaukelwagen.
Während des ersten Jahrtausends kamen keine weiteren Fortschritte hinzu, das späte Mittelalter brachte aber die Einführung wesentlicher Verbesserungen, wie den Radsturz, bei
dem durch eine Senkung der Achsenden eine Schrägstellung
der Räder erreicht und damit deren Wackeln auf der Achse
vermieden wurde. Auch das Rad selbst erfuhr Verbesserungen, wie den Speichensturz, das ist die Schrägstellung der
Speichen gegenüber der Nabe, wodurch sich ein besseres
Auffangen seitlicher Stöße durch die Räder erreichen ließ.
Eine weitere Erhöhung des Reisekomforts konnte man aber
nur schaffen, wenn es gelang, den Wagenkasten und damit
die Passagiere einigermaßen vor den Unebenheiten der
Wege und Straßen zu schützen. Man ging dabei nun den
gleichen Weg wie die Römer und hing die Kästen an Seilen
oder Stricken auf. Mal waren diese quer zur Fahrtrichtung
gespannt und an Holmen befestigt, die auf der Achse saßen,
mal hängte man den Kutschkasten an längslaufende Riemen.
Um 1730 wurden dann in England Stahlfedern entwik-
kelt, aus vier bis zwölf einzelnen Federblättern bestehend,
die zusammengefaßt und vorgebogen wurden. Meist geschah dies in Form eines lateinischen C, woher sich dann der
Name C-Federn einbürgerte. Mit dem unteren Bogen saßen

diese Federn über der Achse, während am oberen Ende die Riemen befestigt waren, an denen der Wagenkasten hing. Wohl konnten durch diese Federung die gröbsten Stöße der Straßen aufgefangen werden, doch führte das nun unvermeidliche Schaukeln und Schwingen der Kutsche zu weiteren Unannehmlichkeiten für die Fahrgäste. Später, im 19. Jahrhundert, setzte man den Kasten unmittelbar auf elliptische Federn, die als doppelte Blattfedern über den Achsen befestigt waren.

Wesentliche Unterschiede gab es je nach dem Zwecke der Nutzung bei den Aufbauten der Wagen. Die Reisekutschen – das Wort Kutsche kommt übrigens vom ungarischen ›kocsi‹ – wurden in der Regel als sogenannte Berlinen gebaut. Hier waren quer zur Fahrtrichtung zwei Sitzbänke eingebaut, auf denen jeweils drei Passagiere Platz fanden, die sich also gegenübersaßen. Der Zugang war durch zu beiden Seiten angeordnete Türen möglich, die im oberen Teil Fenster besaßen und so eine Belichtung und Belüftung des Inneren erlaubten. Diese Fenster waren anfangs mit Ledervorhängen versehen, die aufgerollt oder zurückgeschlagen werden konnten. Später wurden sie verglast; die Scheiben saßen dann in Rahmen, die bei Bedarf nach unten versenkt werden konnten – eine Konstruktion, die im Waggonbau der Eisenbahn noch lange Verwendung fand. Manchmal war dem Wagenkasten hinten noch ein zweites Abteil mit nur einer Sitzbank angefügt, dessen drei Reisende in Fahrtrichtung saßen. Oft war dieses Cabriolet erhöht und nach vorne offen, so daß hier der beste Ausblick war. Ein solcher Anbau konnte sich auch über dem Sitz des Conducteurs an der Vorderfront befinden, im Winter eine zugige und kalte Sache. Schließlich gab es bei den englischen mail coaches noch die Möglichkeit, auf dem Dach der Kutsche zu thronen – Dickens läßt den jungen David Copperfield so in die Welt hinausfahren. All diese zusätzlichen Sitzmöglichkeiten konnten nur über gewagte Tritte und Treppchen erreicht werden; kein Wunder, daß für Damen darum nur das Innere der Kutsche schicklich war. Auch dort war es im Winter natürlich empfindlich

Vierspänniger Reisewagen, Aquarell von A. von Kloeber, 1810

kalt; Börne schreibt, daß zum Wärmen der Füße wenigstens
Stroh auf dem Boden des Postwagens aufgeschüttet worden
war. Fuhr man mit Extrapost oder eigenem Wagen, dann
konnte man sich gegen die Kälte mit Kohlebecken helfen,
in die auf den Stationen frische Glut eingefüllt wurde; dieses
einfache, oft übelriechende Heizinstrument war auch in den
ersten Jahrzehnten der jungen Eisenbahn das einzige Mittel,
sich zu wärmen. Für die Beleuchtung des Weges sorgte
schließlich das Licht von zwei Laternen, die vorne rechts
und links am Wagenkasten angebracht waren. Der Schein
ihrer Kerzen wurde durch Spiegel nach vorne und zur Seite
gerichtet, sicher keine fürstliche Beleuchtung. Sie mochte
aber angehen, weil ja Pferde und Kutscher in der Regel
immer auf der gleichen, wohlvertrauten Strecke fuhren.

Wer einen eigenen Reisewagen besaß, der konnte sich
diesen natürlich nach seinen persönlichen Bedürfnissen zurichten. Einer der großen und leidenschaftlichen Reisenden
der Zeit war Fürst Pückler-Muskau, dem seine Mittel es
erlaubten, die Kunst des Reisens in Perfektion auszuüben.
Als er 1826 für zwei Jahre nach England reist, erwirbt er

einen »bequemen, englischen Wagen«, denn, so schreibt er
in seinen ›Briefen eines Verstorbenen‹, »... ich thue mir überhaupt etwas darauf zu Gute, das Reisen in gewisser Hinsicht
besser als Andere zu verstehen, nämlich die größte Bequemlichkeit, wozu auch das Mitnehmen der möglichsten Menge
von Sachen gehört, mit dem geringsten Embarras und Zeitverlust zu verbinden zu wissen«. Pückler hatte in seiner Kutsche eine Vielzahl von Behältern und Fächern, die es ihm
erlaubten, all sein Gepäck im Inneren und verschlossen mitzunehmen. »Ehe ich in Dresden einpackte, glaubte man ein
Warenlager in meinen Stuben zu sehen. Jetzt ist alles in
den vielfachen Behältnissen des Wagens verschwunden, ohne
diesem jedoch ein schweres, überladenes Ansehen zu geben,
das unsere Postillione so leicht erschreckt und unseren Gastwirten einen auf der großen Tour Befindlichen anzeigt. Jede
Sache ist bei der Hand und dennoch wohl gesondert, so daß
im Nachtquartier angekommen, in wenigen Minuten das
häusliche Verhältnis in dem fremden Ort schon wieder her-
gestellt ist.« Da der Fürst ja allein fuhr, konnte er es sich auch
auf den Nachtfahrten bequem machen. Sein Wagen war
zum Schlafen eingerichtet: Eine Leselampe sorgte für Licht,
Federung und Polsterung waren vorzüglich; so finden wir
in seinem Reisebericht immer wieder Sätze wie: »... Gleich
darauf machte ich meine Nachttoilette und legte mich im
Wagen behaglich zur Ruhe«. Ein andermal durchfährt er in
einer Winternacht in England die Strecke von Birmingham
nach Chester (19 deutsche Meilen in 13 Stunden, schreibt er
stolz), »... hatte die Leselampe im Wagen angezündet, und
durchlief behaglich den neuesten Roman der Lady Morgan,
während wir im Galopp in der Ebene dahinrollten.« Über
solchen Luxus konnte nun aber der gewöhnliche Reisende,
der sich der ordinären Post bediente, nicht verfügen; er
mußte sich oft tagelang all den Mühseligkeiten einer Fahrt
über die endlosen Landstraßen unterwerfen.

Was nun das Gepäck der Passagiere betraf, so war aus
verständlichen Gründen bei der gewöhnlichen Post eine Einschränkung unumgänglich. Da die knappen Abmessungen

der Kutschen eine Mitnahme im Inneren der Kabinen nicht zuließen, blieb also nur das Dach des Wagens oder manchmal auch eine Ablage an der Rückfront. Da war aber der Platz sehr beschränkt, da ja bis zur Einführung der Eilpost auch noch Brief- und Paketpost sowie sonstiges Stückgut mitgenommen werden mußte. Die Wertsachen und Bargeld hatte der Conducteur freilich auf dem Bock bei sich. Wegen des beengten Raumes führten also die Postverwaltungen Gewichtsbegrenzungen für das Passagiergut ein, die von zehn Pfund in den östlichen Provinzen Preußens bis vierzig Pfund bei der kgl. bayerischen Post oder gar fünfzig Pfund in Oldenburg reichten. Wer sich der Extrapost bediente und dabei seinen eigenen Wagen nahm, hatte natürlich viel mehr Spielraum; allerdings konnte ihm bei umfangreicher Bagage der Vorspann eines weiteren Pferdes, das natürlich zusätzlich kostete, abverlangt werden.

Bei privaten Reisewagen baute man für die Aufnahme des Gepäcks sogenannte Vachen (vom französischen ›la vache‹ – die Kuh) ein, das waren fest mit der Kutsche verbundene Behälter aus Leder oder Korbgeflecht, die auf dem Dach montiert wurden. Reichard, der in seinem Handbuch auch hier die genauesten Empfehlungen gibt, warnt davor, diese Vachen zu schwer zu beladen: »Eine zu schwere oder zu hohe Vache ist äußerst gefährlich; der Wagen bekommt leicht das Übergewicht und wirft um.«

Für ganz unentbehrlich hält er aber eine Reiseschatulle, »eines der nothwendigsten Reisemeubles für den, der Platz dazu hat«. Auch solle man Schrauben mit sich führen, um den Behälter für Wertsachen am Wagen, aber auch im Gasthause jederzeit sicher anschrauben zu können, letzteres sicher zur großen Freude der Gastwirte.

Kein billiges Vergnügen

Wenn nun das Reisen mit der Postkutsche den meisten Zeitgenossen als beschwerliches und nur bei dringender Veranlassung notwendiges Unternehmen galt, so war es noch dazu nicht billig, mißt man es am Einkommen der breiten Masse. Eine Fahrt mit der ordinären Post von München nach Nürnberg etwa kostete 1821 acht Gulden, eine pauschale Summe für diese vielgefahrene Strecke; der übliche Tarif war je Meile 24 Kreuzer. Dadurch wäre der normale Tarif bei einer Strecke von 24 Meilen eigentlich 9 Gulden und 36 Kreuzer gewesen, der Nachlaß betrug also rund 20 Prozent. Wesentlich komplizierter war die Errechnung der Kosten bei Benützung der Extrapost. Nehmen wir an, es hätten sich zwei Bekannte für diese Reise zusammengetan und über einen eigenen Wagen verfügt, so ergibt sich folgende Addition: Je Station – es waren auf der über Ingolstadt und Neumarkt führenden Route zwölf – und je Pferd waren 1 Gulden und 30 Kreuzer zu entrichten, dazu kam an Trinkgeld für den Postillion 40 Kreuzer sowie eine kleine Einschreibgebühr. Außerdem mußte der Wagen an jeder Station geschmiert werden; brachten unsere Reisenden eigenes Schmierfett mit, so kamen sie mit einem Schmiergeld von 6 Kreuzern davon. Dieser Rechnung ist nun unterstellt, daß die beiden sich mit einer kleinen Kalesche begnügten und somit nur zwei Pferde benötigten; bei größerem Wagen und einem Vorspann von vier Pferden hätten sich sonst etwa doppelte Kosten ergeben. Rechnet man nun die einzelnen Beträge zusammen, so kommt man je Station auf 3 Gulden und 46 Kreuzer (der Gulden hatte 60 Kreuzer) und somit für die Strecke München–Nürnberg auf nicht weniger als 45 Gulden und 12 Kreuzer, das sind 22 Gulden und 36 Kreuzer für jeden Reisenden. Reisen mit der Extrapost kam also fast dreimal so teuer als die Fahrt mit der gewöhnlichen Kutsche! Hätten nun die mit Extrapost Reisenden statt des eigenen Wagens sich einer Postchaise bedient, so wären hierfür nochmal vier Gulden für jeden angefallen.

Nun sagen diese Summen nicht allzuviel, solange man sie nicht auf heutige Währungsverhältnisse umrechnet. Ganz allgemein kann man einen Gulden dieser Zeit mit fünfzehn bis zwanzig DM ansetzen; freilich nur ein annähernder Wert, da sich die Preise etwa für Wohnen oder Lebensmittel wie auch die Einkommen in den vergangenen 165 Jahren jeweils verschieden entwickelt haben. Halten wir uns an diesen Maßstab eins zu fünfzehn, so hätte also der Fahrgast auf der gewöhnlichen Post damals (1821) für die Reise von München nach Nürnberg um die 120 DM ausgeben müssen, mit der Extrapost und unter den genannten Umständen wären es bei eigenem Wagen rund 340 DM gewesen, mit einer Postchaise gar 400 DM! Gegen 1830 wurde auch auf dieser Strecke die Eilpost eingeführt; während man vorher noch rund 40 Stunden unterwegs war, ging es jetzt in 23, allerdings hatte sich der Fahrpreis umgekehrt entwickelt: Er betrug nun 13 Gulden und 20 Kreuzer, also etwa 200 DM.

Ganz anders war die Rechnung, wenn sich jemand auf eine längere Reise machte; etwa mit dem eigenen Wagen für mehrere Monate ins Ausland fuhr, um das zu unternehmen, was wir heute eine Vergnügungs- oder Bildungsreise nennen würden. Da kamen zu den Aufwendungen für Transport noch die Kosten für Unterkunft und Verpflegung und, wenn man von Stand war, die Ausgaben für einen Bedienten.

Ein uns Unbekannter machte eine solche Fahrt im Jahre 1835. In seinem Reisehandbuch führte er genaue Eintragungen über alle Ausgaben einer achtmonatigen Bildungsreise durch Frankreich, die ihn von Erbach im Odenwald (es kann angenommen werden, daß es sich um einen Angehörigen der gräflichen Verwaltung handelte) über Straßburg, Lyon, Marseille, durch die Pyrenäen, nach Paris und wieder zurück nach Erbach führte. Am Ende seiner exakten Auflistung kommt der Reisende einschließlich der Kosten für seinen Diener und mit einer gewissen Reserve auf Ausgaben von 3192 Gulden, also etwa 48 000 DM für die acht Monate quer durch Frankreich. Zum Schluß zieht er auch noch die Mittel ab, die er gebraucht hätte, wäre er zu Hause geblieben und bringt hierfür 2 Gulden täglich in Anschlag.

Postillione, Hauderer und Vetturini

Heutzutage pflegen wir die Fahrer der großen Lastzüge Kapitäne der Landstraße zu nennen, seinerzeit kam dieses Prädikat zweifelsohne den Postillionen zu, die stolz zu Roß oder vom hohen Bock herab sommers wie winters ihren Wagen kutschierten. Sie waren keine Angestellten der Postverwaltungen, sondern gehörten zum Gesinde des Posthalters. Die bunte Uniform allerdings wurde ihnen von der Direktion gestellt – in Bayern etwa blauer Rock mit silbernen Litzen, weiße lederne Hosen und schwarzer, steifer Hut. An Sonn- und Feiertagen wie auch beim Fahren hoher Herrschaften zierte den Hut ein weißblauer Federbusch, auch wurden dann hirschlederne, weiße Handschuhe getragen. Auch das Posthorn mit Kordel bekam der Postillion gestellt; tat sich einer besonders hervor, so konnte ihm gar eine Ehrentrompete verliehen werden.

Der Postillion bezog kein festes Gehalt, sein Einkommen richtete sich nach den Poststationen, die er mit seinem Gespann zurücklegte. Allzuviel war das nicht; der kgl. bayerische Abgeordnete Stöcker berichtet 1835 dem Landtag: »Die Postillione sollten auch besser bezahlt werden. Sie bekommen 18 Kreuzer für die Fahrt, die Station mag 4, 5 oder 6 Stunden lang sein, der Wagen mag mit 2, 3 oder 4 Pferden bespannt sein. Versäumen sie von ihrer Zeit nur einige Minuten, so bekommen sie gar nichts und haben also oft beim schlechtesten Weg und Wetter, wo man keinen Hund hinausjagt, den Weg umsonst, ohne Bezahlung gemacht.« 18 Kreuzer für die Fahrt, zwei solche Stationen konnte ein Postillion am Tag vielleicht machen, das gab dann einen Tageslohn von 36 Kreuzer. Rechnet man 300 Arbeitstage, so ergibt sich ein Jahreseinkommen von rund 200 Gulden; – wen wundert es, daß zusätzliche Trinkgelder sehr begehrt waren. Solche zu fordern oder gar nur anzunehmen war aber nicht überall erlaubt. Als man in Preußen die Eilpost einführte, wird den Postillionen bei Strafe das Annehmen von Trinkgeldern untersagt. In Berlin drückt Heine einmal einem Kutscher

beim Aussteigen ein Zwölfgroschenstück in die Hand; dieser
wehrt ab: »Seit zwanzig Jahren bin ich Postillion und bin
ganz an Trinkgelder gewöhnt und jetzt auf einmal wird uns
von dem Herrn Oberpostdirektor bei harter Strafe verboten,
etwas von den Passagieren anzunehmen; aber das ist ein
unmenschliches Gesetz, kein Mensch kann ein Trinkgeld
ablehnen, das ist gegen die Natur!« Und so finden wir in
dem Deutschen Postalmanach auf das Jahr 1844 die sieben
Bitten eines Postillions aufgezeichnet, von denen die fünfte
lautet: »Herr! Der Du das Herz und die Bestimmung eines
Menschen kennst, laß meine Extra-Post-Passagiere keinem
Verein der Mäßigkeit angehören, auf daß sie die Gelder
des Trinkens nicht nach ihrem eigenen Durst berechnen!«
Baedeker allerdings, der durchaus kein Freund reichlichen
Trinkgeldgebens war und deshalb die Reisenden immer wieder vor unnützen Ausgaben in dieser Hinsicht warnte, schloß
dabei auch die Kutscher mit ein: »Der Postillion wird vielleicht ein kleines Trinkgeld besonders fordern, da er indes
nicht langsamer als vorgeschrieben fahren darf, so wird
durch Verabreichung eines besonderen Trinkgeldes kaum
eine Beschleunigung erreicht.«

Etwas besser kamen die Kutscher bei Fahrten mit Extrapost weg; hier wurde ihre Entlohnung nach der Anzahl
der Pferde bestimmt, die jeweils vorgespannt waren. Im
Königreich Württemberg etwa, wo die Thurn- und Taxis'-
sche Post verkehrte, bekam der Postillion für die sogenannte
Post – das waren zwei Meilen – 40 Kreuzer, wenn zwei
Pferde angeschirrt waren; bei einer schweren Kutsche, die
von vier Pferden gezogen werden mußte, standen ihm sogar
für diese Strecke 60 Kreuzer, also ein Gulden, zu.

Für die Knaben im Biedermeier war der Postillion, allen
Widrigkeiten zum Trotz, sicher ein Traumberuf. Es müssen
ja auch wetterfeste Kerle gewesen sein, die da jahraus, jahrein
bei Tag und Nacht ihre Strecke abfuhren und so für die
Menschen beiderseits der Chausseen zum vertrauten Alltag
gehörten. Washington Irving hat uns das Porträt eines Postillions der Royal Mail, der kgl. britischen Post, überliefert,

wie er nach langer Fahrt über Land in der Poststation ankommt: »... an dem Orte, wo die Pferde gewechselt werden, wirft er die Zügel mit einer gewissen Art von sich und überläßt dem Hausknecht die Sorge für die Tiere, da es sein Amt ist, von einer Station nach der anderen zu fahren. Wenn er vom Bock gestiegen ist, steckt er die Hände in die Taschen seines Überrocks und wiegt sich auf dem Hofe mit einer wahren Herrschermiene umher. Hier umgibt ihn gewöhnlich ein bewundernder Haufen von Hausknechten, Stalljungen, Schuhputzern und jenen namenlosen Anhängseln, welche Gasthöfe und Schenken belagern. Diese betrachten ihn alle wie ein Orakel, speichern sich sorgfältig seine Kunstausdrücke auf, wiederholen seine Aussprüche und bemühen sich vor allem, sein Äußeres und seine Haltung nachzuahmen. Jeder Lump, der nur einen Rock auf dem Leibe hat, steckt seine Hände in die Taschen, wiegt sich bei seinem Gange, spricht in Kunstausdrücken und ist ein Kutscher im Embryo!«

Den dienstbaren Geistern auf den Poststationen, den Hausknechten und Stalljungen, oblag nicht nur das An- und Abschirren der Pferde, das Füttern und Tränken, sondern auch eine weitere wichtige Aufgabe – das Schmieren der Kutschen. Eine begehrte Arbeit, war hierfür doch ein Schmiergeld zu bezahlen. Es blieb aber auch ein Punkt ewigen Streites mit den Passagieren, wurde um dieses Schmiergeldes willen doch allzu oft dabei übertrieben. Als auf einer Poststation in Bayern der dänische Schriftsteller Per Atterbom den Übereifer eines dienstbaren Geistes beklagt, entgegnet dieser: »Sehen Sie, mein Herr! Schmiergeld ist mein Fach, ist es nun mal, sag ich, und nun darf ich nicht schmieren! Ist das billig? Jeder tue als ein redlicher Bürger, was seines Amtes ist! Der Teufel hole die Leute, die kein Fach haben!« So verwundert es nicht, daß in den Reisehandbüchern immer wieder empfohlen wird, selbst eigenes Schmierfett mitzuführen, da so der Preis für das Schmieren gemindert werden konnte.

Im Jahre 1821 führte dann Karl Ferdinand von Nagler in

Preußen die Eilpost ein; die übrigen Postverwaltungen folgen bald, und schon 1830 bestimmen in den deutschen Staaten die Kutschen der Schnellpost das Postfuhrwesen. Voraussetzung für diese Neuerung war der Ausbau eines Straßennetzes, das in der Ebene durchwegs ein Fahren im Trab erlaubte, und die Verbesserung des Wagenmaterials, vor allem der Federung der Kutschen. Wichtigste Änderung aber war die Trennung von Personen- und Gütertransport. Hatten bis dahin die Postwagen neben den Fahrgästen auch Brief- und Gepäckpost transportieren müssen, so wurden jetzt für diese Aufgabe besondere Wagen eingesetzt. Es waren das auf den wichtigen Strecken die Packwagen; auf Nebenlinien fuhren ein- oder zweispännig die Karriolposten, die auf dem Kutschbock auch einen einzelnen Passagier mitnehmen konnten. Da ihnen vor allem die Briefpost anvertraut wurde, hießen sie in manchen Gegenden auch Brieffelleisen. Durch die Eilpost wurde nun die Reisegeschwindigkeit fast verdoppelt; statt der bis dahin üblichen vier bis fünf Kilometer je Stunde waren es nun stolze acht oder zehn. Die Zeitgenossen waren von diesem Fortschritt sehr angetan. Reichards Metapher vom Eilpostfliegen wurde schon erwähnt. Die zwei oder drei Jahrzehnte vor 1850 wurden so die Blütezeit der Postkutsche, dann allerdings ordnete der Ausbau des Eisenbahnnetzes ihr mehr und mehr nur noch die Rolle eines Zubringerdienstes zu.

Nun gab es neben den Wagen der Eilpost oder dem Fahren mit Extrapost noch eine weitere Möglichkeit, mit Pferd und Wagen zu reisen. Es waren dies die Lohnkutscher, in Süddeutschland auch Hauderer genannt. Sie waren meist in den größeren Städten stationiert und boten sich an, den Reisenden allein oder in Gesellschaft zu einem gewünschten Ziel zu bringen, das auch mehrere Tagesreisen entfernt liegen konnte. Die Hauderer legten Tagesetappen bis zu acht und mehr Meilen zurück; dabei waren natürlich längere Pausen einzuschalten, um den Pferden, die ja nicht gewechselt werden konnten, Zeit zur Erholung zu geben. Da die Nacht jeweils im Gasthof verbracht werden mußte, war solches

Reisen zwar bequemer als das Tag und Nacht durchgehende
und ermüdende Fahren mit der Eilpost, dagegen waren der
Schnelligkeit Grenzen gesetzt und die Reisekosten der Über-
nachtungsgelder wegen höher zu veranschlagen. Bei der
Auswahl des Lohnkutschers galt es manches zu beachten,
vor allem die Güte des Fuhrwerks; sonst mochte es einem
ergehen, wie dem Vater Wilhelm von Kügelgens, Verfasser
der ›Jugenderinnerungen eines alten Mannes‹. Vater Kügelgen wollte mit seiner Familie nach dem Ende des Befreiungs-

krieges von Thüringen nach Dresden zurückkehren und vertraute sich einem Gelegenheitskutscher an: »Sehr einladend sah die Gelegenheit nicht aus. Der Wagen von unbeschreiblichen Proportionen hing altersschwach und lahm in seinen Federn, die Schläge waren mit Bindfaden befestigt und die harteingetrockneten Fensterläden weder einzuknöpfen noch zurückzuschnallen. Die Pferde standen da mit tiefgesenkten Häuptern, dem Anschein nach halb schlafend oder tot, und niemand konnte begreifen, wie sie nur bis hierher gelangt waren. Aber seine Pferde wären gut, sagte der Kutscher, begrüßte jedoch jeden Koffer, der ihm zugetragen wurde, mit schweren Seufzern.« Als nun die Familie Kügelgen glücklich eingestiegen ist, kommt zuletzt noch Rose, ihr Mädchen. »Sie hatte, um sich vor Kälte und ihre Siebensachen vor dem Verderben des Einpackens zu schützen, alles auf den Leib gezogen, was sie an Wäsche und Kleidern besaß und sah wie das Heidelberger Faß aus. Der Kutscher hatte jeden Einsteigenden im Geiste gewogen und zu schwer befunden. Als er aber dieses Ungeheuers von Mädchen ansichtig wurde, tat er einen schauderhaften Fluch und schwur, es solle ihn dieser und jener holen, wenn er sie in den Wagen ließe.« Vater Kügelgen platzt die Geduld, er schickt Kutscher und Wagen fort und hat das Glück, daß eine Freundin der Familie für die Heimreise ihren eigenen Wagen zur Verfügung stellt.

Neben der Beschaffenheit des Wagens tat der Reisende auch gut zu prüfen, ob der Lohnkutscher die gewünschte Strecke kannte und welche Gesellschaft sich für die Fahrt sonst noch angemeldet hatte. Empfohlen ward daneben, darauf zu dringen, daß in der vereinbarten Entlohnung alle möglichen Nebenkosten eingerechnet waren: »Man übernehme nie fürs Futter zu sorgen, sondern akkordiere dieses, sowie die Stations-, Schmier-, Weg-, Chaussee-, Geleitegelder mit in die Hauptsumme ein. Bei der Eindingung der Kost des Fuhrmanns gewinnt man aber nichts, denn er wird sich immer auf des Reisenden Konto mit durchessen.«

Waren nun alle diese Dinge geprüft und für in Ordnung

befunden, so war es ratsam, eine entsprechende schriftliche Vereinbarung zu treffen. Nach deren Unterzeichnung hatte der Reisende dann Anspruch auf die Stellung einer Kaution durch den Hauderer. »Als Besiegelung desselben ist es üblich, ein Hand- oder Draufgeld (Caparra) zu nehmen.« Caparra ist die Bezeichnung für dieses Handgeld im Italienischen, sie hatte sich in Süddeutschland eingebürgert; wohl von Reisenden, die aus Italien zurückkehrten, mitgebracht. Italien war ja so recht das Land der Lohnkutscher, der Vetturini; dort eine Institution, ohne die der Reisende schlecht auskommen konnte. Einmal, weil in den italienischen Staaten das offizielle Postfuhrwesen nicht auf der Höhe der deutschen oder gar der französischen und englischen Posten war, zum anderen mochte es sicher auch ratsamer sein, sich im fremden Land einem Vetturin anzuvertrauen, der – im Umgang mit Ausländern gewohnt – sprachkundig war und sich auch um die Beköstigung und Übernachtung seiner Passagiere kümmerte. Ernst Förster gibt in seinem ›Handbuch für Reisende in Italien‹ (München 1842) genaue Empfehlungen, wie man sich bei der Vereinbarung des Entgeldes gegen Übervorteilung schützen könne. Er rät aus eigener Erfahrung: »Ehe man unterhandelt, thut man wohl, den Reisewagen sich zeigen zu lassen, die einzelnen Punkte der zu erzielenden Übereinkunft: Reiseziel, Reisezeit, Platz oder Plätze im Wagen anzugeben, nach etwaiger Gesellschaft und sodann nach dem Preis zu fragen. Da man nun gewöhnlich eine sehr große Forderung zuerst vernimmt, so ist es, um nicht unnütz Zeit zu verlieren, rathsam, dem durch ein Anerbieten zuvorzukommen … nur thue man kein zu kleines Gebot; denn, wenn es auch hin und wieder gelingt, so wird man doch in den meisten Fällen aufsitzen. Auch glaube man nicht, durch Finten, wie vorgegebene Gleichgültigkeit, über die Zeit der Abreise, etwas zu gewinnen. So viel Takt hat jeder Vetturin, daß er dem Reisenden auf der Stelle ansieht, ob er fort will oder nicht. Mich hat Offenheit immer am besten und schnellsten zum Ziel geführt.« Und Förster schließt: »Das gewöhnliche Siegel auf den Vertrag ist das

Draufgeld (Caparra) des Vetturins, und man muß sich hüten, es vor völliger Übereinstimmung anzunehmen; es bindet beide Theile.«

Etwa ab 1840 wurden von den Lohnkutschern in Süddeutschland, vor allem in Tirol, auch größere Fahrzeuge eingesetzt, sogenannte Stellwagen. Bei diesen saßen die Passagiere auf zwei, in Längsrichtung angeordneten Bänken; die Kutschen waren nach allen Seiten offen, da das Dach lediglich auf Pfosten ruhte. Der Wagen wurde von der Rückseite her betreten; insgesamt konnte er zehn bis zwölf Fahrgäste aufnehmen. Vorne hatten noch zwei weitere Reisende in einem Coupé Platz – die beiden begehrtesten Sitze, für die es ratsam war, sich rechtzeitig einzuschreiben. Noch 1856 machte die Wienerin Ida Pfeiffer eine Stellwagenfahrt von Salzburg nach München, Beginn ihrer dritten und letzten Weltreise. Die Strecke von Wien nach München war damals als eine der letzten Hauptverbindungen noch nicht durch die Eisenbahn erschlossen. »Von Salzburg fuhr ich mit dem Stellwagen nach München. Diese Art zu reisen gehört wohl von jeher nicht zu den angenehmsten, ist aber nun seit Erfindung der Eisenbahnen wirklich unerträglich geworden. Zusammengepreßt gleich Negern in einem Sclavenschiffe trieben wir uns auf dieser kleinen Strecke [19 deutsche Meilen] zwei ganze Tage umher.« Ida Pfeiffer war nun wirklich keine Frau von Ansprüchen, hatte sie doch unter größten Entbehrungen mehrere Weltreisen allein unternommen, für eine Frau damals ein ganz ungewöhnliches Unterfangen.

Als sogenannte Gesellschaftswagen wurden solche Fahrzeuge auch gerne an Sonn- und Feiertagen zu Ausflügen verwendet; bekannt sind die ›Kremser‹, benannt nach dem Berliner Hofrat gleichen Namens, der sie anfangs für die Verbindung zu den Vororten der preußischen Hauptstadt, später auch bei Landpartien, den ›Kremserfahrten‹, einsetzte.

Bei den Fahrten mit Lohnkutschern konnte sich ein Problem ergeben, das bei den Postkutschen nicht auftrat. Während dort bei großen Steigungen der Strecke der zuständige Posthalter für diesen Abschnitt eben mehr Pferde als Aus-

gleich anspannen ließ, war der Hauderer auf sein eigenes
Gespann angewiesen. Er mußte sich für die Fahrt bergauf
im letzten Dorf vor dem Paß zusätzlichen Vorspann nehmen.
Zu diesem Zweck hielten dort die Bauern Pferde bereit, eine
begehrte Nebeneinnahme. Da wurde die Gelegenheit schon
mal zu saftigen Forderungen ausgenutzt – Laube spricht
von ihnen als «Wegelagerern und geborenen Feinden der
Reisenden». Da mit dem Bau besserer Bergstraßen auch
die Steigungen verringert werden konnten, meint er noch
schadenfroh: »Von ihnen und ihrem Anhange wurden die
Kunststraßen ebenso schnöde begrüßt, wie die Eisenbahnen
heute von Wirtshäusern und Lohnfuhren angefeindet werden. Es gibt eben keinen Fortschritt, der nicht damit anfängt,
Wunden zu schlagen.« Ging es dann bergab, so waren die
Rösser oft nicht in der Lage, sich der Last des Fuhrwerks
entgegenzustemmen. Hier mußten Hemmschuhe den Rädern vorgelegt werden, eisenbeschlagene Holzklötze, die
während der Fahrt mit Ketten an der Kutsche hingen. Mit
Schildern wurde oft rechtzeitig auf die Notwendigkeit, ein-
zuhemmen, hingewiesen, meist geschah dies durch die Abbildung eines Hemmschuhs. Bremsbacken, die durch Kur-
beln angezogen werden konnten und wie wir sie von den
Pferdefuhrwerken unserer Landwirte her noch kennen,
konnten sich dann erst in der zweiten Hälfte des Jahrhunderts
durchsetzen.

Diligence und Mallepost

In den einzelnen Staaten Mitteleuropas war das Postfuhrwesen meist auf gleiche Art organisiert wie in den deutschen
Ländern. In Frankreich waren es im 18. Jahrhundert die Postkutschen der königlichen Messagerie, wahre Marterinstru-
mente den Berichten der Zeitgenossen nach. Unter Ludwig XVI. wird die Post verstaatlicht; nach dem Finanzmini-
ster Turgot nennt man nun die Kutschen Turgotinen, sie
fahren schon Tag und Nacht durch und halten nur kurz zum
Pferdewechsel. Anfang des 19. Jahrhunderts bürgern sich

dann zwei Typen von Postfahrzeugen ein. Da ist einmal die
Diligence, ein großer Wagen mit mehreren Abteilen, der
von bis zu sechs Pferden gezogen wurde. Dann gab es noch
die sogenannte Mallepost, etwa der Eilpost vergleichbar;
schnelle, kleinere Wagen, die die Briefpost zu befördern
hatten und bis zu vier Passagiere mitnehmen konnten. Diese
Malles wurden von der königlichen General-Postadmini-
stration in Paris auf den wichtigsten von der französischen
Hauptstadt ausgehenden Routen eingesetzt. Die Mitnahme
von Gepäck war bei der Mallepost freilich beschränkt; auch
hier waren Höchstgrenzen festgesetzt. Für das Verhalten der
Postillione und Posthalter (maître de poste) gab es strenge
Vorschriften, die auch deren Umgangsformen miteinschlos-
sen: »Ein Postillion, der sich erlauben sollte, weibliche Reisende zu beleidigen, oder sich in ihrer Gegenwart grober
Späße zu bedienen, wird, sobald hierüber Anzeige geschieht,
ohne Certifikat aus dem Dienste entfernt.« Verboten ist den
Postillionen auch, die Pferde auszuwechseln, wenn sie sich
unterwegs auf freier Strecke treffen. Über diese zeitraubende
Unsitte wird oft Klage geführt, auch in Deutschland, brachte
sie doch den Postillionen den Vorteil, schon auf halber
Strecke die Pferde jeweils zum eigenen Stall zurückschicken
zu können. Untersagt war den Kutschern auch, sich unterwegs zu überholen, hier waren allerdings die schnelleren
Malleposten ausgenommen. Hauptverkehrsmittel waren jedoch die Diligencen, die alle größeren Orte Frankreichs
miteinander verbanden, bis zu zehn oder gar zwölf Passagiere mitnehmen konnten, ihrem Namen (diligence = Eile)
aber nicht gerade Ehre machten.

Als Fürst Pückler nach zweijährigem Aufenthalt in England, wo er am Ende seinen eigenen Wagen zurückgelassen
hatte, wieder in die Heimat zurückreist, benützt er von
Calais nach Paris die Diligence. Schon beim ersten Anblick
des Fahrzeugs notiert der verwöhnte Reisende: »... näherte
ich mich dem wunderbaren Bau, den man in Frankreich
eine Diligence nennt. Das Ungethüm hatte die Länge eines
Hauses, und bestand eigentlich aus vier verschiedenen, wie

aneinander gewachsenen Wagen, die Berline in der Mitte,
eine Kutsche nebst Gepäckkorb hinten, ein Coupé vorne,
und an diesem noch das Cabriolet, wo der Conducteur
sitzt und neben welchem auch ich meinen Platz genommen
hatte.« Und Pückler gibt uns nun eine genaue Beschreibung
der Mannschaft: »Dieser Conducteur, ein alter Soldat der
napoleonschen Garde, war, wie ein Kärrner, in eine blaue
Blouze gekleidet, mit einer gestickten Mütze aus dem selben
Zeuge auf dem Kopf. Der Postillion sah aber noch origineller
aus, und wirklich einem halben Wilden ähnlich. Auch er
trug zwar eine Blouze mit ungeheuren, über und über mit
Koth bespritzten Stiefeln darunter, aber zugleich auch eine
Schürze von schwarzen Schaffellen, die auf beiden Seiten
von seinen Schenkeln herabhing. Er dirigierte allein 6 Pferde
zu 3 und 3 gespannt und diese zogen ohngefähr 6000 Pfund
Bagage, auf einer sehr schlecht unterhaltenen Chaussee.« Für
die Fahrt von Calais nach Paris brauchte die Diligence zwei
Tage; dabei fuhr der Wagen, wie Pückler vermerkt, Tag und
Nacht durch. Nur alle zwölf Stunden wird etwas länger
zum Essen gehalten, »... machten wir um ein Uhr Halt zum
Essen, um ein Uhr in der Nacht soupierten wir dann; den
nächsten Tag ward ebenfalls Frühstück und Diner um ein
Uhr mittags vereinigt.« Am Ende der Fahrt stellt Fürst
Pückler Beschwernisse und Gewinn einer solchen Reise
gegenüber: »Man konnte nicht schlechter sitzen, nicht unbe-
quemer und langsamer fortkommen, als ich hier in meinem
himmelhohen Cabriolet; überhaupt war es nun schon eine
geraume Zeit, daß ich der meisten gewohnten Bequemlichkeiten entbehrte. Demohngeachtet war nie, weder meine
Stimmung noch meine Gesundheit, besser als auf dieser ganzen Reise. Ich bin ununterbrochen heiter und zufrieden gewesen, weil ich immer ganz frei war. Oh großes Gut der
Freiheit!« Pückler wußte eben um die Quintessenz allen
Reisens aus Passion, schrieb er doch auch an anderer Stelle:
»... ich kann Dir gar nicht sagen, wie angenehm mir dieses
Leben ist ... ich bin frei. Frei, wie der Vogel in der Luft!«
Nun war die staatliche Post nicht die einzige Möglichkeit,

Französischer Pferde-Omnibus, Lith. nach J. Dinkel, 1837

mit Hilfe regelmäßiger Verbindungen Frankreich zu durch-
reisen. Eine Vielzahl privater Fuhrunternehmer betrieb, vor
allem um die Hauptstadt herum, mit festem Fahrplan Kurse
zwischen einzelnen Orten. Paris, als in Jahrhunderten ge-
wachsene Metropole des Königreichs, reichte mit einem
dichten Geflecht vielfältiger Fäden in die Provinz hinein;
diese Bindungen sozialer, ökonomischer und auch familiärer
Art brachten ein ständiges Kommen und Gehen mit sich,
Krämer und Bauern, Studenten und Notare, Handwerker
und Künstler. Täglich trieben Geschäfte oder Vergnügen die
Menschen in die Millionenstadt hinein oder hinaus auf die
Dörfer und Märkte. Fast alle Orte von einiger Bedeutung
konnten von Tag zu Tag von Paris aus erreicht werden. Es
gab Fuhrunternehmer, die nur eine Linie betrieben, andere
wieder hatten die Konkurrenz verdrängt und ein größeres
Netz von Linien aufbauen können.

Die Wagen waren oft nur zweirädrig, was aber ihrem
Volumen keinen Abbruch tat. Diese ›Coucous‹ konnten im
Inneren bis zu sechs Fahrgäste aufnehmen, drei weitere Passa-
giere hatten vorne auf einer Bank neben dem Kutscher Platz.
Rückwärts war ein mit einer Plane überdeckter, geschlosse-
ner Kasten für das Gepäck, in dem bei großem Andrang zur
Not auch noch der eine oder andere Reisende mitkommen
konnte. Das war nun aber nicht gestattet, so daß diese ›blin-

den Passagiere‹ vor jedem Dorf mit Gendarmeriestation aus ihrem Versteck klettern und den Coucou zu Fuß begleiten mußten. Die Kutschen waren bunt bemalt und trugen auffallende Aufschriften, aus denen die Fahrtroute und der Phantasienahme der Linie, etwa ›l'Hirondelle‹ (Schwalbe) zu entnehmen war.

Balzac pflegte in seinen Romanen der Darstellung wirtschaftlicher Verhältnisse breiten Raum zu geben; in seiner Erzählung ›Der Eintritt ins Leben‹ schildert er ausführlich die geschäftlichen Umstände eines solchen privaten Fuhrunternehmers. Die Geschichte beginnt er aber mit dem prophetischen Satz [1842]: »Die Eisenbahn wird in naher Zukunft verschiedene Industriezweige vernichten und andere verändern.«

Die Einführung dieses billigen und bequemen Verkehrsmittels brachte dann auch in Paris ein rasches Ende solcher primitiver Fahrgelegenheiten, wie die Coucous sie waren. Besser ausgestattete und stärker bespannte Wagen ermöglichten nun auch auf der Landstraße ein bequemeres Reisen. Es kamen die kurzen Jahre des Pferde-Omnibus, bis auch dieser wieder vom Schienenroß von den Überlandstrecken verdrängt wurde.

Wie es zu dem Namen Omnibus kam, ist nicht ganz geklärt, eine Reihe hübscher Geschichten rankt sich um seine Entstehung. Sicher scheint zu sein, daß ein Fuhrunternehmer in Nantes zuerst seine Wagen als ›voitures omnibus‹ bezeichnete. Eine weitere Version berichtet nun, daß diese Wagen in Nantes vor einem Laden abfuhren, der einem Herrn Omnes gehörte und sich so der Begriff Omnes – Omnibus ergab; so das lateinische Omnibus (für alle) mit einem fast gleichlautenden Eigennamen zusammenbindend. Der Omnibus war nun ein relativ langer Wagen mit festem Holzaufbau, der in seinem Inneren jeweils an den Längsseiten zwei lange Holzbänke aufwies, auf denen sechzehn, zwanzig und mehr Fahrgäste Platz fanden. Betreten wurde die Kutsche von der Rückseite; das Konstruktionsprinzip ähnelte also dem des Stellwagens.

Bald hatte sich der Pferde-Omnibus auch im innerstädtischen Verkehr durchgesetzt; in Paris entstand den Fiakern der Mietkutscher – der Begriff Fiaker kam von deren erstem Standplatz vor der Kirche des Saint Fiacre – schnell große Konkurrenz durch das neue Verkehrsmittel. Eine Spezialität waren dabei die ›dames blanches‹, Wagen einer Gesellschaft, die ihre Fahrzeuge außen in Form zweier oder dreier Berlinen bemalen ließ, aneinandergereihten weißen Hochzeitskutschen ähnlich. Als Fürst Pückler nach Paris kommt, macht er mit dem neuen Verkehrsmittel Bekanntschaft: »Einen seltsamen Anblick gewähren die vielen Dames Blanches und Omnibus; Wagen, die zwanzig bis dreißig Personen halten, die Boulevards fortwährend von einem Ende bis zum anderen durchfahren, und jeden müden Fußgänger für bestimmte, sehr billige Preise darin aufnehmen. Meldet sich einer, so zieht der hinten sitzende Conducteur eine Klingel und der Kutscher hält. Eine fliegende Treppe sinkt herab und in wenigen Sekunden geht es wieder vorwärts. Nur drei unglückliche Rosse ziehen diese schwere Wagen, so daß ich, bei der jetzigen Glätte, oft sämtliche Pferde nebeneinander hinstürzen sah.«

Um noch mehr Fahrgäste mitnehmen zu können, wird bald auch das Dach der Omnibusse mit Bänken versehen; eine kleine eiserne Leiter führt auf diesen luftigen Sitz. Dem Verkehr in den engen, oft gewundenen Gassen der Städte kam auch noch eine wichtige Neuerung entgegen, die schon 1815 der Münchner Wagenbauer Lankensberger erfunden hatte: die Achsschenkellenkung. Durch sie wurde es möglich, statt der ganzen Vorderachse nur noch die beiden vorderen Räder zu drehen; wichtig vor allem auch auf den gewundenen Straßen im Gebirge.

Stage coaches und Mail coaches

Seine größte Perfektion erreichte in jenen Tagen das Postfuhrwesen aber im englischen Königreich. Schon Samuel Johnson hatte im 18. Jahrhundert behauptet: »Das größte menschliche Glück sey, in einer guten englischen Postchaise mit einem schönen Weibe rasch auf einer guten englischen Chaussee zu fahren«, obwohl damals das Reisen mit den stage coaches wahrlich kein Vergnügen war. Unzulängliche Federung, schlecht gepolsterte Sitze und grundlose Straßen machten die Fahrt auch hier zur Tortur.

Eine grundlegende Verbesserung trat aber ein, als 1784 John Palmer, ein Bürger aus Bath, vorschlug, den Brieftransport – bis dahin durch reitende Boten durchgeführt – den coaches mit zu übertragen. Eine erste Verbindung wurde zur Erprobung von Bristol nach London eingeführt, und schon bald verkehrten die neuen mail coaches zwischen allen größeren Städten des Landes. Bereits Anfang des neuen Jahrhunderts wurden Reisegeschwindigkeiten von sieben englischen Meilen, also etwa elf Stundenkilometern erreicht, und als sich für den Ausbau der Straßen die Technik des schottischen Ingenieurs MacAdam, die nach diesem benannte Makadamdecke durchsetzte, konnte in England die Reisegeschwindigkeit der Kutschen auf bis zu elf Meilen gesteigert werden, ein Tempo, das die Eilpost in Deutschland oder die französische Mallepost zu keiner Zeit erreichen sollten.

Die Konstruktion der mail coaches entsprach weitgehend den entsprechenden Typen auf dem Kontinent – kein Wunder, waren die englischen Stellmacher und Wagenbauer in jenen Jahrzehnten doch führend, nicht nur in technischen Details, sondern auch in Fragen der Wagenmode. In Johann Poppes ›Geschichte der Technologie‹ heißt es schon 1810: »Es ist überhaupt außerordentlich, was die Engländer seit wenigen Jahren zur Vervollkommnung der Fuhrwerke überhaupt und der Wagenräder insbesonders getan haben.« Samuel Hobson war einer der bedeutendsten Kutschenbauer; er rühmte sich, jede Art von Wagen herstellen zu können, die man bei ihm bestellte. 1824, kurz vor Einführung der ersten Eisenbahnen, wurden allein im privaten Auftrag über 5000 coaches in England gebaut, während die Gesamtzahl der pferdebespannten Fahrzeuge im Königreich, amtlichen Steuerregistern zufolge, bei etwa 80 000 lag.

Da waren die selbst zu kutschierenden, hochbeinigen Phaëtons der noblen Welt, die zierlichen und schnellen Einspänner, die Gigs und Tilburys der Dandys und Snobs, die schwereren Reisekaleschen und gestreckten Landauer der reichen Kaufleute; aber auch die Karren der zahllosen Handlungsreisenden. Tom Smart war einer von ihnen, seinem »kleinen, verzweifelten Ding von einem Wagen, mit dem tonfarbenen Kasten und den roten Rädern« hat Dickens in seinen ›Pickwick Papers‹ ein literarisches Denkmal gesetzt. Die Royal mail coaches unterschieden sich von den auf dem Kontinent gebräuchlichen Postkutschen durch ihren leichteren Aufbau. Mittelpunkt des Wagens war zwar hier wie dort der geschlossene Kasten der Berline, doch statt der in Deutschland oder Frankreich vorne und hinten angebauten Coupés und Cabrios gab es bei den coaches hoch oben

Royal Mail Coach, vierspänniger englischer Eilpostwagen, Lithographie von 1830

leichte, querlaufende Holzbänke, eingefaßt mit zierlichen Eisenstäben als Halt und Geländer – wahrlich eine luftige Angelegenheit. Zu den sechs Innenplätzen kamen so noch zehn bis zwölf schmale Fahrgelegenheiten auf Höhe des Dachs der Berline. Wenn man alten Abbildungen trauen darf, schreckten auch Damen nicht vor diesem Frischluftvergnügen zurück.

1829 führt George Shillibeer in London nach Pariser Vorbild den Verkehr mit Pferde-Omnibussen ein, einige Jahre später zählte sein Fuhrpark und der seiner Konkurrenten schon über tausend solcher Fahrzeuge. Höhepunkt dieses Verkehrsmittels sind die Londoner Weltausstellungen 1851 und 1862, dann aber wühlen sich schon die ersten Untergrundbahnen in den Boden der Weltmetropole.

Die Konkurrenz der Eisenbahn

Als 1830 zwischen Liverpool und Manchester die erste Eisenbahnlinie mit regelmäßiger Personenbeförderung ihren Betrieb aufnahm und weitere Strecken rasch folgten, wurde
zum Teil der Antrieb auch mit Pferdekraft vorgenommen.
So verkehrten auf der ersten deutschen Route von Nürnberg
nach Fürth in der Anfangszeit mehr von Pferden als von
Lokomotiven gezogene Züge. Die erste Linie im österreichischen Kaiserreich zwischen Linz und Budweis kannte gar
auf ihren immerhin 130 Kilometern lange Jahre überhaupt
nur den Vorspann von Pferden. Doch bald konnte sich die
Dampflokomotive endgültig durchsetzen; den Postkutschen
blieben für den Rest des Jahrhunderts nur noch die Zubrin-
gerlinien, bis sie auch hier schrittweise von der Kraft des
Dampfes verdrängt wurden.

Wenn dieser Prozeß sich auch langsam vollzog und bis
etwa 1850 Lokomotiven und Kutschen gemeinsam und
gleichwertig das Netz der Fernverbindungen knüpften, so
waren Postmeister und Conducteure, Postillione und ihre
Rösser bei diesem Wettstreit von Anfang an auf verlorenem
Posten. Zu gewichtig waren die Vorteile des neuen Verkehrsmittels: Größere Geschwindigkeit, verbesserter Komfort,
höheres Transportvolumen und niedrigerer Preis; gegen
diese massiven Trümpfe wog die Trauer der Poeten um des
Posthorns verlorenen Klang zu gering. Victor von Scheffel
widmet dem ›Letzten Postillion‹ die Zeilen:

> Bald ist, soweit die Menschheit haust,
> der Schienenweg gespannt;
> es keucht und schnaubt und stampft und saust
> das Dampfroß rings durchs Land.

Und Scheffel erkennt die Endgültigkeit dieser Entwicklung:

> Jetzt geht die Welt aus Rand und Band,
> die Besten ziehn davon,
> und mit dem letzten Hausknecht schwand
> der letzte Postillion.

Aus dem König der Landstraßen, dem Traumberuf romantischer Knabenträume, wird nun der Gegenstand bissiger Karikaturen. In den ›Fliegenden Blättern‹ werden alle vergangenen Freuden des Postillions aufgezählt: Das lustig klingende Horn, die fröhliche Fahrt bei Sonnenglanz und Sternenschein, »er hätt nicht um ein Königreich sein Sitz im Sattel geben«. Jedoch was bleibt am Ende:

> *Die sakramentisch Eisenbahn*
> *mit ihren dummen Karren,*
> *hats den Postknechten angetan,*
> *sie han nichts mehr zu fahren.*

Was für den Reisenden diese Entwicklung bedeutete, was sie ihm an Vorteilen, abgesehen vom Komfort, allein bei den Kosten und der Reisezeit brachte, sei noch am Beispiel der beiden Nachbarstädte München und Augsburg dargestellt. Zwei Postkurse verbinden 1835 die beiden Orte; der eine führt über Fürstenfeldbruck und Mering, der zweite nimmt von München aus seinen Weg über Dachau und Eurasburg zu der Nachbarstadt am Lech. Hier verkehrt täglich ein Eilwagen, der morgens München verläßt und nach sieben Stunden im etwa 60 Kilometer entfernten Augsburg eintrifft. Die Strecke über Fürstenfeldbruck wird ein- bis zweimal jede Woche von der ordinären Post befahren, hier muß man schon zehn Stunden für die Reise ansetzen. In beiden Fällen kostet die Fahrt 4 Gulden und 32 Kreuzer, um die siebzig Mark also nach heutigem Wert.

Am 4. Oktober 1840 wird ein erster Abschnitt der Eisenbahnlinie München–Augsburg eröffnet, die Verbindung folgt keinem der beiden Postwagenkurse; man wählt eine Trasse, die etwa zwischen den beiden Poststrecken verläuft. Ludwig Steub probiert das neue Verkehrsmittel schon aus, als es erst auf einer Teilstrecke bis Lochhausen fährt. In der ›Augsburger Allgemeinen‹ schreibt er: »Wir sitzen; die Maschine gibt sich mit einem durchdringenden Pfiff selbst das Zeichen und rollt davon. Das Ungetüm jagt rasselnd, dampfend, schnaubend dahin, und darüber kommt die ganze Gegend in Unordnung, und fährt wie besessen durcheinan-

der. Die fernen Höhen rücken eiligst näher, einzelne Häuser
schießen pfeilschnell daher und fahren pfeilschnell wieder
davon ... Und all diese Wunder sieht man auf guten Polstern
ruhig an und raucht eine Zigarre dazu.«

Vorher hebt Steub schon hervor, daß es bei den einzelnen
Wagen nicht weniger als vier Klassen gibt: »Die letzte Klasse
ist ein viereckiger Kasten ohne Deckel, mit hölzernen Bänken, ohne Schutz gegen Sonne und Regen – der Lieblings-
platz der Landleute. Die nächste Klasse erfreut sich schon
gepolsterter Sitze; vor der Sonne schützt die Bedachung und
gegen den einschlagenden Regen die ledernen Vorhänge zu
beiden Seiten. Wers noch besser haben will, dem gewährt
die zweite Klasse nicht allein gepolsterte Sitze, sondern auch
gepolsterte Rücklehnen, und die besten und vornehmsten
Wagen, die der ersten Klasse, führen sogar Glasfenster.« Etwa
fünf bis sechs Wagen zieht die Lokomotive; statt der acht
oder zehn Passagiere der Postkutsche mögen es nun 120 bis
150 Reisende sein, die auf einer Fahrt mitgenommen werden
können. Bald ist das Verkehrsaufkommen so groß, daß der
Zug viermal am Tag zwischen den beiden Städten verkehrt;
in wenigen Jahren das Sechzigfache der Transportkapazität.

In der zweiten Klasse – von der Baedeker 1849 vermerkt:
»Die Wägen der zweiten Classe sind ganz gut« – kostet die
Reise 2 Gulden und 12 Kreuzer, das ist weniger als die Hälfte
des Preises der Eilpostfahrt vorher. Und die Ersparnis an
Zeit? Zweieinhalb Stunden braucht man nun; bald werden
es noch viel weniger sein. Mit einem Wort: Die vielfache
Zahl von Sitzplätzen, ein Drittel der Zeit und halber Preis;
da konnte die gute, alte Eilpostkutsche nichts dagegensetzen.
Einige Jahre verkehrt sie noch auf dem Eurasburger Kurs
neben der Bahn; aber nur mit einer Nachtverbindung und
– zwangsläufig – ein gutes Stück billiger als einige Jahre
zuvor. Im April 1846 aber wird dann die Eilpostverbindung
zwischen den beiden Städten endgültig eingestellt.

Der entscheidende Vorteil des neuen Verkehrsmittels ist
seine Billigkeit. Die enorme Senkung der Fahrpreise macht
nun dem unteren Mittelstand und der mit fortschreitender

Industrialisierung aufsteigenden Arbeiterschaft das Reisen über größere Strecken überhaupt erst möglich. Hauptanziehungspunkte sind dabei etwa die 1851 mit London einsetzenden Universalspektakel der großen Weltausstellungen, bei denen das britische Empire und Frankreichs zweites Kaiserreich sich gegenseitig zu übertreffen trachten. Diese Entwicklung führte dann aber letztlich auch zur Gesellschaftsreise, die mit ihrer vielfältigen organisatorischen Hilfestellung und ihren Kostenvorteilen manchem erst die Möglichkeit bot, sich über den Umkreis seiner Heimatstadt hinauszuwagen. Allein zwanzigtausend Briten waren es, die Thomas Cook 1867 zur großen Pariser Weltausstellung transportierte, sie dort beherbergte und wieder zurückführte.

In der Seinemetropole begegneten die Besucher dann aber auch einem nun perfekten Netz an Pferde-Omnibuslinien, durch die das auf dem Marsfeld gelegene Ausstellungsgelände von allen Stadtteilen her schnell und preiswert erreicht werden konnte. Auf 31 Linien verkehrten die 700 Wagen der Compagnie générale, jeder 28 Passagiere fassend, davon 14 gegen Wind und Wetter geschützt im Interieur, weitere 12 bis 14 Fahrgäste auf der Imperiale, das waren die Bänke auf dem Dach. Dazu kamen noch die Fahrzeuge einer Reihe kleinerer Gesellschaften, die Fiaker und die eleganteren Voitures de remise. Der Massenverkehr des großen Ereignisses zog aber auch die unvermeidliche Spezies der Langfinger an, so daß es notwendig war, die Passagiere der Omnibusse, vor allem die weiblichen Geschlechts, zu warnen: »Ganz besonders sind Damen mit Crinolinen zu warnen, ihr Portemonnaie nicht in eine Tasche des Überkleides zu stecken; der weite Umfang ihres Kleides und das Abstehen desselben vom Körper läßt sie es nicht gewahr werden, wenn der elegant gekleidete, neben ihr sitzende Herr Spitzbube ganz gemächlich ihre Tasche visitiert und leert.«

Der etappenweise Ausbau des mitteleuropäischen Eisenbahnnetzes brachte es mit sich, daß der Reisende auf manch bedeutender Verbindung noch lange Jahre auf Pferd und

Wagen angewiesen war, wenn er es nicht vorzog, weite
Umwege mit der Bahn zu fahren. Die Strecke von München
nach Wien etwa – das waren immerhin die Hauptstädte
zweier benachbarter Staaten – war erst ab 1860 durchgehend
auf Schienen befahrbar, während man schon lange Jahre
vorher Dresden, Berlin oder Hamburg von beiden Städten
aus ohne Umwege erreichen konnte. Die fehlende Verbindung von der Donau zur Isar wurde um so mehr entbehrt, als
beide Staaten damals die verwandtschaftlichen Beziehungen
ihrer Herrscherhäuser durch die Eheschließung des jungen
Franz Joseph mit der bayerischen Prinzessin Elisabeth verfe-
stigt hatten. Und so mußte der junge Bräutigam, als er 1853
noch vor der Hochzeit seine Erwählte nicht weniger als
dreimal in München besuchte, für die Reise die Eisenbahn
von Wien über Prag, Dresden und Hof wählen; ein erheblicher Umweg, aber doch in einem guten Tag zu bewältigen.
Als sich dann aber 1854 die Braut aufmacht, in ihre neue
Heimat Wien zur Hochzeit zu reisen, wäre ein solcher Umweg durch ausländisches Gebiet nicht schicklich gewesen.
So fährt man also von München die Isar abwärts mit der
Kutsche nach Straubing, von dort geht es auf Dampfschiffen
die Donau hinunter in die Kaiserstadt, wo Elisabeth nach
vier Tagen vom Jubel der Wiener empfangen wird.

Als einfache, schlichte Reisende macht dann 1856 Ida
Pfeiffer den Weg in umgekehrter Richtung, auch sie verzichtet auf die Eisenbahnfahrt über Prag und Dresden. Der Do-
naudampfer führt sie von Wien zuerst nach Linz; von dort
kann sie ein kurzes Stück die Eisenbahn bis Lambach benützen. Dann ist sie wieder auf Pferd und Wagen angewiesen:
»In Lambach nahm ich den Salzburger Omnibus. Leider
war es kein englischer Omnibus, sondern ein deutscher, ein
echter, unverfälschter deutscher Omnibus, dessen deutsche
Pferde mit ruhiger Gemüthlichkeit dahintrabten, jede Meile
eine Stunde – zwölf Meilen beträgt die Entfernung, nach
zwölf Stunden kamen wir an – die Rechnung war vollkommen richtig.« Über ihre Weiterfahrt mit dem Stellwagen –
»zusammengepreßt gleich Negern in einem Sclavenschiffe«

– haben wir schon gehört; insgesamt dauert die Reise noch
fünf Tage, in einer Zeit, da man bereits an einem einzigen
Tag Deutschland von Süd nach Nord durchmessen konnte.

Doch 1860 wurde auch diese Lücke geschlossen. Letztes
Refugium der Postkutschen auf der langen Strecke waren
jetzt noch die Alpenpässe, bis endlich am 24. August 1867
die erste – wenn man von der Semmeringbahn absieht –
Nord-Südverbindung von Innsbruck nach Bozen über den
Brenner ihren Betrieb aufnahm.

Im Fernverkehr hatte die Bahn der Kutsche nun endgültig
den Rang abgelaufen, doch blieb den pferdebespannten Wagen das ganze Jahrhundert hindurch noch der individuale
Nahverkehr als Domäne. Wenn auch in den Großstädten
gegen Ende des Jahrhunderts Tramway und Untergrund-
bahn den Massenverkehr übernahmen, die Droschken der
Lohnkutscher, die Privatequipagen, die Landauer und zwei-
spännigen Coupés blieben ohne Konkurrenz; hier war dem
Fahren mit Pferd und Wagen noch eine Schonfrist vergönnt,
der erst das Automobil ein Ende setzen sollte. Hier galt aber
auch noch der Ausspruch Heinrich von Kleists aus einer Zeit,
da man von Schienen und Lokomotiven noch nichts wußte
und der vielgeschmähten, der vielgeliebten Postkutsche die
Zuneigung der Dichter galt:

»Wir fliegen wie die Vögel schnell! Wenn ich so im offenen Wagen sitze, den Mantel gut geordnet, die Pfeife bren-
nend, tüchtige Pferde, tüchtiger Weg, und immer rechts und
links die Erscheinungen wechseln, wie die Bilder bei dem
Guckkasten – und vor mir das schöne Ziel und hinter mir
das schöne Mädchen – und in mir Zufriedenheit – dann, ja
dann bin ich froh, recht herzlich froh!«

DAS JAHRHUNDERT DER EISENBAHN

Es ist eine prächtige Einrichtung mit diesen
Eisenbahnen. Bei Reisen kommt Geld und
Zeit gar nicht mehr in Betracht.

Karl Baedeker, 1838

Über die weite Ebene zieht sich ein Schienenpaar; die kurzen fischbäuchigen Eisenstücke ruhen auf breiten Schwellen aus Stein. Die Hügelkette am westlichen Horizont ist von einem Einschnitt gekerbt, von dort nähert sich rasch eine kleine gedrungene Lokomotive. Ihr Kessel lagert auf zwei Räderpaaren, von denen das größere aus Holz gefertigt und mit eisernen Reifen beschlagen ist. Es wird von Pleuelstangen angetrieben, die zu beiden Seiten der Maschine aus schräg gestellten Zylindern herausragen. Vorne unten am Kessel wölbt sich der Schornstein hervor, einem Rüssel gleich aufgerichtet und von einem eisernen Zinnenkranz gekrönt. Ruß, Rauch und Feuer stieben aus der mächtigen Esse.

Hinter der Lokomotive kommt ein kleiner Tender, darauf ein geräumiges, hölzernes Faß mit Wasser für die durstige Maschine. Dann folgt noch ein Wagen, vollbesetzt mit Passagieren. Eine junge Frau sitzt in der ersten Reihe; plötzlich erhebt sie sich und nimmt ihren Hut ab. Mit flatterndem Haar und geschlossenen Augen steht sie im Fahrtwind.

»Es läßt sich kaum sagen«, so schreibt sie später einer Freundin, »was man empfindet, wenn man dem Pfeile gleich die Luft durchschneidet; dabei ist die Bewegung völlig gleichmäßig – man könnte ohne Schwierigkeit lesen oder schreiben. Ich erhob mich«, so fährt sie fort, »die Haare im Wind und konnte kaum genug der frischen Luft bekommen. Auch als ich meine Augen schloß, meinte ich zu fliegen – ein herrliches Gefühl, seltsam und kaum zu beschreiben. Ungewohnt schien dies alles, doch wähnte ich mich sicher und war frei von jeder Furcht.«

Die so empfand, war die junge Schauspielerin Francis Anne Kemble, trotz ihrer erst zwanzig Jahre schon ein gefeierter Star am Londoner Theater. Es war im Sommer 1830, als George Stephenson sie mit einer kleinen Gruppe Neugieriger zu einer Probefahrt mitgenommen hatte. Mit seiner Maschine, der berühmten ›Rocket‹, hatte er erst wenige Monate zuvor einen denkwürdigen Wettbewerb, das Lokomotivrennen von Rainhill, gewonnen und so den Auftrag für den Bau aller Dampfwagen für die Eisenbahnlinie von Liverpool nach Manchester erhalten. Diese Verbindung zwischen dem Zentrum der englischen Textilindustrie und dem größten Hafen an der britischen Westküste sollte schon in einigen Wochen ihren Betrieb als die erste Eisenbahnstrecke aller Zeiten für dampfbetriebene Personenzüge aufnehmen. So wurden nun täglich Testfahrten mit den verschiedenen Lokomotiven unternommen; ein glücklicher Umstand, dem wir diesen lebendigen und enthusiastischen Bericht der jungen Dame verdanken, eine der frühesten Schilderungen der Eindrücke, denen ein Passagier bei der Fahrt mit dem neuen Verkehrsmittel ausgesetzt war. Diese Gefühle müssen verständlicherweise für einen empfindsamen Menschen überwältigend gewesen sein: Allein schon die Schnelligkeit der Fahrt übertraf bei weitem alles, was Menschen zuvor gewohnt waren. »Nachdem die Maschine mit Wasser versehen war, brachte man sie auf höchste Geschwindigkeit«, schreibt unsere Passagierin, »wir fuhren mit 56 Stundenkilometern – so schnell fliegt kein Vogel!«

Mag der letzte Vergleich auch übertrieben gewesen sein, so war das Aufkommen des neuen Verkehrsmittels doch ganz gewiß eine technische Revolution, wahrlich ein säkulares Ereignis. Heinrich Heine erkannte dies klarer als manch anderer: »So muß unseren Vätern zu Muth gewesen sein, als Amerika entdeckt wurde, als die Erfindung des Pulvers sich durch ihre ersten Schüsse ankündigte, als die Buchdruckerei die ersten Aushängbogen des göttlichen Wortes in die Welt schickte. Die Eisenbahnen sind wieder ein solches providencielles Ereignis, das der Menschheit einen neuen Umschwung gibt, das die Farbe und Gestalt des Lebens verändert. Es beginnt ein neuer Abschnitt in der Weltgeschichte, und unsere Generation darf sich rühmen, daß sie dabei gewesen«.

George Stephenson und auch seinem Sohne Robert als engstem Mitarbeiter und Nachfolger mögen solche hohe Gedanken ferne gelegen haben, sie waren erfindungsreiche Ingenieure, die pragmatisch über lange Jahre an der Vervollkommnung nicht nur des Lokomotivbaus, sondern auch der Technik des Baues von Bahnstrecken gearbeitet hatten und sich dabei auch nicht scheuten, die Erfahrungen anderer in ihre Überlegungen mit einzubeziehen. Doch auch sie standen in ihrer Arbeit sozusagen auf den Schultern vieler Vorgänger, denn die beiden Grundvoraussetzungen der Eisenbahn, Schiene und Dampfmaschine, hatten damals – 1830 – schon eine Entwicklung von über hundert Jahren hinter sich.

Am Anfang: Die Schiene

Sieht man von den schon in der Antike verwendeten Fahr- und Schleifrinnen aus Stein ab, so nahm man erstmals primitive Schienen aus Holzbohlen in den Bergwerken des 16. Jahrhunderts in Gebrauch. Entsprechende Hinweise finden sich im Bergwerksbuch ›De re metallica‹ des Georg Agricola, Bürgermeister und Arzt in Chemnitz. Dort sind kleine Karren beschrieben, die durch hölzerne Scheibenräder auf Bohlen geführt werden, wobei der gerade Lauf durch einen aus dem Wagen unten herausragenden Spurnagel gesichert wird, der zwischen die Laufbretter eingreift. Gegen Ende des 16. Jahrhunderts werden dann deutsche Bergleute in die englischen Gruben verpflichtet; sie nehmen ihre Erfahrungen im Verlegen hölzerner Schienenwege in die neue Heimat mit.

Mittelpunkt des nordbritischen Bergbaus war damals schon Newcastle; von hier konnte die Kohle auf Schiffe verladen werden, die von der Nordsee her den Tyne heraufkamen. Die Schwierigkeit war aber, die Kohle die relativ kurze Strecke zum Fluß hinunterzubringen. Geschah dies anfangs auf dem Rücken der Pferde, so ging man bald zu

Kohlentransport auf einer Holzbohlenbahn bei Newcastle, Radierung von 1773

Karren über, die von den Rössern zum Landeplatz gezogen wurden. Die Räder drückten sich schnell immer tiefer in den zerfahrenen Grund ein, Rinne reihte sich an Rinne, und bald war kein geordneter Transport mehr möglich. Als Abhilfe verfiel man nun darauf, die Fahrspuren mit Holzbrettern zu belegen, doch schon waren auch diese vom weichen Untergrund aufgesogen oder aus der Richtung gedrückt.

Um 1630 hatte dann ein Grubenbesitzer die nützliche Idee, zwei starke, parallel laufende Holzbohlen, deren Abstand genau der Breite der Wagenspur entsprach, durch Querhölzer zu verbinden. Anfangs wurden allerdings diese Holzschienen zu schnell abgefahren, auch kam es immer wieder vor, daß die Wagen seitlich von den Geleisen abrutschten. Man half dem ab, indem man die Schienen mit Blechen beschlug und seitlich mit hochstehenden Brettern versah, die die Karren in der Spur hielten. Nun war ein Pferd in der Lage, ein Mehrfaches des Gewichtes zu ziehen, das es vor Einführung der Holzgeleise transportiert hatte.

Der nächste Fortschritt sollte dann mehr als hundert Jahre auf sich warten lassen. 1767 litten die englischen Eisenwerke unter einer schweren Absatzkrise. Neben den Hochöfen türmten sich Halden unverkauften Materials. Der Besitzer eines Werks in Coalbrookdale hatte nun den rettenden Gedanken, aus dem unverkäuflichen Eisen Barren zu gießen und damit vorübergehend Holzschienen in seinen Gruben zu belegen. Durch den neuen Belag ging der Transport der Kohlewagen wesentlich reibungsloser vonstatten. So blieben die eisernen Schienen auch weiter in Gebrauch, als die Absatzschwierigkeiten der Gießereien schon längst behoben waren; nicht genug, bald folgten auch andere Grubenbesitzer dem Beispiel und belegten ihre Holzgeleise ebenfalls mit eisernen Barren. Im Lauf der Jahre verfaulten dann allmählich die unter den Eisenstücken liegenden Holzbohlen. Dabei zeigte sich, daß die eisernen Schienen allein auch in der Lage waren, das Gewicht der Kohleloren zu tragen. Damit ergab sich nun die Notwendigkeit, die Frage der Schwellen entsprechend zu lösen; hier wählte man würfelförmige Quader aus Stein, auf denen die eisernen Geleise ruhten.

Immer noch war jedoch die Abnützung der neuen Schienen zu groß, ebenso war die Spureinhaltung der Transportkarren nicht zufriedenstellend. Auch diese Probleme konnten um etwa 1800 gelöst werden. Zum einen gab man den Eisenschienen ein etwa pilzförmiges Profil mit schmalem Steg und einer breiten Fahrauflage, zum anderen versah man die schon längst ebenfalls eisernen Räder der Karren mit einem äußeren Spurkranz. Schwierigkeiten machte nun noch der Umstand, daß zwangsläufig die Beanspruchung der Schienen da am größten war, wo der Abstand zwischen den jeweiligen Steinlagern sein maximales Ausmaß erreichte. Hier half man sich dadurch, daß man den kurzen Schienenstücken an dieser Stelle ihre größte Stärke gab, was zu einer etwa fischbäuchigen Gestalt der Elemente führte.

Fahren mit Dampf

Mit all diesen Verbesserungen waren zu Beginn des 19. Jahrhunderts die Voraussetzungen gegeben, statt pferdebespannter Karren die Kraft des Dampfes zu Transportzwecken einzusetzen. Doch auch hier war der Weg ein mühevoller, nicht frei von Dornen und Abirrungen.

Den ersten Apparat, der die wesentlichen Elemente einer Kolbendampfmaschine aufwies, baute um 1690 der Franzose Denis Papin. Seine Erfindung arbeitete allerdings mit dem Prinzip des Unterdrucks, wobei die Abkühlung von Dampf dessen Umwandlung in Wasser und damit ein Vakuum unter dem Kolben erzeugte, durch das dieser im Zylinder heruntergezogen wurde. Den nächsten Schritt tat der Engländer Newcomen. Er verband den Kolben mit einem Pumpgestänge und beschleunigte die Kondensation des Dampfes und damit die Erzeugung des Unterdrucks durch die Einspritzung von kaltem Wasser in den mit Dampf gefüllten Zylinder. Das notwendige Zuführen von kaltem Wasser und Dampf geschah anfangs durch Öffnen und Schließen entsprechender Hähne. Es wird nun berichtet, daß ein hierzu angestellter Knabe, Henry Potter, um sich die Arbeit zu erleichtern, diese Hähne durch Schnüre mit dem im gleichen Takt auf und nieder gehenden Pumpgestänge verband und so zum Erfinder der selbsttätigen Steuerung der atmosphärischen Dampfmaschine wurde.

Dampfmaschinen fanden bald Eingang in die englischen Kohlengruben; sie wurden dort vorwiegend für die Wasserhaltung, das heißt zum Heraufpumpen des in den Gruben sich sammelnden Wassers verwendet. Ihre Abmessungen waren enorm, noch größer aber ihr Verbrauch an Brennstoff, bedingt durch das wechselnde Aufheizen und Abkühlen des Dampfes zur Erzeugung des notwendigen Unterdrucks.

1784 brachte dann James Watt mit seinem Dampfmaschinenpatent den nächsten und entscheidenden Fortschritt. Durch Öffnen und Schließen von Ventilen führte er abwechselnd zu beiden Seiten des Kolbens Dampf in den Zylinder ein; Ursache der Kolbenbewegung war nun der Druck des sich ausdehnenden Dampfes. Außerdem übertrug seine Maschine die Kraft des Kolbens über ein Kurbelgestänge auf ein großes Schwungrad, von dem aus eine Weiterleitung über Seile oder Ketten möglich war. Nun konnte man mit Hilfe einer Wattschen Dampfmaschine, die fest am Ende eines Geleises installiert war, mit Kohle beladene Karren an Seilen und über längere Strecken auf den Schienen fortziehen – auch bergauf.

Dieser Einsatz der Dampfkraft zum Ziehen von Wagen mittels fest aufgestellter Maschinen wurde immerhin so allgemein üblich, daß er später, als die ersten Lokomotiven aufkamen, noch lange Zeit als vieldiskutierte Alternative für den Betrieb der Eisenbahnen in Betracht gezogen wurde.

Nun ist menschlicher Erfindungsgeist sicher immer die eine Grundvoraussetzung technischen Fortschritts gewesen, bahnbrechende Entwicklungssprünge sind aber nur möglich, wenn zugleich ökonomische Zwänge für den notwendigen Nachdruck sorgen. In den ersten Jahrzehnten seit ihrer Erfindung war die Dampfmaschine eine interessante Möglichkeit, menschliche Arbeitskraft und auch das Pferd als Zugtier zu ersetzen; solange aber Arbeitskräfte für billigen Lohn zur Verfügung standen und auch preiswerter Hafer für die Pferde zu haben war, fehlte noch der wirtschaftliche Druck, die neue Erfindung mit Vorrang weiterzuentwickeln. Anfang des 19. Jahrhunderts sorgten dann aber verschiedene, mit der wachsenden Industrialisierung sich ergebende Probleme für die notwendigen Anreize. Die Zahl der für Transport und

Antrieb notwendigen Pferde wuchs nämlich so stark, daß
ihre Versorgung mit dem nötigen Futter immer schwieriger
zu lösen war, vor allem in Gebieten, wo Hafer und Heu über
weite Entfernungen herangeschafft werden mußten. Dazu
kam, daß für den Anbau dieses Futters Bodenflächen nötig
waren, die sonst der menschlichen Ernährung dienten. Adam
Smith, der berühmte Nationalökonom, wies schon frühzeitig darauf hin, daß ein Pferd ebensoviel Nahrungsmittel
verbrauche wie sonst acht Arbeiter. Gelänge es also, so argu-
mentierte er, alle Pferde, die in der englischen Industrie als
Zugtiere eingesetzt waren – immerhin eine Million –, durch
Dampfmaschinen zu ersetzen, so würde das Brot für nicht
weniger als acht Millionen Arbeiter bedeuten. Als mit der
Abdankung Napoleons die Kontinentalsperre endete und der
Außenhandel auflebte, bedrohte bald billiges Importgetreide
die Existenz der britischen Gutsbesitzer. Über parlamentari-
schen Einfluß sorgten diese nun dafür, daß das eingeführte
Getreide mit hohen Zöllen belegt wurde. Ein starker Anstieg
der Futtermittelpreise war das Ergebnis; der Einsatz von
Pferden wurde teurer und damit unwirtschaftlicher.

Über Jahrtausende hinweg hatte das Pferd als Reit- und
Zugtier dem Menschen treue Dienste geleistet, nun schien
der Augenblick gekommen, es in seiner Monopolstellung
abzulösen. Die notwendigen technischen Voraussetzungen –
Schiene und Dampfmaschine – waren gegeben, jetzt kam
es darauf an, die Kraft des Dampfes wirkungsvoll auf die
Schienen zu übertragen und damit zum Transport von Gütern und Menschen einzusetzen.

Versuche, Fahrzeuge mit Hilfe der Dampfkraft fortzubewegen, hatte es schon lange Zeit vorher gegeben. Bekannt
ist der Dampfwagen des Franzosen Nicolas Cugnot, den
dieser 1770 im Auftrag der französischen Armee konstruiert
hatte. Der Wagen erreichte etwa Fußgängergeschwindig-
keit, verbrauchte eine Unmenge Brennstoff und verun-
glückte schon bei der ersten Fahrt – über einen weiteren
Versuch Cugnots ist nichts bekannt. Immerhin wurden aber
auch fortan Bestrebungen unternommen, Wagen im Stra-

ßenverkehr mit Dampfmaschinen anzutreiben, allerdings ohne nachhaltigen Erfolg. Das hohe Gewicht der Fahrzeuge, die unebene Straßenoberfläche und der damit verbundene unmäßige Kraftverlust ließen keine allzu große Verbreitung zu.

Noch 1828 begegnete Fürst Pückler-Muskau in London einem Dampfwagen, ist aber nicht sonderlich beeindruckt: »Der neue Dampfpostwagen ist soeben fertig geworden und legt probeweise im Regentspark fünf Meilen in einer halben Stunde zurück. Doch ist immer noch jeden Augenblick was daran zu reparieren. Ich war einer der ersten Neugierigen, die ihn versuchten, fand aber den fettigen Eisengeruch, der auch die Dampfschiffe so unangenehm macht, hier doppelt unerträglich.« Für den verwöhnten Fürsten, der ja gewöhnlich alle seine weiten Reisen mit eigener Kutsche zu unternehmen pflegte, mußte wohl jede Art von Massenverkehrsmittel ein Greuel gewesen sein.

Captain Trevithicks Drachen

Schon frühzeitig hatte man so erkannt, daß dem Einsatz der Dampfkraft mehr Erfolg beschieden war, wenn man die Maschine auf einem Wagen installierte, der auf Schienen lief. Allerdings galt es auch hier noch einige erhebliche Hindernisse zu überwinden, vor allem war das Gewicht der Dampfmaschinen noch viel zu groß. Der 1771 in Cornwall geborene Richard Trevithick verwendete nun einen Kessel mit wesentlich höher verdichtetem Dampf, wobei er von der Feuerung aus noch zusätzlich ein Flammenrohr durch den Kessel führte und so für noch stärkere Erhitzung des Dampfes sorgte. Damit konnte das Verhältnis von Gewicht zu Leistung erheblich verbessert werden. Seine Dampfmaschine baute Trevithick allerdings erstmals nun in einen Dampfwagen ein. Die Probefahrt des Gefährts fand 1801 in Camborne statt. Bis zu zehn Passagiere saßen dabei auf der Dampfkutsche, die über Berg und Tal die Stadt durchfauchte. Das Ende des Fahrzeugs kam bald, es verbrannte, als es unbeauf-

Dampfwagen, zeitgenössischer englischer Druck

sichtigt auf der Straße stand, während Trevithick gerade
wieder einmal eine gelungene Fahrt mit Freunden im Wirtshaus begoß. Mit seinem zweiten Dampfwagen gelang dem
Erfinder sogar eine Fahrt nach London. Dort erregte die
feuerspeiende Kutsche großes Aufsehen und hieß bald ›Captain Trevithicks Drachen‹. Weitere Wagen wurden aber nicht
mehr gebaut, und der Drache kam zur Verschrottung.

Trevithick erkannte, daß sein Gefährt eigentlich Schienen
benützen müßte, um die Möglichkeiten der Dampfmaschine
voll ausnutzen zu können. Kühn stellte er die Behauptung
auf, daß ein auf eisernen Geleisen laufender Dampfwagen
eine Last von zehn Tonnen befördern könne. Ein Grubenbesitzer in Cardiff, der bis dahin nur Niederdruckdampfma-
schinen kannte, wollte das nicht glauben, und es kam zu
einer Wette um nicht weniger als 500 Pfund Sterling, für die
damaligen Zeiten ein enormer Betrag.

Trevithick baute seinen ›tram wagon‹ – das Wort Lokomotive gab es 1803 noch nicht – und gewann die Wette mit
Bravour. Der Sieger schrieb: »Die Maschine rannte mit

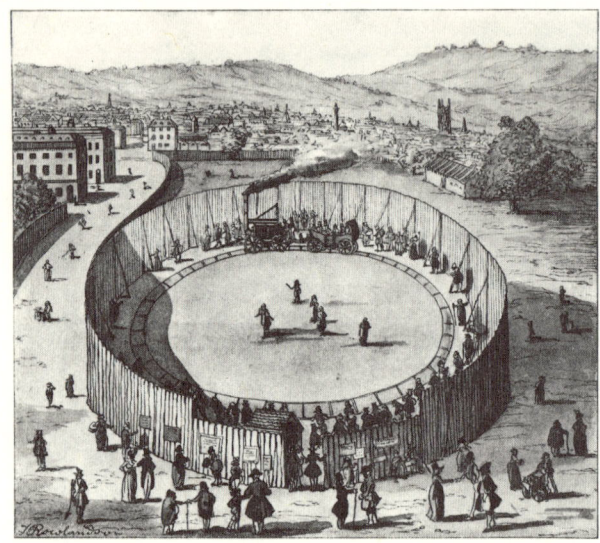

Vorführung von Richard Trevithicks Lokomotive auf dem Euston Square, 1809

großer Geschwindigkeit hügelauf, hügelab und war leicht zu führen.«

Es war dies die Geburtsstunde der Lokomotive. Die Kraft der Kolben wurde über ein Pleuelgestänge auf ein großes Zahnrad übertragen, das wiederum beide Räderpaare antrieb. Um eine gleichmäßige Bewegung zu erreichen, wurde zusätzlich noch ein riesiges Schwungrad verwendet. Dieser tram wagon zog eine Reihe von fünf Wagen, die nicht nur mit zehn Tonnen Eisen beladen waren, sondern in denen sich auch siebzig Fahrgäste befanden; einschließlich des Gewichts der Wagen eine Last von über 25 Tonnen, also wesentlich mehr als zum Gewinn der Wette notwendig gewesen wäre.

Diese erste Lokomotive wurde nun in der täglichen Grubenarbeit eingesetzt; man mußte sie aber schon nach fünf Monaten aus dem Betrieb nehmen, da unter ihrem Gewicht die Schienen ständig zu Bruch kamen. Trevithick arbeitete trotzdem weiter an der Entwicklung seiner Maschine und unternahm 1808 einen neuen Versuch, den Durchbruch zu erzielen. Eine verbesserte und vor allem leichtere Lokomotive wurde in London vorgestellt. Sie hatte den Namen ›Catch me, who can‹ erhalten und wurde einem staunenden Publikum auf einer Kreisbahn von sechzig Metern Durchmesser gegen Eintritt gezeigt; dabei war der nicht zahlenden Menge der Blick durch einen hohen Bretterzaun versperrt. Einen Schilling kostete das Entree, die Mitfahrt in einem Wägelchen inbegriffen. Das Interesse war nicht so, wie es sich der Erfinder erhofft hatte; nach einigen Pannen verkaufte Trevithick die Lokomotive kurzerhand, verlor vorläufig jegliches Interesse an seiner Erfindung und wanderte schließlich nach Übersee aus.

Der Vater der Eisenbahn

Am Schicksal Trevithicks zeigt sich, daß Genie und Einfallsreichtum allein nicht ausreichen, um technischen Fortschritt durchzusetzen; notwendig sind ebenso ein großes Maß an Ausdauer und der feste Wille, sich durch Schwierigkeiten nicht entmutigen zu lassen, abgesehen von einer gehörigen Portion Glück. All diese Eigenschaften besaß aber ein Mann, der nun die Szene betritt und schließlich zum eigentlichen Vater der Eisenbahn werden sollte: George Stephenson.

1781 wurde er in Wylam bei Newcastle am Tyne im nordenglischen Kohlenrevier geboren. Der Vater war als Heizer in einer der Gruben beschäftigt, sein Lohn reichte gerade aus, die große Familie mit dem Nötigsten zu versorgen; an einen Schulbesuch war bei den sechs Kindern nicht zu denken. Wie alle Arbeiterkinder wurde Stephenson schon frühzeitig zu Hilfsdiensten herangezogen. Sein Biograph, Samuel Smiles, schreibt später, daß es zu den ersten Pflichten des kleinen George gehörte, seine jüngeren Geschwister zu hüten und von den Geleisen einer direkt vor dem Elternhaus vorüberziehenden Grubenbahn fernzuhal-

ten, auf denen Pferde die Kohle transportierten. Dieselbe
Aufgabe versah Stephenson dann bei der Kuhherde einer
benachbarten Farm, schließlich nahm ihn aber sein Vater als
Hilfsheizer in die Grube mit. Jahre mußte er hier untergeord-
nete Arbeit am Kessel leisten, bis ihm als Maschinenbursche
die Beaufsichtigung eines Aufzugs übertragen wurde. Mit
Nebenarbeiten verdiente er sich etwas Geld zum Besuch
einer Abendschule. Mit neunzehn Jahren konnte er endlich
lesen und schreiben; mit zweiundzwanzig heiratete er und
gründete einen eigenen Hausstand. Schon ein Jahr später
wurde ihm und seiner Frau – die bald darauf starb – ein
Sohn Robert geboren, der nachmals als berühmter Ingenieur
mit seinem Vater an der Entwicklung des Eisenbahnwesens
arbeitete und später dessen Werk fortsetzen sollte. Stephenson eignete sich bald handwerkliche Kenntnisse an und
brachte es zum Maschinenmeister. Nun war er gesucht,
wenn es galt, eine stillstehende Pumpe oder Maschine wieder
in Gang zu bringen. Seine Einkommensverhältnisse begannen sich etwas zu bessern, so daß es ihm möglich war, seinen
Sohn frühzeitig auf die Schule und in jungen Jahren zum
Ingenieurstudium zu bringen. Stephenson selbst erwarb im
Selbstunterricht soviel Wissen, daß er bald in seiner Grube
die Tätigkeit eines Ingenieurs ausüben konnte.

1814 war er in einem Bergwerk in Killingworth beschäftigt. Als auch hier der Einsatz der Pferde wegen der Teuerung
des Futters unwirtschaftlich wurde, faßte er den Entschluß,
eine Lokomotive zu bauen. Der Besitzer des Bergwerks,
Lord Ravensworth, streckte ihm die nötigen Mittel vor
und noch im gleichen Jahr konnte die Maschine die erste
Probefahrt unternehmen.

Stephenson ging beim Bau des ›Blücher‹ von der letzten
Entwicklung im Lokomotivbau wieder ab; in den Jahren
seit Trevithicks ›Catch me, who can‹ hatte man nämlich
Versuche mit Maschinen unternommen, bei denen die Antriebskraft auf ein großes Zahnrad übertragen wurde, mit
dessen Hilfe sich die Lokomotive entlang einer parallel zu
den Schienen verlegten Zahnstange fortbewegen konnte.

Diesen Irrweg hatte man beschritten, weil man glaubte, daß die Reibung der Eisenräder auf den glatten Schienen nicht ausreiche, um einer Lokomotive größere Geschwindigkeit – vor allem bergauf – zu verleihen. Stephenson vertraute der glatten Schiene: Sein ›Blücher‹ erreichte zwar kaum mehr als das Tempo eines Fußgängers und machte einen schreckenerregenden Lärm, aber er lief immerhin.

Stephenson wußte, daß er unbedingt die Leistung der Maschine steigern mußte, um ihren Einsatz wirtschaftlicher zu machen. Zu diesen Zweck baute er in die Lokomotive ein Blasrohr ein, durch das der aus den Zylindern weichende Dampf in den Schornstein geleitet wurde. Damit ergab sich ein gewaltiger Luftzug in der Feuerung und so eine viel größere Hitze unter dem Kessel. Weitere Verbesserungen galten der Federung der Maschine, um die harten Fahrstöße von den Schienen fernzuhalten. Die Schienen, so erkannte Stephenson, waren nun der Teil der eisernen Bahn, der noch weiter vervollkommnet werden mußte. Diese Gesamtschau der technischen Komponenten Lokomotive und Schiene ist sicher ausschlaggebend für den endlichen Erfolg des Erfinders gewesen. »Schiene und Rad gehören zusammen wie Mann und Weib«, hatte er schon früh erklärt. So begann er die Geleise zu verbessern, indem er ihnen günstigere Profile gab und auch ihre Verbindung untereinander verstärkte.

1821 genehmigte die britische Regierung den Bau einer Eisenbahnlinie von Darlington, dem Hauptort eines der nordenglischen Kohlezentren, nach Stockton am Tees, von wo aus die Kohle zur Nordsee verschifft werden konnte. Es war daran gedacht, diese Linie für Pferdebetrieb einzurichten, da man glaubte, es sei nicht möglich, auf einer Eisenbahnstrecke dieser Länge Dampflokomotiven verwenden zu können. Stephenson bot an, die Linie für Dampfbetrieb auszubauen und gewann tatsächlich das Vertrauen der Geldgeber. Er legte nun mit Unterstützung seines Sohnes, der mit siebzehn Jahren bereits sein Ingenieurstudium erfolgreich abgeschlossen hatte, die Linienführung der Strecke fest. Dann beschloß er, für den Bau der Lokomotiven eine eigene

Fabrik zu gründen; das notwendige Kapital hatte er mit
der Erfindung einer Sicherheitsgrubenlampe verdient. Sein
Partner bei dem Unternehmen wurde Edward Pease, der
Leiter der Stockton-Darlington-Gesellschaft. Der Betrieb
wurde in Newcastle-on-Tyne angesiedelt, zunächst baute
man drei Lokomotiven. Erstmals wurden bei ihnen die beiden Achsen gekuppelt, indem von den angetriebenen Rädern Schubstangen die Kraft auf das zweite Räderpaar
übertrugen; mit dem Ergebnis, daß damit die Reibung zwischen Rädern und Schienen besser verteilt werden konnte.
Die starken Höhenunterschiede am Anfang der Strecke
machten es allerdings notwendig, in diesem Abschnitt die
Kohlewagen mit Hilfe einer stationären Dampfmaschine den
Berg hinaufzuziehen und auf der anderen Seite wieder her-
unterzulassen.

Am 27. September 1825 wurde die Linie festlich eingeweiht. Ein Zug von nicht weniger als 36 Wagen setzte sich
in Stockton in Bewegung; anfangs ging es mit Hilfe der fest
eingebauten Maschine über den Hügel weg, dann wurde die
›Active‹, eine der Stephensonschen Lokomotiven, vorgespannt.

An der Spitze kamen 12 Güterwagen, beladen mit Kohle
und anderen Lasten, dann folgte ein Sonderwagen, in dem
die Honoratioren der Betriebsgesellschaft und deren Ehrengäste Platz genommen hatten. Daran schließlich waren nicht
weniger als weitere 21 Wagen mit Fahrgästen angehängt.
Nachdem die Bahn ja vorwiegend für den Transport von
Kohle gedacht war, standen allerdings keine speziellen Fahrzeuge für die Beförderung von Passagieren zur Verfügung.
Man half sich einfach, indem man zum Teil auf die Fahrge-
stelle von Kohlewagen Kutschkästen montierte, in und auf
denen stolz nicht weniger als 450 Personen thronten. Tausende aber säumten die Strecke, die Zeuge des denkwürdigen
Ereignisses sein wollten.

Aus einem Zeitungsbericht: »Nachdem das Signal gegeben war, setzte sich die Maschine samt dem ungeheuren
Wagenzug in Bewegung. Die Geschwindigkeit war so groß,

daß stellenweise 12 Meilen in der Stunde zurückgelegt wurden. Die Last betrug, da die Zahl der mitfahrenden Personen sich auf 450 belief, mit Einrechnung der Wagen, Kohle und anderer beförderter Waren, nahezu 90 Tonnen. Mit dieser ihrer Last langte die Maschine nach 65 Minuten in Darlington an. Jetzt wurden die sechs mit Kohle beladenen Wagen zurückgelassen, die für Darlington bestimmt waren. Nachdem man neuen Wasservorrat ein- und eine Anzahl Reisender sowie eine Musikkapelle aufgenommen hatte, setzte sich die Maschine abermals in Bewegung und erreichte das zwölf Meilen entfernte Stockton in drei Stunden und sieben Minuten, wobei die Zeit miteingerechnet ist, die man unterwegs zu Aufenthalten brauchte. In dem Augenblick, als der Zug Stockton erreichte, beförderte er 600 Personen. Soviele saßen in den Wagen oder hatten sich daran angehängt.«

War das nun die Geburtsstunde des Reisens mit der Eisenbahn? Eigentlich noch nicht, denn die Linie war überwiegend für Gütertransport bestimmt, auch wurden die Züge zu einem erheblichen Teil nach wie vor von Pferden gezogen. Solche Benützung des Schienenweges durch pferdebespannte Wagen stand übrigens auch Privatleuten offen, die ein eigenes Fahrzeug auf die Geleise setzten. Sie mußten sich aber verpflichten, den Dampfzügen auf den hierfür vorgesehenen Ausweichgeleisen jederzeit aus dem Wege zu gehen.

Stephenson erhielt nun den Auftrag, für den Personentransport einen speziellen Wagen zu bauen. Er entwickelte einen holzverschalten Aufbau, der zu jeder Seite drei Fensteröffnungen aufwies. Rückwärts war die Türe, im Inneren befanden sich in Längsrichtung angeordnete Bänke, zwischen denen ein Tisch aufgestellt war. Der Wagen erhielt den bezeichnenden Namen ›Experiment‹ und wurde nur im Pferdebetrieb eingesetzt.

Der Durchbruch: Liverpool-Manchester

Inzwischen war aber schon lange ein Projekt herangereift, das endlich den erhofften Durchbruch bringen sollte. Bereits 1821 war der Vorschlag aufgetaucht, Manchester, die Metropole der baumwollverarbeitenden Industrie, mit dem rund fünfzig Kilometer entfernten Hafen Liverpool durch eine Eisenbahnlinie zu verbinden. Die aus Übersee ankommende Baumwolle mußte bis dahin über den Mersey-Fluß und den Bridgewater-Kanal zu den Spinnereien gebracht werden. Aus verschiedenen Gründen nahm aber der kurze Binnenwasserweg oft längere Zeit in Anspruch als die Schiffsreise über den Atlantik. Es wurde geklagt, daß Baumwolle, die bei günstigem Wind die Seefahrt in drei Wochen gemacht hatte, anschließend die doppelte Frist brauchte, um nach Manchester zu gelangen; bei der ständig steigenden Produktion ein unhaltbarer Zustand.

Stephensons erster Eisenbahnwaggon ›Experiment‹

Mit einer Eisenbahnlinie wollte man nun die Transportzeit erheblich abkürzen, verständlich, daß diese Absicht nicht nur die Flußschiffer auf den Plan rief, die fürchten mußten, ihr Brot zu verlieren, sondern auch die adligen Großgrundbesitzer, deren Boden man für die Streckenführung benötigte. So fand nach Abschluß der vielfach behinderten Vermessungsarbeiten das ebenfalls unter der Leitung Stephensons stehende Projekt keine Zustimmung bei dem zuständigen Parlamentsausschuß. Stephenson, in seinen Argumentationen nicht immer glücklich, verstand es nicht, seine Planung vor den Abgeordneten überzeugend zu vertreten. Vor allem die Absicht, die Bahn über das Chat Moss, ein ausgedehntes Moorgebiet, zu führen, stieß auf Unglauben und Widerspruch. Als sachverständiger Ingenieur trat ein Mr. Alderson auf. Er hatte das Projekt gründlich studiert und zerpflückte mit überlegener Rhetorik jede Begründung des unglücklichen Stephenson. In seinem sich über zwei Tage hinziehenden Schlußplädoyer faßte er alle Gegenargumente nochmal in dem lapidaren Satz zusammen, das Ganze wäre »der albernste Plan, der je in eines Mannes Kopf entstanden« sei.

Diese Verhandlung fand 1825 statt, nach vier Jahren war man also wieder am Nullpunkt angelangt. Ein neues Projekt wurde ausgearbeitet, nochmals unter der Leitung Stephen-

Die Stephenson unterlegene Lokomotive »Novelty«,
zeitgenössischer englischer Farbdruck

sons. Nun legte man den Verlauf der Bahn so, daß die Besitzungen der einflußreichsten Gegner umgangen wurden, auch setzten die Befürworter der Eisenbahn eine starke Lobby ein, um die Stimmen der Parlamentarier zu gewinnen; nicht ohne Erfolg, wie sich in der nochmaligen Verhandlung vor dem Ausschuß zeigte, die dann auch zu einer Genehmigung führte.

Jetzt konnte man endlich mit den Arbeiten beginnen. Eine ganze Reihe von Schwierigkeiten mußten beim Bau mit den technischen Hilfsmitteln der damaligen Zeit bewältigt werden: Gleich nach dem Bahnhof von Liverpool galt es, in einem Tunnel von über zweitausend Metern Länge – der längste, der bis dahin von Menschen gegraben worden war – unter den Häusern der Stadt hindurch mit einer Steigung von zwei Prozent Höhe zu gewinnen. Bald darauf stellte sich eine Erhebung aus rotem Sandstein, der Olive Mount, in den Weg. Mit einem offenen, bis zu 25 Meter tiefen und über zweitausend Meter langen Graben wollte Stephenson diesen Höhenzug durchschneiden, bei der Härte des Gesteins und dem Umfang der abzutransportierenden Massen für die damalige Zeit ein schier gigantisches Vorhaben. Die Baustelle war gern von Neugierigen umlagert, die vom Rande

her, der durch ein Geländer gesichert werden mußte, in die gähnende Tiefe starrten.

Nach einer weiteren Steigung erreichte die Strecke dann die Station Rainhill, bei der später das denkwürdige Lokomotivrennen ausgetragen werden sollte. Weiter nach Osten überquerten die Geleise den Sankey-Fluß auf einem steinernen, 23 Meter hohen Viadukt von neun Bögen. Nun galt es noch das Chat Moss (Katzenmoor) zu überwinden, das seinerzeit in der ersten Verhandlung vor dem Parlament eine so verhängnisvolle Rolle gespielt hatte. Etwa vierzig Quadratkilometer weit erstreckte sich das Moor westlich von Manchester; ein Umgehen des unsicheren Geländes war nicht möglich. Anfangs wollte es nicht gelingen, mit dem Verlegen der Geleise voranzukommen. Kies für die Untergrundbefestigung, steinerne Schwellen und Eisenschienen – alles verschwand im unergründlichen Morast. Schließlich verfiel man darauf, die Schienen auf breiten Holzschwellen zu verlegen, um so zu einer besseren Lastverteilung zu kommen. Bei den weichsten Stellen ließ Stephenson die Geleise auf ein Geflecht von Knüppeln, Zweigen und abgeschnittenem Heidekraut verlegen, gleichsam eine Art schwimmendes Floß.

Zusätzliche Drainage des Untergrundes durch wasserableitende Röhren und an manchen Stellen die Möglichkeit, einen Damm aufzuschütten, trugen schließlich dazu bei, daß das Moor mit all diesen Hilfsmitteln doch noch bezwungen werden konnte.

1829 war die Strecke weitgehend fertiggestellt, mit Ausnahme des letzten Teilstücks über das Chat Moss. Nun wurde es für die Gesellschaft höchste Zeit, eine Entscheidung über die Antriebsart der Eisenbahnzüge zu fällen. Noch war man sich keineswegs einig, daß dies durch Lokomotiven geschehen sollte. Eine starke Gruppe vertrat nach wie vor die Meinung, den Transport der Wagen durch stationäre Dampfmaschinen zu bewerkstelligen; insgesamt neunzehn solcher Maschinen mit jeweils bis zu zweitausend Meter langen Seilzügen wären notwendig gewesen.

Schließlich konnte sich doch die Lokomotiv-Partei durchsetzen, womit sich aber die Frage ergab, woher diese Lokomotiven überhaupt kommen sollten. Ein Wettbewerb wurde darum ausgeschrieben, an dem sich jeder beteiligen konnte, der glaubte, die gestellten Bedingungen zu erfüllen. Diese aber waren folgende:

Eine Lokomotive von nicht mehr als 10 Tonnen Gewicht und 550 Pfund Sterling Herstellungskosten sollte einen Wagenzug von mindestens 20 Tonnen mit einer Geschwindigkeit von mehr als 10 Meilen in der Stunde und mit einem Dampfdruck von höchstens 3,5 atü über eine Strecke von 1,5 Meilen ziehen.

Diese Fahrt mußte mindestens zwanzigmal wiederholt werden.

Am 6. Oktober 1829 war der große Tag gekommen: Vier Konkurrenten stellten sich bei der Station Rainhill, etwa fünfzehn Kilometer östlich von Liverpool, der Jury. Es waren:

Die Herrren Braithwaite und Ericsson mit ihrer Lokomotive ›Novelty‹.

Mister Hackworth aus Darlington mit der Lokomotive ›Sans Pareil‹.

Mister Th. Burstall mit der ›Perseverance‹.

Die Herren Robert und George Stephenson mit ihrer Lokomotive ›Rocket‹.

Der junge Robert Stephenson war während der Jahre, in denen sein Vater die neue Eisenbahnstrecke gebaut hatte, in Übersee gewesen, nun aber gerade noch rechtzeitig zurückgekehrt, um – wie Samuel Smiles schreibt – »take part in the battle of locomotive«. Für die ›Rocket‹ schlug er als wichtigste Verbesserung den Einbau von 25 Röhren in den Kessel vor, um so eine günstigere Ausnutzung des Dampfes und damit einen geringeren Brennstoffverbrauch zu erzielen.

Am Morgen des ersten Wettkampftages begann die ›Novelty‹ die Konkurrenz. Die nur 2,15 Tonnen schwere Maschine erwies sich als durchaus ernstzunehmender Gegner. Sie erreichte auf Anhieb eine Geschwindigkeit von 40 Stundenkilometer, das Publikum jubelte und hatte seinen Favoriten gefunden. Die Stephensons aber hielten Timothy Hackworth für ihren gefährlichsten Mitstreiter. Er hatte als Leiter der Stockton-Darlington-Strecke immerhin eine Lokomotive gebaut, die lange Zeit als die stärkste Maschine überhaupt galt. Die Erfahrungen mit der ›Royal George‹ waren nun bei der Konstruktion der ›Sans Pareil‹ verwendet worden, allerdings unter erheblichem Zeitdruck, wie sich zeigen sollte. Als die Maschine auf die Waage mußte, erwies sich, daß sie ein ganzes Stück schwerer war, als die Bedingungen zuließen. Zwar erreichte sie dann bei ihrem ersten Probelauf rund 40 Stundenkilometer, jedoch mit einem erschreckend hohen Brennstoffverbrauch. Mister Burstall aber war der eigentliche Unglücksrabe des Wettbewerbs, seine ›Perseverance‹ war überhaupt erst am letzten Tag einsatzbereit und auch da nur mit sehr mäßigem Erfolg. Die ›Rocket‹ wurde an diesem ersten Tag noch nicht voll ausgefahren. Wie alle Konkurrenten hatte sie noch keine Wagen angehängt, ihre Geschwindigkeit wurde auf etwa 24 Stundenkilometer geschätzt.

Am nächsten Tag sollten die eigentlichen Wettfahrten beginnen. Die ›Novelty‹ startete zuerst, erreichte auch einschließlich Last die geforderte Schnelligkeit, mußte dann aber mit einem Maschinenschaden vorläufig ausscheiden. Die ›Sans Pareil‹ kam wegen Reparaturen gar nicht zum Einsatz, ebensowenig die ›Perseverance‹. So nützten die Stephensons die Gelegenheit, um in einer Reihe gelungener Fahrten ihre Maschine vorzuführen, bevor anhaltender Regen für diesen Tag die Konkurrenz einstellen ließ.

Der 8. Oktober sollte nun zum Tag der Entscheidung werden. Während alle Mitstreiter eifrig daran arbeiteten, ihre Maschinen wieder zum Einsatz zu bringen, vollführte die ›Rocket‹ einen gelungenen Lauf nach dem anderen. Bald

THE LOCOMOTIVE STEAM ENGINES

Which competed for the Prize of £500 offered by the Directors of the Liverpool and Manchester Railway Comp.ᵈ ─ drawn to a scale ½ inch to a foot

The ROCKET *of Mr Robt Stephenson, of Newcastle*

Which drawing a load equivalent to three times its weight, travelled at the rate of 12½ miles an hour, & with a carriage & passengers at the rate of 24 miles Cost per mile for fuel about three halfpence.

The NOVELTY *of Messrs Braithwaite & Errickson of London*

Which drawing a load equivalent to three times its weight, travelled at the rate of ..., miles an hour, & with a carriage & passengers at the rate of 32 miles Cost per mile for fuel about one halfpenny.

The SANS PAREIL *of Mr Hackworth of Darlington*

Which drawing a load equivalent to three times its weight, travelled at the rate of 12½ miles an hour. Cost for fuel per mile about two pence.

Lokomotive ›The Rocket‹ von Stephenson, 1830

hatte Stephenson die Strecke – wie gefordert – zwanzigmal durchfahren; bei dem letzten Versuch mit einem Tempo von 50 Stundenkilometer. Damit hatte einer der Konkurrenten alle gestellten Forderungen erfüllt.

Auch am nächsten Tag wurde von den Mitbewerbern repariert, dann war die ›Novelty‹ bereit zum nächsten Versuch. Wiederum war jedermann beeindruckt von der Leichtigkeit, mit der sie ihr Höchsttempo erreichte. Die folgenden Tage verstrichen wieder mit Reparaturen, endlich war am 13. Oktober Hackworth soweit, um mit der ›Sans Pareil‹ nochmals in die Konkurrenz einzugreifen. Sieben Fahrten wurden vollführt, bei der achten ging die Kesselspeisepumpe leck, die Maschine war nun endgültig aus dem Rennen. Jetzt verblieb nur noch die ›Novelty‹, den Stephensons den Sieg zu entreißen. Nachdem am nächsten Tag der Wettbewerb zum Abschluß kommen sollte, mußte sie an diesem alle gestellten Bedingungen erfüllen. Schon bei der zweiten Fahrt zeigte sich, daß die Reparaturen unter zu großem Zeitdruck durchgeführt worden waren – der Kessel wurde gleich an mehreren Stellen undicht, auch dies das Ende.

So waren die Stephensons auf beeindruckende Weise Sieger geblieben, dabei war ihr größter Trumpf die Zuverlässigkeit ihrer Maschine gewesen. Es blieben ihnen nun noch genau elf Monate bis zur Eröffnung der Strecke, um die hierfür bestellten vier Maschinen zu bauen und dabei auch alle Erfahrungen des Wettbewerbs miteinzubringen.

Robert leitete diese Arbeiten in der Fabrik in Newcastle. Nicht nur die verlangten vier Lokomotiven wurden rechtzeitig fertiggestellt, auch noch weitere vier Maschinen standen zur Aufnahme des Betriebes bereit, die die Gesellschaft in den folgenden Monaten zusätzlich geordert hatte. Sie wurden bereits schwerer und leistungsfähiger ausgeführt, allein die Zahl der Kesselröhren erhöhte sich schließlich auf 128; auch waren die Zylinder nun waagrecht angeordnet.

Vater Stephenson leitete die letzten Arbeiten an der Strecke und führte schon ab 1. Januar 1830 die ersten Testfahrten durch, nachdem nun auch das Chat Moss wenigstens eingleisig überquert war; von einer dieser Fahrten besitzen wir ja den schwärmerischen Bericht der Schauspielerin Miss Kemble.

Die Geburtsstunde

Zum 15. September 1830 war die festliche Eröffnung der Linie vorgesehen. Die Gesellschaft hatte zahlreiche Ehrengäste für den großen Tag eingeladen, der bedeutendste war wohl der Herzog von Wellington. Den Sieger von Waterloo zu bitten war allerdings in Manchester nicht ganz unproblematisch; hatte er doch dort einige Jahre vorher mit seinen Regimentern einen Aufstand der ausgebeuteten Industriearbeiter blutig niedergeschlagen. Für Wellington und weitere Honoratioren wurden besondere Ehrenwagen gebaut, einige der besseren Passagiere ließen außerdem ihre Kutschen auf Wagengestelle setzen, um so die Premiere mitzuerleben. Ansonsten standen die neuen Waggons bereit, um die vielen

Hunderte von Fahrlustigen zur ersten Reise mitzunehmen.
Alle acht Lokomotiven sollten zum Einsatz kommen, jede
mit einer langen Reihe von Wagen hinter sich. Die Abfolge
der einzelnen Züge wurde durch ein strenges Protokoll geregelt.

Um zehn Uhr setzte sich auf einen Kanonenschuß hin die
lange Prozession in Bewegung, angeführt von der ›Northhumbrian‹, die in ihrem Zug auch den Wagen des Herzogs
mitführte. In der Station Parkside wechselte dieser erste Zug
auf ein Seitengeleis, damit sich der hohe Gast die lange Reihe
der folgenden Gruppen ansehen konnte. Aus einem der
nächsten Wagen stieg der örtliche Parlamentsabgeordnete
Mister Huskisson aus, um den Herzog zu begrüßen. Wellington bot ihm die Hand, eine Geste, die nicht unbedingt zu
erwarten gewesen war, da Huskisson zu den politischen
Gegnern des Herzogs gehörte. Als Huskisson zu seinem
Abteil zurückkehrte, ereignete sich nun ein Zwischenfall,
der nicht nur den Ablauf des festlichen Tages trüben, sondern
auch der erste Unfall in der Eisenbahngeschichte werden
sollte.

Samuel Smiles: »Plötzlich erscholl von allen Seiten der
Ruf: Get in, get in!« Auf einem Nebengeleis hatte sich
unversehens und in schneller Fahrt die ›Rocket‹ genähert.
Huskisson wollte zurückweichen, stolperte, fiel und geriet
mit einem Bein unter die Maschine. Als man den Unglücklichen herauszog, waren seine ersten Worte: »Ich werde
sterben!« Stephenson ließ sofort einen einzelnen Waggon an
die ›Northhumbrian‹ hängen und fuhr den Verletzten zur
Station Eccles, wo er ärztliche Hilfe zu finden hoffte. Obwohl der Konstrukteur das Äußerste aus der Maschine her-
ausholte, »a rate of 36 miles an hour«, wie Smiles stolz
vermerkt, kam leider jede Hilfe zu spät.

Der Ehrenkonvoi hatte inzwischen in Parkside Station auf
Nachrichten gewartet. Als sich die Hiobsbotschaft verbrei-
tete, war der Herzog für einen Abbruch der Feierlichkeiten.
Die Direktoren wußten aber, daß sich entlang der weiteren
Strecke bis Manchester viele Tausend drängten, die man,

wenn man Unruhen vermeiden wollte, nicht um ihr Schauspiel bringen durfte. So setzt sich die Kolonne schließlich in
gedrückter Stimmung wieder in Bewegung. Bei der Einfahrt in den Bahnhof der Textilmetropole empfangen den
hohen Gast Schmährufe und Transparente. Als er sich wei-
gert, den Schutz seines Waggons zu verlassen, muß schließlich auch noch das vorbereitete Festbankett ausfallen. Die
lange Kavalkade rollt in die sinkende Nacht hinein nach
Liverpool zurück, wo man erst am späten Abend eintrifft.

Am nächsten Tag aber fährt der erste fahrplanmäßige Zug
mit 140 zahlenden Passagieren von Liverpool ab, um nach
einer Fahrzeit von zwei Stunden planmäßig Manchester zu
erreichen. Der Biograph Samuel Smiles vermerkt stolz:
»And from that time the traffic has regularly proceeded from
day to day until now.« Wie sich zeigen sollte, hatte damit
tatsächlich das Zeitalter der Eisenbahn begonnen.

Die Entwicklung auf dem Kontinent

Wie hatte man nun auf dem Kontinent die Entwicklung
jenseits des Kanals aufgenommen? Natürlich mit großem
Interesse, wußte man doch um die Bedeutung aller Neuerungen, die sich im Mutterland der Industrialisierung durchsetz-
ten, für die Entwicklung von Handel und Gewerbe im eigenen Land. Und so registrierte man auch sorgfältig, wie sich
die neueröffnete Linie bewährte: ». . . von der Eröffnung der
Bahn bis zu Ende des Jahres 1830 wurde sie von mehr als
70 000 Reisenden befahren. Überhaupt hat sich seitdem die
Zahl der Reisenden zwischen Liverpool und Manchester
gegen frühere Zeiten um das Dreifache vermehrt und wird
jährlich gegen 400 000 gerechnet, die in 6342 Personenfahr-
ten befördert werden.«

Was nun Deutschland betrifft, stellte sich jedoch allen
großräumigen Überlegungen ein Hindernis lähmend in den
Weg: seine politische Zersplitterung in nicht weniger als
37 souveräne Einzelstaaten, als da waren fünf Königreiche,
sieben Großherzogtümer, ein Kurfürstentum, neun Herzog-

tümer, zehn Fürstentümer, eine Landgrafschaft und vier freie
Reichsstädte; alle mit eigener Zollhoheit und den verschiedensten wirtschaftlichen Interessen. Selbst der greise Dich-
terfürst in Weimar befaßte sich mit diesem Problem. Am
23. Oktober 1828 notiert Eckermann in den ›Gesprächen‹:
»Wir sprachen sodann über die Einheit Deutschlands und in
welchem Sinne sie möglich und wünschenswert. Mir ist
nicht bange, sagte Goethe, daß Deutschland nicht eins
werde; unsere guten Chausseen und künftigen Eisenbahnen
werden schon das Ihrige tun ... Es sei eins, daß der deutsche
Thaler und Groschen im ganzen Reiche gleichen Wert habe;
eins, daß mein Reisekoffer durch alle 36 Staaten ungeöffnet
passieren könne. Es sei eins, daß der städtische Reisepaß eines
weimarischen Bürgers von den Grenzbeamten eines großen
Nachbarstaates nicht für unzulänglich gehalten werde, als
der Paß eines Ausländers.«

So ist wohl natürlich, daß es in Deutschland vor allem
die Bestrebungen für eine Zusammenfassung der einzelnen
Kräfte sind, die das neue Verkehrsmittel in ihre Überlegungen miteinbeziehen. Waren es in England die Fabrikherren
und Kaufleute, die den Ingenieuren die Anstöße gegeben
hatten, so sind es hier nun vor allem Wissenschaftler, die
zuerst die Vorteile einer schnelleren, besseren und billigeren
Verbindung der Städte und Staaten erkennen.

Schon 1812 hatte der bayerische Mathematiker und Physi-
ker Joseph Baader seinem König Max Joseph I. eine Denk-
schrift vorgelegt: »Zur Einführung der eisernen Kunststraßen im Königreich Bayern.« Baader, der später geadelt
wurde, war damals schon einige Male zu Studienzwecken
in England gewesen. Dort hatte er sich in den Gruben und
Eisenhütten umgesehen und dabei aufmerksam den Einsatz
eiserner Schienenbahnen beobachtet. Der Monarch nimmt
seine Schrift gnädig auf, und Baader widmet in den kommenden Jahren alle Energie der Realisierung seiner Vorschläge. Diese zielen 1817 auf die Einführung einer ersten
Linie von Donauwörth nach Kitzingen ab und damit auf
eine Verbindung zwischen Donau und Main. 1826 kann

Baader sogar in München eine Versuchsstrecke von 250 Metern einrichten und mit einem pferdebespannten Fahrzeug Probefahrten durchführen. In einem amtlichen Protokoll wird festgestellt, daß man mit dem neuen Verkehrsmittel eine um das 22fache größere Last fortbewegen kann als mit einem gewöhnlichen Fuhrwerk auf der Straße.

Joseph von Baaders Bestrebungen hatten allerdings zwei Schwachpunkte: Einmal dachte er immer nur an einen Fahrbetrieb mit Pferden; die inzwischen in England eingetretenen Fortschritte des Lokomotivbaus wurden in seine Überlegungen nicht miteinbezogen. Zum anderen hatte Bayern seit 1826 einen neuen König; der junge Ludwig I. setzte im Gegensatz zu Baader auf den Wasserweg als zukünftige Verkehrsstraße. Seine Liebe galt einer Verbindung von Main und Donau durch einen Kanal, ein Projekt, das schon eintausend Jahre zuvor Karl der Große in Angriff genommen hatte und das schließlich als Ludwig-Donau-Main-Kanal auch zur Realisierung kommen sollte.

Schließlich war es dann der Nationalökonom Friedrich List, der als erster ein das ganze Deutschland umfassendes Eisenbahnsystem vorschlagen sollte. Der 1789 in Reutlingen geborene Sohn eines Gerbers trat schon früh für die Überwindung der jeden wirtschaftlichen Fortschritt verhindernden Zollschranken ein. Die Gründung des Handelsvereins in Frankfurt ging auf ihn zurück, einer der Ursprünge des späteren Deutschen Zollvereins. List setzt sich auch für in der Restaurationszeit mißliebige politische Ziele ein, wie Pressefreiheit oder öffentliche Kontrolle der Staatsverwaltung. Eine Haftstrafe wird ausgesprochen – nicht zum ersten Male –, List entzieht sich einer Verbüßung 1825 durch Emigration in die Vereinigten Staaten. Dort erlebt er die ersten Anfänge des Eisenbahnwesens. Einige Jahre später kehrt er wieder in die Heimat zurück und wird nun zum hartnäckigsten Befürworter des neuen Verkehrsmittels, dabei außer dem Aspekt einer Verbesserung der Handelsverbindungen schon prophetisch den Nutzen der Eisenbahn in den Beziehungen der Völker untereinander erkennend: »Die Eisenbahn ist ein Herkules in der Wiege, der die Völker erlösen wird von der Plage des Krieges, der Teuerung und Hungersnot, des Nationalhasses und der Arbeitslosigkeit, der Unwissenheit und des Schlendrians; der ihre Felder befruchten, ihre Werkstätten und Schachte beleben und auch dem Niedrigsten unter ihnen Kraft verleihen wird, sich durch den Besuch fremder Länder zu bilden, in entfernten Gegenden Arbeit und an ferner Heilquelle und Seegestaden Wiederherstellung ihrer Gesundheit zu suchen.«

Es ist erstaunlich, mit welcher Scharfsicht List hier, einige Jahre bevor auch nur eine Strecke in Deutschland in Bau oder gar Betrieb war, die Bedeutung der Eisenbahn für das Leben des einzelnen erkannte – selbst wenn seine Hoffnungen für ein besseres Verständnis der Nationen untereinander ein leerer Traum bleiben sollten.

Als Mittelpunkt eines deutschen Eisenbahnnetzes sieht List Sachsen mit den Großstädten Leipzig und Dresden; das sollten später tatsächlich auch die beiden Endpunkte der zweiten deutschen Strecke werden. 1833 erscheint seine Schrift ›über ein sächsisches Eisenbahnsystem als Grundlage eines allgemeinen deutschen Eisenbahnsystems‹.

In den kommenden Jahren setzt sich List im In- und Ausland weiter für die Ziele einer Vereinheitlichung und Verbesserung der Verkehrswege und Handelsbeziehungen ein. So auch in Frankreich, wo er schon 1831 seine Ideen publiziert hatte. Ludwig Börne schreibt aus Paris: »List hat ein sehr gutes Büchelchen in französischer Sprache über Eisenbahnen hier drucken lassen. Es soll sich eine Aktiengesellschaft bilden, welche Eisenbahnen von Paris nach Havre und Straßburg führen, so daß man in 12 Stunden von hier nach Straßburg wird reisen können, und weiter nach Frankfurt gezogen in 18 Stunden dorthin. Wenn ich morgens von hier abreiste, könnte ich abends Thee bei Ihnen trinken und den anderen Abend wieder hier sein. Welch ein reizender Gedanke.«

Als 1835 die erste Eisenbahnlinie in Deutschland gebaut wird, faßt List noch einmal seine Argumente für ein deut-

sches Netz zusammen: »Die Vorteile, welche die Transport-
verbesserung durch Eisenbahnen für den Volkswohlstand
herbeiführen wird, sind nicht zu berechnen. Die Mittel der
Volksbildung und die Landeseinkünfte werden sich verdop-
peln, der Landbau wird sich aufrichten, die Fabriken werden
blühen und Deutschland wird erfahren, was Binnenhandel
ist.«

Das waren damals prophetische Worte, zwei oder drei
Jahrzehnte später schon hat dann die Entwicklung sie voll
bestätigt. Es ist eine der stillen Tragödien jener Zeit, daß List
zwar das Richtige erkannt und immer wieder in drängen-
den, leidenschaftlichen Worten empfohlen hatte, bei der Einrichtung der ersten Linien aber ein Außenstehender bleiben
sollte. Lediglich als passiver Beobachter konnte er daran
teilnehmen; ihm blieb letzten Endes nur die Rolle eines
Vorbereitenden, Anerkennung ward ihm zu Lebzeiten nicht
zuteil; 1846 endete Friedrich List in tiefer Depression durch
Selbstmord. »Wenn der Name Friedrich List genannt wird,
bekommen die Deutschen ein schlechtes Gewissen«, urteilt
in unseren Tagen kein anderer als Theodor Heuss über diesen
ersten deutschen Verkehrspolitiker.

Der Dritte im Bunde der Wegbereiter der Eisenbahn in
Deutschland ist Friedrich Harkort. Er stand der Materie als
Besitzer einer bedeutenden Maschinenfabrik in Wetter an
der Ruhr von Haus aus am nächsten. In seinem Werk wurden
schon in frühen Jahren Dampfmaschinen und Förderanlagen
gebaut, auch entwickelte er bedeutende Verbesserungen bei
der Eisenaufbereitung. 1825 erscheint ein Aufsatz Harkorts
mit dem lapidaren Titel ›Eisenbahnen (Railroads)‹. Darin
heißt es nach einem Vergleich der traditionellen Verkehrsmittel: »Größere Vorteile wie die bisherigen Mittel scheinen
Eisenbahnen zu bieten ... Die Eisenbahnen werden manche
Revolutionen in der Handelswelt hervorbringen. Man ver-
binde Elberfeld, Köln und Duisburg mit Bremen oder Em-
den und Holland's Zölle sind nicht mehr.« Und er schließt
seinen Aufsatz mit dem prophetischen Aufruf: »Möge auch
im Vaterland bald die Zeit kommen, wo der Triumphwagen

des Gewerbefleißes mit rauchenden Kohlen bespannt ist und dem Gemeinsinn die Wege bahnt.« In den kommenden Jahren wird Harkort nicht müde, für seine Idee einzutreten. Er schlägt als Anfang eine Linie von Minden nach Köln vor und versucht den Behörden das Projekt schmackhaft zu machen, indem er auch auf den militärischen Aspekt des neuen Verkehrsmittels hinweist: »Die Kunst der Feldherrn neuerer Zeit besteht darin, rasch große Streitmassen nach einem Punkte zu bewegen. Während ein preußisches Korps sich von Magdeburg auf Minden oder Kassel bewegt, erreicht in derselben Zeit ein französisches Heer von Straßburg aus Mainz ... wir verlieren also zehn Tagemärsche, welche oft einen Feldzug entscheiden. Diesen Nachteil würde eine Eisenbahn beheben, indem 150 Wagen eine ganze Brigade in einem Tag von Minden nach Köln schafften, wo die Leute wohl ausgeruht mit Munition und Gepäck einträfen.«

Das Preußische Ministerium verschließt sich dem Vorschlag, man verweist darauf, daß die Gelder des Staates nur »im allgemeinen und nicht im örtlichen Interesse« angelegt werden dürfen.

1835, als in England schon mehrere Strecken in Betrieb waren und auch die ersten europäischen Staaten nachzogen, klagt Harkort einem Freund: »Heute sind es zehn Jahre geworden, daß (ich) zum ersten Male über Eisenbahnen schrieb. Großes hätte man in Preußen erreichen, alles mit einem Schlag voranbringen können, wenn die Sache damals energisch angegriffen würde ... Pfui über unsere unüberwindliche deutsche Schlafmützigkeit!«

In Bayern hatte inzwischen Ludwig I. die Entscheidung für eine Verbindung vom Main zur Donau zugunsten des Wasserweges gefällt. 1834 tritt ein Gesetz für die ›Erbauung eines Kanals zur Verbindung des Rheines mit der Donau‹ in Kraft; damit sieht es so aus, als wenn im Königreich die Chancen eines Schienenweges vorläufig verpaßt wären. Um so erstaunlicher ist es dann, daß gerade hier die erste deutsche Eisenbahnlinie gebaut werden sollte.

Der deutsche Anfang: Nürnberg-Fürth

Nur sechs Kilometer sind die alte und bis 1806 freie Reichsstadt Nürnberg und das westlich davon gelegene Fürth voneinander entfernt, beides seit dem Mittelalter handels- und
gewerbereiche Städte. Vielfältig sind die Verbindungen beider Nachbarorte, entsprechend rege der Fuhr- und Personenverkehr. Schon 1814 hatte Joseph von Baader eine Schie-
nenverbindung vorgeschlagen, doch über das Diskussions-
stadium war ein solches Projekt nie hinausgekommen. Mit
dem Bau der ersten Bahnen in England griff man die Idee
wieder auf; diesmal ist es der Nürnberger Journalist Erhard
Friedrich Leuchs. In der ›Allgemeinen Handlungs-Zeitung‹
stellt er 1833 die Frage: »Was ist eine Eisenbahn?« und gibt
gleich die Antwort: »Ein vollkommen glatter Weg für die
Räder der Wagen, mit einer gewöhnlichen Landstraße verbunden, auf der Pferde laufen.« Nun rechnet Leuchs aus,
daß auf einem solchen Schienenweg Pferde das Acht- bis
Zwölffache ziehen könnten als auf einer gewöhnlichen
Chaussee, berichtet dann von den Eisenbahnen in England
und den Projekten in Frankreich. Schließlich schreibt er
von mehreren Plänen in Norddeutschland, Eisenbahnen zu
errichten, und schließt mit dem Aufruf: »Eilen wir uns,
Süddeutschland den Ruhm der ersten deutschen Eisenbahn
zu sichern!« Der Appell findet in beiden Städten Gehör,
Magistrat und Kaufmannschaft sagen ihre Unterstützung
zu. Man bildet ein Komitee; an der Spitze der Nürnberger
Kaufmann Georg Platner, der Leiter der Polytechnischen
Schule Johannes Scharrer und aus Fürth der 1. Bürgermeister
der Stadt, Franz Joseph von Bäumen. Zur Finanzierung der
Bahn schließt sich eine Aktiengesellschaft zusammen; in dem
Aufruf vom 14. Mai 1833 wird das Projekt mit einem Verkehrsaufkommen zwischen beiden Städten von jährlich über
600000 Personen und etwa 40000 Fuhrwerken begründet.
Für das benötigte Kapital von 132000 Gulden errechnet man
eine Rendite von 12,5 Prozent; schon sechs Monate später
ist die notwendige Summe gezeichnet.

Wegen der technischen Leitung des Projekts tritt man in England an die Stephensons heran; als deren Forderungen jedoch zu hoch liegen, beauftragt man den jungen bayerischen Bezirksingenieur Paul von Denis, der sich für die Aufgabe beurlauben läßt. Dies sollte sich als Glücksfall erweisen; innerhalb eines Vierteljahres arbeitet von Denis das Projekt aus, so daß schon Anfang 1835 das gesamte Material für den Schienenbau in Auftrag gegeben werden kann. Nun waren freilich auch die topographischen Verhältnisse unkompliziert: Bei einer Länge von sechs Kilometern waren ganze sechs Meter Höhendifferenz zu bewältigen, es gab weder Tunnels noch Geländeeinschnitte, weder Moore noch Wasserläufe.

Bei der Lokomotive kam man aber an den Stephensons nicht vorbei; im September 1835 wird die Maschine in neunzehn Kisten verpackt aus England angeliefert, ein Spezialist für den Zusammenbau und die Einweisung des deutschen Bedienungspersonals ist dabei: William Wilson. Er wird den Zug bei der Eröffnungsfahrt lenken und bald eine solche Popularität erreichen, daß er schließlich ganz in Nürnberg bleibt. Die Lokomotive erhält den Namen ›Adler‹. Bayerische Stellmacher bauen die Personenwagen, insgesamt neun sind es und säuberlich in drei Klassen unterteilt: Offen die Waggons der dritten Klasse, mit einfachen Querbänken und ohne schützendes Dach. Dieses zeichnet die zweite Klasse aus, während die erste Klasse mit verglasten Fenstern und gepolsterten Bänken ausgestattet ist. Hier zeigt sich auch, daß man bei der Konstruktion noch ganz von den Vorstellungen und Erfahrungen des Kutschenbaus ausgeht: Die Waggons gleichen exakt zwei hintereinandergesetzten Berlinen, wie sie damals bei den Postkutschen Verwendung fanden.

Im November beginnen die ersten Probefahrten; für den 7. Dezember 1835 wird die feierliche Einweihung der Strecke festgesetzt. Inzwischen fehlte es aber auch an Warnern nicht. Hatte doch schon früher das bayerische Obermedizinalkollegium ein Gutachten verfaßt: »Die schnelle Bewe-

gung muß bei den Reisenden unfehlbar eine Gehirnkrankheit, eine besondere Art des delirium furiosum erzeugen.
Wollen aber dennoch Reisende dieser gräßlichen Gefahr
trotzen, so muß der Staat wenigstens die Zuschauer schützen,
denn sonst verfallen diese beim Anblick des schnell dahinfah-
renden Dampfwagens genau derselben Gehirnkrankheit. Es
ist daher notwendig, die Bahnstrecke auf beiden Seiten mit
einem hohen, dichten Bretterzaun einzufassen.«

Nun, soweit kam es gottlob nicht. Als der große Tag
gekommen war, hatte sich schon am frühen Morgen eine
erwartungsfreudige Menschenmenge vor dem Plärrer einge-
funden; dort hatte man den Nürnberger Bahnhof errichtet.
Es war eine kleine girlandengeschmückte Halle, aus der der
Zug nun herauskam. Salut wird geschossen, die Landes-
hymne gespielt, Fahnen werden geschwenkt, das Spektakel
konnte beginnen.

Die ›Stuttgarter Morgenblätter‹ hatten ihren Korrespon-
denten nach Nürnberg geschickt, sein Bericht ist zum kultur-
historischen Dokument geworden: »Am 7. Dezember morgens um neun Uhr fand die feierliche Eröffnung der Lud-
wigs-Eisenbahn zwischen Nürnberg und Fürth auf dem
eingehegten Platze statt, welcher zu dem Verwaltungslokal
der Eisenbahngesellschaft gehört. Die freudigste und nicht
zu erschöpfende Aufmerksamkeit widmete man dem
Dampfwagen selbst, an welchem jeder soviel Ungewöhnliches, Rätselhaftes zu bemerken hatte, den aber in seiner
speziellen Struktur nach äußerem Ansehen selbst ein Kenner
nicht zu enträtseln vermag. Auf den Achsen von Vorder-
und Hinterrädern wie ein anderer Wagen ruhend, hat er
mitten zwischen diesen zwei größere Räder, und diese sind
es, welche von der Maschine eigentlich in Bewegung gesetzt
werden. Wie, läßt sich zwar ahnen, aber nicht sehen.«

Der Verfasser kommt nun zu dem Lenker dieser Zauber-
maschine, den seine Beschreibung fast in mystische Regionen
erhebt: »Überdies nahm das ruhige, umsichtige, Zutrauen
erweckende Benehmen des englischen Wagenlenkers uns
ebenso in Anspruch. Wer möchte in einem solchen Mann

nicht den ganzen Unterschied der modernen und der alten
wie der mittleren Zeit personifiziert erblicken! Jedes körper-
liche Geschick, welches gleichwohl nicht fehlen darf, tritt
bei ihm in den Hintergrund, in den Dienst der verständigen
Beachtung auch des Kleinsten, als eines für das Ganze Wichtigen. Jede Schaufel Steinkohlen, die er nachlegte, brachte
er mit Erwägung des rechten Maßes, des rechten Zeitpunk-
tes, der gehörigen Verteilung auf den Herd! Keinen Augenblick müßig, auf alles achtend, die Minute berechnend, da
er den Wagen in Bewegung zu setzen habe, erschien er als
der regierende Geist der Maschine und der in ihr zu der
ungeheuren Kraftwirkung vereinigten Elemente.«

Und dann kommt der große Moment: »Der Wagenlenker
ließ die Kraft des Dampfes nach und nach in Wirksamkeit
treten. Aus dem Schlot fuhren nun die Dampfwolken in
gewaltigen Stößen, die sich mit dem schnaubenden Ausat-
men eines riesenhaften, antediluvianischen Stieres vergleichen lassen. Die Wagen waren dicht aneinander gekettet und
fingen an, sich langsam zu bewegen; bald aber wiederholten
sich die Ausatmungen des Schlotes immer schneller, und die
Wagen rollten dahin, daß sie in wenigen Augenblicken den
Augen der Nachschauenden entschwunden waren. Auch
die Dampfwolke, welche lange noch den Weg, den jene
genommen, bezeichnete, sank immer tiefer, bis sie auf dem
Boden zu ruhen schien; die erste Festfahrt war in neun
Minuten vollendet, und somit eine Strecke von 20 000 Fuß
zurückgelegt.«

Der Korrespondent hatte aber auch Gelegenheit, eine der
nächsten Fahrten mitzumachen: »... ich kann versichern, daß
die Bewegung durchaus angenehm, ja wohltuend ist. Wer
zum Schwindel geneigt ist, muß es freilich vermeiden, die
vorüberfliegenden, nähergelegenen Gegenstände ins Auge
zu fassen. Es war eine unermeßliche Menschenmenge vorhanden, und sie jauchzte und jubelte zum Teil den Vorüber-
fahrenden zu; in der Tat, es gewährt der Anblick des vor-
überdrängenden Wagenzuges fast ein größeres Vergnügen
als das Selbstfahren. Wenigstens drängte sich uns das Gefühl

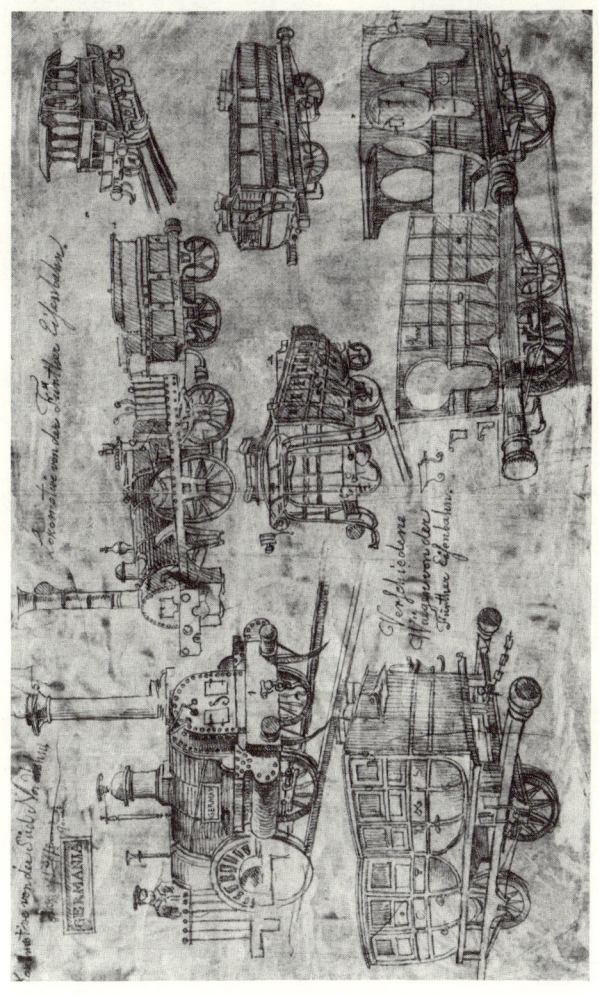

Lokomotiven von der Süd-Nordbahn und der Fürther Eisenbahn
und Waggons, Zeichnung um 1844

der gewaltigen, wundersam wirkenden Kraft bei jedem Augenblick weit mehr auf; es imponiert, wenn man den Wagenzug mit seinen 200 Personen wie von selbst, wenn auch nicht pfeilgeschwind, doch gegen alle bisherige Erfahrung schnell unaufhaltsam heran-, vorüber- und in die Ferne dringen sieht. – Das Schnauben und Qualmen des ausgestoßenen Dampfes, der sich sogleich als Wolke in die Höhe zieht, verfehlt auch seine Wirkung nicht. Pferde auf der nahen Chaussee sind daher beim Herannahen des Ungetüms scheu geworden, Kinder haben zu weinen angefangen, und manche Menschen, die nicht alle zu den ungebildeten gerechnet werden dürfen, haben ein leises Beben nicht unterdrücken können.«

Ähnliche Eindrücke hatte übrigens auch Ludwig Richter, der 1837 die neue Bahn benutzt: »Bäume und Felder sausten wie ein Wassersturz vorüber. Nahe Gegenstände konnte man nicht erkennen, der fernere Horizont allein verschob sich langsamer.«

Der Korrespondent der ›Stuttgarter Morgenblätter‹ aber ist sich der geschichtlichen Bedeutung des Augenblicks wohl bewußt, wenn er seinen Bericht von der Eröffnungsfahrt abschließt: »Ja, es möchte wohl keiner, der nicht völlig phantasielos ist, ganz ruhigen Gemütes und ohne Staunen beim ersten Anblick des wunderwürdigen Phänomens geblieben sein.«

Wenn auch in der folgenden Zeit noch mehr Züge von Pferden als von der Lokomotive auf der kurzen Strecke gezogen wurden: Deutschland hatte seine erste Eisenbahn. Inzwischen waren aber bereits die Vorbereitungen für eine andere Linie sehr weit gediehen, die an Länge und Schwierigkeiten der Strecke schon eher mit den englischen Projekten verglichen werden konnte: Die Eisenbahn von Dresden nach Leipzig; Lists Vorschlag hatte sich also durchsetzen können.

Einhundertundzehn Kilometer war die Trasse lang, Brükken, Dämme und sogar ein Tunnel mußten gebaut und Höhenrücken mit tiefen Einschnitten durchstoßen werden.

Im Gegensatz zu Bayern ward hier die Unterstützung des Staates der ebenfalls mit privatem Kapital ausgestatteten Gesellschaft zuteil. Die öffentliche Hand half bei der Grundbeschaffung; die notwendigen Mittel wurden an einem einzigen Tag gezeichnet, weil eine Zinsgarantie das Risiko der Aktionäre einschränkte. Nach vierjähriger Bauzeit konnte 1839 die Linie in Betrieb genommen werden. Bei dieser Strecke erwiesen sich schnell die Vorteile des neuen Verkehrsmittels. Im Gegensatz zur Nürnberger Strecke, die wegen ihrer geringen Länge nie eine Rolle in der Güterbeförderung spielen konnte, war auf der sächsischen Linie der Frachtverkehr von Anfang an von großer Bedeutung.

Schon 1834 war unter Führung Preußens der Deutsche Zoll- und Handelsverein gegründet worden, dem ein großer Teil der deutschen Staaten angehörte; das Fallen der Zollschranken und das sich rasch ausdehnende Eisenbahnnetz – bis 1842 bereits neunhundertdreißig Kilometer – sorgten schnell für einen enormen Aufschwung des Handels. Nun wollte keines der einzelnen Bundesterritorien zurückstehen, der Bau und der Betrieb der neuen Linien stand jetzt meist unter staatlicher Regie. Die Berliner konnten bald nach Potsdam, die Braunschweiger nach Wolfenbüttel und die Münchner nach Augsburg fahren. Schon zeichneten sich die ersten Teile eines sich immer mehr verdichtenden Gitters ab, und bereits 1847, gerade ein Dutzend Jahre nach Nürnberg–Fürth, konnte man in Deutschland auf der Schiene von München nach Berlin und Hamburg, von Basel über Frankfurt und Kassel bis Stettin reisen; Mannheim und Köln waren mit Paris verbunden, Prag und Wien von Dresden aus erreichbar.

Voraussetzung für dieses schnelle Ineinandergreifen der einzelnen Landesstrecken war natürlich eine Übereinstimmung in technischen Details, an erster Stelle bei der Spurweite der Geleise. Weitgehend hatte sich die zuerst bei der Strecke Stockton-Darlington verwendete sogenannte englische Spur durchgesetzt, mit einer Breite von 1,435 Metern auch noch heute maßgebend. Daß auch die Kontinentaleuropäer dieses Maß übernahmen oder übernehmen mußten, hing zwangsläufig damit zusammen, daß eben anfangs die Lokomotiven aus den englischen Fabriken um Newcastle kamen. Als in Großbritannien 1833 die ›Great Western‹ von London nach Birmingham projektiert wird, entschließt man sich aber, deren Spur auf nicht weniger als 2,135 m zu verbreitern; die Geleise sollten so schwerere Lokomotiven mit größeren Geschwindigkeiten aufnehmen können. In Deutschland ist das Großherzogtum Baden der einzige Teilstaat, der diesem verhängnisvollen Irrweg folgt. Nachdem 1838 eine Verordnung über den Bau einer Eisenbahn von Mannheim bis zur südlichen Staatsgrenze nach Basel erlassen worden war, reiste eine technische Kommission nach England, »welche die Construction der Great-Westernbahn mit der erweiterten Spurbreite nach reiflicher Erwägung zur Annahme empfahl«. Man hatte sich die Sache auch gut überlegt: »Die Badische Eisenbahn hat eine größere Spurweite als die meisten übrigen Bahnen. Die Gründe, welche die Direktion dazu bestimmten, sind von dem Bedürfnis eines möglichst großen Raumes hergeleitet, um allen Teilen der Lokomotive die nötige Stärke zu geben, die Reparationen der Maschine seltener und die Ausführung derselben leichter und sicherer zu bewerkstelligen.« Schon bald merkt man, daß man damit in eine Sackgasse geraten war; die Spur wird abgeändert, der gesamte Maschinen- und Wagenpark ausgetauscht.

Das Abenteuer einer Eisenbahnreise

Wie erlebte nun damals der Reisende eine Fahrt mit dem neuen Verkehrsmittel? Sicher nicht so selbstverständlich, so zwanglos wie in unseren Tagen. War ihm doch der Umgang mit dem »keuchenden, schnaubenden, stampfenden und sausenden Dampfroß«, wie Victor von Scheffel es nennt, noch nicht so recht vertraut. Galt es doch darum, ihn, den Passagier zu schützen, damit er nicht über Gebühr Schaden erleide. Während der ersten Jahre der Eisenbahngeschichte war darum allein schon die Annäherung an dieses schreckenerregende Monstrum einem strengen Ritual unterworfen. Der Bahnsteig konnte nur über die Warteräume – genau getrennt nach Klassen – betreten werden, und auch die Wartesäle öffneten sich nicht so ohne weiteres. Ludwig Steub fährt 1840 auf der ersten Teilstrecke der Bahnlinie von München nach Augsburg. Er schreibt einen Bericht für die ›Augsburger Allgemeine‹ und schildert darin die Ouvertüre der Reise: »Die Glocke, die über dem Giebel des Bahnhauses hängt, läßt sich vor der Abfahrt dreimal hören. Beim zweiten Male öffnen sich die Tore des Hauses, um sich beim dritten Male wieder zu schließen. Zwei große Empfangszimmer beherbigen die Reisenden die wenigen Minuten bis zur Abfahrt. Endlich ist's an der Zeit und das fahrlustige Volk strömt hinaus in die weite Halle, welche die Anfänge der Bahn überwölbt. Dort stehen in langer Reihe die Wägen bereit, die rauchende Maschine an der Spitze. Die beiden englischen Wagenlenker hantieren auf dieser und schüren den Brand, der glühend herausglotzt, vom Kopf bis zur Zehe zwei Dämonen gleich, die an der Pforte der Hölle stehen.«

Die Waggons, unter denen der Reisende nun wählen konnte, sind – jeweils seinem Geldbeutel angepaßt – von höchst unterschiedlicher Qualität. Die erste Klasse orientiert sich in ihrer Ausführung an dem Vorbild der Postkutsche; das geht so weit, daß anfangs sogar durch entsprechende Bemalung der Eindruck einer Imitation der klassischen Eilpostkarosse erweckt wird. Das Abteil hat Türen zu beiden Seiten, die in ihrer oberen Hälfte mit Fenstern versehen sind, die an ledernen Riemen herabgelassen werden können. Gepolsterte Bänke und Rückenlehnen machen die Reise angenehm. Bei der nächsten Klasse sind oft statt der Türen nur noch beiderseits Öffnungen vorgesehen. Die nächste Stufe weist dann nur noch ein einfaches, auf Stangen ruhendes Dach auf, während die vierte Klasse schließlich auf dieses verzichtet. Immerhin findet die Landbevölkerung, für die diese Wagen vor allem gedacht sind, in der Regel noch Sitzbänke vor. Doch manchmal fehlen sogar die Sitzgelegen-

heiten, so auf der badischen Eisenbahn: »Da man bei den
Verhältnissen unseres Landes für die badische Eisenbahn vor-
aussichtlich zumeist auf den Verkehr der minderbemittelten
Klasse rechnen mußte, so wurden die Stehwagen eingeführt,
die sich als sehr vorteilhaft erwiesen haben.« Johann G. Kohl
bereist 1843 England und macht dort ähnliche Erfahrungen:
»... hat man neuerdings zur Bequemlichkeit der Köhler und
Fabrikarbeiter hie und da einen dritten Platz eingerichtet.
Doch müssen die Leute auf mehreren dieser dritten Plätze
stehen, weil sie nicht immer Vorrichtungen zum Sitzen enthalten. Auch auf den amerikanischen Eisenbahnen, sagt man
mir, soll dies vorkommen, doch nur bei den Plätzen ›für die
Neger‹.« Bis in die fünfziger Jahre des Jahrhunderts hinein
konnten sich hierzulande diese Primitivwaggons halten:
Fritz von Herzmanovsky-Orlando hat ihnen in seiner Satire
von Kaiser Joseph und der Bahnwärterstochter ein Denkmal
gesetzt: »In der vierten Klass gibt's kein Dach und in der
fünften herentgegen keinen Boden. Da müssn's z'Fuß mit-
laufen ... Is erscht kürzlich probeweis eing'führt worden ...
Weil man nimmer g'wußt hat, wie man den Reisenden das
billige Fahren in gerechter Weis recht unbequem machen
soll ... da zahln's ein Spottgeld in der fünften und brauchen
net so hart sitzen auf die langen Strecken ... no, besser wie
nix is schon. Die Leut ham halt doch das G'fühl, daß's an
Eisenbahnzug benutzen.« Soweit der Dichter.

Selbst wenn sich unser Reisender des Biedermeier eine der
beiden oberen Klassen leisten konnte, so mußte er doch eine
ganze Reihe heute unvorstellbarer Unbequemlichkeiten in
Kauf nehmen. Die Abteile konnten während der Fahrt nicht
verlassen werden; aus Gründen der Sicherheit wurden sie
oft vom Schaffner von außen verschlossen. Kam nun ein
Halt, dann war das Aussteigen auch nicht ohne weiteres
gestattet. Als Ida Pfeiffer 1845 auf der soeben eröffneten
Kaiser-Ferdinand-Nordbahn von Prag nach Wien fährt, beklagt sie sich: »Der Conducteur rief auf jeder Station, es gehe
gleich weiter, obwohl der Zug oft eine halbe Stunde und
länger stehen blieb. Mit Gewißheit wußte man es doch nicht,

und so mußte man mit Geduld in dem Wagen ausharren.« Peinlicher Gedanke, sollte es doch noch lange dauern, bis etwa um 1860 die ersten Wagen mit Toiletten ausgestattet wurden, und auch die waren anfangs noch im Packwagen eingebaut. Ein Umsteigen dorthin war aber nur bei einem Stationshalt möglich, das gleiche galt für den Rückweg.

Das große Gepäck war anfangs während der Fahrt auf dem Dach des Waggons untergebracht – auch hier wieder das Vorbild der Postkutsche. Wollte der Schaffner während der Reise danach sehen oder auch nur von einem Wagen zum anderen gelangen, so blieb ihm nichts anderes übrig, als hoch oben herumzuklettern.

Doch zurück zu unserem Reisenden: Er hat also nun in seinem Coupé Platz genommen und macht es sich gemütlich: die Fahrt kann beginnen. Um Lüftung braucht er sich nicht zu sorgen, als Passagier der zweiten Klasse genießt er ja nicht den Schutz gläserner Fensterscheiben. Mächtige, rußgeschwängerte Rauchwolken umwehen die Wagenreihe, bald wird das monotone Stampfen der Schienenstöße zur vertrauten Lärmkulisse. Der Wagenkasten ruht gottlob in der Regel auf Federn, das Rütteln hält sich dadurch in Grenzen. Wenn es dunkel wird, ist in den besseren Klassen für Licht gesorgt – eine Stearinkerze oder eine Öllampe –, später setzt sich Gasbeleuchtung durch. Schlechter schaut es schon mit der Beheizung in den kalten Monaten aus; in den ersten Jahren konnte man sich nur wie in der guten, alten Postkutschenzeit in seinen hoffentlich warmen Mantel hüllen. Dann kam eine Art von Wärmflaschen in Gebrauch, große Behälter unter den Sitzen, die auf den größeren Stationen mit heißem Wasser gefüllt wurden. Später lösten sie Einsatzkörbe mit präparierter Kohle ab, die sich ebenfalls unter den Bänken befanden. Die Rauchgase dieser glimmenden Kohle wurden durch besondere Rohre seitlich ins Freie geleitet. Eiserne Füllöfen wurden in den Wagen seltener aufgestellt, da sie zuviel Platz wegnahmen. Sie spielten erst eine Rolle, als sich, nach amerikanischem Vorbild, in den unteren Klassen teilweise der sogenannte Durchgangswagen durchsetzte, in

Bahnhofsbuffet in England (Richard Doyle, 1849)

... und in Deutschland (Wilhelm Busch, 1860)

dem ein Mittelgang den ganzen Waggon erschloß und bei
Verzicht auf eine Sitzreihe ein Ofen untergebracht werden
konnte. Eine Beheizung mit Dampf von der Lokomotive
aus beginnt erst in den siebziger Jahren; noch 1878 genießen
erst zwölf Prozent aller Wagen diesen Luxus.

Stellte sich nun bei der Reise Hunger und Durst ein, so
zeigte sich schnell ein Unterschied gegenüber der Postkutschenzeit: Es gab keine Poststationen mehr, auf denen
man etwa alle zwei bis drei Stunden während des Pferde-
wechsels und Abschmierens ausreichend Zeit hatte, sich zu
stärken. Nun war es oft nicht gestattet, während des Aufenthalts auf einer Station den Wagen zu verlassen, um im Bahnhofsrestaurant eine Erfrischung einzunehmen. Erst in späteren Jahren wurde es allgemein üblich, den Zug zu diesem
Zweck ab und zu in einer geeigneten Station etwas stehenzu-
lassen. Dann begann der Sturm auf das Bahnhofsbuffet, immer der Glocke gewärtig, die die Weiterfahrt ankündigte.
Oft geschah dies viel zu früh; als Mark Twain auf seiner
Europareise 1867 durch Frankreich fährt, stellt er jedoch
befriedigt fest: »Aber die glücklichste Regelung der französischen Eisenbahnordnung ist: dreißig Minuten für das
Mittagessen! Keine fünf Minuten für das Verschlingen von
zähen Brötchen, trübem Kaffee, fragwürdigen Eiern, gum-
miartigem Rindfleisch und von Pasteten, deren Zubereitung
allen außer dem Koch, der sie schuf, ein dunkles und blutiges
Geheimnis sind! Nein, wir setzten uns gelassen hin – es war
im alten Dijon, und schenkten uns kräftigen Burgunderwein
ein und arbeiteten uns in aller Ruhe kauend durch eine
umfangreiche Speisekarte hindurch, mit Schneckenpastet-
chen, köstlichen Früchten und allem übrigen, bezahlten dann
die Kleinigkeit, die es kostete und bestiegen freudig wieder
den Zug.«

Wenn nun der Reisende auf den kurzen Aufenthalten
nicht zur Bahnhofsgaststätte kommen konnte, dann mußten
eben die Erfrischungen zu den Waggons gebracht werden.
Der Reiseschriftsteller Johann G. Kohl berichtet: »Auf der
Bahn von Leipzig nach Dresden kommen einem auf jeder

Station, wo der Train anhält, junge Mädchen und Kellner mit ganzen Lasten von aufgeschmierten Butterbröden entgegen, mit einer Menge Tütchen und Paketchen, in deren jedes für einen Groschen Kirschen oder Erdbeeren gefüllt sind; große Präsentierteller mit gefüllten Biergläsern oder Boulliontassen werden herumgetragen.«

Auch Ida Pfeiffer wiederum, die 1845 von Hannover nach Berlin reist, ist in diesem Punkte voll des Lobes: »Die bei den Eisenbahnen angestellten Leute fand ich alle sehr höflich. Wenn an einer Station angehalten wurde, verkündeten gleich die Conducteure mit lauter Stimme die Zeit des Aufenthaltes, 2–3 Minuten, eine viertel Stunde usw. Jeder Mitfahrende konnte sich danach richten, in ein nahes Gasthaus oder Zelt treten und sich etwas reichen lassen ... Durch diese einfachen Einrichtungen ist es möglich, daß man selbst, wenn der Zug nur zwei Minuten anhält, aussteigen und Bewegung machen, oder sich mit Lebensmittel versehen kann, ohne daß ein Gedränge oder eine Verwirrung entsteht.«

Bis zum Jahre 1880 sollte es noch dauern, ehe der erste Speisewagen auf deutschen Schienen rollte. Er kam zwischen Berlin und Bebra in Einsatz, war aber beileibe keine Spezialanfertigung; man hatte lediglich einen Personenwagen 3. Klasse für diesen Zweck umgebaut. Die Küche war in einem anschließenden Gepäckwagen untergebracht.

Gelegenheit zum Übernachten hatte man in den Anfangsjahren während der Fahrt noch nicht, denn aus Gründen der mangelnden Wirtschaftlichkeit gab es noch keine Nachtverbindungen. So mußte man abends die Reise unterbrechen, um sich ein Hotelzimmer zu nehmen; Grund, daß schon bald bei jedem größeren Bahnhof ein ›Hotel zur Eisenbahn‹ entstand, von dem aus man am nächsten Morgen mit wenigen Schritten den Zug zur Weiterfahrt erreichen konnte. Oft war das noch die gleiche Garnitur, mit der man am Vorabend angereist war. Der Zug hatte also ebenfalls in der Station übernachtet, und man konnte zur Fortsetzung seiner Reise das schon vom Vortag gewohnte Abteil in Anspruch nehmen. In den Reiseführern dieser Zeit wird gern auf solche

Gelegenheiten hingewiesen; so heißt es in Theobald Griebens ›Handbuch für Reisende in Deutschland‹ (1858) bei der Beschreibung der Strecke von Berlin nach Hamburg vom Bahnhof in Wittenberge lapidar: »Hier übernachtet der Abendzug von Berlin.« Bald verkehrten dann aber die Fernzüge auch in den Nachtstunden; nun konnte man sich so gut als möglich in seinem Abteil für den Schlaf einrichten. Auf den Komfort eines Schlafwagens allerdings mußte der europäische Reisende vorläufig noch verzichten. Als Mark Twain 1867 den alten Kontinent bereist, stellt er auf der Fahrt von Marseille nach Paris enttäuscht fest: »Wenn man erschöpft ist und schlafen möchte, dann muß man aufrecht sitzen bleiben und es in Form kleiner Nickerchen abmachen, mit verkrampften Beinen und in qualvoller Bedrängnis, so daß man am nächsten Tag welk und matt ist – denn man bedenke, in ganz Frankreich gibt es nicht jenen Gipfel aller Nächstenliebe und Menschenfreundlichkeit, einen Schlafwagen.«

Nicht nur in Frankreich, in ganz Europa gab es jenen »Gipfel der Menschenfreundlichkeit« noch nicht, den der Amerikaner George Pullman als Sleeping-Car einige Jahre früher entwickelt und auf den amerikanischen Bahnen eingeführt hatte. So mußte man sich hierzulande mit begeisterten Zeitungsberichten begnügen, wie dem in der ›Allgemeinen Familienzeitung‹ (Stuttgart, Januar 1870): »Die Amerikaner haben ihren Dampfbooten auf den großen Strömen und Seen schon seit langer Zeit den Charakter wandernder Gasthöfe gegeben. Jetzt hat die lange Fahrt zwischen der Küste des atlantischen Ozeans und derjenigen des Stillen Weltmeeres zu einer großartigen Neuerung geführt ... Ein unternehmender Wagenbauer namens Pullman hat nämlich eine Art Waggons konstruiert, die er Sleeping Cars nennt und die mit allem nur möglichen Comfort ausgerüstet sind, um die lange Reise quer über die ganze Breite des nordamerikanischen Festlandes so behaglich und so wenig anstrengend als nur möglich zu machen.« Das Blatt bringt nun eine detaillierte Beschreibung der Einrichtung dieser Pullman-Cars, bei denen die Polster der üblichen Sitzbänke mit weni-

gen Handgriffen in Betten verwandelt werden können.
»Hierüber werden nun elastische Matratzen gelegt, die bei
Tage ebenfalls unter den Sitzen verwahrt werden, und die
starken Federn der Sitzpolster sowie die Matratze brechen
die rüttelnde Erschütterung des Wagens so wirksam, daß
der Passagier sich eines gesunden Schlafs erfreut und seine
Nerven von den Strapazen der Fahrt weitaus nicht so angegriffen werden, wie wenn er die Reise Tag und Nacht sitzend
oder zusammengekauert verbringen müßte. Die Salonwagen sind überdem mit einem Restaurationsbuffet versehen,
welches mit allen Attributen einer guten Küche und preis-
würdigen Getränken versehen ist. In den Schlafwagen sind
die einzelnen Abtheilungen oder Doppelbetten durch Holz-
wände voneinander isoliert und können durch Gardinen von
dem übrigen Theil des Wagens abgeschlossen werden, so
daß allen Anforderungen an Desenz und Behaglichkeit best-
möglich Rechnung getragen ist.« Mit der abschließenden
Bemerkung: »Diese Wagenklasse wird mit gemischten
Schlaf- und Salonwagen sicher auch bei uns mit der Zeit
Eingang auf größeren Bahnen finden«, sollte das Blatt sehr
bald Recht behalten, denn schon 1873 wird erstmals auf der
Strecke Berlin–Köln–Ostende ein Schlafwagen mitgeführt.

Doch zurück zu den Anfängen der Eisenbahnzeit. Trotz all
der Mängel und Beschränkungen in den ersten Jahrzehnten
konnte das neue Verkehrsmittel so erhebliche Vorteile gegenüber der Postkutsche vorweisen, daß binnen kurzer Frist eine
außerordentliche Zunahme der Reiselust festzustellen war.

Als der kurhessische Zollvereinsgesandte Schwedes Anfang der vierziger Jahre nach Berlin kommt, schildert er
seine Eindrücke: »Es ist merkwürdig anzusehen, welche Massen von Fremden mit den Bahnzügen anlangen und abgehen,
aber sie treiben sich auch ebenso im Sturm herum, wie sie
die Bahn befördert. Es wird alles in kürzester Zeit abgetan
und in größter Eile wieder fortgerannt, als ob die Bewegung
der Dampfräder in das Fleisch und in die Seelen übergegan-
gen wären. Man muß es mit eigenen Augen sehen, welche
Veränderungen die hiesigen Eisenbahnen in das Leben brin-

Pullman-Salonwagen, Holzstich 1880

gen und doch ist es erst der Anfang.« Varnhagen stellt 1842
gar fest, daß sich diese Unruhe dem gesamten Alltag mitteilt:
»Das Leben wird alle Tage unruhiger, geräuschvoller, eiliger,
zerstreuter; alles ist gespannt, gehetzt, nimmt an allem Anteil, und will in allem nur sich selbst.« Zu dem gleichen
Urteil kommt dann auch kein Geringerer als der bayerische

König Ludwig I., der sich ja gerne als Lyriker versuchte. Sein Gedicht mit der Überschrift ›Die Dampfwagen‹ beginnt mit den martialischen Worten »Aufgehen wird die Erde in Rauch« und bringt dann schließlich, gleichsam als Folge des neuen Verkehrsmittels, die Prophezeiung: »Überall und nirgends daheim, streift über die Erde das Menschengeschlecht.«

Die drei Trümpfe

Was waren nun die Vorteile des neuen Verkehrsmittels? Auf einen Nenner gebracht: kürzere Fahrzeit, geringere Kosten und größere Bequemlichkeit. Diese drei Trümpfe spielen immer wieder in den Berichten von ersten Eisenbahnfahrten eine große Rolle. Genau wird vorgerechnet, um wieviel man schneller gereist ist und weniger bezahlt hat als mit der vorher üblichen Eilpost.

1838 macht Karl Baedeker seine erste Eisenbahnreise. Er benutzt die belgische Eisenbahn, die zu diesem Zeitpunkt bereits die größeren Städte des jungen Königreichs miteinander verband, das so als erster europäischer Staat über ein Eisenbahnnetz verfügte. Der junge Verleger bereiste das Land, um Material für seinen ersten eigenständigen Reiseführer zusammenzutragen. Von unterwegs schreibt er an seinen Vater: »Am 2. Mai 1838 morgens 9 Uhr mit der Eisenbahn nach Mecheln gefahren: Entfernung 6 Postmeilen in 3/4 Stunde zurückgelegt.«

Und nun beginnt Baedeker, Fahrzeit und Kosten von Bahn und Post gegenüberzustellen: »Es war noch nicht 11 Uhr als wir in Brüssel ankamen. Wir hatten also die zwölf Wegstunden in zwei Stunden zurückgelegt und dafür hatte ich 2 Franken oder 16 Silbergroschen im bedeckten Wagen mit gepolsterten Sitzen bezahlt. Für die Diligence, in welcher auch die Rückwand gepolstert ist, bezahlt man drei Franken.« Um nun diesen Vergleich auf deutsche Verhältnisse zu übertragen, zieht Baedeker eine Verbindung heran, auf der zwar noch keine Bahn fährt, die aber seinem Vater bekannt

Der Strohwitwer

Da fährt sie also dahin …
grande vitesse … zwölf Meilen
die Stunde … welch schöne
Erfindung ist doch der Dampfwagen!

(Lithographie von Henri Daumier)

ist. »Die Entfernung von Antwerpen nach Brüssel ist etwa dieselbe als von Koblenz nach Bonn. Ich gebrauche dazu mit der guten preußischen Schnellpost sechs Stunden und bezahle für einen Platz 2 Thaler 20 Silbergroschen (das sind 80 Silbergroschen). Auf der Eisenbahn gebrauche ich noch nicht zwei Stunden und bezahle nur 16 Silbergroschen. Es ist eine prächtige Einrichtung mit diesen Eisenbahnen. Bei Reisen kommt Geld und Zeit gar nicht mehr in Betracht.«

Auch Victor Hugo hatte nur wenige Monate vorher die gleiche Reise unternommen: »Es gehört nicht viel dazu, sich das Dampfroß als lebendes Wesen vorzustellen. Im Stillstand hört man es schnaufen, bei der Anfahrt ächzen und unterwegs prusten. Es schwitzt, es zittert, es heult und wiehert, es hält und jagt wieder davon; auf seinem ganzen Weg läßt es glühende Kohlen fallen wie Koth und heißes Wasser wie Urin. Riesige Funkengarben sprühen in jedem Augenblick von seinen Rädern (oder Hufen, wie Du willst), und sein Atem streicht als heißer Dampf über die Köpfe der Reisenden hinweg und zerfasert sich in den Baumkronen neben den Schienen. Man begreift, daß nur dieses Riesentier es fertig bringt, tausend oder fünfzehnhundert Personen, die gesamte Einwohnerschaft einer Stadt mit zwölf Meilen in der Stunde fortzuziehen.« Das Belgische Staatsministerium selbst veröffentlichte 1842 einen Bericht, in dem stolz darauf hingewiesen wird, daß vor Einführung der Eisenbahnen etwa dreihundert Personen täglich die Reise von Brüssel nach Antwerpen unternommen hätten, während es jetzt rund dreitausend seien.

Der preußische Justizrat Neigebaur, Verfasser mehrerer Reisebücher, stellt im gleichen Jahr einen Kostenvergleich der bis dahin in Betrieb stehenden Linien zusammen und ermittelt dabei als die billigste deutsche Strecke die Fahrt von Berlin nach Potsdam, wo man für die Reise in der ersten Klasse 4,35 Silbergroschen auf die Meile bezahle, während auf der Taunusbahn von Frankfurt nach Wiesbaden hierfür 8,80 Silbergroschen zu entrichten seien. Ähnlich ist auch das Verhältnis in der dritten Klasse, dort sind es 1,09 Silbergroschen gegenüber 4 Silbergroschen. Versucht man eine Umrechnung auf DM und Kilometer, so kommt man auf Kosten von 0,65–1,30 DM in der Nobelklasse und von 0,16–0,65 im Einfachcoupé je Kilometer. Das waren jedoch noch Anfangspreise, bei denen man abwarten mußte, wie sich die Nachfrage einpendeln würde; 1858 lagen dann bei der Reise nach Potsdam die Kosten bei 0,80 DM in der ersten Klasse und 0,40 DM in der dritten, wobei natürlich die Fragwürdigkeit

derartiger Umrechnungen auf die heutigen Verhältnisse
nicht außer acht gelassen werden darf. Einige Jahre vor
Eröffnung der Bahn nach Potsdam kostete dagegen die Reise
mit der einfachen Fahrpost einschließlich Einschreibgebühr
immerhin 7,25 Silbergroschen auf die Meile, also fast das
Doppelte der ersten Eisenbahnklasse und nicht weniger als
siebenmal soviel wie in der Holzklasse. Wenn also das Reisen
aus heutiger Sicht immer noch kein eben billiges Vergnügen
war, gegenüber der Postkutsche stieß das neue Verkehrsmittel in jedem Fall für weite Bevölkerungsschichten das Tor in
die Ferne auf. So nimmt es nicht wunder, wenn Schwedes
von Massen von Fremden spricht, die täglich in Berlin mit
der Bahn ankommen und abgehen. Die Welt war eben
eisenbahnnärrisch geworden.

Natürlich nahmen auch in den Reiseführern und -handbü-
chern dieser Jahre die Empfehlungen der Verfasser über den
Umgang mit der neuen Materie breiten Raum ein. Reichard
hält in seinem ›Passagier auf der Reise‹ (1847) eine ganze
Palette guter Ratschläge bereit: »Achte man da, wo mehrere
Wagenzüge zusammentreffen, darauf, daß man sich dem
richtigen anschließe.« Von der dritten Klasse hat er keine
große Meinung: »Man bekommt dort mitunter offene Wagen und befindet sich stets in gemischter Gesellschaft. Na-
mentlich auf größeren Touren dürfte es nicht geraten sein,
sich Wagen dritter Klasse zu bedienen, am wenigsten offener.
Des Einflusses der Witterung nicht zu gedenken, hat man
bei diesem vom Staube und Kohlendampfe, nächstdem aber
selbst von den herumsprühenden Funken zu leiden, die nicht
selten die Kleider verderben.«

Reichards Hinweis auf die mitunter gemischte Gesellschaft in der Eisenbahn kam auch nicht von ungefähr. Selbst
wenn man sich ein eigenes Abteil reservieren ließ, wußte
man nie, wer vorher darin gesessen hatte – für manchen,
der sich's vorher im weichen Polster der eigenen Karosse
gemütlich machen konnte, ein schier unerträglicher Gedanke. Alexander von Sternberg berichtet von einer ungarischen Gräfin, die im Begriffe war, ihr Abteil erster Klasse zu

besteigen: Ihre Reisekutsche war schon verladen, das Gepäck versorgt und die Dienerschaft untergebracht, da weicht sie zurück. »Irgendetwas von Tabaksgeruch war ihr aus dem Abteil entgegengeschlagen, trotzdem längst kein Raucher mehr darin weilt. ›Wie‹, ruft sie aus, ›ich soll hier sitzen, und weiß nicht, wer da vorher gesessen? Ich ersticke vor Verdruß und Ekel! Ich will nach Hause, ich will nicht reisen!‹« Da waren andere allerdings klüger, wie Fürst Metternich etwa, der bei Eisenbahnreisen grundsätzlich in seiner eigenen Kutsche Platz nahm, die er auf einem Gepäckwagen am Ende des Zuges mittransportieren ließ.

Das Mitnehmen von Kutschen bei der Bahnreise war lange Zeit für den früher mit eigenem Wagen Fahrenden unumgänglich, da die Züge ja nur auf den Hauptstrecken verkehrten und viele Städte noch lange Jahre auf ihren Bahnanschluß warten mußten. So war es denn ein gewohntes Bild – auch auf vielen Illustrationen aus der Zeit zu beobachten –, daß bei den Personenzügen neben den Waggons für die Passagiere noch einige Wagen zur Beförderung der Reisekutschen mitgeführt wurden – ›Auto im Reisezug‹ gleichsam zur Biedermeierzeit. Billig kam jedoch solch Vergnügen nicht; Reichard gibt an, daß für die Strecke von Leipzig nach Dresden für einen vierrädrigen Wagen dreizehn Taler zu entrichten waren. Blieb man während der Reise im eigenen Wagen sitzen, mußte für jede Person ein Billett zweiter Klasse gelöst werden, nahm man die eigenen Pferde mit, so kostete das bei zwei Rössern noch einmal zwanzig Taler.

Die ersten Bahnen in Frankreich

Von einigen romantischen Reminiszenzen abgesehen, sah sich die Post nach dem Aufkommen der Eisenbahnen aber nicht als deren Konkurrent, zu groß waren hier eben die Unterschiede; ihre Rolle konnten jedoch die Kutschen der Postverwaltungen noch bis in unser Jahrhundert hinein auf den Nebenstrecken und im Zubringerdienst behaupten. Dabei gab es sogar mancherorts im Interesse der Reisenden eine enge Zusammenarbeit beider Verkehrsträger. Als etwa 1843 die Verbindung von Paris nach Orléans in vollem Umfang in Betrieb genommen wurde, war es für die Diligencen der Messageries bald sinnlos, noch weiter auf dieser Strecke zu verkehren. Von Orléans aus aber war man dagegen noch lange Zeit auf die Post angewiesen, etwa nach Nantes, Toulouse, Lyon oder Bordeaux. Um nun den von Paris kommenden Passagieren die Reise bequem zu machen, setzte man die Kutschen weiterhin schon in der Metropole ein. Wie vordem stiegen die Fahrgäste bei den beiden Abfahrtsstellen an der Rue St. Honoré oder der Rue Notre-Dame des Victoires ein, von dort ging es dann im Postwagen zum Bahnhof – damals noch ›embarcadère‹ genannt – der Orléans-Bahn am Quai d'Austerlitz. Hier war über einem Seitengleis eine Art von Portalkran aufgebaut, unter dem die Kutsche hielt. Nachdem man den Wagenaufbau vom Chassis gelöst hatte, wurden Ketten um die Fahrgastzelle

Verladung von Postkutschen auf die Orléans-Bahn, Lithographie von Bayot

geschlungen, diese nach oben gezogen und seitlich auf einen Transportanhänger der Bahn gesetzt. Jetzt mußte der Kutschkasten nur noch fest verschraubt und an den zur Abfahrt bereitstehenden Train angekoppelt werden, und schon konnte die Reise beginnen. Während dieser ganzen Prozedur, von der das ›Journal universelle‹ meint, sie dauere »kaum länger als die Beschreibung des Vorgangs selbst«, konnten die Reisenden in ihrer Postkutsche sitzenbleiben, und auch nach der Ankunft in Orléans – während ihr Abteil wieder auf ein Kutschenchassis umgesetzt wurde – brauchten sie ihren Platz nicht zu verlassen. Mit dieser Kombination von Post und Bahn auf einer Strecke von immerhin einhundertfünfzig Kilometern ersparte man sich einen ganzen Reisetag; sicher der entscheidende Vorteil, doch war es wohl auch angenehm, während der ganzen Fahrt die Kutsche nicht verlassen zu müssen und auch das lästige Umladen des Gepäcks zu vermeiden. Immerhin wurde täglich bei zwei Zügen dieses Verfahren angewendet, wobei jedesmal sechs Diligencen die Reise mitmachten, um dann von Orléans aus in die verschiedenen Richtungen davonzurollen.

Die Strecke von Paris nach Orléans war am 2. Mai 1843 festlich eingeweiht worden, der Herzog von Nemours, Sohn Louis-Philippes, hatte als Vertreter der Krone die erste Fahrt in seinem Salonwagen mitgemacht, und auch die Kirche war durch den Bischof von Orléans vertreten. Schon einige Tage vorher hatte man den sechshundert Bauarbeitern auf freiem Feld bei Maison ein Festbankett gegeben. Ein ganzer Ochse war gebraten worden. M. Laffitte, der Präsident der Gesellschaft, saß im Zentrum einer riesigen, halbrunden Tafel, die von einer staunenden Menge umlagert wurde. Diese Verbindung zur Loire, Teil der späteren Hauptstrecke nach Bordeaux und zur spanischen Grenze, war aber beileibe nicht die erste französische Eisenbahn. Schon 1828 hatte man zwischen St. Etienne und Andrézieux ein 18 km langes Teilstück der nachmaligen Linie nach Lyon in Betrieb genommen – allerdings nur mit Pferdebetrieb –, dem bis 1834 noch weitere kurze Abschnitte folgten. Am 26. August 1837 fuhr dann die erste Dampflokomotive von Paris nach St. Germain; mit diesen achtzehn Kilometern waren nun auch die Franzosen zur Eisenbahnnation geworden.

Im September des Jahres 1840 eröffnete man gleich zwei neue Linien: einmal die auf dem linken Seineufer führende Verbindung nach Versailles, dann einen ersten Abschnitt der späteren Strecke nach Orléans bis Jusify.

Über das System, nach dem ein französisches Eisenbahnnetz zu organisieren war, konnte es ja in dem zentralistisch regierten Staat keine verschiedenen Meinungen geben; alle Linien führten selbstverständlich vorerst von der Seinemetropole zu den verschiedenen größeren Städten in der Provinz. So baute man an der Westbahn nach Rouen, an der Nordbahn nach Calais, der Ostbahn nach Metz und Straßburg und an den in den Süden führenden Linien nach Lyon und Orléans. Als im Mai 1843 mit den beiden Abschnitten nach Orléans und Rouen die ersten zusammenhängenden Verbindungen von bedeutendem Ausmaß den Parisern zur Verfügung standen, berichtete Heinrich Heine hierüber als Korrespondent der ›Augsburger Allgemeinen‹. Der Artikel wird zum Glanzstück literarischen Journalismus:

»Die Eröffnung der beiden neuen Eisenbahnen, wovon die eine nach Orleans, die andere nach Rouen führt, verursacht hier eine Erschütterung, die jeder mitempfindet, wenn er nicht auf einem socialen Isolierschemel steht ... Durch die Eisenbahnen wird der Raum getödtet, und es bleibt uns nur noch die Zeit übrig. Hätten wir nur Geld genug, um auch die letztere anständig zu tödten! In vierthalb Stunden reist man jetzt nach Orleans, in eben so viel Stunden nach Rouen. Was wird das erst geben, wenn die Linien nach Belgien und Deutschland ausgeführt und mit den dortigen Bahnen verbunden sein werden! Mir ist als kämen die Berge und Wälder aller Länder auf Paris angerückt. Ich rieche schon den Duft der deutschen Linden; vor meiner Thüre brandet die Nordsee.«

Heine schreibt dann auch über die Finanzierung der Eisenbahnen; Frankreich war ja seinerzeit in einen wahren

Spekulationsrausch in Bahnaktien gefallen: »Es haben sich nicht bloß für die Ausführung der Nordeisenbahn, sondern auch für die Anlage vieler andern Linien große Gesellschaften gebildet, die das Publikum in gedruckten Circularen zur Theilnahme auffordern. Jede versendet einen Prospectus, an dessen Spitze in großen Zahlen das Capital paradiert, das die Kosten der Unternehmung decken wird. Es beträgt immer einige fünfzig bis hundert, ja sogar mehrere hundert Millionen Francs; es werden, sobald die zur Subscription limitierte Zeit verflossen, keine Subscribenten mehr angenommen; auch wird bemerkt, daß im Falle die Summe des limitierten Gesellschaftscapitals vor jenem Termin erreicht ist, niemand mehr zur Subscription zugelassen werden kann.« Man sieht, es waren weniger die Sorgen, daß zu wenig Aktien gezeichnet werden könnten, als vielmehr die Sorge wegen der Probleme, die eine Überzeichnung des Kapitals mit sich bringen könnte. Noch mehr war dies der Fall, wenn kein weniger bekanntes Kuratorium zur Finanzierung aufrief, sondern an der Spitze der Unternehmung kein Geringerer stand als Rothschild selbst: »Das Haus Rothschild, welches die Concession der Nordeisenbahn soumissiert und sie aller Wahrscheinlichkeit nach erhalten wird, bildet keine eigentliche Societät, und jede Betheiligung, die jenes Haus einzelnen Personen gewährt, ist ein Vergünstigung, ja um mich ganz bestimmt auszudrücken, sie ist ein Geldgeschenk, das Herr von Rothschild seinen Freunden angedeihen läßt.«

»Welch ein schreckliches Unglück«

Da nimmt es kein Wunder, daß der Spötter Heine, als im Mai 1842 das erste große Unglück in der Geschichte der Eisenbahn auf der Strecke nach Versailles 55 Todesopfer fordert, ironisch auch der Aktionäre gedenkt, die wegen der Katastrophe nun um ihr Kapital zittern müssen: »Welch ein schreckliches Unglück war zum Beispiel der Brand auf der Versailler Eisenbahn! Ich spreche nicht von dem verunglückten Sonntagspublicum, das bei der Gelegenheit gebraten oder gesotten wurde: ich spreche vielmehr von der überlebenden Sabbathcompagnie, deren Actien um so viele Procente gefallen sind und die jetzt dem Ausgang der Processe, die jene Katastrophe hervorgerufen, mit zitternder Besorgnis entgegensieht. Werden die Stifter der Compagnie den verwaisten und verstümmelten Opfern ihrer Gewinnsucht einigen Schadenersatz gewähren müssen? Es wäre entsetzlich!«

Es war ein Ausflugszug gewesen mit achtzehn vollbesetzten Wagen; durch einen Achsbruch entgleiste die Lokomotive, die folgenden Waggons schoben sich übereinander. Da die Türen der Coupés – wie seinerzeit üblich – von außen versperrt waren, gelang es einem großen Teil der Fahrgäste nicht, sich aus dem schnell brennenden Zug ins Freie zu retten. Das Unglück von Versailles zeigt zum ersten Male, daß das neue Massenverkehrsmittel nicht nur Fortschritt und Wohlstand bringt, sondern auch bis dahin nicht bekannte Risiken birgt. Schon vier Jahre später läßt eine neue Schreckensmeldung – wieder aus Frankreich – aufhorchen. »Noch ist das entsetzliche Unglück, das sich vor einigen Jahren auf der Versailler Eisenbahn ereignete, nicht ganz verklungen, als schon wieder ein neues, auf einer anderen französischen Bahn unser Interesse in Anspruch nimmt, und wir eilen dasselbe unseren Lesern mitzuteilen, um dringend auf vergrößerte Vorsicht der Eisenbahndirektoren hinzuweisen, deren Fahrlässigkeit diesmal lediglich an dem gräßlichen Unfalle die Schuld trägt.« So beginnen die in Prag erscheinenden ›Erinnerungen‹ ihren Bericht. Dieser zeigt aber auch, daß in diesen ersten Jahren der Eisenbahnhistorie die Signaltechnik und Streckensicherung noch nicht über den dem neuen Transportmittel angemessenen Standard verfügten. Auf der Strecke von Lyon nach St. Etienne fiel bei Vernaison plötzlich die Lokomotive eines Personenzuges aus. »Sogleich schickte man Eilboten nach Givors und Lyon um Locomotiven; man dachte: verlangt man zwei, so werde doch jedenfalls eine der beiden herbeigewünschten Maschinen auf der Stelle expediert werden können, nicht aber daran, das es bei beiden zugleich der Fall sein könnte.« Als nun die in Givors angeforderte Maschine eintrifft, setzt der Zug seine Reise fort. Unglücklicherweise hatte man aber auch in Lyon eine Lokomotive abgesandt, die nun dem Zug entgegeneilt: »Schon befand man sich an der äußersten Wendung, die dem Tunnel Pierre-Bénite zuführt, als plötzlich aus demselben die verlangte zweite Hilfs-Locomotive hervorschießt. Mit Blitzesschnelle eilen sich die beiden Züge entgegen, und unmöglich wirds, dem Flug der Maschinen Einhalt zu thun. Die Catastrophe ist unvermeidlich; die Conducteure geben alle Öffnungen dem Dampfe frei und springen von den Wägen. Umsonst. Ein fürchterlicher Stoß entsteht, und – das Unglück ist geschehen. Die beiden Locomotiven zerfliegen in tausend Stücke!« Liest man heute derartige Berichte, so fällt das mangelnde Vermögen auf, für das Entsetzliche – das Unglück forderte sechzehn Menschenleben – Worte zu finden, zu neu und ungewöhnlich war die Tatsache, daß hier Hunderte von Tonnen Stahl und Holz einander vernichteten und dazwischen Menschen ungeschützt solch entfesselten Kräften ausgesetzt waren.

Und so geht mit der Information über die Fortschritte der Eisenbahn in all den Jahren die Diskussion einher, wie man solche Katastrophen vermeiden oder mildern könne. Da wird dann als »allersicherste, einfachste und zugleich wohlfeilste Vorrichtung, um größeres Unglück bei aus den Schienen gekommenen Trains zu verhüten« vorgeschlagen, man »möchte wol, wo es nothwendig wäre, das Anlegen von Erddämmen, oder allenfalls mit Sand und Schutt angefüllten Gräben zu beiden Seiten der Bahn gewähren; weil die aus der Bahn gekommene Locomotive und die Waggons sich unfehlbar in selbe eingraben und dadurch zum Stillstand gebracht werden, gleich einer Kanonenkugel, die abgeschossen, in dem Sandkorb sich vergräbt, wodurch ihre fernere Wirkung beseitigt ist.«

Ursache manchen Unglücks war aber auch der Umstand, daß das Zugsicherungs- und Signalwesen in jenen Anfangsjahren noch unvollkommen war. Bei der ersten Strecke von Nürnberg nach Fürth lagen natürlich anfangs die Dinge

einfach: Da nur eine Maschine da war, konnte auch nur ein Zug auf den Geleisen sein. Als aber 1836 aus Stephensons Werk der ›Pfeil‹ geliefert wurde und damit zwei Züge unterwegs sein konnten, wurden besondere Maßnahmen notwendig. Bei der Linie Leipzig–Dresden fuhr man entsprechend ihrer größeren Länge von Anfang an mit mehreren Zügen. Um einen ausreichenden Abstand zweier aufeinanderfolgender Züge sicherzustellen, mußte nun gewährleistet sein, daß sich innerhalb eines bestimmten Abschnitts jweils nur ein Zug befand und der nächste Train in diesen Bereich nur einfahren konnte, wenn der vorige ihn verlassen hatte. Als Abschnitt nahm man vorerst die Strecke zwischen zwei Bahnhöfen an, so daß jeweils eine Station der vorigen die Durchfahrt eines Zuges melden mußte; damit wußte man, daß zwischen beiden Bahnhöfen die Strecke wieder frei war. Zur Übermittlung einer solchen Meldung verwendete man ab 1843 sogenannte Zeigertelegraphen, bei denen durch Verstellung eines großen, weit sichtbaren Hebelarms Zeichen oder Buchstaben durchgegeben werden konnten. 1849 wurde dann bereits bei der Hannoverschen Staatsbahn die Morsetelegraphie eingeführt, und schon drei Jahre später verfügten fast alle deutschen Gesellschaften über telegraphische Systeme. Für die Bekanntgabe der Nachrichten oder Warnungen an den Lokomotivführer hatte man Signale verschiedenster Ausführung. In den ersten Jahren behalf man sich noch mit Handfahnen oder Laternen, dann kamen Masten zur Aufstellung, an denen Körbe oder Ballone hochgezogen werden konnten, schließlich setzten sich ausschwenkbare Signalarme durch, wie sie heute noch in Gebrauch sind.

War nun eine telegraphische Warnung durchgegeben worden und hatte man das entsprechende Signal gesetzt, dann kam es darauf an, den Zug möglichst schnell zum Halten zu bringen. Die Lokomotiven selbst verfügten allerdings anfangs noch nicht über eigene Bremsen; diese waren den einzelnen Waggons zugeordnet, wo sie von den dort mitfahrenden Bremsern bedient wurden. Diese Bremser müssen schon arme Kerle gewesen sein; sie saßen nämlich

III
Max Pfaller
Der Streckenwärter
Acryl 1937
Privatsammlung

gänzlich ungeschützt hoch oben an der Vorderfront ihres
Wagens. Später erhielten sie ein kleines Bremserhäuschen,
das, wenn es nicht genutzt wurde, auch auf einigen Linien
Reisenden gegen Lösen einer Fahrkarte dritter Klasse zur
Verfügung stand. Die Bremser nun bedienten sogenannte
Spindelbremsen, bei denen durch Drehen eines Rades die
Bremsbacken an die Räder gepreßt wurden. Da die Backen
anfangs noch aus Holz waren, konnte es bei langen Gefäll-
strecken schon vorkommen, daß sie in Rauch aufgingen. In
späteren Jahren wurden dann zahlreiche Neuerungen eingeführt wie Bremsbacken aus Metall, Druckluftbremsen und
durchgehende Bremssysteme mit zentraler Steuerung, so
daß den immer größeren Geschwindigkeiten der Züge –
schon 1852 wurden bei Versuchsfahrten 90 Stundenkilometer erreicht – Rechnung getragen werden konnte.

Die englischen Bahnen

Wie aber hatten sich in der Zwischenzeit die Dinge in England, der Wiege des Eisenbahnwesens, weiter gestaltet? Das
Vereinigte Königreich hatte zumindest in den ersten Jahrzehnten seine vorrangige Stellung bewahren können. Noch
1871, als das Deutsche Reich über rund 21000 Kilometer
betriebener Strecke verfügte, konnte die Insel auf ein Bahn-
netz von knapp 25000 Kilometer hinweisen, obwohl ihre
Fläche wesentlich geringer war. Schon 1843, als Johann G.
Kohl in England ist, stellt er fest: »Wenn man das ganze Land
wie ein Vogel überschauen könnte, so würde man sagen, daß
es von Lokomotiven, eilenden Wagenzügen und Eisenbahnen wie ein Ameisenhaufen wimmele.«

Nach der ersten Verbindung von Liverpool nach Manchester folgte die Linie Liverpool–Birmingham, die Bahnen
von London nach Southampton, Bristol und Norwich, sowie die ›Great Western‹ von der Hauptstadt nach Birmingham, über deren verhängnisvollen Irrweg einer abweichen-
den Spurweite schon berichtet wurde.

Von Anfang an waren die Strecken sehr gut ausgelastet,

das investierte Kapital rentierte sich in diesen Gründerjahren mit 10 bis 15 Prozent. Ein ausgesprochener Eisenbahnboom etwa ab 1846 war die Folge; allein in diesem und dem vorausgegangenen Jahr wurden Konzessionen für circa 14 000 km erteilt; die prompte Folge dieser Überspekulation war dann der Zusammenbruch zahlreicher Gesellschaften.

Zu den besten Kunden der neuen Bahnen zählten aber auch in England die kleinen Leute, denen ein bescheidener Wohlstandszuwachs und der verhältnismäßig billige Bahntarif es erstmals erlaubten, über ihren engeren Umkreis hinauszukommen. Mit den Gesellschaftsreisen und Sonderzügen des Thomas Cook, von denen noch die Rede sein wird, kam nun mancher Arbeiter in die Hauptstadt oder für ein viel zu kurzes Wochenende an die See. Als 1851 die erste Weltausstellung alle Welt nach London lockte, beförderte Cook nicht weniger als 165 000 Reisende aus der britischen Provinz in die Metropole. Er nützt aber auch die aus der Industrieregion der Midlands zur Küste führenden Verbindungen aus, um in hellen Sommernächten sogenannte Mondscheinfahrten zu veranstalten. Mit diesen Sonderzügen konnten die Arbeiter am Samstagabend die Nacht hindurch etwa in das Seebad Scarborough an der Ostküste reisen, um dann nach einem Feriensonntag und einer weiteren Nachtfahrt am Montagmorgen vom Bahnhof aus wieder den Gruben- oder Fabriktoren zuzustreben.

Auch die junge Königin – Queen Victoria hatte schon als Achtzehnjährige 1837 ihr hohes Amt übernehmen müssen – mochte auf die neue Möglichkeit komfortablen Reisens nicht verzichten. Ein Salonwagen wird gebaut, der Stallmeister Ihrer Majestät überzeugt sich persönlich von den Verhältnissen am Bahnhof und inspiziert gewissenhaft die vorgesehene Lokomotive. Als der große Tag gekommen ist, beschließt der Leibkutscher der Königin, die Fahrt auf der Maschine mitzumachen, um so deren Führer besser überwachen zu können. Leider verrußt dabei seine scharlachrote Livree derart, daß er später auf solche Exkursionen gerne verzichtet. Die Königin aber ist von der Reise sehr angetan;

Salonwagen der Queen Victoria, Holzstich

in späteren Jahren stellt sie fest, das Eisenbahnfahren habe »sehr zum Glück ihres Lebens beigetragen«. Über den königlichen Salonwagen selbst informieren die deutschen Gazetten ausführlich ihre Leserschaft: »Der Wagen ist durch und durch mit leichtem Seidendamast tapeziert, worin verschiedene Verzierungen aus Samtbändern von rother und weißer Farbe eingeflochten sind, usw. usw. ...«

Bald gehört es zum Selbstverständnis europäischer Potentaten, ebenfalls einen eigenen Salonwagen oder besser noch einen ganzen Sonderzug zu besitzen. Auch Napoleon III. demonstrierte seine neue Kaiserwürde auf diese Weise; das ›Journal universel‹ berichtet 1857 über den ›Train de l'empereur‹: »Der Zug setzt sich aus acht Wagen zusammen, die alle untereinander in Verbindung stehen und folgende Reihenfolge haben: ein Gepäckwagen, zwei Waggons erster Klasse für die Begleitung des Kaisers, ein Speisewagen, ein Aussichtswagen, ein Salonwagen, ein Schlafwagen und schließlich ein Waggon erster Klasse für die Damen der

Salonwagen Kaiser Napoleons III., Holzstich

Kaiserin.« England war aber auch vorangegangen in der
Spezialisierung der verschiedenen Wagentypen. Schon 1843
stellt Kohl fest: »Unter den verschiedenen Wagenklassen der
englischen Eisenbahnen kommen mehrere vor, die wir gar
nicht kennen, so z. B. die Bullion-Waggons, die für bares
Geld und Bullion (Gold- und Silberklumpen) bestimmt sind
und hauptsächlich von der Bank von England, von der
Münze, von vielen Privatbanken und von den Gold- und
Silberhändlern benutzt werden. Die Post hat bei den meisten
Zügen zwei Wagen, oder vielmehr zwei auf Räder gesetzte
fliegende Bureaus, eines für die Briefsäcke, der Mail-Tender,
und eines für die Packete, der Parcel-Van genannt. Diese
Wagen haben zwei große Flügelnetze auf der Seite, die dazu
dienen, auf den Stationen, wo der Train nicht anhält, die
zugeworfenen Packete und Briefsäcke aufzunehmen.« Und
dann erzählt der Weitgereiste noch, daß man auch für die
Beförderung des Viehs verschiedene Wagen habe, wie Pig-
Wagons, Cattle-Wagons und Horse-Boxes. Auch bei der

Beleuchtung der Strecken zur Nachtzeit stellt er einen Fortschritt fest: »Wie die Kohlenwerke hierzulande, wie die
Straßen manchen Kohlendorfes, wie viele andere Dinge, so
war auch unser Eisenbahnzweig durch Kohlen, die in einem
eisernen Korb brannten, erleuchtet.«

Fortschritte und Irrwege

Sein Monopol im Bau der Lokomotiven aber hatte Großbritannien bald eingebüßt. 1839, als die zweite deutsche Linie
von Dresden nach Leipzig in Betrieb genommen wurde,
wird der festlich geschmückte Eröffnungszug von einer
deutschen Maschine gezogen. Die ›Saxonia‹ war nach Plänen
von Professor Schubert im Dresdener Polytechnikum gebaut worden. Sie war allerdings nicht die erste Lokomotive
aus einer deutschen Werkstätte. Diese war schon – ein Kurio-
sum – 1815 in Berlin entstanden. Sie drehte dort auf einem
Schienenkreis ihre Versuchsrunden und konnte gegen ein
Entree von vier Groschen von einem staunenden Publikum
bewundert werden. Zum Einsatz sollte sie dann in einer
oberschlesischen Grube kommen, doch als man sie mühsam
dorthin transportiert hatte, stellte sich heraus, daß die dortigen Geleise nicht zu ihrer Spurweite paßten; ihr weiteres
Schicksal ist in Dunkel gehüllt.

Allerdings fuhren neben der ›Saxonia‹ in den ersten Jahren
noch eine Reihe weiterer Maschinen aus englischen Fabriken
zwischen Leipzig und Dresden, und auch die anderen frühen
Linien in Deutschland konnten auf Lokomotiven aus Newcastle, Liverpool oder gar den Vereinigten Staaten nicht
verzichten. Nach und nach treten nun aber die deutschen
Konstrukteure mit eigenen Entwicklungen auf den Plan, so
Borsig 1841 in Berlin oder im selben Jahr Maffei in München, dessen erste Lokomotive mit dem Namen ›Der
Münchner‹ auf der Strecke von der bayerischen Hauptstadt
nach Augsburg eingesetzt wird.

Die Maschinen werden mit den Jahren größer und schneller, und auch ihre Wirtschaftlichkeit kann verbessert werden.

Waren beim ›Adler‹ noch 5,2 kg Kohle nötig gewesen, um auf die Dauer einer Stunde eine Pferdestärke zu erzeugen, so kommt man schon 1855 mit 1,77 kg Kohle aus, jeweils bei einer Geschwindigkeit von 30 Stundenkilometer. Die Lokführer selbst waren während der Fahrt ähnlich ungeschützt Wind und Wetter ausgesetzt wie die Bremser auf den Waggons; erst Anfang der fünfziger Jahre führt man Schutzschilder und -dächer ein, die die Maschinisten und Heizer wenigstens etwas vor Regen, Schnee und Kälte bewahren.

Lange Jahre zieht sich auch noch die Diskussion hin, ob die Dampflokomotive mit ihrem Kometenschweif aus Feuer, Rauch und Ruß überhaupt die ideale Antriebskraft für einen Eisenbahnzug sei. Wenn auch die Vertreter der pferdebespannten Bahn bald einsehen mußten, daß Kraft und Ausdauer der Vierbeiner den wachsenden Ansprüchen an Geschwindigkeit und Transportvolumen nicht gerecht werden konnten, so wurde in dieser Epoche stürmischer Entwicklung technischen Fortschritts noch manch anderer Weg ersonnen, den Lokomotiven die nötigen Antriebskräfte zu verleihen. Da überlegte man ernsthaft, die Maschinen durch starke Federn antreiben zu lassen, die einem Uhrwerk gleich stationär aufgezogen wurden und sich während der Fahrt entspannten. Große Beachtung fand auch die Erfindung des Engländers Parey, komprimierte Luft als Antriebskraft einzusetzen. Parey hatte sich 1846 in London seine ›Luftlokomotive‹ patentieren lassen und dort auch ein Arbeitsmodell aufgestellt. Seine Maschine besaß statt des Kessels zwei Behälter mit Druckluft, von der die Pleuel und Kolben angetrieben wurden. Alle dreißig Kilometer waren entlang der Strecke Dampfmaschinen vorgesehen, bei denen jeweils der zum Betrieb notwendige Druck erzeugt werden konnte, und »man soll so im Stande sein, die Luftfüllung ebenso schnell zu bewerkstelligen, als die Maschinen bis jetzt Wasser einnehmen. Nach der Berechnung des Erfinders kostet die Beschaffung und Unterhaltung seiner Locomotiven für einen bestimmten Zeitraum 254.002 Thaler, während für

Dampflocomotiven in der selben Zeit und unter denselben Umständen 486.838 Thaler ausgegeben werden müssen. So weit scheint dieses neue Locomotivsystem allerdings zu den glänzendsten Erwartungen zu berechtigen und das Modell mag dieselben auch in jeder Hinsicht bewahrheiten; wir aber möchten die Behauptungen des Erfinders nicht in allen Stücken unterschreiben, da uns die ganze Erfindung an zwei Mängeln, nämlich dem Kraftverlust und der Überschätzung zu leiden scheint.« (Illustrierte Zeitung, Leipzig 1846) Das Blatt sollte Recht behalten, Pareys Luftlokomotive war eben nur ein Luftschloß. Zwar kamen andere pneumatische Antriebssysteme vorübergehend auf kurzen Strecken in England und Frankreich auch zum Einsatz; von Bedeutung war diese Variante zur Dampflok aber zu keiner Zeit, ganz abgesehen davon, daß man zur Erzeugung des notwendigen Luftdrucks auf die Dampfmaschine sowieso nicht verzichten konnte.

Die Bahn erobert einen Kontinent

Abweichend von der Entwicklung in den europäischen Ländern verlief der Ausbau des neuen Verkehrsmittels in den Vereinigten Staaten. Die Ausdehnung des jungen Kontinents, die Besiedlung seiner unendlich scheinenden Flächen, gespeist von einer Einwanderung, die jährlich Millionen abenteuerlustiger und hoffnungsfroher Einwanderer in das Land der unbegrenzten Möglichkeiten schwemmte, stellten Anforderungen an den schnellen Ausbau eines leistungsfähigen Transportsystems, die ideal auf die Eisenbahn zugeschnitten waren. So kamen mit den Trecks der Siedler schon die Vermessungstrupps der Railroad Companies, und oft genug mußten sich die Streckenarbeiter oder die Passagiere der ersten Züge der Indianer erwehren, die aus verständlichen Gründen um ihre Jagdgründe bangten; es war das Szenarium, aus dem dann ein Jahrhundert später der ›Western‹ seine ›Kintoppromantik‹ beziehen sollte.

Aber schon vorher war 1830 in Charleston in South-

Carolina der erste Eisenbahnzug ›Great Friend‹ gefahren, und als fünf Jahre später auch in Deutschland der Eisenbahnfrühling begann, hatten die Vereinigten Staaten bereits rund 1800 Streckenkilometer in Betrieb. Um 1840 verfügte die Ostküste über ein Eisenbahnnetz, das die wichtigsten Städte miteinander verknüpfte, und nun galt es, nach Westen den Kontinent zu erschließen. Zehn Jahre später hatte man den Mississippi erreicht; 1863 beschließt dann der Kongreß den Bau einer Bahn bis hinüber zur Pazifikküste. Dieser Teil des jungen Staates war bis dahin nur mit dem Schiff um Kap Horn oder mit einer kurzen Landreise über den Isthmus von Panama zu erreichen. Hunderttausende wählten damals diesen Weg nach Kalifornien, denn es war die Zeit des großen Goldbooms, und der Landweg über die Rocky Mountains und durch die weiten Wüsten des Westens war mit solchen Strapazen verbunden, daß er nur für wenige in Frage kam. Nun sollte die neue Bahn die beiden Hälften des Halbkontinents zusammenführen. Um den Bau zu beschleunigen, vergab die Regierung Konzessionen an zwei Gesellschaften, die von beiden Endpunkten her das Werk in Angriff nehmen sollten. Die Union Pacific begann von Chicago aus den Bau nach Westen, die Central Pacific Company ließ ihre Arbeiter, darunter Tausende chinesische Kulis, von Sacramento aus nach Osten vorstoßen. Die Menschenverluste durch Seuchen, Kälte und Indianerüberfälle waren immens, aber die Gesellschaften peitschten ihre Bautrupps vorwärts in einem Wettkampf, an dem schließlich die ganze Nation Anteil nahm. Um schneller voranzukommen – bis zu 25 km Gleis wurden an einem Tag verlegt –, verzichtete man auf den notwendigen Standard bei der Schienenmontage, was sich später im Betrieb rächen mußte. Mit ein Grund für diesen Wettkampf von kontinentalem Ausmaß war auch der Umstand, daß das Land beiderseits der errichteten Strecke in den Besitz der jeweiligen Gesellschaft kam. Im Mai 1869 treffen sich dann die beiden Schienenstränge bei Promontory Point am Great Salt Lake im Staate Utah. In Anwesenheit zahlreicher Ehrengäste wurden die letzten Schienen zusammengefügt; den letzten Nagel aber, natürlich in Gold, schlugen die Präsidenten der Gesellschaften persönlich ein. Nun endlich war der junge Staat, der gerade die Wirren des Sezessionskrieges hinter sich gebracht hatte, auch räumlich und verkehrsmäßig zu einer Einheit geworden.

Und nun beginnt ein wahrer Eisenbahnrausch im Lande. Nördlich und südlich der ersten transkontinentalen Verbindung werden weitere, die ganzen Staaten von Ost nach West durchquerende Linien in Angriff genommen. Die Zuwachsrate an neuen Schienenwegen beträgt allein im Jahre 1871 13 000 km, das ist mehr, als damals Preußen und Österreich gemeinsam an Bahnen überhaupt haben. 1875 schließlich verfügen die Vereinigten Staaten über ein Streckennetz von knapp 120 000 km, fast ebensoviel wie alle europäischen Länder zusammen.

Im Gegensatz zum alten Kontinent, wo nach anfänglicher Privatinitiative schließlich dann in allen Ländern der Betrieb der Bahnen in staatlicher Regie geführt wird, bestimmen in Nordamerika private Gesellschaften die Entwicklung; manche Linien, wie etwa – neben den schon genannten – die Northern Pacific, die Western Pacific oder die Santa Fé-Bahn haben Eisenbahngeschichte gemacht. Beim Bau der Lokomotiven stehen die Amerikaner von Anfang an auf eigenen Beinen, zeitweise exportieren sie sogar ihre Maschinen in den alten Kontinent. So wird anfangs auf der schon 1838 eröffneten Linie von Berlin nach Potsdam eine in Philadelphia gebaute Maschine eingesetzt.

Andere Gegebenheiten der Verkehrsbedingungen in den Staaten erforderten auch manche Zusatzausrüstung bei den Lokomotiven, die man hierzulande nicht kannte oder anfangs noch nicht nötig hatte. So waren in den Prärien des Westens die riesigen Herden der Bisons ein Problem, wenn sie zu Hunderten die Schienen überquerten. Man stattete die Maschinen mit Dampfpfeifen gewaltigen Ausmaßes aus, um schon von Ferne die Rinder aus dem Weg zu jagen, oft genug ohne Erfolg. Da war es dann wichtig, den Kadaver eines überfahrenen Büffels schnell von den Geleisen zu brin-

gen, bevor Lok oder Waggons aus den Schienen sprangen.
So befestigte man an der Frontseite der Maschinen tief unten
schräge Gitter, die sogenannten Cow-Catcher, von denen
jedes Tier zur Seite geräumt wurde, das unvernünftig genug
gewesen sein sollte, sich dem heranschnaubenden Dampfroß
in den Weg zu stellen. Auch waren an den Schornsteinen
der Lokomotiven große Funkenfänger angebracht, um die
durch Funkenflug verursachten Präriebrände in Grenzen zu
halten. Schließlich wurde das Führerhaus, diese für Maschi-
nist und Heizer so segensreiche Schutzeinrichtung, zuerst auf
den amerikanischen Bahnen eingeführt.

Eisenbahnzug in der amerikanischen Prärie, Holzstich

Was den Waggonbau aber betrifft, ging das Eisenbahnwesen in den Staaten von Anfang an eigene Wege, wobei sich zeigte, wie sehr auch hier das bislang traditionelle Verkehrsmittel Form und Gestaltung prägte. Waren es in Europa die Postkutschen gewesen, die das Abteilsystem der ersten Eisenbahnwagen bestimmten, wo jedes Coupé gleichsam eine Kutsche für sich war und jegliche Kommunikation innerhalb eines Waggons während der Fahrt ausgeschlossen blieb, so leitete sich die Einteilung der amerikanischen Waggons von dem Transportmittel ab, das seit Beginn des 19. Jahrhunderts das Bild des jungen Kontinents prägte – das waren die Steamboats, die mit ihren hohen und schlanken Schornsteinen den Mississippi und den Hudson hinaufdampften oder, schwimmenden Palästen gleich, die nördlichen Seen durchquerten. Ihre großen Gesellschaftsräume, bewirtschaftet und mit seitlich angebrachten Kojen auch zum Schlafen eingerichtet, machten alle Teilnehmer einer Reise zwangsläufig zu einer Gemeinschaft, die versuchte, sich in geselligem Kontakt die oft viele Tage während Fahrt erträglich zu machen. Als man dann die ersten Eisenbahnwaggons zu konstruieren hatte, war es ganz selbstverständlich, daß man von diesem Vorbild ausging und Wagen baute, die ohne jede trennende Unterteilung blieben und einen freien Durchgang nicht nur von Sitzplatz zu Sitzplatz, sondern auch von Waggon zu Waggon ermöglichten. Diese Grundform des sogenannten Durchgangwagens wurde auch beibehalten, als in den sechziger Jahren George Pullman seine Gesellschafts-, Salon- und Schlafwagen einführte. Auch hier bestand die freie Kommunikationsmöglichkeit innerhalb des Wagens; erst der abendliche Umbau der Sitzbänke in Schlafbetten mit Vorhängen schuf eine gewisse Separation. In Europa konnte sich dieses System des Durchgangswagens erst verhältnismäßig spät durchsetzen; zu stark noch war der Gedanke vorherrschend, man müsse dem Reisenden der ersten oder zweiten Klasse die Möglichkeit einer Abtrennung im geschlossenen Abteil, frei von Belästigungen, bieten.

Etwa um 1860 führt dann die Schweiz, die sich ja erst verhältnismäßig spät dem Eisenbahnverkehr geöffnet hatte, Wagen mit einem Mitteldurchgang von Abteil zu Abteil ein. 1865 schreibt Baedeker: »Die Wagen auf den Eisenbahnen der deutschen Schweiz sind nach amerikanischem System gebaut, zu 72 Personen, hoch und luftig, an beiden Enden bequeme eiserne mit einem Dach versehene Treppen zum Einsteigen. Durch den ganzen Wagen, oder vielmehr durch den ganzen Zug geht in der Mitte der Länge nach ein Gang, auf beiden Seiten desselben Bänke zu je zwei Sitzen.« Baedeker stellt auch gleich den Vorteil dieser neuen Aufteilung heraus: »Diese Einrichtung hat zum Betrachten der Gegend den großen Vortheil, daß man, wenn die Wagen nicht sehr besetzt sind, aufstehen, und bald auf der einen, bald auf der anderen Seite zu den Fenstern hinaussehen kann.«

Der Eisenbahningenieur Heusinger von Waldegg, ein geborener Hesse und Konstrukteur mehrerer mitteldeutscher Bahnen, hat dann schließlich den naheliegenden Gedanken, die Vorteile beider Systeme miteinander zu verbinden. Seine Lösung ist der Abteilwagen mit Seitengang; auch heute noch – vor allem bei den Fernzügen – die gebräuchliche Form der Aufteilung eines Waggons. Durch eiserne Stege mit sogenannten Harmonikabälgen zwischen den einzelnen Wagen ist nun ein freier Verkehr innerhalb eines ganzen Zuges möglich, ohne den Reisenden in der Ruhe seines Coupés zu stören. Dieser Reisende hat es aber auch nicht leicht: Alle Erfahrungen von der Tradition der Postkutsche ableitend, muß er sich nun mit einer Form passiver Fortbewegung vertraut machen, die nicht nur in ihrer Schnelligkeit des Vorankommens die bis dahin üblichen Maßstäbe sprengt, sondern die auch unter gänzlich neuen und ungewohnten Bedingungen stattfindet. Die Welt draußen und die im Abteil – das waren nun ganz verschiedene Dinge, dem Reisenden wird es bewußt, daß sein Kosmos jetzt dieses Abteil ist: dieser von Stahl, Holz und Glas umschlossene Kubus, in dem er, sofern er allein war, ohne jegliche Kommunikationsmöglichkeit mit den übrigen Fahrgästen oder dem Zugpersonal und mit erschreckender Geschwindigkeit über die Schienen jagte.

Die Isolation des Reisenden

Isolation und Furcht, das waren nun bei aller Bewunderung des modernen Transportmittels ganz wesentliche Empfindungen des frühen Eisenbahnreisenden. Wolfgang Schivelbusch hat sich in unseren Tagen in seiner ›Geschichte der Eisenbahnreise‹ mit diesen Ängsten des Passagiers der ersten Stunde befaßt.

Schon 1829, als Stephenson noch seine ersten Probefahrten zwischen Liverpool und Manchester machte, schrieb Thomas Creevy, es sei unmöglich, »sich von der Vorstellung eines sofortigen Todes aller bei dem geringsten Unfall zu lösen«, und die in Weimar erscheinende ›Zeitung für Eisenbahnwesen, Dampfschiffahrt und Maschinenkunde‹ spricht wenig später von »einer gewissen Beklemmung des Gemüts, die bei aller Annehmlichkeit der Eisenbahnfahrten doch nie ganz schwindet, ohne auf den Gang der Wagen anderweitig einwirken zu können«. Angst vor dem Unfall – der Eisenbahnfahrgast kennt sie heute nicht mehr; manchem Fluggast ist sie hingegen wohl nicht fremd; stehen wir ja dem Flugzeug mit seiner neuen Potenzierung des Tempos, seiner Raffung von Raum und Zeit ähnlich gegenüber wie seinerzeit der Bürger des Biedermeier der Dampflokomotive.

Die Angst vor der Isolation aber, sie hatte wohl zweierlei Gründe. Zum einen war es dieses Abgekoppeltsein von der äußeren Welt. Hier stand jedoch nun dem Reisenden in dem trotz aller Schienenstöße gegenüber der Kutsche fast sanft dahinrollenden Waggon eine ablenkende Droge zur Verfügung, die sich ihm seinerzeit im Postwagen auf holpriger Chaussee noch nicht angeboten hatte: die Lektüre eines Buches oder das Durchblättern eines Journals. Bald schon hatten sich Buchhändler und Verlage auf diesen neuen Markt geworfen. In England, wo auch sonst, entstehen schon um 1850 die ersten Bahnhofsbuchhandlungen, und bald bringt

Murray in London eine Buchserie mit dem Titel ›Literature for the rail‹ heraus. In Paris aber erscheint bei Hachette eine Reihe mit dem Titel ›Bibliotheque de chemin de fer‹. Hier sind nicht nur Klassiker oder Trivialliteratur vertreten, auch Reiseführer und -berichte werden angeboten. Hachette gründet eine ganze Kette von Buchhandlungen, die er in den einzelnen Bahnhöfen gegen eine Umsatzbeteiligung der jeweiligen Gesellschaft unterbringt, 1864 gibt es schon über sechzig derartiger Librairies. Schivelbusch untersuchte in unseren Tagen die Gründe dieser neuen Lesewut: »Die Entstehung der Reiselektüre ist nicht nur das Resultat der Verflüchtigung und Panoramisierung der Außenwelt durch die Geschwindigkeit, sondern ebenso Resultat dieser neuen Situation im Abteil. Die Eisenbahn stört das Verhältnis der Reisenden zueinander ähnlich wie sie deren Verhältnis zur durchreisten Landschaft stört.«

Eine zweite Ursache der Angst vor Isolation war dann die Absperrung im Abteil gegenüber den Fahrgästen in den übrigen Coupés oder Wagen; dabei war es sowohl die Sorge des Alleinseins wie auch die Furcht, der Bedrohung durch einen Mitreisenden ausgesetzt zu sein, ohne Hilfe herbeirufen zu können.

Kurz bevor dann der Durchgangswagen mit seinen Verständigungsmöglichkeiten diese Isolation durchbrach, trat noch einmal ein Ereignis ein, das zum letzten, tragikomischen Höhepunkt der Einsamkeitsängste furchtsamer Reisender werden sollte: Als in den frühen Nachtstunden des 6. Dezember 1861 der aus Mühlhausen kommende Zug in den Pariser Ostbahnhof am Boulevard de Strasbourg einrollt und die Reisenden die Wagen verlassen haben, findet man in einem Abteil erster Klasse einen Toten. Es ist der Gerichtspräsident Poinsat, der offensichtlich von einem Mitreisenden erschossen wurde. Niemand hat den Mörder gesehen, man weiß nur, daß Poinsat über einen Teil der Reise sein Coupé mit einem Unbekannten geteilt hatte. Die öffentliche Erregung schlägt hohe Wellen; jedermann identifiziert sich mit dem Opfer und befürchtet ein ähnliches Schicksal. Eine staat-

liche Kommission wird eingesetzt, Regelungen zu erarbei-
ten, die in Zukunft ähnliches verhindern sollen. Da werden
die verschiedensten Alarm- und Kontrollsysteme vorgeschlagen, als probatestes Mittel empfiehlt man schließlich ein
kleines Guckfenster, das eine bescheidene Verbindung mit
den benachbarten Abteils erlauben soll. Am Ende nehmen
sich auch die satirischen Blätter des Themas an. Da tauchen
dann Vorschläge auf, wie ein Coupé mit dem Hinweisschild
›Reserviert für Mörder‹ einzuführen. Dabei ist ein Unterton
von Schadenfreude nicht zu übersehen, denn schließlich sind
es ja die Ängste einer Oberschicht, um die es hier geht; in
den Wagen der dritten und vierten Klasse, die der kleine
Mann benutzt, gibt es ja keine Unterteilung durch separie-
rende Trennwände.

Der Abteilwagen mit Seitengang beendete mit seiner Einführung dann das Problem: Jetzt reiste man nicht nur sicherer, auch andere Bereiche des Reisekomforts, wie Heizung,
Lüftung und Toiletten konnten nun leichter eingeführt oder
weiter verbessert werden.

Pünktlich wie die Eisenbahn

Was aber von Anfang an mit Beginn des Eisenbahnwesens
zur allgemeinen Zufriedenheit gelöst werden konnte, das
war die Regelmäßigkeit und die Pünktlichkeit des Zugver-
kehrs. Beides waren wichtige Fortschritte gegenüber der
Postkutschenära, denn die Ungewißheit – wann und wie ein
Wagen käme und ob auch noch ein Plätzchen frei sei –, diese
Unwägbarkeit des Reisens fiel mit dem Aufkommen der
Eisenbahnen hinweg. Nicht nur, daß Fahrzeit und Kurs der
Züge geregelt waren, auch das Angebot an Plätzen betrug
nun das Vielfache eines Postwagens, der kaum über eine
Kapazität von acht bis zwölf Sitzmöglichkeiten gekommen
war. Jetzt waren es je nach Länge des Zuges hundert, zwei-
hundert, ja bis zu fünfhundert und mehr Plätze, die im
offenen oder bedeckten Waggon, auf Holzbänken oder wei-
chem Polster angeboten wurden.

Was aber die Pünktlichkeit der Bahn betraf, so setzte die genaue Einhaltung der Fahrzeiten die Zeitgenossen in Erstaunen. Wieder einmal ist Johann G. Kohl, der als Reiseschriftsteller schon sehr früh die Anfänge des Eisenbahnwesens erlebte, unser Zeuge: »Man muß die Leichtigkeit des Reisens in England, sonst eines der verwickeltsten Geschäfte von der Welt, bewundern. Man setzt die Abreise fest, zu welcher Zeit und Stunde man will; denn fast zu jeder Stunde gibt es eine Gelegenheit dazu. Man ist ohne Furcht, daß man keinen Platz finden möge, denn der Equipagen gibt es eine Menge. Unterwegs liest, schreibt oder spricht man, wie es einem gefällt, denn die Wagen sind äußerst bequem und immer gut erleuchtet. Man weiß die Minute, wo man da oder dort ankommen wird; denn die englischen Eisenbahnzüge sind die pünctlichsten von der Welt, und selten oder nie langen sie auch nur eine Minute [!] früher oder später an, als es in ›Bradshaw's Monthly Railway Guide‹ angesagt ist. Dies letztere ist wirklich außerordentlich und, wie ich glaube, in keinem Lande wiederzufinden.«

Wenn man denkt, daß diese Zeilen 1843 – also ganze dreizehn Jahre nach der ersten Fahrt eines Personenzuges überhaupt – geschrieben wurden, dann muß man Kohl zustimmen, dies war wirklich ganz außerordentlich!

Dieses genaue Einhalten der Fahrzeiten erforderte nun freilich auch von den Passagieren entsprechende Disziplin. Als 1842 München seine erste Verbindung mit dem benachbarten Augsburg erhält, zeigt sich bald, daß die genaue Abfahrt der Züge durch den Umstand verhindert wird, daß Reisende erst in letzter Minute ankommen und der Zug nun warten muß, bis die Fahrkarten besorgt sind und das Gepäck aufgegeben ist. So entschließt sich die Direktion am 9. Oktober 1844 zu folgender Bekanntmachung: »Nach den bestehenden Vorschriften werden die Gepäck-Bureaux der k. München-Augsburger Eisenbahn fünfzehn Minuten vor der Abfahrt, und die Personen-Billets-Bureaux fünf Minuten vor der Abfahrt unbedingt geschlossen, und nach dem Schluß weder Gepäck mehr angenommen, noch ein Fahrbillet mehr ausgegeben, damit die Abfahrts- und Ankunftszeit richtig eingehalten werden kann.«

Nun wurde aber in Deutschland die Flüssigkeit des Bahnverkehrs, vor allem bei den Fernverbindungen, in den Anfangsjahren auch noch durch den Umstand erschwert, daß, entsprechend der Gliederung in viele Einzelstaaten, der Reisende oft mehrmals von dem Bereich der einen Eisenbahngesellschaft zu dem der nächsten wechseln mußte. Dies waren etwa an der Strecke von Berlin nach Köln nicht weniger als sechs Unternehmungen. 1848 schlossen sich dann diese Betriebsgesellschaften zum ›Norddeutschen Verband‹ zusammen, in dem nun die Fahrzeiten und Tarife aufeinander abgestimmt wurden. Über diese Fahrzeiten konnte sich auch schon damals der Reisende genau informieren, denn im selben Jahr wurde in Berlin als erstes deutsches Kursbuch von dem Fürstlich Thurn- und Taxis'schen Oberpostamtssekretär Hendschel ein Handbuch herausgegeben, das bald als ›Hendschels Thelegraph‹ zum Rüstzeug des Reisenden gehörte und noch bis 1930 erscheinen sollte. Zwei Jahre später bringt der Sekretär im Berliner Generalpostamt, W. Wölker, einen ›Meilenzeiger für Deutschland‹ heraus, der nicht weniger als 56 Eisenbahnverbindungen und 300 Eilpostkurse zusammenfaßt. Schließlich erscheint 1850 in Berlin das ›Eisenbahn-, Post- und Dampfschiff-Cours-Buch‹, herausgegeben vom kgl. General-Postamt. Hier ist nun auf 128 Seiten und für zehn Silbergroschen alles zusammengestellt, was für den Passagier von Bedeutung sein könnte. Nicht nur Abfahrts- und Ankunftszeiten der Züge und die Fahrpreise – selbst die für den Transport der eigenen Equipage – sind aufgeführt; man kann sich auch vergewissern, wann und wo etwa die Dampfschiffkurse nach Übersee gehen, bis hin nach Indien und Amerika.

Ein erhebliches Problem bei Fahrplänen, die über den Bereich der Nahverbindungen hinausgingen, war allerdings der Umstand, daß damals jede Stadt – je nach dem Längengrad, auf dem sie lag – ihre eigene Ortszeit hatte, was die Aufstellung von Fahrplänen für Fernverbindungen natürlich

erschwerte. Erst 1893 wurde im Deutschen Reich die Mittel-
europäische Zeit eingeführt; vorher hatten die Eisenbahn-
verwaltungen eine gemeinsame Zeit, es war die ›Berliner
Zeit‹, lediglich im inneren Dienstbetrieb.

Die Bahnhöfe

Auch bei der Anlage der Bahnhöfe war schon verhältnismäßig früh in Umfang und Form ein Standard erreicht worden,
der dann für Jahrzehnte den Betriebserfordernissen gerecht
wurde. In den allerersten Jahren mußte man sich allerdings
noch mit manchem Provisorium begnügen. Als etwa 1846
die Strecke von Potsdam nach Magdeburg in Betrieb genommen wird, besteht der ganze Bahnhof noch aus einer

einfachen Überdachung durch eine Holzkonstruktion; der Bahnsteig, ebenfalls aus Balken und Brettern zusammengefügt, ist vier Stufen hoch, so daß die Fahrgäste ohne weitere Höhendifferenz die Waggons erreichen können. Der Bahnhof war freilich nur als Interimslösung gedacht und wurde bald durch die endgültige Station ersetzt. Die Eröffnungsfahrt selbst, mit an die 800 geladenen Gästen, hatte dann, wenn man den Presseberichten glauben darf, einen heiteren, ja fast feuchtfröhlichen Verlauf genommen.

»Der erste Haltepunkt war auf dem Eisenbahnhofe vor Brandenburg, und da die Hitze des Tages so drückend geworden war, daß alle Fahrgäste nach Erquickung in der Bahnhalle und Restauration verlangten, so ist nicht zu beschreiben, mit welchem Jubel diese Erquickung gesucht

Feierliche Probefahrt auf der Potsdam-Magdeburger Eisenbahn, Holzstich 1846

ward; und die Heiterkeit der ganzen Reisegesellschaft stei-
gerte sich auf der Reise bis nach Magdeburg; die folgenden
Restaurationslocale in Genthin und Berg wurden mit stürmischem Jubel begrüßt und besetzt. Besonders lobten die
Herren das gute bayerische Bier in der Restaurationshalle
vor Burg; ein Jeder zapfte sich seinen Bedarf möglichst
selbst.« Dadurch geriet die Festveranstaltung offensichtlich
etwas aus den Fugen, denn »in Brandenburg kam die Lokomotive ›Jupiter‹ beim Einnehmen an Wasser und Brennma-
terialvorrath von den Schienen in den Sand ...« Man mußte
eine Reservelokomotive herbeiholen, aber »auch diese traf
das Schicksal, bei der Einfahrt in die Festungswerke vor
Magdeburg, als sie Wasser einnehmen wollte, in den Sand
zu geraten«. Doch selbst dies kann die heitere Laune der

Passagiere nicht stören, obwohl »die ganze Reisegesellschaft aussteigen und sich mühsam an den Wagen durcharbeiten mußte, um auf die Fußbahn zu kommen«. Damit ist die Kette der Mißlichkeiten noch keineswegs erschöpft, denn »im Magdeburger Bahnhof angekommen, fehlte es an Droschken zur Aufnahme und Beförderung der von der Sonnenhitze ganz ermatteten Reisenden, daher der größte Theil derselben, den Weg nach der Stadt zu Fuß machen und sich somit noch mehr erhitzen mußte«. Was machte man nun in der fremden Stadt, die man mit Hilfe der Bahn in wenigen Stunden erreicht hatte, wo vorher hierfür ein ganzer Tag notwendig gewesen war? Der Chronist hat auch hierüber Auskunft gegeben: »In Magdeburg zerstreute sich die Reisegesellschaft sogleich in die verschiedenen Restaurationen.« Kein Wunder, daß auch die Rückreise in ähnlich heiterer Stimmung verlief: »Die Gesellschaft war und blieb in Lust und Freude auf der ganzen Fahrt und jeder Theilnehmer bewahrt eine dankbare Erinnerung und die besten Wünsche für das Gedeihen dieser erweiterten Eisenbahnverbindung, die ganz geeignet ist, eine große Vergnügungsbahn zwischen Berlin, Potsdam und Magdeburg zu werden und zu bleiben.«

Doch zurück zu den Bahnhöfen. Wo die ersten Provisorien bald nicht mehr genügten, wie etwa in München, wurden sie durch Neubauten ersetzt. Diese fanden ihren Standort meist so nah als möglich an der oft noch von Mauer und Toren umgürteten Altstadt. München und Stuttgart sind hierfür ebenso Beispiele wie Nürnberg, Frankfurt oder Köln. Das Bauschema der Stationen war meist ähnlich: Drei, vier oder mehr Schienenpaare mit den Bahnsteigen überspannte eine freitragende Konstruktion aus Holz, später auch aus Eisen. Die seitlichen Bauten waren auf der einen Flanke als Eintritts-, auf der anderen als Ankunftsgebäude genutzt. Bei Kopfbahnhöfen, wie etwa in München, wurden diese beiden Bauteile durch ein Mittelgebäude verbunden. Am Ende der Schienen war bei solchen Kopfstationen in der Regel zwischen je zwei Geleisen eine Art Drehscheibe angeordnet, mit

Anfahrt zum Bahnhof Delftse Poort, Rotterdam, 1860

deren Hilfe die Lokomotive eines ankommenden Zuges auf das Nachbargleis umgesetzt werden konnte.

Im Eintritts- oder Abfertigungsbau hatte man die Warteräume untergebracht, nach Klassen getrennt und jeweils mit eigenen Restaurationen ausgestattet, von denen Max Maria von Weber, übrigens der Sohn des Komponisten, in seiner ›Schule des Eisenbahnwesens‹ schreibt: »Die deutschen Wartesäle haben auf sehr vielen Hauptstationen den Charackter als solche verloren; es sind große Restaurationslokalitäten mit prächtiger Ausstattung und über das wahre Bedürfnis weit hinausgehenden Dimensionen geworden. Sie enthalten

Charing Cross Station in London, Holzstich um 1864

außer gewaltigen Räumen für Passagiere der drei oder vier Klassen ein sehr reich ausgestattetes Buffett, Speisezimmer, Lokale zum Toilettemachen für Damen und Herren der oberen Klassen, öfters auch Schlafräume, Waterclosetts, usw.« In der Nachbarschaft dieser Räume war bei großen Bahnhöfen auch ein Zimmer für den Portier angeordnet, der rechtzeitig vor Abfahrt jedes Zuges das Publikum in den Wartesälen und Restaurants durch Ausruf verständigen mußte. Die Forderungen an gewisse Örtlichkeiten umreißt Weber in seinem Handbuch folgendermaßen: »Getrennte, wohleingerichtete, thunlichst geruchfrei konstruierte Abtritte für Reisende beiderlei Geschlechter.« Diese Trennung vollzog sich übrigens bei den englischen Bahnhöfen auch in den gesamten Warte- und Buffeträumen: Herren und Damen fanden hier jeweils ihre separaten Räumlichkeiten vor.

Ähnlich wie die Trennungsbestrebungen nach Geschlechtern waren jedoch auch die nach Klassen. Wohl oder übel mußte man ja auch für die unteren Klassen irgendwelche Wartegelegenheiten vorsehen. Bei dem Berliner Bahnhof der Märkisch-Niederschlesischen Bahn sah das dann so aus: »Auf der linken Seite reihen sich dem Vestibül unmittelbar die Wartesäle an, und zwar zunächst der Wartesaal der vierten Klasse, damit das in demselben verkehrende Publikum mit den übrigen Passagieren so wenig wie möglich in Verbindung kommt.« Über die Reisenden der Polsterklasse heißt es dagegen: »Für die Reisenden der ersten oder zweiten Klasse, welche die Fahrbiletts durch Bediente lösen lassen, befindet sich am Ende des Korridors ein kleines Kabinett.« Nachdem das gehobene Publikum in der Regel mit eigener Kutsche vorfuhr, bemühte man sich, die ankommenden Karossen so nahe wie möglich an die zur Abfahrt bereitstehenden Waggons heranzubringen. Dieses Entgegenkommen ging so weit, daß man bei der 1864 eröffneten Charing Cross Station in London den Bahnsteig so breit anlegte, daß die Kutschen durch eine Unterführung den Abfahrtsperron erreichen konnten und so mit nur wenigen Schritten ein Übergang zum Eisenbahnwagen möglich war. Mit den steigenden

Verkehrsbedürfnissen wurden dann schließlich die Bahnhöfe
immer ausgedehnter; an der Spitze lag um diese Zeit die
Station in Birmingham, deren Halle nicht weniger als 256 m
lang war und bei einer Spannweite von 68 m neun Schienenpaare mit den dazugehörigen Bahnsteigen, frei von jeglichen
Stützen, überdeckte.

Die Überquerung der Alpen

Wenn nun so schon verhältnismäßig früh alles geordnet und
geregelt schien für eine schnelle Ausweitung der Eisenbahnen, darf dabei allerdings nicht übersehen werden, daß sich
dem für längere Zeit noch ein Hindernis geographischer
Natur – gleich einem unüberwindlichen Wall quer durch
Mitteleuropa – in den Weg stellte: die Alpen.

Als man um 1850 zwischen Wien, Berlin und Paris über
ein Netz sich ständig vermehrender Verbindungen verfügt,
erfordert die Reise nach Italien oder in die Schweiz, damals
das klassische Reiseland in Mitteleuropa, immer noch den
Wechsel zur Postkutsche. Die Eidgenossenschaft verfügte
seinerzeit über keine einzige Bahnstrecke, wenn man von
den paar Kilometern zwischen Zürich und Baden absieht.
Der Volksmund hatte diese kurze Linie ›Spanisch-Brötli-
Bahn‹ getauft, der Backwaren wegen, die die Bäcker aus
Baden damit in die Großstadt lieferten. Der Reiseschriftstel-
ler H. A. Berlepsch verweist in seinem 1854 erschienenen
›Illustrierten Alpenführer‹ auf diesen Mangel; vermerkt aber
auch, daß nun eine ganze Reihe von Strecken vorbereitet
würden, dabei auch einige unter der Beratung des jüngeren
Stephenson. Dann blickt der Verfasser noch in die Zukunft:
»Wenn es in wenigen Jahren so weit sein wird, daß man in
Mitteldeutschland zu Hause das Frühstück einnimmt und
anderen Tags in Interlaken Angesichts des Alpenglühens der
Jungfrau das Abendbrot verzehrt, dann kann kaum mehr
von Schweizerreisen die Rede sein; man macht dann von
Berlin, Breslau oder Frankfurt aus bloß Excursionsreisen auf
die Wengernalp, zum Rosenlaui- und Grindelwaldgletscher,

und es wird einzelne schöne Tage geben, wo es in der Schweiz recht voll ist.«

Noch mehr jedoch stellte sich das Problem einer Alpenüberquerung durch die Bahn im Kaiserreich Österreich-Ungarn, hatte die Doppelmonarchie doch mit dem Wiener Kongreß in Oberitalien das Erbe Napoleons angetreten. Die Verbindung nach Triest, dem wichtigen Adriahafen und damit der Ausgangspforte zu den Weltmeeren, war ein dringliches Anliegen des Handels, der schnelle und sichere Weg in die unruhige Lombardei aber eine vorrangige Forderung der Militärs.

Nun hatte das Kaiserreich durchaus Anteil an der Entwicklung des neuen Verkehrsmittels, denn schon 1828 hatte man zwischen Linz und Kerschbaum eine Strecke zur Personenbeförderung eröffnet, allerdings mit pferdebespannten Eisenbahnwagen. Ein Pferd zog jeweils ein oder zwei solcher Wägelchen; manchmal wurden auch bis zu drei Pferde hintereinandergespannt, die dann, zwischen den Schienen trabend, einen ganzen Wagenzug beförderten. Bei den Schienen handelte es sich um Holzbalken, die auf Querhölzer aufgenagelt und mit langen Eisenplatten belegt waren. Bei der Planung der Strecke war man allerdings einem verhängnisvollen Irrtum erlegen. Man hatte, weil man ausschließlich auf den Antrieb durch Pferdekraft setzte, Steigung und Kurvenradien der Streckenführung so extrem gewählt, daß später, als sich die Dampflokomotive durchgesetzt hatte, auf deren Anwendung verzichtet werden mußte.

Vorläufig rollte man also noch guter Dinge im Postwagen auf hölzernem Schienenpaar, und als dann 1832 die Linie bis Budweis verlängert wird und das kaiserliche Paar höchstselbst die neue Einrichtung inspiziert und auch ein kurzes Stück ausprobiert, will jedermann am technischen Fortschritt teilhaben. »Wie angenehm läßt es sich doch mit so einer Schienenbahn reisen«, begeistert sich ein Zeitgenosse. Um fünf Uhr morgens war er mit seiner Frau in Urfahr, dem Linzer Bahnhof am nördlichen Donauufer aufgebrochen und hatte um sieben Uhr abends Budweis erreicht: 14

Stunden für eine Reise von 129 Kilometern. Das war nun auch kaum schneller als mit der Eilpost, doch unser Reisender ist zufrieden, denn er meint am Ende seiner Aufzeichnungen: »Trotz aller Strapazen wird uns diese Fahrt unvergeßlich bleiben.«

Wirtschaftlicher war solch Reisen allemal. Mußte man mit einer Postkutsche noch vierspännig fahren, so vermochte jetzt ein einziges, zwischen den Schienen dahintrabendes Pferd zwei aneinandergekoppelte Wagen zu ziehen.

1836 wird dann eine Verlängerung der Bahn nach Süden bis Gmunden am Traunsee in Betrieb genommen, nun konnte man mit der Pferdebahn immerhin über eine Strecke von fast 190 Kilometern vom Fuß des Höllengebirges bis ans Ufer der Moldau fahren. Damit erfüllte die Strecke auch einen Zweck, der seinerzeit mit Veranlassung für ihren Bau gewesen war, man konnte jetzt das Salz aus den oberösterreichischen Salinen um Hallstatt auf direktem Wege zur Verschiffung bringen, nicht nur auf der Donau, sondern auch über die Moldau zur Elbe. Als sich dann überall die Dampfkraft durchsetzte, machte man noch einen Versuch, auch hier Lokomotiven zum Einsatz zu bringen, wegen der geringeren Spurweite mußte allerdings eine besondere Maschine gebaut werden. Die Nachteile der Streckenführung lassen sich aber nicht überwinden, ab 1859 wird die Linie abschnittweise eingestellt und schließlich abgebrochen.

Als man aber, schon lange vorher, die zweite Strecke in Angriff genommen hatte, setzte man dort von vornherein auf die Dampfmaschine als Antriebskraft. Es war dies, sieht man von einer kleinen Pferdebahn zwischen Prag und Lana ab, die Verbindung von Wien nach Deutsch-Wagram, erstes Teilstück der späteren Linie von der Kaiserstadt nach Prag und Krakau. Kaiser Ferdinand hatte 1836 dem Wiener Bankhaus Rothschild die Konzession erteilt (»Haben wir uns in Erwägung der Gemeinnützigkeit dieses Unternehmens bewogen gefunden, demselben das angesuchte Privilegium ... zu verleihen«) und die Urkunde dabei mit der Schlußfloskel versehen: »Das meinen wir ernstlich!«

Von dem in Praternähe gelegenen Bahnhof führt die ›Kaiser-Ferdinand-Nordbahn‹ auf einer gezimmerten Brücke über die Donau und erreicht schon nach achtzehn Kilometern ihren vorläufigen Endpunkt in Deutsch-Wagram. Für den Betrieb bestellt man in Newcastle bei George Stephenson sechs Lokomotiven. Auch sie müssen, ähnlich dem ›Adler‹, der kurz zuvor bei der ersten deutschen Linie Nürnberg–Fürth zum Einsatz gekommen war, in England zerlegt und auf dem Schiff transportiert werden. Auch hier läßt man Fachleute aus Newcastle anreisen, die in Wien die Maschinen zusammenbauen und das einheimische Personal einweisen. Am 6. Januar 1838 wird dann die Linie der Öffentlichkeit übergeben. Nun hatte auch für die Doppelmonarchie endgültig die Eisenbahnära begonnen. Ein gutes Jahre später wird die Strecke bis Brünn befahrbar, die Hauptverbindung ist allerdings über Prerau in Richtung Krakau vorgesehen. Von Prerau aus wird aber über Olmütz auch schon 1845 Prag erreicht. Bereits im Oktober dieses Jahres kann Ida Pfeiffer, die über Berlin von ihrer Island- und Skandinavienreise zurückkehrt, die neue Verbindung ausprobieren: »Die Eisenbahn von Prag nach Wien geht über Olmütz, und macht einen so bedeutenden Umweg, daß die Entfernung jetzt 66 Meilen beträgt. – Die Einrichtung der Gesellschaft läßt noch manches zu wünschen übrig.« Schließlich stellt die Weitgereiste noch fest: »Die Conducteure waren auch nicht von dem sanftesten Charackter.« Die Möglichkeit zu Vergleichen hatte Ida Pfeiffer allerdings, war sie doch erst wenige Wochen zuvor auf der Eisenbahn von Lehrte nach Berlin (»... die bei den Eisenbahnen angestellten Leute fand ich alle sehr höflich«) und von Berlin nach Potsdam (»... die Bahn ist sehr bequem eingerichtet«) unterwegs gewesen.

Budapest schließlich wird dann über Preßburg 1850 an das Eisenbahnnetz des Kaiserreichs angeschlossen. Nachdem endlich von Prag aus bald auch der Weg auf Schienen nach Dresden, Berlin und Hamburg weiterführte, sind es nun noch die nach Westen und Süden gehenden Verbindungen, die fehlen, weil sich hier mit den Alpen ein vorläufig noch unüberwindliches Hindernis in den Weg stellt. Da aber vor allem einer Linie nach Triest große handelspolitische und strategische Bedeutung zukam, wurde schon am 19. Dezember 1841 durch kaiserliche Entschließung der Bau einer solchen Verbindung festgelegt. Dabei konnte man bereits auf Teilstrecken zurückgreifen, die in Bau oder sogar in Betrieb waren. So hatte man an Pfingsten dieses Jahres den Abschnitt von Wien bis Baden der Öffentlichkeit übergeben können, ein weiteres Teilstück bis Gloggnitz folgte schon ein Jahr später. Dort war aber vorläufig an einen Weiterbau nicht zu denken; die Paßhöhe des Semmering, mit ihren knapp 900 m über dem Meeresspiegel immerhin rund 460 m höher als Gloggnitz liegend, ließ ein weiteres Vordringen nicht kurzerhand zu. Topographische Schwierigkeiten dieses Umfangs hatte man in der bisherigen Eisenbahngeschichte – zumindest in Europa – noch nicht zu überwinden gelernt.

Da die Semmeringbahn als Staatsbahn gebaut werden sollte, war es nun Sache der kaiserlichen Hofkammer, das Projekt in Angriff zu nehmen. Es war, wieder einmal, ein ausgesprochener Glücksfall, daß der Präsident der Hofkammer, Freiherr von Kübeck, das Werk einem Manne anvertraute, der wie kaum ein anderer Erfahrung, Engagement und Inspiration für die große Aufgabe mitbrachte. Carl Ritter von Ghega war 1800 in Venedig zur Welt gekommen; seine Vorfahren sind italienischer Abstammung, erst durch den Wiener Kongreß wird er österreichischer Staatsbürger. Mit neunzehn Jahren promoviert er an der Universität von Padua zum Doktor der Mathematik und tritt in den Staatsdienst ein. Die ersten Jahre ist der junge Zivilingenieur in der Straßenbauverwaltung und der hydraulischen Abteilung der Provinz Venedig beschäftigt. 1836 wird er dann von Rothschild für den Bau der Kaiser-Ferdinand-Nordbahn verpflichtet und macht eine Studienreise nach England, die ihn auch mit George Stephenson zusammenbringt. 1842 reist von Ghega, nun im Auftrag des Staates, in die Vereinigten Staaten. Dort befaßt er sich mit den Erfahrungen der Amerikaner beim Bau ihrer Eisenbahnen, hatte man sich doch

dort schon sehr früh mit der Überwindung ausgedehnter
Gebirgszüge auseinandersetzen müssen. Zurückgekehrt, verfaßt der Ingenieur ein entsprechendes Werk: ›Die Baltimore-
Ohio-Eisenbahn über das Alleghanygebirge‹. Nun wird ihm
das Semmering-Projekt endgültig übertragen.

Jetzt zeigt sich der Weitblick des Konstrukteurs. Er legt
eine Trasse fest, die sich mit fünfzehn Tunnels durch den Berg
arbeitet und mit sechzehn Viadukten ebensoviele Schluchten
überbrückend in die Flanken des Gebirges schmiegt; er sieht
auch für die Durchquerung der Paßhöhe einen Scheiteltun-
nel vom 1430 m Länge vor und plant schließlich den 41 km
langen Abschnitt von Gloggnitz zum Semmering und hinunter bis Mürzzuschlag mit Steigungen bis 2,5 Prozent, eine
Neigung, die kein Geringerer als Stephenson für unüber-
windbar hält. Allerdings zeigte sich dann während der Pro-
jektierungsarbeiten bei der 1846 in Betrieb gehenden bayerischen Nord-Südbahn, die auf ihrem Weg von Nürnberg zur
sächsischen Grenze das Fichtelgebirge zu überqueren hatte,
daß solche Steigungen im Fahrbetrieb zu bewältigen waren.
Immerhin, als von Ghega seine Trasse festlegte, wußte er
noch nicht, mit welchen Lokomotiven er einst auf der ent-
worfenen Route fahren würde; Maschinen mit dem notwendigen Steigungsvermögen gab es eben damals noch nicht.

Als man dann schließlich 1848 mit dem Bau der Trasse
beginnen kann, bestand auch südlich des Semmerings bereits
eine durchgehende Bahnverbindung von Mürzzuschlag über
Graz nach dem slowenischen Cilli, die schon ein Jahr später
bis Laibach, dem heutigen Ljubljana, fortgeführt werden
sollte. Im Revolutionsjahr 1848 also werden die Arbeiten an
der ersten europäischen Gebirgsbahn aufgenommen; eine
günstige Gelegenheit, im Rahmen von Notstandsarbeiten
vielen Tausenden Brot zu verschaffen und sie so vom politischen Geschehen fernzuhalten. Sechs Jahre dauert der Bau
der Strecke; die Opfer an Menschenleben sind beträchtlich.
Weniger Lawinen und Steinschlag sind es, die ihren Zoll
verlangen, sondern Cholera-Epidemien, die – kein Wunder
bei den unzureichenden sanitären Verhältnissen auf den abge-

Zeitgenössische Ansicht der Semmeringbahn, Lithographie um 1855

legenen Baustellen – schließlich an die fünfhundert Tote fordern.

Nun war es aber an der Zeit, sich um die Beschaffung geeigneter Lokomotiven zu kümmern. Wie einundzwanzig Jahre vorher in Rainhill, taucht wieder der Vorschlag auf, einen Wettbewerb zu veranstalten; diesmal zur Ermittlung der besten Berglokomotiven. Der Kaiser, inzwischen ist der junge Franz Joseph dem während der Revolutionswirren abdankenden Ferdinand gefolgt, stimmt dem Vorschlag zu; ein Preis von nicht weniger als 20 000 Golddukaten wird ausgesetzt und die Bedingungen der Konkurrenz festgelegt. Bis zum 31. Mai 1851 sollen die Teilnehmer ihre Maschinen der Preiskommission vorstellen; der Termin muß dann allerdings um zwei Monate verlängert werden. Schließlich sind es vier Lokomotiven, die sich dem Wettbewerb stellen. Aus Wiener-Neustadt kommt eine Maschine gleichen Namens, in Wien hatte man die ›Vindobona‹ gebaut, und von der Lokomotivfabrik Cockerill in Belgien schickte man die ›Seraing‹ ins Rennen. Aber auch die Bayern beteiligten sich am Wettkampf: Aus München kommt die ›Bavaria‹; sie stammt aus der Maffeischen Maschinenfabrik in der Hirschau. Nach einer Reihe von Probefahrten stellt das Preisgericht endlich fest, daß die bayerische Maschine den ersten Preis verdiene. Die 20 000 Dukaten gingen also nach München, der ›Wiener-Neustadt‹ erkannte man 10 000 Dukaten zu, die ›Seraing‹ kam mit 9 000 Goldstücken auf den dritten Rang, und auch der ›Vindobona‹ wurden noch 8 000 Dukaten zuteil. Ganz zufrieden waren aber die Auslober mit dem Ergebnis nicht, denn auch die ›Bavaria‹ entsprach nicht voll ihren Erwartungen; zu anfällig war ihre Konstruktion. Man hatte bei Maffei die an sich vernünftige und naheliegende Idee gehabt, durch möglichst viele angetriebene Räder die Kraft der Maschine auf die Geleise zu übertragen. So wurden nicht nur die vier Achsen der Lokomotive durch Kuppelgestänge miteinander verbunden, über Ketten übertrug man auch noch die Kraft der Dampfmaschine auf die drei Achsen des Tenders. Das war aber des Guten zuviel, und so kam es im

Fahrbetrieb zu ständigen Pannen. Letztlich entschloß man sich in Wien, unter Verwendung technischer Einzelheiten aller vier Maschinen eine völlig neue Lokomotive zu entwikkeln. Die Arbeiten wurden von Professor Frh. von Engerth geleitet. Es entstand eine Maschine, die dann schließlich als sogenannte Engerth-Lokomotive für viele Jahre zum Prototyp der Berglok werden sollte.

1853 konnte der Probebetrieb auf der inzwischen fertiggestellten Strecke aufgenommen werden. Am 12. April des folgenden Jahres besichtigt Kaiser Franz Joseph das Werk: Ritter von Ghega begleitet den Monarchen auf der Fahrt über die Paßstrecke, im offenen Güterwagen gibt er dem Kaiser seine Erklärungen. Obwohl bei der Einfahrt in den Bahnhof von Gloggnitz der Schornstein der Lokomotive an einem Querträger der Bahnhofshalle hängenbleibt und abreißt, das Staatsoberhaupt dabei ganz unprogrammäßig in Ruß und Rauch einnebelnd, hat es dem Kaiser offensichtlich gefallen, denn noch vor der offiziellen Eröffnung wiederholt er die Reise mit seiner Gemahlin.

Endlich wird dann am 17. Juli 1854 der allgemeine Betrieb aufgenommen; nun kann man immerhin schon von Wien bis Laibach die Bahn benutzen. Drei Jahre später erreicht dann die Linie in Triest die Adria; jetzt fehlte nur noch ein kurzes Stück bis Udine zum Anschluß an das inzwischen in Oberitalien geschaffene und über Venedig bis Mailand reichende Eisenbahnnetz. Als schließlich dann 1860 auch diese letzte Lücke geschlossen werden kann, geht den Habsburgern – Tragik der Weltgeschichte – im gleichen Jahr die Lombardei verloren, sechs Jahre später auch Venetien; die Bahn war also zu spät gekommen, um ihrem strategischen Auftrag noch gerecht werden zu können.

Über den Semmering aber rollten die Züge von Wien nach Graz und weiter nach Triest. Die Landbevölkerung beiderseits des Passes nahm nun auch Besitz von dem ›eisernen Karren‹, der so jäh in ihre friedliche Welt hereingebrochen war. In den Jugenderinnerungen Peter Roseggers besitzen wir ein erfrischendes Zeugnis von einer solchen Reise;

erfrischend, weil diesmal nicht mit den Augen eines Journalisten oder Reiseschriftstellers gesehen wurde.

Der kleine Peter wird von seinem Paten zum Wallfahrten nach Mariaschutz am Semmering mitgenommen. Vor dem Abmarsch empfiehlt der Vater, doch bei der Gelegenheit auch die neue Eisenbahn zu besichtigen; aber der Pate wehrt entsetzt ab: »Behüt uns der Herr, daß wir das neue Teufelszeug anschauen!« Auf dem Marsch stehen die beiden dann unversehens vor dem Tunneleingang. Kaum meint der Pate, »Aber derlogen ist's, daß sie da hineinfahren«, da kommt auch schon ein Zug daher: »Auf der eisernen Straße heran kam ein kohlschwarzes Wesen. Es schien anfangs stillzustehen, wurde aber immer größer und nahte mit mächtigem Schnauben und Pfustern und stieß aus dem Rachen gewaltigen Dampf aus. ›Kreuz Gottes‹, rief mein Pate, ›da hängen ja ganze Häuser dran!‹ und wahrhaftig, wenn wir sonst gedacht hatten, an das Lokomotiv wären ein paar Steirerwäglein gespannt, auf denen die Reisenden sitzen konnten, so sahen wir nun einen ganzen Marktflecken mit vielen Fenstern heranrollen und zu den Fenstern sahen lebendige Menschenköpfe heraus, und schrecklich schnell ging's und ein solches Brausen war, daß einem der Verstand stillstand. Das bringt kein Herrgott mehr zum Stehn, fiel's mir noch ein. Da hub der Pate die beiden Hände empor und rief mit verzweifelter Stimme: ›Jessas, Jessas, jetzt fahren sie richtig ins Loch!‹« Beklommen gehen die beiden weiter nach Mariaschutz. Nachts, als sie in einer Scheune im Heu übernachten, liegen beide wach, und nun rückt der Pate mit seinem Vorschlag heraus, mit dem Dampfwagen zu fahren. Der kleine Peter ist gleich dabei, und so stehen sie anderntags auf dem Bahnhof am Semmering, »wie ein Huhn, dem man das Hirn aus dem Kopf geschnitten«, erinnert sich Rosegger später. Sie werden vom Schaffner schließlich in den Wagen geschoben, und schon geht's in den Tunnel hinein: »... wir reisten unter der Erde. Der Pate hielt die Hände auf dem Schoß gefaltet und hauchte: ›In Gottes Namen. Jetzt geb ich mich in alles drein. Warum bin ich der dreidoppelte Narr gewesen.‹«

Dann gewöhnen sich unsere beiden Helden aber an das neue
Vergnügen, und als das Heimatdorf erreicht ist, bleiben sie
einfach im Wagen, weil, wie der Pate meint, das »Geld noch
nicht abgesessen ist«. Als sie dann schließlich in Mürzzuschlag
aussteigen, reicht ihre Barschaft nicht zur Bezahlung aus.
Langer Aufenthalt, endlose Verhöre, dann läßt man sie endlich laufen. Zu Fuß müssen sie jetzt die weite Strecke zurück-
wandern. Daheim spät abends angekommen, murmelt der
Pate: »Beim Dampfwagen da, s'ist doch der Teufel dabei!«

In den folgenden Jahrzehnten werden nun im ganzen
Alpenraum Eisenbahnen über die wichtigsten Pässe angelegt.
Vor allem die Schweiz entwickelt große Fähigkeiten beim
Bau der technisch schwierigsten Strecken. 1882 wird die
Bahn über den St. Gotthard eingeweiht; zehn Jahre hatte
man an der Strecke gearbeitet; achtzig Tunnels mußten angelegt werden, davon der Haupttunnel, der den Paß unterfährt,
mit nicht weniger als fünfzehn Kilometer Länge. Einige der
unterirdischen Röhren sind sogenannte Kehrtunnels; hier
macht die Strecke unter der Erde einen fast geschlossenen
Kreisbogen, um Höhe für den Aufstieg zu gewinnen.

Lange vorher aber hatten die Österreicher bereits mit
der Brennerstrecke ihren zweiten Alpenübergang auf dem
Schienenweg in Angriff genommen. Grund für diese Strecke
war für sie die Verbindung des Nord- und Südteils von Tirol,
das ja damals von der bayerischen Grenze bei Mittenwald
bis zum Gardasee reichte. Dem Laufe der Brennerstraße
folgend, legte man die Bahntrasse an, diesmal auf eine Unter-
tunnelung der Scheitelhöhe mit ihren immerhin über
1370 m verzichtend. Der Abstieg hinunter nach Sterzing
aber erforderte schon damals, lange vor der Gotthardbahn,
den Bau eines Kehrtunnels. Bei Gossensaß waren der dortige
Bahnhof und der vorhergehende in Schelleberg direkt übereinander gelegen; allerdings knapp zweihundert Meter Höhendifferenz voneinander getrennt. Um diese Differenz zu
überwinden, mußte die Bahn auf einer Länge von neun
Kilometern in das Pflerschtal ausweichen und besagten
Kehrtunnel durchfahren. Den Reisenden, die von Innsbruck

kamen, bot sich nun, wie der bekannte Alpenschilderer Heinrich Noë erzählt, die Gelegenheit, in Schelleberg den Zug zu verlassen, hinunter nach Gossensaß zu wandern, um dort beim Bahnhofswirt und einem Krug Bier den aus dem Tunnel heranschnaubenden Zug zu erwarten.

1867 wird die Brennerstrecke eingeweiht, für die Tiroler eine nützliche Verbindung, für den deutschen Reisenden aber endlich die Möglichkeit, bequem, schnell und sicher Italien zu erreichen, damals des Bildungsbürgers Traumziel schlechthin. Bis dahin war man bei der Fahrt in den Süden immer noch gezwungen gewesen, über den Alpenhauptkamm sich der Postkutsche zu bedienen, was im Winter, wenn die Brennerstraße zugeschneit war, allerdings oft hieß, auf die Reise zu verzichten.

Zwei Jahrzehnte vorher noch war es Friedrich List so ergangen. Er, den wir in unseren Tagen zu Recht als den Wegbereiter der Eisenbahn in Deutschland, wenn nicht in Mitteleuropa nennen, hatte sich im November 1846 auf die Reise nach dem Süden gemacht, um im milden Winter Merans Heilung zu finden. Als der Brenner wegen starker Schneefälle unpassierbar ist, muß er umkehren. In Kufstein will er besseres Wetter abwarten. In der Einsamkeit, getrennt von den Seinen, befallen ihn, wie schon oft, starke Depressionen. Mehr als ein Dutzend Jahre hat er sich nun für die Zukunft der Eisenbahn eingesetzt. Vieles, was er plante, erträumte, war inzwischen realisiert worden; Lohn ward ihm dabei kaum zuteil, andere ernteten die Früchte seiner Saat. Seinem Freunde Kolb, dem Herausgeber der ›Augsburger Allgemeinen Zeitung‹, schreibt er nun in der Verbitterung seines unfreiwilligen Exils: »Ich bin der Verzweiflung nahe, Gott erbarme sich meiner Angehörigen! ... Was Sie und andere Freunde an den Meinigen tun, wird Ihnen Gott lohnen ... Leben Sie wohl.«

Stunden später findet man ihn erschossen im Schneesturm, die Pistole noch in der Hand. Was List für die Entwicklung des Eisenbahnwesens bedeutete, hatte ein Jahr vorher schon die ›Augsburger Allgemeine‹ geschrieben, und dieses Urteil kam bezeichnenderweise aus französischem Munde: »Es lebt in Deutschland ein Mann, welcher ohne Amt, ohne Titel, ohne Reichtum, lediglich durch seine Vaterlandsliebe und sein Talent eine wahre Macht geworden ist ... Doktor List ist der moralische Begründer des deutschen Zollvereins und der deutschen Eisenbahnen.«

Nun war also der Kontinent in allen Richtungen von Schienensträngen durchzogen, von Madrid bis Moskau, von Neapel bis Hamburg konnte man in kurzer Frist reisen; konnte dabei lesen, schlafen und speisen und komfortabel Strecken durcheilen, die wenige Jahrzehnte vorher noch Monate voller Entbehrungen und Strapazen gekostet hatten. Kein Wunder, daß nun im Gefolge des sozialen Aufstiegs breiter Schichten die Eisenbahn das Reisen zu einem preiswerten, fast jedermann erschwinglichen Vergnügen macht. Einer, der dies richtig vorausgesehen hatte, war der spätere preußische König Friedrich Wilhelm IV. Damals noch als Kronprinz, meinte er, als man 1838 die Strecke von Berlin nach Potsdam einweihte: »Diesen Karren, der durch die Welt rollt, hält kein Menschenarm mehr auf.« Er sollte recht behalten.

REISEN AUF DEM WASSER

Glücklich der Mann, der den Hafen erreicht hat
Und hinter sich ließ das Meer und die Stürme.

Heinrich Heine, 1826

»Das waren böse Tage!« – Schwer stampfte das kleine
Dampfboot durch die aufgewühlten Wogen des winterli-
chen Meeres. Die wenigen Passagiere hatten sich schon längst
in die Kajüte zurückgezogen, durch deren Luken immer
wieder Brecher hereinschlugen. Einer der Fahrgäste schrieb
später über »diese höllische, menschenquälende, unerträgli-
che Winterfahrt«. Noch viele Jahre danach lamentiert er:
»Verwünscht auf immer sey die erbarmungslose, wilde verrä-
terische See, die uns vier Tage und Nächte in rastloser Lei-
densagonie umherwarf, verwünscht das schmutzige, schau-
kelnde, unregierbare Schiff, dessen allerletzte Reise wir
Unglücklichen noch mitzumachen verurtheilt wurden, verwünscht vor Allem aber die heillose Neugierde und Thor-
heit, welche uns vom bequemen, vom gemütlichen heimatlichen Herde forttreibt, um in fremden Ländern inne zu werden, daß es am Ende dort überall schlechter als im Vaterlande
sey!«

Hermann Fürst von Pückler-Muskau war es, der im Januar
1836 diese Schiffsreise auf dem Mittelmeer unternommen
hatte. Mit dem britischen Regierungs-Dampfboot ›Africain‹
war er von Malta nach Patras unterwegs. Der Fürst war
einer der großen Reisenden dieser Jahrzehnte gewesen, aber

auch ein perfekter Lebenskünstler. Gerne nannte er sich einen
»Vergnügling«, doch ein Vergnügen war nun diese Sturm-
fahrt wahrlich nicht: »Kaum konnte man sich in den engen,
jämmerlichen Betten festhalten, jede Nahrung widerstand
dem fortwährenden Ekel, und kein Augenblick Schlaf er-
quickte die ermattete Natur. Alle Passagiere erklärten, daß
ihnen selten so andauernd stürmische Witterung, aber nie ein
Schiff mit solchen monströsen Bewegungen, als das unsrige,
vorgekommen sey. Denke Dir, daß man Dich auf eine
Schaukel setze, auf der zwei Riesen Dich hundert Stunden
lang ›mit Hast ohne Rast‹, wie Göthe sagt, auf und ab
schleuderten, und urtheile dann, wie Du Dich befinden würdest. Selbst die Seeleute konnten sich nicht auf ihren Beinen
erhalten und als ich einmal versuchen wollte, etwas Suppe
zu mir zu nehmen, verlor der sie bringende Schiffsdiener
dergestalt das Gleichgewicht, daß er mir sammt der Schüssel
in mein Bett stürzte und mit ihrem heißen Inhalt mir das
halbe Gesicht verbrühte. Was nicht festgebunden war, fiel
jeden Augenblick von den Tischen klirrend und zertrüm-
mert nieder, und alle Effekten kollerten durcheinander. In
der Nacht strömte häufig das Wasser durch die oberen Luken
herein, deren man, um nicht in der pestilenzialischen Athmo-
sphäre ganz zu ersticken, immer einige auflassen mußte, und
durchnäßte uns dann bis auf die Haut.«

Aber alle Not ist vergessen, als das griechische Festland in
Sicht kommt: »... da fühlte ich, daß die Freude, die unmittelbar nach dem Leiden kommt, doppelten Werth hat. Der
sonnenhelle, goldene Tag, der Lepanto's bergumkränzten
Golf beleuchtete, schien mir der schönste, den ich je gesehen.«

Den Seereisenden unserer Tage schützen die enormen Abmessungen der heutigen Passagierschiffe und deren Stabilisa-
toren vor den Unbilden einer solch rauhen Witterung. Ihm
wären die Schiffe seinerzeit – auch die ersten Dampfboote –
wahrlich wie Nußschalen erschienen. Reisen geschah
schließlich damals in all seinen Formen noch wesentlich
elementarer und unmittelbarer als heute, ob es nun in der
schaukelnden Postchaise geschah, zu Fuß auf staubigen oder

verschlammten Wegen, im anfangs noch offenen Eisenbahnwaggon oder in der Enge einer überfüllten Schiffskajüte –
hilflos der alles lähmenden Gewalt der Seekrankheit ausgesetzt. Auch Gabriele von Bülow, der Tochter Wilhelm von
Humboldts, blieb dieses Übel nicht erspart, als sie mit ihren
kleinen Kindern den Kanal überqueren mußte, um 1828
ihrem Mann zu folgen, der kurz zuvor in London sein
Amt als Gesandter Preußens angetreten hatte. In England
angekommen, schreibt sie ihrer Schwester: »... ich werde
die Verzweiflung nie vergessen, in der ich die Nacht auf dem
Schiffe war, wie ich die Schiffskammerjungfer ebenso wenig
verstehen, als mich ihr verständlich machen konnte, und
doch war mir ihre Hilfe so nöthig, besonders für die Kinder,
deren ich mich gar nicht annehmen konnte, denn ich war
gar zu krank ...«

Ob Gabriele von Bülow ein Segelschiff benützte oder ein
Dampfboot, wir wissen es nicht. Fast möchte man letzteres
annehmen, denn Raddampfer wurden damals bereits seit
einigen Jahren zwischen dem Kontinent und der britischen
Insel eingesetzt. Zwei Jahre zuvor hatte auch Fürst Pückler-
Muskau die Englandreise unternommen; bei ihm war es ein
Dampfschiff gewesen, mit dem er von Rotterdam aus die
Reise antrat. Am Vorabend war er noch guter Dinge; er
hatte sich eine Abbildung des Schiffes besorgt und schickte
sie gleich an seine Frau: »En attendant schicke ich Dir beilie-
gend den Steindruck des Dampfschiffes, mit dem ich absegle.
Ein + bezeichnet, in der Art, wie die alten Ritter ihren
Namen unterschrieben, die Stelle, wo ich stehe, und mit
einiger Hülfe Deiner Einbildungskraft wirst Du sehen, wie
ich mit meinem Tuch zum Abschied wehe, und Dir tausend
Liebes und Herzliches aus der Ferne zurufe.«

Nach der Überfahrt schreibt er wieder nach Hause; doch
dieser Brief liest sich nun viel realistischer: »Ich habe eine
sehr unglückliche Überfahrt gehabt ... die leidige Seekrankheit, 40 Stunden Dauer statt 20, und zu guter letzt noch
das Festsitzen auf einer Sandbank, in der Themse, wo wir
6 Stunden verweilen mußten, ehe uns die Flut wieder

flott machte, waren die unangenehmen Evenements dieser Reise.«

Schon zehn Jahre zuvor, 1816, hatte die ›Elise‹ als erstes Dampfboot den Kanal überquert; sechzehn Stunden dauerte die Fahrt; allerdings ging die Reise von Newhaven nach Le Havre über eine Strecke von etwa hundert Seemeilen.

Die ersten Dampfschiffe

Die Anfänge des Einsatzes von Dampfmaschinen zum Antrieb von Schiffen führen jedoch wesentlich weiter zurück. Dem Franzosen Denis Papin, der um 1690 bereits die Kraft des Dampfes zur Bewegung eines in einem Zylinder geführten Kolbens verwendete, wird angeblich auch die Nutzung dieser Erfindung auf einem Flußboot zugeschrieben. Papin, der als Calvinist nach Deutschland emigrierte, war Anfang des 18. Jahrhunderts Professor für Mathematik an der Universität von Göttingen. 1707 nun soll er ein kleines Boot mit einer Art Dampfmaschine ausgerüstet haben, das getrieben von zwei Schaufelrädern auf der Fulda von Kassel nach Münden hinunterfuhr. Dort allerdings wurde es von den Schiffern, die um ihr Brot fürchteten, zerstört. Der Vorgang bewegt sich jedoch mehr im Bereich der Legende, und es vergehen auch viele Jahrzehnte, bis wir wieder von einem Dampfschiff hören. Ende des Jahrhunderts befassen sich kluge Köpfe in Frankreich und England mit verschiedenen Systemen, die Kraft einer Wattschen Dampfmaschine auf Schiffen einzusetzen. Einmal werden an Ketten laufende Ruder angetrieben, dann sind es Schaufelräder, und schließlich experimentiert man auch mit einer Art von Düsenantrieb; ein anhaltender Erfolg blieb jedoch allen diesen Versuchen verwehrt.

Dem Amerikaner Robert Fulton verdanken wir schließlich das erste wirklich verwendbare Dampfboot. Der junge Ingenieur hielt sich um 1800 in Paris auf und machte dort Versuche mit Torpedos. Der Gesandte der Vereinigten Staaten, F. Livingstone, lernt ihn kennen und regt ihn zum Bau eines Dampfschiffes an. 1803 fährt ein Prototyp auf der Seine und wird von einer Kommission der Académie Française begutachtet. Napoleon, den man für die Erfindung gewinnen will, hat andere Interessen, so geht Fulton zurück in die amerikanische Heimat, nicht ohne vorher in Soho bei Boulton und Watt eine Dampfmaschine zu bestellen. Als diese 1807 in New York abgeliefert wird, hat Fulton bereits das dazu passende Schiff bauen lassen. Es ist die ›Clermont‹; mit einer Länge von über vierzig Metern und einer Breite von etwa fünf Metern ein stattliches Fahrzeug. Der Bootsrumpf ist aus Kiefernholz gezimmert, der Kessel aus Kupfer gefertigt. Am 17. August 1807 tritt ›Fulton's Folly‹ die Jungfernreise an. Von Greenwich Village im Süden Manhattans geht die Fahrt den Hudson hinauf nach Albany. Die Strecke von über 240 Kilometern wird mit Unterbrechung in gut zwei Tagen zurückgelegt. Als Besatzung hatte Fulton fünf Mann an Bord; etwa vierzig Ehrengäste nahmen außerdem an der Reise teil. Unter ihnen war auch Livingstone, der inzwischen seinen Pariser Posten aufgegeben und die Finanzierung des Unternehmens übernommen hatte. Als man schon nach wenigen Stunden von Albany aus den Rückweg antritt, finden sich zur Freude Fultons auch drei zahlende Passagiere ein. Flußabwärts erreicht man neunzehn Stunden später wieder New York; die ›Clermont‹ hatte ihre erste Probe bestanden.

Fulton erhält nun eine Konzession für die Schiffahrt im Staate New York; er baut bald weitere Dampfboote, und auch auf dem Mississippi kommt das neue Transportmittel zum Einsatz. Von Anfang an setzt sich hier ein Schiffstyp durch, der mit größerer Breite und wesentlich geringerem Tiefgang zum Vorläufer der legendären Steamboats auf dem großen Strom werden sollte.

So hatte also der neue Kontinent bei der Einführung der Dampfschiffahrt immerhin einen Vorsprung von einigen Jahren vor der Alten Welt. Die Engländer, sonst bei der Entwicklung der Technik an der Spitze, brachten das erste Dampfboot erst 1812 zu Wasser; noch dazu war der ›Comet‹ mit seiner 3-PS-Maschine ein sehr bescheidener Anfang. Er fuhr von Glasgow den Clyde hinunter nach Grennock, zu beiden Seiten hatte er je zwei Schaufelräder, deren je vier Ruderblätter gegenseitig versetzt waren. Die Briten erkannten nun schnell die Chancen der Dampfschiffahrt, und nur wenige Jahre später sind Dutzende von kleinen Dampfern auf den britischen Flüssen unterwegs. Schon 1814 hatte die ›Elise‹ die Schiffahrt entlang der Küste aufgenommen. 1816 überquert sie dann den Kanal.

Eine neue Sache von der größten Wichtigkeit

Nun bringt jedes Jahr Fortschritte. Aus den verschiedenen europäischen Staaten gehen Aufträge an die englischen Werften; im Juni 1816 kommt das erste Dampfboot nach Deutschland. Es ist die ›Defiance‹, die den Rhein hinauf nach Köln fährt. Fünf Tage lang soll das in Margate gebaute Schiff unterwegs gewesen sein, dabei mußten mehrere Aufenthalte zur Nachbunkerung von Kohle eingelegt werden. Die Fortsetzung der Schiffahrt weiter stromaufwärts machte dann allerdings Schwierigkeiten; war hier die Geschwindigkeit des eingeengten Stromes doch wesentlich größer. Schließlich nimmt aber 1824 das niederländische Schiff ›De Zeeuw‹ den Verkehr bis Mainz auf, nachdem einige Jahre früher schon ein anderes Dampfboot – wenn auch mit Hindernissen – bis Koblenz gekommen war.

Sulpice Boisserée, von Goethe geschätzter Kunsthistoriker und -sammler, nimmt an der Reise von Köln nach Mainz teil. Seinem Bruder Melchior schreibt er: »… Als wir in die große Kajüte kamen, fanden wir eine zahlreiche Gesellschaft an der Mittagstafel. Es war wirklich wie Zauberei, als wir uns auf einmal so in die fremdeste Gesellschaft versetzt fanden, die in der elegantesten Umgebung sich auf alle Weise gütlich tat, während das Geräusch der Räder uns erinnerte, daß wir durch eine Maschinerie die Wellen bekämpften, daß wir uns in einer Art schwimmender Mühle befanden … Um Euch einen Begriff von der Eleganz und Bequemlichkeit des Schiffes zu geben, brauch ich nur zu sagen, daß das Getäfel und alle Möbel von Mahagoniholz ist, daß zwei Küchen vorhanden sind, daß vier Aufwärter für alle Bedürfnisse sorgen, alles mit Wachs beleuchtet ist und was der angenehmen Eitelkeiten noch mehr sind.« Für die Menschen entlang des Stromes, stellt unser Reisender fest, war es aber auch ein großer Tag: »Unsere Fahrt glich einem Triumphzug; es war ein wahrer Freudenzug, überall kamen die Einwohner, jung und alt ans Ufer und staunten das wunderbar einherrauschende Mühlenschiff an, welches bei einer der größten Überschwemmungen, wo kein Schiff mit Pferden gezogen werden kann, seinen Weg durch die mächtigen Wasserwogen ruhig fortsetzte. Im Jahre 1817 ist schon einmal ein Dampfboot nach Coblenz gekommen, aber oberhalb der Stadt hat sich vor dem ›Zeeuw‹ noch nie eins gezeigt, und jenes erste Dampfschiff war überdem so schlecht konstruiert, daß man noch Pferde hat zu Hilfe nehmen müssen, um es bis Coblenz zu bringen.« Die Rückreise stromabwärts geht dann freilich noch schneller vonstatten: »Vor Caub flogen wir mit Blitzesschnelle vorbei und kamen in zwei und einer halben Stunde bis Coblenz. Hier fuhren wir in sieben Minuten die Mosel hinauf bis an die Brücke und wieder zurück, das war ein eigentlicher Triumphstreich von unserem … Steuermann, mit aller Meisterschaft und Kunst ausgeführt.« Zum Schluß der Reise faßt Boisserée seine Eindrücke zusammen: »Dies Dampfschiff hat etwas von der Fortuna an sich. Es ist eine neue Sache von der größten Wichtigkeit, und sie hat außer dem Reiz der Neuheit auch noch jenen des Wunderbaren, verbunden mit dem Einträglichen, das ist dann für diese närrische Welt das Anziehendste.«

Auf den Meeren der Welt

Auf vielen Flüssen und Strömen Europas und der Neuen Welt waren nun Dampfschiffe ein vertrautes Bild, auch entlang der Küsten wagte man sich aufs Meer hinaus, jetzt galt es, die Ozeane zu überwinden. In England debattierte man noch, ob es möglich sei, den Atlantik mit Maschinenkraft zu kreuzen, da legte im amerikanischen Savannah im Staate Georgia am 22. Mai 1819 das Schiff ab, das als erstes die Reise über den Atlantik mit Hilfe des Dampfes machen sollte. Es war die in New York gebaute ›Savannah‹, ein Segelschiff, dem man nachträglich noch eine Dampfmaschine und Schaufelräder eingebaut hatte. Über die Reise und deren Bedingungen gibt es widersprüchliche Angaben. Fest steht, daß das Schiff nur an wenigen Tagen mit Maschinenkraft fuhr und sich sonst auf seine Segel verließ; der Grund hierfür war der zu geringe Vorrat an Kohle. Wir können wohl annehmen, daß die Maschine vor allem bei Flaute zum Einsatz kam. Im Logbuch eines entgegenkommenden Schiffes findet sich folgende Eintragung: »2. Juni 1819. Bei klarem Wetter und ruhiger See sprachen wir unter 42 Grad 59 Sek. das elegante Dampfschiff Savannah, das seit acht Tagen unterwegs war. Es fuhr mit einer Geschwindigkeit von neun oder zehn Knoten und der Kapitän bemerkte uns, daß Alles gut von statten ging. Wir konnten der größten mechanischen Erfindung, die je auf den Fluten des Ozeans erschien, nicht besser unsere Verehrung zollen, als daß wir ihr ein dreimaliges Hoch ausbrachten, das von der Savannah aus lebhaft und freudig erwidert wurde.« Nach etwa dreißig Tagen kommt das Schiff unter Kapitän Rogers in Liverpool an; merkwürdigerweise wird noch bis heute in manchen Handbüchern Robert Fulton als Kapitän angegeben, obwohl dieser schon vier Jahre vorher verstorben war. Bald folgen weitere Dampfer, 1826 fährt dann die englische ›Enterprise‹ um Afrika herum nach Indien, die Weltmeere stehen – sollte man meinen – nun den größeren, schnelleren und komfortableren Dampfschiffen offen.

Die Entwicklung allerdings verlief wesentlich langsamer. Als die Eisenbahnen aufkamen, verdrängten sie, wo sie fuhren, gleichsam von einem Tag zum anderen die Postkutsche, der nur noch die Fahrt auf den Nebenstrecken, sozusagen als Zulieferer der Bahn, verblieb. In der Schiffahrt dagegen war es über lange Jahrzehnte ein einträchtiges Nebeneinander von Segelschiff und Dampfer, in der Passagierfahrt bis nach

IV

Joseph Pickett

Philadelphia & Reading RR.

›Manchester Valley‹, Gemälde 1914/18

The Museum of Modern Art, New York
(Geschenk von Abby Aldrich Rockefeller)

1860, in der Frachtfahrt gar bis Ende des Jahrhunderts. Ein wesentlicher Grund dieses langsamen Überganges war wohl auch der Umstand, daß die Kohle als Brennstoff nicht, wie bei den Lokomotiven, beliebig oft aufgenommen werden konnte, sondern nur in den Häfen. Wo nun keine Kohlevorkommen vorhanden waren, mußten erst Depots aufgebaut werden, bei denen sich die Schiffe versorgen konnten. Auch arbeiteten die ersten Schiffsmaschinen sehr unwirtschaftlich, so daß in den frühen Jahrzehnten der Dampfschiffahrt kein Schiff auf eine komplette Besegelung verzichten konnte, um so bei günstigem Wind die Maschinen zu stoppen und die Segel zu setzen. Man stellte lange Berechnungen an, bei welcher Größe eines Schiffes das Verhältnis von Laderaum für den Brennstoff zu dem für die Passagiere oder das Frachtgut am günstigsten sei und suchte das Heil im Bau immer gewaltigerer Dampfer.

Der erste Ozeanriese

Führender Mann war hier der englische Ingenieur Isambard Kingdom Brunel. Brunel war schon mit siebenundzwanzig Jahren technischer Leiter beim Bau der Great-Western-Eisenbahn gewesen; sein Vater, ebenfalls ein bekannter Konstrukteur, hatte 1842 den ersten Tunnel unter der Themse fertiggestellt. Kurz zuvor hatte sich Brunel junior von der Eisenbahn dem Bau von Dampfschiffen zugewandt und 1835 mit der ›Great Western‹ den damals größten Dampfer gebaut. 500 Pferdekräfte hatte die Maschine, und in nur sechzehn Tagen wurde die erste Atlantikreise von Bristol nach New York zurückgelegt. Vier Jahre später stellt Brunel mit der ›Great Britain‹ ein noch größeres Dampfschiff in Dienst. Als die Konkurrenz nachzieht, reift der Entschluß zum Bau eines fürwahr gigantischen Schiffes, dessen Abmessungen bei weitem alles übertreffen sollten, was bis dahin die Meere der Welt befuhr. Den Bedarf sah man im Fracht- und Passagierdienst nach Indien, wobei auch der Gedanke des Truppentransportes zur reichsten britischen Kolonie eine

Rolle spielte. Eine Finanzierungsgesellschaft wird gegründet.
1853 erhält Brunel den Auftrag zum Bau eines Schiffes,
das in der Lage sein soll, den vollen Seeweg nach Indien
zurückzulegen, ohne Brennstoff nachbunkern zu müssen.
Weitere Forderungen der Auftraggeber waren ein Transportvolumen von 20000 Tonnen und die Unterbringung
von 3000 Passagieren bzw. 10000 Soldaten. In fünf Jahren
ist das eiserne Monstrum fertiggestellt, seine Abmessungen
sind, bedenkt man die technischen Möglichkeiten der Zeit,
fürwahr gigantisch: 680 englische Fuß, das sind über 200
Meter, mißt man vom Bug bis zum Heck; 25 Meter beträgt
die Breite, und über die technische Einrichtung heißt es:
»Die Maschinen selbst, deren vier sind, haben 1000 Pferdekraft und bewegen Schaufelräder von 56 Fuß Durchmesser.
Neben ihnen ist zugleich eine Schraube tätig, die größte, die
bisher zur Schiffahrt angewendet wurde. 160 Fuß lang, 24
Fuß im Durchmesser und 60 Tonnen schwer. Und damit alles
vereinigt ist, was je zur Vervollkommnung der Schifffahrt
ersonnen wurde, sind auch sieben Masten vorhanden, an
denen sich 6500 Quadrat-Yards Segeltuch ausspannen lassen.
Und doch braucht dieses Riesenschiff nur 400 Matrosen, da
die schwersten Arbeiten durch Maschinen verrichtet werden.« Auf einem derartigen Riesenschiff stellte auch die
Übermittlung von Kommandos ein neues Problem dar:
»Um Befehle an den Mann am Steuer oder den Maschinenmeister auszurichten, reicht … das Sprachrohr nicht aus; da
muß zum Telegraphieren die Zuflucht genommen werden,
und so hat am Tag ein Gliedertelegraph, bei Nacht ein
System bunter Lichter die Befehle des Kapitäns zu überbrin-
gen.« Auch die Inneneinrichtung des Dampfschiffes über-
trifft offensichtlich alles bis dahin Übliche: »Es sind drei
große Speisesäle vorhanden, die so eingerichtet sind, daß
man mit Leichtigkeit tausend Personen bedienen kann; der
größte davon hat 120 Fuß Länge, 47 Breite und 9 Höhe.«
Schließlich findet auch die Möblierung größtes Lob: »Das
Ganze ist tapeziert; rothseidene Vorhänge schmücken die
Zugänge, die Sopha sind mit utrechter Samt überzogen, die

Tische bestehen aus reich geschnitztem Nußbaum und haben marmorene Platten.«

Im Sommer 1859 nimmt die ›Great Eastern‹ ihre Probefahrten auf, aber ihr Erbauer kann daran nicht mehr teilnehmen – ein Schlaganfall hatte Brunel kurz zuvor auf das Krankenlager geworfen. Er stirbt am 13. September, zwei Tage zuvor hatte ihn noch die Kunde vom ersten Unfall erreicht, den das Schiff – noch im Londoner Hafen – erlitt. Nicht ohne Interesse ist, daß der Bericht darüber weniger vom Mitleid mit den Opfern der Katastrophe zeugt als vom Respekt vor der Leichtigkeit, mit der das Schiff mit den technischen Folgen fertig wurde: »... und auf der Probefahrt fand eine Explosion statt, die kein Schiff der Welt, selbst das größte Linienschiff überdauert haben würde, obschon sie in dem vorliegenden Falle nur den Beweis von der großartigen Überlegenheit des Great Eastern lieferte. Sie blieb trotz ihrer Heftigkeit auf den eisenumschlossenen Raum beschränkt, in dem sie entstand; es wurde keine Rippe, keine Wand aus ihren Fugen getrieben, und die ganze Maschinerie blieb so unberührt, daß weder Schaufelrad noch Schraube einen Augenblick die Arbeit einstellte. Zwar wurden in der unmittelbaren Umgebung vier Heizer getötet und mehrere andere so verbrüht, daß auch sie später erlagen; aber diejenigen von der Schiffsmannschaft und den Passagieren, welche sich nur wenige Schritte von dem Herd des Unfalls befanden, konnten nicht einmal eine besondere Erschütterung des Schiffes wahrnehmen. Sie hatten wohl das Krachen gehört, aber keinen Stoß empfunden. Personen, die in einer nahen Kajüte Wein tranken, bemerkten kein Schüttern des Tisches oder der Flüssigkeit in ihren Gläsern; nur das Auffliegen des Rauchfangs und ein Regen von Spiegelsplittern und anderen Möbeltrümmern verkündigte denen auf dem Deck, daß eine Explosion stattgefunden hatte.«

Große Freude erlebten die Aktionäre des gigantischen Dampfers auch später nicht mit ihrem Eigentum. Das Aufkommen an Frachtgut und Passagieren war in jenen Jahrzehnten einfach noch zu gering, um die Kabinen und Lade-

räume des Schiffes zu füllen; außerdem waren des öfteren
kostspielige Reparaturen nötig. Noch am besten ausgelastet
war die ›Great Eastern‹, als sie 1866 das atlantische Kabel
verlegt und dann ein Jahr später Tausende von Amerikanern
zur Pariser Weltausstellung befördert. Ansonsten aber waren
die Fahrten über den Atlantik sehr schlecht ausgebucht. Im
Juni 1860 etwa fuhr die ›Goliath‹ mit ganzen 46 Passagieren
von Southampton nach New York, und das bei einer Besatzung von über 400 Seeleuten. An einer solchen Atlantikreise
nahm auch der Dichter Jules Verne teil: »Bei schönem Wetter
geht es an Deck der Great Eastern zu wie an einem Sonntag-
nachmittag im Mai auf den Champs-Elysees«, hält er in
seinem Tagebuch fest. Als dann aber nachts stürmische See
kommt, lernt er schnell die Schattenseiten einer solchen
Reise kennen: »Ich wachte auf mit seltsamen Gleichge-
wichtsstörungen, Reisekoffer und Taschen kamen in meine
Kabine geflogen und rutschten wieder hinaus. Ein ungewöhnliches Getöse herrschte draußen im Salon, in dem zwei-
oder dreihundert Pakete von einer Seite auf die andere wan-
derten und dabei mit lautem Krachen an Stühle und Tische
stießen. Ich verließ meine Kabine und durchquerte, auf allen
Vieren mir einen Weg durch die Woge von Gepäck bahnend,
den Salon, kroch die Treppe hoch ... und erreichte schließlich das Deck.« 1888 wird der Koloß schließlich abgewrackt,
schon lange vorher hatte man aber richtig erkannt: »Die
›Great Eastern‹ ist zu früh auf die Welt gekommen, das ist
ihr ganzer Fehler, denn mit dem Wachsen des Verkehrs
muß auch die Zeit der Riesendampfer früher oder später
anbrechen.« Es sollte aber noch bis zum Ende des 19. Jahrhunderts dauern, ehe im Schiffsbau diese gewaltigen Ausmaße
überboten wurden.

Mancherlei Widrigkeiten

In den beiden ersten Jahrzehnten des Jahrhunderts allerdings
war man noch ausschließlich auf das Segelschiff angewiesen,
wenn es galt, Meere zu überwinden. Das aber war beileibe

kein ungefährliches Unterfangen, selbst bei einem so über-
schaubaren Gewässer wie der Ostsee. Da wundert es nicht,
wenn Johanna Schopenhauer, die ihre Jugend in Danzig
verbrachte, berichtet, daß dort die im Hafen liegenden Segler
bei der Angabe ihres Bestimmungsortes immer noch einen
Zusatz trugen: »Will's Gott nach Königsberg, will's Gott
nach Memel, will's Gott nach Petersburg.« Und war dann
alles bereit zur Ausfahrt, so mußte erst der Wind günstig
wehen, sonst wurde man oft tagelang im Hafen festgehalten.
Als Johanna Schopenhauer mit Freunden auf einem Segelschiff von Calais aus den Kanal überqueren will, macht auch
sie diese Feststellung: »Von allen Contraritäten, die unser
armes Leben verbittern, ist conträrer Wind, bei einer bevor-
stehenden Seereise, einer der ärgsten. Alle Welt ist verdrießlich, und hat ein Recht dazu, alle Welt ist müßig, denn
niemand mag etwas unternehmen, da er nicht weiß, ob er
noch über die nächste Stunde bestimmen kann.« Als die
Gesellschaft endlich an Bord gehen kann, möchte man sich
zur Ruhe begeben, aber wohin das müde Haupt legen?
»... Wir konnten um uns blicken und uns das Plätzchen
aussuchen, wo wir den Überrest der Nacht hinbringen wollten. Diesmal aber war die Wahl schwer, denn es gab nichts
zu wählen. In dem kleinen, auf englische Weise nett möblier-
ten, mit einem dunkelgrünen Fußteppich versehenen Zimmerchen stand in der Mitte ein runder Tisch mit einem
Lichte darauf ... In den zwei Seitenwänden waren acht
hübsche, sehr elegante Betten angebracht, in jeder derselben
viere, zwei unten und zwei oben drüber; in sieben von diesen
Betten lagen Damen, die schon vor Sonnenuntergang an
Bord gekommen waren, im achten ein großer, dicker Engländer mit pechschwarzen, überhängenden Augenbrauen,
der, im tiefsten Schlaf versunken, fürchterlich schnarchte.«
Endlich können es sich unsere Reisenden einigermaßen be-
quem machen, die Reise beginnt und mit ihr weiteres
Ungemach: »Die Bewegung des Schiffes war unerträglich;
Alles ward krank, nur nicht der immer lauter schnarchende
Engländer. Alle Augenblicke kamen todtenbleiche Gestalten

vom Verdeck in die Kajüte und warfen sich auf den Boden, wo sie Platz fanden; die Luft war kaum mehr Luft zu nennen.« Und Johanna Schopenhauer, die Vielgereiste, bemerkt tiefsinnig: »Nichts Trostloseres giebt's in der Welt als die Seekrankheit!«

Schon zwei Jahrzehnte später aber fuhren Dampfboote zwischen der Insel und dem Kontinent, und bald konnte der Reisende wählen, ob er sich einem Segler oder dem Dampfschiff anvertrauen wollte. Nun gab es aber auch Verbindungen, auf denen die Segelschiffe noch lange Jahre das Feld behaupteten, so die Route nach Südamerika oder die Verbindung im Stillen Ozean; also die Strecken mit geringerem Verkehrsaufkommen, bei denen aber auch weite Distanzen von Küste zu Küste zurückzulegen waren. Die Linie nach den Osthäfen der Vereinigten Staaten und die Kurse im Mittelmeer waren dagegen schon frühzeitig eine Domäne der Dampfschiffahrt. Das galt auch für den Verkehr nach Indien und Fernost. Hier gingen meist die Dampfschiffe von Suez aus durch das Rote Meer. Auf diesen Verbindungen gab es eben mehr Transportgut – man denke nur an die Auswanderer nach Amerika oder den Warenverkehr mit Indien.

Ähnlich dem Gegensatz von Postkutsche und Eisenbahn waren zwangsläufig auch die Unterschiede zwischen Dampf- und Segelschiff. Wieder kann man zwei wesentliche Kriterien anführen: Für den Dampfer wie die Bahn sprechen die größere Geschwindigkeit und der bessere Komfort. Beim Dampfschiff kommt noch ein großes Maß an Zuverlässigkeit hinzu – Gegenwind oder die vordem so gefürchtete Flaute spielen nun keine Rolle mehr. Sind es in der Segelschiffahrt sechs bis zehn Wochen, die man für die Reise über den Atlantik veranschlagen muß, so kann man bei den Dampfschiffen bald von einer Fahrtdauer von vierzehn Tagen und weniger ausgehen. Anders verhält es sich beim Preis. Brachten die Eisenbahnen eine erhebliche Reduzierung der Fahrtkosten mit sich, so läßt sich dies für die Dampfschiffe nicht sagen. Ein Zwischendeckpassagier im Segelschiff konnte schon einiges sparen; das war wohl auch der Grund, daß diese Passage sich bei den Auswanderern nach Amerika noch lange Zeit großen Zuspruchs erfreute. Ursache dieses Preisvorteils war sicher auch der Umstand, daß der Fahrgast im Segelschiff immer nur Zubehör neben der wichtigeren Fracht war, während sich bei den Dampfern auf den Hauptrouten bald das spezielle Passagierschiff einbürgerte, das in Unterbringung und Service erheblich mehr Komfort bieten konnte.

Die Wienerin Ida Pfeiffer benützt bei ihrer ersten Weltreise 1846 für die Überfahrt von Hamburg nach Rio de Janeiro ein Segelschiff; es ist die dänische Brigg ›Caroline‹. Die Reisende stellt einen interessanten Vergleich an: »Mir stand nun eine lange Seereise bevor, eine Seereise, die unter zwei Monaten nicht zu machen war, die aber auch drei oder vier Monate dauern konnte. Zum Glück hatte ich schon auf meinen früheren Reisen ziemlich bedeutende Fahrten auf Segelschiffen gemacht, und war dadurch mit deren Einrichtung bekannt geworden, die von jener auf Dampfschiffen gänzlich verschieden ist. Auf einem Dampfschiffe ist alles luxuriös und bequem, die Fahrt selbst geht bei jedem Winde rasch vorwärts, und der Reisende findet frische und gute Nahrung, geräumige Kajüten und gute Gesellschaft. Anders ist es auf Segelschiffen; diese sind, mit Ausnahme der großen Ostindienfahrer, für Reisende selten eingerichtet. Als Hauptsache werden die Waren betrachtet, und die Reisenden sind eine dem Schiffspersonale sehr unangenehme Zugabe.«

Die Weltreisende stellt dann in den ausschlaggebenden Kriterien der Unterbringung und Verpflegung die Nachteile der Reise mit dem in der Regel kleineren Segelschiff heraus: »Die Räume sind meist so beschränkt, daß man sich in der Schlafcabine kaum umwenden, in der Coje [Schlafstelle] nicht einmal aufrichten kann. Außerdem ist auch auf einem Segelschiffe die Bewegung weit stärker als auf einem Dampfschiffe, – dagegen behaupten auch wieder ›Viele, daß auf letzterem das ewig gleichmäßige Erzittern, sowie der üble Geruch des Oeles und der Steinkohlen unerträglich sei:

Ich fand dies nicht; es ist wohl unangenehm, doch viel leichter zu ertragen als die vielen Unannehmlichkeiten, die man auf einem Segelschiffe trifft. Da ist man der Laune des Kapitäns ganz und gar anheim gegeben. Er ist unumschränkter Gebieter und herrscht über Alles. Auch die Kost hängt von seiner Großmuth ab.« Ida Pfeiffer schlägt nun vor, sich selbst einen eigenen Vorrat für eine solch lange Reise mitzunehmen und gibt dabei unter anderem den Rat: »Dem, welcher mit Kindern reist, würde ich ganz besonders eine Ziege mitzunehmen, empfehlen.« Auch die Einrichtung der Kabine war offensichtlich noch verbesserungsfähig: »... aber noch andere Sachen als Lebensmittel sind da mitzunehmen, und zwar vor Allem eine Matratze samt Polster und Decke, da man gewöhnlich nur eine Koje vorfindet.«

Muten einen solche Ratschläge heutzutage kurios an, so darf man nicht vergessen, daß sie damals bei der langen Dauer einer derartigen Reise sicher ihre Bedeutung hatten. So ist es auch nicht ohne Interesse, etwas bei den näheren Umständen der Fahrt zu verweilen, die Frau Pfeiffer seinerzeit mit der ›Caroline‹ nach Südamerika unternommen hatte. Das kleine zweimastige Schiff war vom 29. Juni bis zum 16. September des Jahres 1846 unterwegs, mit fast zwölf Wochen also eine wohl übliche Dauer für diese Distanz. Typisch ist der Umstand, daß allein die erste Woche ab Hamburg vergeht, bis man aus der Elbmündung heraus- und auf Höhe der Insel Helgoland kommt; nach weiteren fünf Tagen erreicht man den Eingang zum gefürchteten Ärmelkanal. Jetzt beginnen erst die Schwierigkeiten: »Vierzehn Tage hielt uns der 360 Meilen lange Kanal gefangen, oft blieben wir 2-3 Tage an ein und derselben Stelle wie festgebannt, oft mußten wir Tagelang kreuzen, um nur einige Meilen zu gewinnen.« Schließlich schreibt man den 26. Tag der Reise, als endlich die offene See erreicht wird.

Wie hoch waren nun die Kosten für eine solche Reise? Ida Pfeiffer, die gewissenhafte Chronistin, hat sie notiert. Einhundert Dollar kostete ihr Kajütplatz von Hamburg nach Rio – Verpflegung eingeschlossen –, und fünfzig Dollar hatten die Auswanderer im Zwischendeck des Schiffes zu bezahlen. Der Wert des Dollar betrug seinerzeit etwa eineinhalb Preußische Taler oder zweieinhalb Rheinische Gulden. Versucht man eine Relation zur heutigen Währung herzustellen, so wird man – soweit das überhaupt möglich ist – etwa vierzig Mark für den Dollar von 1846 ansetzen können. Daraus ergibt sich dann ein Fahrpreis von rund viertausend Mark für den Kajütplatz und immerhin noch die Hälfte für das Zwischendeck. Auf der kürzeren Nordatlantikroute in die Vereinigten Staaten hatte man in der einfachsten Klasse mit rund vierzig Talern zu rechnen.

Eine völlig lächerliche Schachtel

Während von Hamburg oder Bremen aus noch bis in die Mitte des Jahrhunderts hinein fast ausschließlich Segelschiffe die Reise über den Atlantik unternehmen, gehen ab Bristol, Southampton oder Liverpool schon bald regelmäßige Dampfkurse zu den Häfen an der nordamerikanischen Ostküste. 1842 folgt Charles Dickens einer Einladung zu einer Vortragsreise in die Vereinigten Staaten. Er schifft sich auf der ›Britannia‹ ein, einem englischen Schaufelraddampfer mit kupferbeschlagenem Holzrumpf. Von der Kabine des Dichters besitzen wir eine Abbildung. Die beiden Schlafkojen sind in dem schmalen Raum übereinander angebracht, Vorhänge vor den Betten geben die Möglichkeit der Separation. Den schweren Schiffskoffer mit der Garderobe hat man unter das Bett geschoben, ein Waschbecken dient der Körperpflege. Die geradezu luxuriöse Einrichtung wird durch eine gepolsterte Sitzbank abgerundet. Dickens selbst, der für die Überfahrt 165 Dollar zu bezahlen hat, nennt seine Kabine allerdings eine »völlig lächerliche Schachtel« und die Schlafgelegenheit »eine sehr dünne Matratze, die gleich einem Krankenlaken ein meist unzugängliches Brett bedeckt«. Zur Versorgung der Passagiere mit frischer Milch führt das Schiff auch eine Kuh mit, doch meint der Dichter, bei dem schlingernden Seegang müsse die Milch schon Butter geworden sein, bevor die Kuh »ihr Euter dem Milchmädchen in die Hand gab«.

Nicht viel anders sah wohl auch die Kabine aus, die später Mark Twain auf seiner Überfahrt von New York nach Marseille benutzte. Der Dichter nahm 1867 an einer Gesellschaftsreise mit dem amerikanischen Schiff ›Quaker City‹ teil: »Wir suchten uns eine Luxuskabine aus, die steuerbords vor dem Rad unter Deck lag. Sie enthielt zwei Schlafkojen, ein trübes Deckenlicht, einen Ausguß mit einer Waschschüssel und eine lange, üppig gepolsterte Truhe, die teils als Sofa, teils als Versteck für unsere Sachen dienen sollte. Trotz all dieser Einrichtungsgegenstände war noch genug Raum vorhanden, um sich darin umzudrehen, aber nicht um eine Katze herumzuschwingen, jedenfalls nicht mit völliger Sicherheit für die Katze. Immerhin war der Raum für eine Schiffskabine groß und in jeder Hinsicht befriedigend.«

Die ›Britannia‹ erreicht 1840 schon eine Geschwindigkeit von 10,6 Seemeilen in der Stunde. Ein Jahr später wird dann die von Brunel gebaute ›Great Western‹ in Dienst gestellt, die es auf immerhin 60 Atlantiküberquerungen bringen sollte und erstmals über eine Propellerschraube verfügt. Mit Schiffsschrauben hatte man schon im 18. Jahrhundert in der Seefahrt experimentiert, doch erst der böhmische Forstmann Joseph Ressel entwickelte dieses Antriebsprinzip so weit, daß es zum Einsatz kommen konnte. Einer der Ingenieure, die sich auch dem Prinzip der Schraube verschrieben hatten, war übrigens der Schwede Ericsson, der seinerzeit mit seiner Lokomotive ›Novelty‹ an dem legendären Rennen von Rainhill teilgenommen hatte.

Mitte des Jahrhunderts regte sich dann auch in den deutschen Hafenmetropolen hanseatischer Unternehmungsgeist. 1850 läßt der Hamburger Reeder Robert Sloman ein Dampfschiff bauen, allerdings noch auf einer britischen Werft. Schon vor dem ersten Auslaufen berichtet der Korrespondent der Leipziger ›Illustrierten Zeitung‹ begeistert von der ›Helene Sloman‹: »Alles an diesem Schiff macht den Eindruck des mit praktisch Nützlichen verbundenen Anmu-

Helene Sloman, erstes deutsches Dampfschiff für Transatlantikfahrt

thigen und Schönen ... Der elegante Salon, die erste Cajüte,
hat ein Ameublement von grünem Sammet und einen runden eisernen Ofen in der Mitte des ungemein freundlichen
Gemachs. Grüner Sammet findet sich auch im Ameublement
der noch zierlicher gehaltenen Damencajüte. Welch ein Unterschied zwischen diesen niedlichen Betten mit den feinen
Decken und den düsteren Auswandererkojen, die wir oft
nicht ohne Schaudern bei dem Gedanken an die lange, Leib
und Seele zusammen schüttelnde, Seereise betrachten konnten.«

Dem Schiff war übrigens kein langes Dasein beschieden.
Während die erste Überfahrt in dreiundzwanzig Tagen bewältigt wird, die Rückreise bei günstigen Verhältnissen sogar
in achtzehn Tagen, bringt dann die zweite Überquerung
des Atlantiks schon das Ende. Im schweren Orkan vor der
amerikanischen Küste nimmt die ›Helene Sloman‹ Wasser
über; schwere Brecher beschädigen Heck, Ruder und
Schraube, der Dampfer wird manövrierunfähig. Zehn Tage

zieht sich der Todeskampf hin, dann müssen Passagiere und Besatzung das Schiff verlassen. Gottlob kann ein englischer Segler alle Schiffbrüchigen aufnehmen.

Explosionen, Kollisionen, Katastrophen

Schiffskatastrophen waren in jenen Jahren weit häufiger als heute. So gehörten anfangs oft Kesselexplosionen zu den Ursachen solcher Unfälle. Dies war mit der Grund, daß man bei den Steamboats auf den amerikanischen Flüssen lange Jahre das Dampfschiff lediglich zum Schleppen verwendete, während die Passagiere auf einem daranhängenden, aufwendig eingerichteten Schleppkahn, der Safety barge, befördert wurden. Die schlimmsten Folgen aber hatten die nicht seltenen Kollisionen. Das mußte nicht unbedingt in den Weiten des Ozeans passieren, viel gefährlicher waren da die sehr stark befahrenen Meerengen oder der Mündungsbereich der großen Ströme. Gefürchtet war vor allem der Ärmelkanal mit seinen vielen Nebeltagen, wo man sich nur mit akustischen Signalen den anderen Schiffen bemerkbar machen konnte; genauso gefürchtet war aber auch die deutsche Nordseeküste vor der Weser- und Elbemündung. Hier kollidiert 1881 im dichten Nebel bei der Insel Borkum der Hapagdampfer ›Cimbria‹ mit dem englischen Schiff ›Sultan‹. 434 Menschenleben kostet die Katastrophe; nur 56 Schiffbrüchige können gerettet werden.

Ähnlich schlimme Folgen konnte auch eine Feuersbrunst haben. Die Leipziger ›Illustrierte Zeitung‹ berichtet 1858 von der Brandkatastrophe, die das aus Hamburg kommende Dampfschiff ›Austria‹ vor Neufundland ereilt hatte. 542 Passagiere sind bei der Reise an Bord. Bei schönem Wetter kommen die Fahrgäste aus dem Zwischendeck herauf, und so besteht Gelegenheit, die stickigen und vermieften Räume auszuräuchern. Dieses Räuchern wurde seinerzeit gerne vorgenommen; man glaubte so, ansteckende Krankheiten unterbinden zu können. Meist wurde Essig bei der Prozedur verwendet, diesmal jedoch beauftragt man einen Matrosen, die Arbeit mit einem qualmenden Teertopf vorzunehmen. Als sich plötzlich das Pech entzündet, versucht man mit Wasser zu löschen – ein verhängnisvoller Fehler, wie sich schnell zeigen sollte, denn mit dem Naß verteilt sich überall das lodernde Pech: »Die Folgen wurden sofort sichtbar. Es stieg einige Schritte vom ersten Mast eine dicke Rauchwolke auf, der bald die helle Flamme folgte, und fünf Minuten später war schon die Verbindung zwischen Hinter- und Vorderteil des Fahrzeugs unterbrochen. Die Verwirrung, welche jetzt folgte, war unbeschreiblich.« Einer der ersten, die den Kopf verlieren, ist der Kapitän. Als seine Kleider zu brennen beginnen, springt er mit dem Ruf »Wir sind alle verloren!« über Bord. Bald steht das ganze Schiff in Flammen. Der französische Segler ›Maurice‹ bemerkt aus der Ferne das Unglück: »Er segelt weiter auf den Dampfer zu, der ihm jetzt nur noch wie ein ungeheurer Feuerherd erschien. Sobald er näher kam, schickte er seine beiden Boote den Leuten zu Hülfe, die ihm mit herzzerreisendem Geschrei die Arme entgegenstreckten. Auf dem Bugspriet, erzählten die beiden damit beauftragten Offiziere, waren mindestens 300 Personen. Längs des Bords hingen wenigstens 150 Menschen an Stricken, welche an den Oberbalken des Schiffes befestigt waren. Manchmal klammerten sich über 20 Menschen an dasselbe Tau, das innere Feuer verbrannte es und alle die Unglücklichen verschwanden rettungslos in den Fluten. So kamen gegen 300 um.« Schließlich werden nicht mehr als 89 Fahrgäste von der ›Maurice‹ und dem ebenfalls zu Hilfe eilenden norwegischen Segler ›Katharina‹ gerettet. Das Blatt aber endet seinen Bericht mit der bitteren Feststellung: »Zu beklagen ist, daß drei andere Schiffe, welche vorüberfuhren und jedenfalls auch die Flammen sahen, ruhig weitersegelten, ohne sich im Geringsten um die Noth der Bedrängten zu kümmern.«

Zahlreich sind auch die Darstellungen solcher Katastrophen, die seinerzeit nicht nur ein beliebtes Sujet der Gelegenheits-Litographen und -Kupferstecher waren, sondern auch namhaften Künstlern als Vorlage dienten. Werner Timm hat diesen maritimen Ereignisbildern ein Werk gewidmet; von Achenbach über Caspar David Friedrich, Géricault und Delacroix bis hin zu Gustave Doré geht die Reihe der Maler und Illustratoren solcher Schreckensszenen.

Die großen Reedereien

Die Aktivitäten des Hamburger Reeders Sloman ließen bald andere Kaufleute nicht ruhen. 1853 bestellte die Hamburgisch-Amerikanische-Paketfahrt Actiengesellschaft – bis in unsere Tage als HAPAG weltberühmt – zwei Dampfer in England. Bevor sie in der Atlantikfahrt zum Einsatz kommen, bricht jedoch der Krimkrieg aus, und schnell verchartern die Eigentümer die Schiffe an die um Tonnage verlegene britische Regierung zum Truppentransport auf die Schwarzmeerhalbinsel. 1857 aber startet dann die ›Borussia‹ zur ersten Reise über den großen Teich. Eine Annonce verkündet stolz: »Nach New York wird am 1. Juni expediert das prachtvolle, neue Hamburger Dampfschiff Borussia, Capitain Ehlers.« Die Preise sind auch vermerkt: »120 Thaler preußisch courant in der ersten Cajüte, 75 Thaler in der zweiten Cajüte und 50 Thaler im Zwischendeck«. In Bremen aber gründen ebenfalls 1857 die beiden Kaufleute Meier und Crüsemann den Norddeutschen Lloyd und bestellen vier Schraubendampfer bei britischen Werften, mit denen sie den Nordatlantikdienst aufnehmen. ›Hudson‹, ›Weser‹, ›New York‹ und ›Bremen‹ sind die Namen dieses Quartetts; jedes der Schiffe hat ein Fassungsvermögen von 2700 Tonnen und eine Maschine von 700 Pferdestärken, die für eine Reisegeschwindigkeit von immerhin 11,5 Knoten gut ist. Knapp 600 Passagiere konnten mitgenommen werden, davon allerdings 400 im Zwischendeck. Die Dampfer waren noch sogenannte Glattdeckschiffe ohne größere Aufbauten. Im eisernen Rumpf selbst waren vier Decks übereinander eingezogen, von denen die beiden untersten für die Fracht bestimmt waren und das oberste die Kajüten und Kabinen der Passagiere erster und zweiter Klasse beherbergte. Die Räume im zweiten Deck, dem Zwischendeck, konnten entweder Ladegut aufnehmen oder nach einigen Umbauten auch Fahrgäste. Ganz traute man auch hier der Zuverlässigkeit der Dampfmaschine noch nicht, denn die vier Schiffe wurden zusätzlich mit einer kompletten Takelage ausgerüstet. Als die erste ›Bremen‹ später wegen Überalterung der Maschine als Dampfschiff abgerüstet wird, fährt sie noch jahrzehntelang als Segler weiter, bis sie 1892 im Pazifik untergeht.

Die Linie aber, die im Atlantikverkehr noch für lange Zeit die Nase vorne haben sollte, war die schon 1840 in Liverpool gegründete Cunard Steamship Company. Einer ihrer ersten Dampfer war die ›Britannia‹, mit der seinerzeit Dickens seine Amerikareise gemacht hatte und die auch als erste Trägerin des später so hoch begehrten ›Blauen Bandes‹ gilt. Sir Samuel Cunard gründete die Gesellschaft in der kanadischen Hafenstadt Halifax, verlegte den Sitz aber später nach Liverpool. Dort war auch die zweite britische Reederei ansässig, die später mit den Cunard-Linern den Kampf um ›The Blue Ribbon‹ führen sollte, die White Star Line. Zusammen mit den Schiffen der Inman Line sind diese beiden Gesellschaften dann bis in unser Jahrhundert hinein die stärksten Konkurrenten der HAPAG und des Norddeutschen Lloyd beim Wettstreit um die begehrte Trophäe. Führte die ›Britannia‹ die Reise über den Atlantik noch 1840 mit einem Schnitt von 10,6 Knoten in der Stunde durch, so waren es 1897 bei dem Lloyddampfer ›Kaiser Wilhelm der Große‹ schließlich 22,35 Knoten.

Cunard und White Star waren Reedereien, die sich mit ihren modernen und schnellen Schiffen ganz auf das Atlantikgeschäft spezialisiert hatten. Einen wesentlich größeren Tonnagebestand hatten dagegen die beiden deutschen Linien, deren Dampfer auch alle sieben Weltmeere befuhren. Unter den britischen Gesellschaften war noch von großer Bedeutung die in London ansässige Peninsular and Orient Steam Navigation Company, kurz P. and O. Line genannt. Sie war mit ihren Dampfern ganz auf den für das britische Weltreich so wichtigen Verkehr nach Indien und Fernost ausgerichtet.

Ein Heer von Regierungsbeamten, Kaufleuten, Offizieren und Mannschaften mußte hier, oft einschließlich der Familienangehörigen, befördert werden. Wenn auch als erstes Dampfboot die ›Enterprise‹ 1825 noch den Weg um das Kap der Guten Hoffnung nach Kalkutta genommen hatte, so fuhren bald die für Indien, Indonesien oder China bestimmten Schiffe den wesentlich kürzeren Seeweg von Suez aus durch das Rote Meer zum Indischen Ozean. Die europäischen Reisenden mußten also erst einmal auf anderen Schiffen ab Southampton, Triest, Genua oder Marseille nach Alexandria kommen. Von dort ging die Fahrt dann auf Dampfbooten nilaufwärts nach Kairo. Hier standen kleine, zweirädrige Karren bereit, jeweils mit vier Pferden oder Mulis bespannt. Immer sechs Reisende wurden in ein solch dubioses Gefährt gepfercht und die mehr als hundert Kilometer durch die Wüste nach Suez transportiert. Ab 1857 konnte man dann schon von Alexandria nach Suez die Eisenbahn benützen, bis zehn Jahre später die Eröffnung des Suezkanals das ganze umständliche Umsteigemanöver überflüssig machte.

In Suez, dem Hafen am Roten Meer, begann also über lange Jahre hinweg erst die eigentliche Reise nach China oder Indien. 1862 hatte auf diesem Weg der in Berlin als Landschaftsmaler seinerzeit sehr geschätzte Professor Eduard Hildebrandt seine insgesamt drei Jahre während Weltreise begonnen. Nach seiner Rückkehr verfaßt er ein Buch, in dem er seine Reiseerlebnisse wiedergibt. Es ist witzig und spannend geschrieben und wird ein großer Erfolg. Hildebrandt hat also ab Suez einen Kabinenplatz auf dem Dampfer ›Jeddo‹ belegt. Das Schiff liegt weit draußen auf Reede, da der Hafen noch nicht über Kaianlagen verfügt. Nicht einmal kleine Boote können am flachen Strand anlegen, so daß unser Professor auf dem »Rücken eines schwarzen Dienstmannes, der durchdringend nach Pillaw, Schweiß und Knoblauch duftet« zu einer »kleinen Nußschale von Boot« getragen wird, nicht ohne dabei auch noch ins Wasser zu plumpsen: »Endlich hatte die Mannschaft mich und mein

Gepäck an Bord gehißt, und ich traf meine ersten Einrichtungen in der Cabine, die mir nach dem herrschenden Princip,
die Engländer in allen Punkten zu bevorzugen, in der unmittelbaren Nachbarschaft der Maschine angewiesen worden
war.« Hildebrandt erreicht schließlich, daß er eine bessere
Schlafgelegenheit erhält. Nun kann er sich dem Tagesablauf
an Bord widmen, der sicher typisch für die bis Bombay
immerhin sechzehn Tage während Seereise in jenen Jahren
war: »Die Tischgesellschaft ist jetzt ziemlich vollständig,
aber jeden Tag verschlechtert sich unsere Verpflegung. Am
28. Oktober war die Tafel noch reich mit Blumen geschmückt und an der Decke hingen prachtvolle Punkas
(Windfächer), die von indischen Bedienten in Bewegung
gesetzt wurden, alle Getränke, Wein, Bier und Wasser, waren
auf Eis gekühlt, aber vier Tage später hatte man die Gala-
Punkas durch abgebrauchte, kleine Wedel ersetzt, die Blumen waren verschwunden und von Eisgefäßen war keine
Spur mehr vorhanden. An Bord dieser Dampfer herrscht
ein systematisch ausgebildetes Übervorteilungssystem. Die
im Billet zugesicherte Verpflegung wird, sobald man dem
Land den Rücken gekehrt hat, bis auf ein Minimum beschränkt.« Nun wird man sicher Verständnis dafür haben,
daß die Blumen mangels Klimaanlage nicht ewig frisch bleiben konnten und irgendwann einmal auch das Eis ausgehen
mußte, doch Hildebrandt war immerhin ein vorher schon
weitgereister Mann und konnte Vergleiche anstellen. Was
nun die Passagiere an kulinarischen Genüssen im Tagesablauf
erwartete, verschweigt unser Weltreisender nicht: »Pünktlich um 6 Uhr erscheint der Steward, weckt einen Jeden und
bietet ihm eine Tasse Thee oder Kaffee ... Um 9 Uhr folgt
das eigentliche Frühstück. Es besteht aus Fisch- oder Fleisch-
speisen, Rothwein, Ale oder Thee und wird durch das ›Tif-
fin‹, ein ebenso solides zweites Frühstück unterstützt, bei
dem Bisquit, Toaste, Käse, Sherry, Portwein und Brandy
geliefert werden ... Um 4 Uhr versammeln wir uns zum
Dinner, dessen Schmackhaftigkeit von Tag zu Tag abnimmt.
Eine Universalsauce aus Butter, Wasser, Mehl, Senf, Pfeffer

und Salz, die jedes Fisch- und Fleischgericht begleitet, flößt mir wahres Entsetzen ein. Um ihr etwas zu entgehen, sättige ich mich mit halbrohem Fleisch und etwas Brot. Die Thee-stunde ist um 7 Uhr Abends, den Kehraus aber bildet um 9 Uhr ein Transport von Brandy und heißen oder kalten Wasser.« Verglichen mit der kargen Kost der Zwischendeck-passagiere sicher eine opulente Speisenfolge, aber Hilde-brandt, der als königlicher Hofmaler in guten Verhältnissen lebte, hatte schließlich auch eine Passage erster Klasse gelöst. In den Abendstunden wird dann einiges zur Unterhaltung der Fahrgäste geboten: »Erlaubt es die Witterung, so pflegt in den Stunden von 8 bis halb 10 Uhr auf dem Quarterdeck Concert und Ball stattzufinden. Das Orchester besteht aus drei Indern, die sich auf zwei Geigen und einer Flöte ergehen. Sie spielen Walzer, Polkas, Gallopaden und Contretänze, und genügen vollkommen den mäßigen künstlerischen Ansprü-chen der Reisegesellschaft.«

Ein Dutzend Jahre später, 1875, fährt Paul Kolberg mit einem Dampfschiff der Royal-Steam-Packet-Company nach Ecuador. Die meisten Schiffe dieser Gesellschaft sind schon mehr als dreißig Jahre auf dieser Stammroute zwischen Southampton und den Inseln der Karibik unterwegs. Mit der Unterbringung in der ersten Klasse ist Kolberg gar nicht zufrieden: »Die Schlafkajüten lassen allerdings sehr viel zu wünschen übrig. Die ganze Nische, die der Reisende im günstigsten Fall mit einem, im schlimmsten Fall aber mit drei Passagieren zu theilen hat, nimmt nicht mehr Raum ein, als zu Hause vielleicht sein bequemes Bett einnahm; der spärliche Raum zum Auskleiden ist so klein, daß der Passagier überall anstößt, ehe er das gymnastische Kunststück unternimmt, in sein Bett zu klettern.« Bei diesen beengten Verhältnissen war es sicher nicht einfach, den an Bord üblichen, aufwendigen Garderobevorschriften gerecht zu werden: »Die Mahlzeiten sind so reichlich, wie eine Table d'hôte in einem großen Hotel, auch ist es Brauch, dabei in vollem Anzug zu erscheinen, weshalb eine halbe Stunde vorher das Zeichen mit der Glocke gegeben wird, damit jeder zuvor seine Toilette mache.« Fünf Mahlzeiten werden am Tag geboten, weil »die meisten Reisenden, sogar auch sehr zarte Damen, einen recht gesegneten Appetit entwik- keln.« Um 250 Passagiere und 100 Mann Besatzung zu bekö- stigen, waren aber erhebliche Mengen an Vorräten nötig: »Das Verdeck ist weit und groß, voran befinden sich die Ställe mit Schafen, Schweinen, Hühnern und Truthähnen, Enten und Gänsen, deren Zahl täglich abnimmt.« Die er- wähnten winzigen Schlafkajüten befanden sich übrigens nicht in einem gesonderten Teil des Schiffes, sondern waren, wie seinerzeit noch allgemein üblich, beiderseits der Längs- wände des Speisesaals untergebracht und direkt von diesem aus zugänglich.

In den letzten Jahrzehnten des Jahrhunderts werden dann die Verhältnisse auf den Passagierschiffen, vor allem auf der Nordatlantikpassage weiter verbessert. Ein erbitterter Kon- kurrenzkampf der großen Reedereien, der auch nicht frei ist von nationalem Prestigedenken, läßt die Ozeanliner immer größer, schneller und luxuriöser werden. Den Abschluß des Säkulums bildet 1900 der Stapellauf des Schnelldampfers ›Deutschland‹, der dann auch schon bei seiner ersten Reise das begehrte Blaue Band erringen kann. Zwölf Millionen Goldmark hat sich die HAPAG das erstmals mit Warmwasser- heizung ausgestattete Prunkstück kosten lassen. Über 2000 Passagiere faßt das Schiff, davon 450 in der Luxusklasse, 600 in der zweiten und dritten Kajüte und 1000 – die Auswande- rungswelle war noch lange nicht abgeebbt – im Zwischen- deck. Gesellschaftlicher Mittelpunkt des schwimmenden Luxushotels ist der Speisesaal erster Klasse, der, von mehre- ren Galerien umzogen, nicht weniger als zehn Meter Höhe beträgt und von einer riesigen Glaskuppel gekrönt wird.

Auf Flüssen, Kanälen und Seen

Wenn nun die Eisenbahn im vergangenen Jahrhundert Städte und Staaten zusammenrücken ließ, so haben die Schiffe mit den rauchenden Schloten ebenso in jenen Jahren die Konti-

nente einander nähergebracht und von jeher gültige Maßstäbe für Zeit und Raum aufgehoben. Die Segelschiffahrt
mußte bei diesem stürmischen Wettlauf weitgehend auf der
Strecke bleiben. Mochte, was die Zahl der Segelschiffe und
deren Tonnage betrifft, auch um 1860 noch ein Höhepunkt
erreicht werden, mochten die schnellsegelnden Klipper mit
immer neuen Rekorden die Wogen der Weltmeere durchschneiden, ihr Aussterben war letzten Endes nicht aufzu-
halten.

In den Weiten der Ozeane gab es dabei für die Schiffahrt
kaum Beschränkungen, sich jeweils den schnellsten und si-
chersten Weg von Küste zu Küste zu suchen.

Dies mochte auch noch für die größeren Seen gelten, doch
bei den Flüssen und Strömen im Binnenland schrieb die
Natur seit Jahrtausenden den Verlauf der Wasserstraßen vor.
Doch trotz oft vielfältig verschlungener Windungen und
nicht selten reißender Strömung nutzte der Mensch von
jeher diese natürlichen Verkehrswege. Zu Schiff schnell und
mühelos talab zu fahren war eben wesentlich angenehmer
als im schwerfälligen Postwagen durchgerüttelt zu werden.
Selbst die langsame Reise im Treidelzug stromaufwärts hatte
noch manche Vorteile. So waren bis zum Aufkommen der
ersten Eisenbahnen die schiffbaren Flüsse und Ströme Ver-
kehrsadern von erheblicher Bedeutung. Noch mehr gilt dies
für Länder, die zusätzlich über ein gut ausgebautes Kanalnetz
verfügten, wie die Niederlande, England oder auch Frankreich, wo schon unter der Zentralgewalt der Bourbonen ein
dichtes Geflecht von künstlichen Wasserstraßen entstanden
war.

Zu Beginn des 19. Jahrhunderts verkehren in Holland auf
den Kanälen die Treckschuyten (trecken = ziehen) im Pferdezug von Stadt zu Stadt; auf den französischen Wasserstraßen sind es die Coches d'eau oder Wasserkutschen und auf
dem Rhein die Marktschiffe. Als Johanna Schopenhauer mit
Freunden in Amsterdam weilt, benutzt sie für ihre Reise
auch ein solches Fahrzeug.

»Im Haven schifften wir uns auf einer der vielen Treck-

schuyten ein, welche von dort aus alle Viertelstunde abgehen
und das Reisen in diesem wasserreichen Lande so bequem,
sicher und unbeschreiblich wohlfeil machen ...«

Die Markt- oder Postschiffe auf dem Rhein und auch auf
dem Unterlauf des Mains verkehrten ebenfalls regelmäßig.
Achim von Arnim, der diese Reisegelegenheit von Frankfurt
nach Mainz nutzt, meint: »Auf dem Postschiff ist ein herrliches Leben, ganz wie im Himmelreich, nur nicht umsonst
und etwas heißer.« Nicht so eng gedrängt und auch komfortabler fuhr man auf dem Rheinstrom, wenn man sich ein
eigenes Schiff mietete. Hier boten sich die sogenannten Jachten an: »Die angenehmste, so wie die bequemste und
üblichste Art, ist die Miete einer eigenen Jacht, für sich und
seine Gesellschaft. Der Preis richtet sich nach der Zeit, die
man unterwegs sein will und nach der Weite des Ortes, auch
ob man seinen eigenen Wagen bey sich hat und mitnimmt,
was natürlich die Fracht erhöht ... übrigens findet man auf
diesen Jachten, die ihre Kajüten mit Fenstern und ein Verdeck
haben, alle Bequemlichkeiten. Man kann darauf kochen,
schlafen, usw.« (Reichard). Außer Marktschiff und Jacht bot
sich aber auch noch eine weitere Gelegenheit: »Besonders
männlichen Reisenden ist zu rathen, statt einer Jacht einen
bedeckten, großen Rheinnachen zu miethen. Man fährt ge-
schwinder und wohlfeiler damit, und sitzt bedeckt und zugleich luftig unter der doppelten Leinwand, die über Reifen
gespannt ist. Ein solcher Nachen oder Kahn kostet von
Mainz bis Koblenz etwa 2-3 Karolinen, und man kann damit
leicht und überall landen.« Für diese Fahrgelegenheiten gibt
Reichard von Mainz bis Koblenz, also stromabwärts, eine
Fahrzeit von einem Tag an. Der Karolin, eine seinerzeit im
Rheinland gebräuchliche Münze, hatte einen Wert von elf
rheinischen Gulden, so daß man für einen Nachen rund
fünfundzwanzig Gulden rechnen mußte. Tat man sich hier
zu acht oder zehnt zusammen, so kam auf einen Fahrgast ein
Kostenanteil von etwa drei Gulden. Fuhr man mit dem
Markt- oder Postschiff, so betrug der Fahrpreis sogar nur
zwei Gulden. Daß dies ein verhältnismäßig preiswertes Ver-

gnügen war, zeigt sich bei einem Vergleich mit der Postkutsche. Die Eilpost war von Mainz nach Koblenz zehn Stunden unterwegs, das Billett kostete für diese Strecke aber das Dreifache der Wasserreise, nämlich sechs Gulden. Verständlich, daß man sich, vor allem stromabwärts, gerne auf dem Rhein dem Schiff anvertraute.

1824 stößt dann das niederländische Dampfboot ›De Zeeuw‹ bis Mainz vor, von dieser Reise haben wir schon gelesen. Nun übernehmen in wenigen Jahren Dampfschiffe den Verkehr auf dem Strom. Schon 1825 wird die erste deutsche Rheinschiffahrtsgesellschaft gegründet, es werden drei Dampfboote beschafft, die zwischen Mainz und Rotterdam verkehren. Jahr für Jahr wird nun der Rhein stromaufwärts weiter erschlossen, 1835 fahren die Schiffe bereits bis Straßburg, das jährliche Passagieraufkommen liegt bei 100 000 Fahrgästen. Und nun setzt eine Reisewelle auf dem Rhein ein, die es in ihrer stürmischen Entwicklung ohne weiteres mit der Ausweitung des Tourismus in unseren Tagen aufnehmen kann. Der Rhein wird für Vergnügungsreisende die beliebteste Route in Deutschland, wenn nicht auf dem Kontinent. Der Schriftsteller Heinrich Laube meint: »Eine Rheinreise zu schildern, ist heute so überflüssig, wie wenn einer erzählen wollte, er habe ein Gedicht verfaßt. Jeder gebildete Mensch macht jetzt beides. Auch ist das Wort Rhein in Deutschland so bekannt und angesehen wie das Wort Nachtigall, man himmelt in beiden. Rhein heißt soviel wie schöne Gegend. Wenn Engländer oder Franzosen eine Vergnügungsreise nach Deutschland machen wollen, so verstehen sie unter Deutschland das Rheinland.«

1840 sind es dann schon über 500 000 Passagiere, die zum Vergnügen oder aus anderen Gründen eine Fahrt auf einem der zahlreichen Rheindampfer unternehmen, und zehn Jahre später wird die Million überschritten. Nun ist es nicht mehr ganz leicht, sich ungestört des Anblicks der stolzen Burgen und prächtigen Weinberge, der alten Städte und gewaltigen Dome zu erfreuen, die zu beiden Seiten die Ufer des Stromes schmücken, denn es zeigen sich auch erstmals die unangeneh

men Seiten massierten Reisens. Baedeker warnt schon 1849
vor »jenem übersättigten, anmaßenden Reisepöbel, der in
dem engeren Rheinthal vermöge des leichten Dampfver-
kehrs das Land heuschreckenartig überflutet.«

Was Einteilung und Komfort der Dampfboote betrifft, so
sind sie weitgehend einheitlich. Die gebräuchlichste Klasse
ist die sogenannte Große Cajüte. Den Reisenden dieses Platzes steht das ganze Vordeck frei. Billiger fährt man in der
Vorcajüte, jedoch ist hier der Bewegungsraum einge-
schränkt, denn wie Baedeker vermerkt, steht den Passagieren
lediglich der Platz zwischen Kiel des Schiffes und Maschinen-
raum zur Verfügung. Die vornehmste Klasse bildet der Pavillon, doch heißt es darüber: »Außer fürstlichen Personen,
absonderungssüchtigen Engländern oder Kranken nimmt
niemand den Pavillon.«

Baedekers ›Rheinreise von Basel bis Düsseldorf‹ wurde
in wenigen Jahren zum beliebtesten Reiseführer auf dieser
bevorzugten Route; spätestens alle zwei oder drei Jahre sorgen neue Auflagen für stets aktuellen Stand des Bestsellers.
Auch Essen und Trinken auf den Schiffen widmet der Verleger, der seine Erkundigungen selbst auf ausgedehnten Reisen
einzuholen pflegte, seine Aufmerksamkeit: »Die Verpflegung auf den Schiffen wird von den besten Gasthöfen nicht
übertroffen, auch die Preise sind verhältnismäßig nicht zu
theuer«. Die Passagiere wurden auch wahrlich durch ein
opulentes Speisenangebot verwöhnt. Eine Menükarte der
Kölner Dampfschiffahrtsgesellschaft aus dem Jahre 1845 läßt
dem Reisenden bei den vier Gängen jeweils die Auswahl
unter den feinsten Leckerbissen, etwa als Vorspeise Gänsele-
berpastete oder Austern, als Zwischengang dann Bekassinen
mit Trüffeln, zum Hauptgericht Rinderfilet in Madeira und
schließlich als Dessert Plumpudding (die englische Reise-
kundschaft!), glacierte Maronen oder Tuttifrutti mit Vanille-
eis. Das Ganze präsentiert sich auf Französisch und wird
noch durch eine Auswahl erlesener Weine abgerundet (34er
Marcobrunner usw.).

Nachts legten die Schiffe stets an; die Reisenden quartier-

Dîné
de la société de bateaux à vapeur de Cologne,
le 22 Decembre 1845.

———

Grandes huitres.
Soupe à la tortue.
Caviar.
Filets de boeuf au vin de Madère.
Choux-croute aux huitres.
Faisans de Bohème.
Pieds de porc farcis aux truffes.
Petits pois, poitrine d'oie fumée.
Cotelettes à la minute.

———

Suprème de chapon aux champignons.
Foie gras au perrigau
Palais de boeuf à la Richelieu.
Bécasses aux truffes.

———

Dindon au perrigau.
Selle de chevreuil.
Galantine.
Hure de sanglier.
Pâté au foie gras de Strasbourg.
Homards.

———

Plumpudding à l'Anglaise.
Charlottes Russes.
Gelée de maresquino.
Glace di tutte frutte et à la vanille.
Gâteaux divers.
Marrons glacés.
Pièces montées.
Dessert. Ananas.

Vins.
Scharzberger.
Marcobronner 34r.
Château la Rose.
Champagne fleur Bouzy Giesler.

F. X. Schlösser.

Speisekarte
der Kölnischen
Dampfschiff-
Gesellschaft,
1845

ten sich im Gasthof ein, um dann unter Umständen am
nächsten Morgen die Fahrt fortzusetzen. Der stürmischen
Zunahme der Fahrgastzahlen war aber die Gastronomie in
den Uferorten anfangs noch nicht gewachsen: »Im hohen
Sommer, von Ende Juli bis Ende September, entstand früher
bei der Ankunft eines rheinischen Dampfschiffes am Orte
seiner Bestimmung nicht selten ein unangenehmes Treiben
und Jagen. Die Anzahl der Reisenden war gewöhnlich so
bedeutend, daß die nächsten Gasthöfe bald angefüllt waren,
und man genöthigt war, von einem Gasthof zum anderen
zu rennen, um nur ein Unterkommen zu finden« (Baedeker
1846). Für die Genießer unter seinen Lesern gibt der Reiseex-
perte noch einen besonderen Tip: »Wer Morgens früh abzu-
reisen beabsichtigt, nehme das Frühstück nicht im Gasthof,
sondern auf dem Dampfschiff. Bei heiterem Wetter auf dem
Verdeck des Schiffes erhöht sich der Genuß, weil er mit
Ruhe stattfinden kann.« Schließlich macht der Verfasser dann
aber keinen Hehl aus seiner Einschätzung des Wertes einer
Dampferreise auf dem Rhein: »Die Mehrzahl der Reisenden
ist der Meinung, daß man die Schönheiten des Rheins gesehen habe, wenn man auf Dampfboot oder Eisenbahn flüchtig
auf- und abgefahren sei. Es kann nicht oft genug wiederholt
werden, daß keine Meinung irriger ist als diese.« Was hatte
man nun für eine solche Dampfschiffahrt, etwa von Koblenz
bis Mainz, auszugeben? In der Kajüte waren es zweieinviertel
Taler, das sind um die vier rheinischen Gulden; gegenüber
dem Marktschiff hatte also das Dampfboot keine Verbilli-
gung gebracht, doch im Vergleich mit der Schnellpost war
der Preis allemal noch günstig. Inzwischen fuhr aber im
Rheintal auch ab 1859 die Eisenbahn, und da betrug der
Fahrpreis in der zweiten Klasse auf dieser Strecke dreieinhalb
Gulden. Es zeigt sich also auch hier, daß die Einführung der
Bahn gegenüber der Post nicht nur Vorteile des Komforts
und der Geschwindigkeit mit sich brachte, sondern das Reisen auch erschwinglicher machte, während bei den Dampfschiffen die Fahrpreise im Verhältnis zum Marktschiff nicht
gesenkt werden konnten, sondern eher noch anstiegen.

Das preiswerteste Verkehrsmittel auf Rhein oder Neckar war in jenen Jahren jedoch eine Fahrt stromabwärts mit einem der riesigen Flöße, mit denen im Frühjahr das im Winter eingeschlagene Holz aus dem Schwarzwald oder Odenwald in die niederländischen Häfen gebracht wurde. Joanne schreibt von Flößen, mit denen bis zu 500 Menschen – meist Auswanderer – wochenlang unterwegs waren. Mark Twain macht 1878 mit seinen Freunden eine solche Floßreise auf dem Neckar von Heilbronn nach Heidelberg.

Auf dem Main dauerte es bis 1842, bevor die Dampfschiff-fahrt über Frankfurt hinaus flußaufwärts vordringen konnte. In diesem Jahr wurde dann in Würzburg eine Gesellschaft gegründet und in Frankreich zwei Dampfboote bestellt. Am 5. Juni 1842 kommen die beiden Dampfer in Würzburg an und werden von der begeisterten Menge stürmisch begrüßt. Der Korrespondent der ›Neuen Würzburger Zeitung‹ feiert das Ereignis in enthusiastischen Tönen: »Gestern nachmittag dreieinviertel Uhr langten die beiden Maindampfer ›Ludwig‹ und ›Verein‹ in hiesiger Stadt an. Ganz Würzburg war auf den Füßen. Es war ein schöner Anblick, als die beiden Dampfschiffe zu ihrer neuen Vaterstadt den Strom herauf-schwammen. Wieviele Hoffnungen für das gemeinsame deutsche Vaterland rückten in diesem Augenblick der Wirklichkeit näher. Ich sehe den Rhein herauf die Dampfschiffe durch den Main nach Bamberg fliegen, wo der Ludwigskanal Personen und Güter mit mächtigem Arm zur Donau geleitet. Und bald grüßen wir auch die ersten Lokomotiven, die den gigantischen Schienenweg von Hamburg nach Triest, von Krakau nach Paris in schwindelnder Schnelle durchlaufen werden.«

Bald konnte Würzburg tatsächlich die ersten Lokomotiven grüßen, doch das war dann auch schon der Anfang vom Ende der Personendampfschiffahrt auf dem Main. Als 1854 die Eisenbahnlinie nach Aschaffenburg in Betrieb geht, können sich die Dampfboote, die ja einen ungleich längeren Weg über die beiden großen Mainschleifen nehmen müssen, nicht mehr lange halten.

Auch auf Weser, Elbe und Oder fuhren schon sehr früh Dampfschiffe. Besonders günstige Voraussetzungen boten sich dem neuen Verkehrsmittel aber auf den großen Seen. Hier hatte freilich das in jeder Jahreszeit und bei jedem Wetter regelmäßig verkehrende Dampfboot ganz erhebliche Vorteile gegenüber den hergebrachten Transportmitteln aufzuweisen. Schon 1823 wird in Genf der ›Guillaume Tell‹ zu Wasser gelassen, ein bescheidenes Schiffchen, noch mit einer Maschine von ganzen zwölf Pferdestärken. Doch mit ihm kann man jetzt in gut vier Stunden bequem nach Lausanne fahren, wozu die Postkutsche sonst immerhin sechs Stunden in Anspruch nahm. Das Schiff hat von Anfang an großen Erfolg, so daß bald eine kleine Flotte von Dampfschiffen den Genfer See befährt. Lange dauert es aber noch, bis auch bei den einzelnen Anlegestellen entsprechende Kais oder wenigstens Landungsstege angelegt werden, so daß in den Anfangsjahren die Passagiere noch das zweifelhafte Vergnügen haben, beim Aussteigen auf kleine Ruderboote umgesetzt zu werden. Rodolphe Toepffer, Verfasser der seinerzeit so populären ›Voyages en Zigzag‹, muß sich als Genfer Bürger des öfteren mit solchen Unbequemlichkeiten auseinandersetzen: »Gegen ein Uhr kommen wir in Villeneuve an, d. h. wir sollen dort ankommen, wenn wir nicht vorher auf dem Grund des Sees eintreffen. Man wirft uns nämlich, da der ›Adler‹ Eile hat wieder abzufahren, kunterbunt durcheinander in Boote, die nach den zufälligen Anwandlungen zweier Lümmel sich auf dem Wasser bewegen. Das Boot, das uns aufnimmt, ist vollgepropft mit Paketen, Koffern und Menschen; die einen stehen, andere sitzen, einige suchen sich im Gleichgewicht zu halten; ein Stoß, die geringste Erschütterung und wir liegen im Wasser. Dies ist nicht gerade heiter!« Und Toepffer bemerkt abschließend: »Für die Landung gibt es nur eine Sicherheit, die Landungsstege. Viele unserer Bekannten benutzen die Schiffe nicht, weil sie sich den Landungsgefahren nicht aussetzen wollen.«

Der Bodensee, in dessen Ufer sich damals noch fünf souveräne Staaten teilten, bot ebenfalls sehr günstige Verhältnisse für die Dampfschiffahrt. Nachdem noch 1817 in Konstanz ein Versuch mißlingt, ein Dampfboot in Gang zu setzen, wird dann 1824 in Friedrichshafen der ›Wilhelm‹ in Betrieb genommen. Zwei Tage später machen es die Bayern den Württembergern nach, der ›Max Joseph‹ verläßt Lindau zu seiner ersten Reise. Als Karl Julius Weber einige Monate früher nach Friedrichshafen gekommen war, notiert er: »Man baute gerade an dem Dampfschiff ›Wilhelm‹, was eine Menge Schaulustiger heranzog. Bayern hat bereits nachgeahmt und seinen ›Max Joseph‹ gleichfalls von Stapel laufen lassen und Baden folgt zu Konstanz nach. Diese großen Dampfschiffe von 110 Fuß Länge sollen zugleich als Wasserdiligencen gebraucht werden, werden folglich die Lebendigkeit des Sees vermehren, so wie sie dem Reisenden mehr Bequemlichkeit verschaffen.«

Begünstigt wird die Einführung von Dampfbooten in der Schweiz, freilich auch durch die starke Entwicklung des Touristenverkehrs in jenen Jahren. Schon 1854 vermerkt H. A. Berlepsch, nachdem er das Fehlen von Eisenbahnlinien in dem Alpenland bemängelt hat: »Anders steht es schon seit langer Zeit mit der Dampfschiffahrt. Über dreißig wohlgerüstete Dampfboote, in ihrem Umfange je nach Maßgabe des Personenverkehrs und Gütertransports größer oder kleiner gebaut, besorgen den Dienst auf elf Seen der Schweiz und der anstoßenden Grenzlande.«

Die Donaureise

Die Donau, Europas zweitlängster Strom, ist in ihrer verkehrspolitischen Bedeutung nicht so ohne weiteres mit Rhein oder Elbe zu vergleichen. Streben diese verhältnismäßig zügig dem Meere zu und liegen im Bereich ihrer Mündungen dann auch große Häfen mit Verbindungen zu allen Kontinenten, so führte die Donau in ihrem Unterlauf noch Anfang vergangenen Jahrhunderts in einen Machtbereich, der sich dem Reisenden nur schwer erschloß.

Die Handelswege zu den Häfen des Osmanischen Reiches

gingen auch seit jeher über Adria und Mittelmeer, waren also auf den Strom kaum angewiesen. So gab es um 1800 von Budapest oder Belgrad stromabwärts nur ein sehr geringes Verkehrsbedürfnis. Anders stand es um die Donau als Verbindung zwischen Süddeutschland und der Doppelmonarchie. Hier bot vor allem in der Talfahrt der Wasserweg so erhebliche Vorteile, daß sich schon im Mittelalter auf Donau und Inn ein traditionsreiches Schiffergewerbe gebildet hatte. Ab Ulm verkehrten regelmäßig die ›Ordinari‹, etwa 35 Meter lange, flachgebaute Holzschiffe, die auch Passagiere mitnahmen. Luxusherbergen waren es allerdings nicht: »Was für eine Wohltat ist doch ein behagliches Sofa, ein großes, schönes Zimmer, guter Kaffee und die vielen anderen so oft übersehenen und vernachlässigten Bequemlichkeiten, die unser tägliches Leben angenehm machen. Wenn Du wissen willst, wieviel sie wirklich wert sind, so fahre die Donau auf der Ordinari hinunter.« Es ist die Engländerin Frances Trollope, die hier ihre Meinung über das Donauschiff kundtut. 1836 ist sie mit zwei erwachsenen Kindern, Zofe und einiger Begleitung nach Wien unterwegs. In Regensburg will man sich einschiffen, doch vor der Abfahrt bemächtigen sich bängliche Gefühle der Reisenden: »Ich kann Dir noch nicht sagen, ob ich mich auf die Fahrt mehr fürchte oder freue, denn wir haben bereits das Schiff besichtigt und festgestellt, daß es nicht verheißungsvoll aussieht und auch keine Bequemlichkeit bieten wird. Allein es ist kein besseres zu haben. Es ist ein großes Gebilde von ungestrichenem Fichtenholz, und fast der ganze Raum wird von einer Kajüte eingenommen, die der Arche Noahs ähnlich sieht. Diese ist fast ganz mit Kisten, Fässern und Ballen angefüllt und der verbleibende, sehr kleine, leere Teil ist mit Bretterbänken und einer Art Küchentisch, der zwischen ihnen steht, versehen. Dies, so gab man uns zu verstehen, sei ausdrücklich zur Bequemlichkeit der Hüttenpassagiere so ausgestattet worden.« Am meisten schockiert aber die Reisende der Umstand, daß diese Kajüte nur über eine steile, zerbrechliche Leiter erreicht werden kann, die von der Dachluke in die gähnende

Tiefe hinunterführt. Offensichtlich hatte es in der Reisegruppe vor Antritt der Fahrt Diskussionen gegeben, denn
Frau Trollope notiert gewissenhaft: »Wohlan, wir haben
beschlossen, einmütig beschlossen, von Regensburg nach
Wien auf der Donau zu fahren!«

Später erreichen es unsere Reisenden dann, daß der
Schiffsmeister ihnen am Bug eine kleine Plattform zimmern
läßt, auf der sie es sich so gut als möglich bequem machen.

»Sie gestattet unserer ganzen Gesellschaft, in voller Bequemlichkeit zu stehen, zu sitzen oder zu liegen. Unser
Obst, kaltes Fleisch, Wein, Brot und dergleichen ist vor uns
aufgestapelt; Schreibpult und Zeichenbücher finden Platz,
kurz wenn die Sonne so scheint, wie sie es jetzt tut, so werden
wir uns für die bestuntergebrachten Reisenden zu Lande
oder Wasser halten, die in diesem Augenblick das immer
wieder spannende Vergnügen genießen, neue Berge, neue
Wälder, neue Wellen und einen klaren Himmel zu schauen.«
Nachts legt das Schiff am Ufer an, im nächsten Gasthaus
wird Herberge genommen. Bei der Weiterfahrt stellt sich
aber am nächsten Morgen Regen ein. Nun ist man doch auf
die bis dahin gemiedene Kajüte angewiesen: »Wir sind jetzt
sicherlich eine so armselig dreinschauende Gesellschaft, wie
nur je ein Auge sie gesehen hat, eingepfercht in einen kleinen
Kasten aus Fichtenholz, und nicht nur wir Unglücklichen
allein, sondern außer uns noch drei oder vier unaufhörliche
Raucher! Unsere ganze Aussicht besteht aus Kisten und
Warenballen. Die Luft, die wir atmen ist verpestet und wir
haben nicht mehr Macht uns zu helfen, als ein halbes Dutzend
in einem Korb gesperrter Hühner. Und dieses Elend nur,
weil wir Regen statt Sonnenschein haben.« Nach neun Tagen
erreichen die Reisenden glücklich Wien, alle Sorgen sind
schnell vergessen, die feine Garderobe wird ausgepackt, und
man kann sich endlich in die Vergnügungen der Kaiserstadt
stürzen.

Karl Julius Weber hatte schon einige Jahre vorher die
Reise auf dem Ordinarischiff unternommen, und zwar von
Ulm bis Passau. Auch er bevorzugt diese Art des Reisens im

Vergleich mit der schwerfälligen Postkutsche: »Auf Fluß-
straßen reist sich weit bequemer, wohlfeiler, sicherer und
ungehinderter, man kann sogar dabei lesen und schreiben.«
Was die Mitreisenden angeht, so stellt er fest: »In einer solchen Donau-Arche finden sich neben einigen Gebildeten
meist Soldaten und Rekruten, Auswanderer und Krämer,
Musikanten und Spaßmacher, Handwerksburschen und
Dienstmädchen; die Handwerksburschen rudern, die Mädchen waschen, kochen oder wissen sich sonst beliebt zu
machen.«

Oft wurden die Schiffe dann in Wien als Bau- oder Brenn-
holz verkauft; dies mag auch Grund für die einfache Bauart
gewesen sein. Wird die Rückreise aber mit dem Boot angetreten, so geschieht das die ganze Strecke über im Pferdezug.
Mehrere Schiffe werden dabei aneinandergehängt, an langen
Leinen nehmen die Pferde ihre schwere Last in Schlepp.
Dreißig oder vierzig Rösser mochten es oft sein, die sich auf
dem Treidelweg entlang des Stromes ins Geschirr legten.
Die Reiter hießen Jodelbuben; wahrlich wilde Gesellen müssen es gewesen sein, die hier ihr gefährliches Handwerk
ausübten. Wenn die Uferformation keinen ausgebauten Weg
für die Pferde erlaubte, dann mußte die Kavalkade sich die
Bahn im reißenden Wasser oder über steiles Gestein suchen:
»Nicht überall ist das Ufer für die Reiter wegsam, und man
zittert für die Buben, die mit ihren Rossen wie mit Ziegen
oben hängen an den Felsen. Es ist nicht gar zu selten, daß
an solchen Stellen die Pferde von der Gewalt des Stromes
hinabgerissen werden, oder daß, wenn der Faden reißt und
das Schiff nach der Schiffersprache hineinfällt, Schiff und
Pferde zugleich zu Grunde gehen« (J. A. Schultes).

Gut zwanzig Jahre später aber beginnt auch für die Schifffahrt auf der Donau das moderne Zeitalter. Am 13. September 1837 legt in Wien das Dampfboot ›Maria Anna‹ ab,
um die Reise stromaufwärts nach Linz anzutreten. Das Schiff
war unweit Wien unter englischer Leitung gebaut worden,
die Maschine von 60 Pferdestärken hatten wieder einmal
Watt & Boulton in Soho geliefert. Mit einer Länge von

45 Metern war es ein stattliches Fahrzeug, dessen größtes
Problem es war, mit seinem riesigen Schlot gerade noch
unter den Brücken der Kaiserstadt durchpassieren zu können. Am Tag zuvor hatten die Allerhöchsten Herrschaften
die neue Errungenschaft besichtigt und »gereichte dieser Aufenthalt dem Boot zum größten Glücke, indem Ihre Majestä-
ten, der Kaiser und die Kaiserin es am 12. September mit
Ihrem hohen Besuche beehrten«. Auch die Einrichtung des
Dampfers findet in der ›Wiener Zeitung‹ großes Lob: »Die
erste Kajüte und das Damenzimmer sind im edelsten Geschmack gehalten und mit der reichsten Dekorierung ausgestattet. Überhaupt zeigt die ganze innere Einrichtung jenen
echten britischen Komfort, welcher Zweckmäßigkeit und
Anmut auf das überraschendste zu vereinen weiß und wodurch die Dampfschiffe neben ihrer hohen kommerziellen
und industriellen Bedeutung noch als Gegenstände des Luxus
und des verfeinerten Lebensgenusses erscheinen. Läßt sich
wohl etwas Reizenderes denken, als in diesem schwimmenden Palaste umgeben von fröhlicher Geselligkeit, reichlich
versehen mit allen Bequemlichkeiten, ohne die geringsten
Beschwerden, wodurch uns das Reisen sonst verleidet wird,
mit Windeseile die herrlichen Donauufer an sich vorbeirol-
len zu lassen?«

Donauabwärts hatte sich schon sieben Jahre zuvor das
Dampfboot ›Franz I.‹ auf die Reise gemacht, und 1836 sind
zwischen Wien und der türkischen Grenze bereits neun
Dampfer in Einsatz. Bald kann man sogar über Galatz hinaus
die Donaumündung erreichen und bis Istanbul mit dem
Dampfschiff fahren. Im Jahre 1840 bricht der bekannte
Orientalist Jakob Philipp Fallmerayer von Regensburg nach
Trapezunt an der türkischen Schwarzmeerküste auf. Es war
die Reise seiner Träume, hatte sich der Sohn einfacher Berg-
bauern aus der Nähe von Brixen doch erst wenige Jahre
zuvor mit seiner ›Geschichte des Kaiserreichs Trapezunt‹ in
der Fachwelt einen Namen gemacht. Die Entfernung dieser
beiden Orte, meint er, »ist 600 geographische Meilen [also
etwa 4500 Kilometer], und diese lange Strecke aus dem

Herzen Deutschlands bis in das Land der Kolchier kann der Mensch jetzt in verhältnismäßig kurzer Frist, ohne sich zu ermüden, ja gleichsam ohne einen Fußtritt auf festem Land, in glänzenden Prunksälen unter Mahlzeiten, Spiel und Büchern mit mäßigem Aufwand durcheilen.« Fallmerayer rechnet noch aus, daß er, wenn man die Frist seines Aufenthalts in Wien und Istanbul abrechnet, nur ganze elf Tage für die weite Fahrt benötigte.

Schneller wäre es wohl noch gegangen, wenn man die ganze Distanz mit einem einzigen Schiff hätte durchfahren können. Doch hierfür bestand offensichtlich kein Bedarf. Reisen, wie die Fallmerayers oder Ida Pfeiffers, die 1842 den ganzen Donaulauf von Wien bis zur Mündung mit dem Dampfschiff befuhr, waren eben Ausnahmen. Die Wienerin hatte auf diesem Weg ihre Fahrt in das Heilige Land angetreten. Sechsmal mußte sie auf der Donau das Schiff wechseln, davon auch zweimal in Ruderbarken umsteigen, machten doch die Stromschnellen des Eisernen Tores bei Orsawa vorläufig noch keine Dampfpassage möglich. Eine Vergnügungsreise war die Fahrt auf den kleinen Dampfbooten wahrlich nicht, selbst die so genügsame Ida Pfeiffer führte beredt Klage: »Es ist gar nicht zu beschreiben, was man alles auf diesen Schiffen auszustehen hat. Ungepolsterte Bänke gehören bei Tag zum Sitzen, bei Nacht zum Schlafen. Von einem Waschbecken des Morgens ist keine Spur zu entdekken ... den Ofen hatte man schon in Wien von seinem Plätzchen verbannt ... eine größere Unordnung wie da kann es nicht leicht geben ... von Pest abwärts sind die Frauen gezwungen, mit den Männern die Nacht in einer Kajüte zuzubringen.« Die sparsame Reisende setzt auch Leistung und Preis in Relation: »Ich sollte doch glauben, daß man für die hohen Preise dieser Fahrt auf etwas Besseres Anspruch machen könnte. Der erste Platz bis Konstantinopel kostet ohne Zehrung und mit Ausnahme der Nachtlager in Preßburg und Pest hundertzwanzig Gulden, der zweite Platz fünfundachtzig Gulden.« Mit letzterem hatte sie vorlieb genommen, standen ihr doch nicht unbegrenzt Mittel zur Ver-

fügung. Ab Galatz fährt sie dann auf dem Dampfschiff
›Ferdinand‹; sie kann nun vergleichen und meint: »Der Ferdinand ist kein großes, aber ein starkes und bequem gebautes
Schiff. Sogar die Kajüte des zweiten Platzes ist nett, und ein
niedliches Öfchen verbreitete, da wir selten mehr als sechs
bis acht Grad über Null hatten, eine sehr wohltuende
Wärme. Eine besondere Abteilung für Frauen ist leider auf
dem zweiten Platz nicht vorhanden, jedoch wird wenigstens
darauf gesehen, daß von dem dritten Platz niemand auf den
zweiten darf. An den Wänden laufen ringsherum zwölf
Schlafstellen, und vor den selben befinden sich gut gepolsterte breite Bänke.«

Die große Zeit der Steamboats

Nun fand die Dampfschiffahrt auf großen Strömen in jenen
Jahren nicht immer unter solchen Voraussetzungen statt. In
den Vereinigten Staaten, wo die Erschließung und Besiedlung des jungen Landes in erheblichem Maße über die großen Binnenwasserstraßen geschah, erreichten damals die
Steamboats, etwa auf dem Mississippi, was Raumangebot
und Komfort betrifft, sogar einen legendären Standard.

Wer hat sie nicht vor Augen, diese so behäbig und gelassen,
stolzen Schwänen gleich, auf dem großen Strom einherzie-
henden schwimmenden Paläste? Breit und der vielen Sand-
bänke wegen flach waren sie gebaut; das Heck kragte weit
aus, um beim Anlegen das Ufer zu überragen. Zwei, drei und
mehr Decks waren dem niederen Schiffskörper aufgesetzt,
beherrscht von den beiden mächtigen Schornsteinen, die
durch Drahtseile gesichert wurden. Dunkler Qualm entquoll
diesen Zwillingsessen, auf dem windungsreichen Strom oft
schon von fern das Nahen des Schiffes meldend. Zu beiden
Seiten war der Koloß eingerahmt von den gewaltigen
Schaufelrädern, doch gab es auch einen Typ, der zum Antrieb ein einziges, am Heck montiertes Rad verwendete, das
die ganze Breite des Dampfbootes einnahm. So um 1840
setzten sich auf den Booten Dampfmaschinen mit Hoch-

Großer Salon im Luxusdampfer New York–Albany, Lithographie

druckkessel durch, die Schiffe wurden so im Bau billiger und erreichten höhere Geschwindigkeiten. Die Passagiere allerdings hielten solche Fahrzeuge für nicht ungefährlich – wohl mit gutem Grund. Als Charles Dickens auf seiner

Amerikareise ein so ausgerüstetes Schiff benützt, meint er: »Ich habe das Gefühl, mich im ersten Geschoß einer Pulvermühle zu befinden.« Auf ihn wirkte der Anblick eines Steamboats sowieso äußerst befremdend: »Die westlichen Dampfboote entsprechen in keinem Punkt den Vorstellungen, die wir von einem Schiff haben. Sie besitzen weder Mast noch Tauwerk, weder Takelage oder Bootsgeschirr noch irgendetwas in ihrer Gestalt, das an einen Bug, ein Heck oder an den Kiel eines Schiffes erinnert. Sieht man davon ab, daß sie sich im Wasser befinden, so könnte man meinen, sie seien für irgendeine geheimnisvolle Aufgabe bestimmt, die hoch und trocken auf dem Gipfel eines Berges zu erfüllen ist.«

In den fünfziger Jahren erreicht die Schiffahrt auf dem Mississippi und seinen Nebenströmen einen ersten Höhepunkt; dann ließen die Wirren des amerikanischen Bürgerkrieges vorübergehend den Verkehr darniederliegen. Später, um 1870, brach die eigentliche Glanzzeit der Steamboats an: »Wenn ein Fahrgast an Bord eines Steamboats ging«, erinnert sich Mark Twain, »so betrat er eine neue, zauberhafte Welt: Lotsenhaus, Sturmdeck und Hauptdeck geziert von weißem, vergoldeten Filigranwerk in geschmackvollem Muster; vergoldete Hirschgeweihe über der großen Glocke, prachtvolle allegorische Darstellungen auf den Verkleidungen der Schaufelräder. Das geräumige Hauptdeck blau gestrichen und möbliert mit Armsesseln im Windsorstil. Porzellanknöpfe und Ölbilder zieren jede Kabinentür, vergoldete Filigranmuster verstellen die Aussicht. Riesige Wandleuchter schmücken den kleinsten Raum, jeder ein Aprilschauer glitzernder Glastropfen. Liebliches Regenbogenlicht dringt durch die farbig verglasten Deckenöffnungen, ein verwirrendes und ergötzliches Schauspiel. In der Damenkajüte liegt ein rosa und weißer Wilton-Teppich, weich wie Maismus und geschmückt mit einem entzückendem Muster riesiger Blüten.«

Auf der langen Reise den Strom hinauf war dies die Welt der Vergnügungsreisenden und Handelsvertreter, der Spieler und Glücksritter, der Auswanderer und Siedler. Vier Tage

dauerte die Reise von New Orleans nach St. Louis. Bis zu
130 Meter lang waren die größten dieser schwimmenden
Grandhotels, allein der Speisesalon mochte 70 Meter und
mehr messen. Hier wurde diniert und getanzt, gespielt und
geruht. Zu beiden Seiten flankierten nämlich die Kabinen
der Passagiere den langen Saal, der oft auch noch in das
nächste, das sogenannte Promenadendeck hineinragte. Auch
hier waren noch Kabinen untergebracht, umzogen von den
weiten Flächen des Außendecks, wo man spazieren, in der
Sonne liegen oder im Geplauder die langen Tage der Reise
verbringen konnte.

Kam es aber vor, daß zwei Schiffe in der gleichen Richtung parallel fuhren, so war das gern Anlaß eines kleinen
Wettrennens. Getrieben vom Ehrgeiz der Kapitäne und an-
gestachelt von den Prämien der wettlustigen Passagiere, zogen dann die qualmenden Kolosse nebeneinander durch die
Fluten, bis der nächste Anlegeplatz das Duell zwangsläufig
beendete.

Zwei Steamboats waren es in jenen Jahren auf dem Mississippi, denen der Ruf besonderer Schnelligkeit zuteil wurde.
Das eine war der ›Robert E. Lee‹, der unter Captain John
W. Cannon gewöhnlich die lange Reise von New Orleans
nach St. Louis und den Strom hinunter zurück machte, das
andere der ›Natchez‹ mit Captain Leathers. Er befuhr normal
im Unterlauf das Gebiet zwischen der Mündung und Vicks-
burg. Als sich im mittleren Westen herumsprach, daß beide
ein Wettrennen vereinbart hatten, geriet das ganze Land
in helle Aufregung. Große Wetten wurden abgeschlossen,
jedermann hatte seinen Favoriten, war doch von beiden
Schiffen bekannt, daß sie den Strom hinauf 18 Knoten damp-
fen konnten und mit dem Wasser abwärts sogar 25 Meilen
in der Stunde machten. Am 30. Juni 1870, nachmittags vier
Uhr setzten sich die zwei Rivalen in New Orleans in Fahrt.
Tag für Tag und Nacht für Nacht zogen sie qualmend und
stampfend den Strom hinauf, immer dicht beieinander. Als
plötzlich bei Devil's Island Nebel einfiel, fuhr der ›Robert E.
Lee‹, dem die Strecke hier vertraut war, mit unverminderter

Raddampfer auf dem Mississippi, Lithographie

Geschwindigkeit weiter. Captain Leathers aber ließ den
›Natchez‹ stoppen, da sein Boot größeren Tiefgang hatte
und ihm die Fahrtrinne auch nicht genau bekannt war. Als
sich der graue Schleier endlich lichtete und sein Schiff wieder
Fahrt aufnahm, waren sechs lange Stunden vergangen.
6 Stunden und 33 Minuten war dann auch die Zeitdifferenz,
mit der er schließlich in St. Louis eintraf. Der ›Natchez‹ hatte
also seinen Rückstand nicht mehr verkürzen können. Die
Fama berichtet sogar, daß bei der Aufholjagd schließlich
auch das Mobilar des Schiffes verfeuert wurde. So waren
der ›Robert E. Lee‹ und Captain Cannon mit einer Zeit
von 3 Tagen, 18 Stunden und 30 Minuten glückliche und
umjubelte Sieger; doch die Anhänger des ›Natchez‹ mochten
sich mit dem Ausgang des, wie sie meinten, irregulären
Rennens nicht abfinden. ›The famous Steamboats Race‹
sorgte noch lange Zeit für Gesprächsstoff, eiligst hergestellte
farbige Lithographien wurden schnell in Umlauf gebracht,
das berühmte Ereignis lebte fort in Lied und Wort und
wurde schließlich Teil der Geschichte des großen Stromes.

Als aber die Eisenbahnen das weite Land mit einem Netz dichter Verbindungen überzogen, verlor die Schiffahrt auf Mississippi, Missouri und Ohio schnell an Bedeutung. Dem Trumpf der größeren Geschwindigkeit auf den Schienenwegen hatten die zwar bequemen, aber schwerfälligen Steamboats nichts entgegenzusetzen. Was ihnen blieb, war die Gewißheit, ein nicht nur amüsantes, sondern auch wichtiges Kapitel im Buch der Schiffahrt geschrieben zu haben.

Am Hafen von San Francisco, Holzstich 1868

BEI EINEM WIRTE WUNDERMILD

»Komm zu mir, oh lieber Gast,
Wenn Du Geld im Beutel hast.«

(Wandspruch in der Posthalterei
zu Benediktbeuern, 1826)

Der Wanderer ist rechtschaffen müde. Seit drei Uhr morgens
ist er schon auf, um die Gelegenheit zu nützen, auf dem
Brieffelleisen ein Stück mitgenommen zu werden, »einem
kleinen Wägelchen, auf dem man kaum sitzen konnte«. Einige Tage war er nun schon – von München kommend –
unterwegs; Hamburg, die Heimatstadt ist das Ziel. Mit geringen Ausnahmen geht die Reise auf Schusters Rappen, im
kalten und feuchten März des Jahres 1839 bei lehmigen
Landstraßen und verschneiten Pfaden kein Vergnügen.

Doch die Fahrt auf dem kleinen Postwagen wird schließlich unerträglich: »Ohne Mantel, mit nassen Stiefeln, eine
wahre Tortur.« So verläßt unser Reisender, es ist der Dichter
Friedrich Hebbel, in Hildburghausen das Fahrzeug. Seine
Stimmung ist trüb; ohne abgeschlossenes Studium, mittellos
und abhängig von fremden Zuwendungen, hat er die bayerische Hauptstadt verlassen. Nun, weil er allein sein möchte,
wählt er einen schmalen Fußsteig, der über die Höhen des
Thüringer Waldes hinüber nach Suhl führt. Dreißig Kilometer zieht sich der beschwerliche Weg durch den einsamen

Forst und »über den schmalen, auf beiden Seiten von himmelhoch getürmten Schneebergen eingefaßten Pfad«.

Um drei Uhr am Nachmittag kommt der Wanderer endlich in die kleine Stadt, durchfroren, naß und müde. Doch schnell ist alles Ungemach vergessen: »In Suhl fürchtete ich, mit einer Kneipe vorlieb nehmen zu müssen, und wurde mit dem besten Wirtshaus überrascht, das ich noch auf der ganzen Reise getroffen. Ein schön geheiztes Zimmer nahm mich auf; ein zuvorkommender Kellner bemühte sich aufs freundlichste um den äußerlich nichts weniger als glänzenden Gast; da es mein Geburtstag war, ließ ich mir Kaffee bringen, der, köstlich bereitet, mich an Leib und Seele erfrischte. Abends sehr schönes Essen, die ersten guten Kartoffeln seit langer Zeit, Hecht und Kalbsbraten; nur dazu leider die unausstehliche Gesellschaft großprahlerischer Handlungsdiener. Abends Konzert und Ball, wozu ich von dem Wirt, der nebst dem Kellner im Kasino, jener dirigierend, dieser musizierend, am Konzert thätigen Anteil nahm, eingeladen wurde, was ich jedoch, da ich keinen Frack, ja nicht einmal ordentliche Stiefel bei mir führte, ablehnen mußte.«

Der Dichter hat auf seiner sechzehntägigen Wanderschaft Tagebuch geführt, dem wir manche Notiz über die jeweils vorgefundene Unterkunft verdanken; ein bemerkenswertes Zeugnis von den Möglichkeiten der Beherbergung, mit denen ein wenig bemittelter Reisender in jenen Jahrzehnten vorlieb nehmen mußte: »Das Wirtshaus war nicht besonders, schlechte Aufwartung für teure Bezahlung. [Pfaffenhofen] ... Ließ ich mich verführen, zu Mittag zu essen, und mußte für das nämliche Essen doppelt soviel zahlen als ein Handwerksbursche, der dort ebenfalls aß. [Roth] ... Gutes Logis um äußerst billigen Preis. [Schwabach] ... Vortreffliches Wirtshaus und nicht übertrieben teuer. [Celle] ... Eine unheimliche Nacht, schmutzige Betten, häßliche Menschen im Hause, mein Zimmer war nicht zu verriegeln, nicht einmal die Fenster hatten Läden. [Bauernhof in der Lüneburger Heide]« Fürwahr: Nieten und Treffer lagen seinerzeit für den müden und hungrigen Wandersmann dicht beieinander.

Einer Gelegenheit zum Übernachten bedurfte der Reisende freilich schon von jeher. Wie im Postwesen und im Straßenbau hatten die Römer zu ihrer Zeit auch im Gastgewerbe vorbildliche Einrichtungen geschaffen. Im Mittelalter aber lagen diese so wichtigen Formen menschlicher Zivilisation darnieder; Güterverkehr und Individualreisen gingen auf ein Minimum zurück. Die Kriegsheere schafften sich ihr Unterkommen sowieso mit Gewalt, und die großen Herren kehrten, wenn sie auf Reisen gingen, bei ihresgleichen ein.

Die im 12. Jahrhundert einsetzenden Pilgerzüge und eine zunehmende Belebung des Handels förderten dann das Entstehen eines bescheidenen Gastgewerbes. Pilgerherbergen säumten die heiligen Wege, die Klöster gewährten Gastlichkeit, und auf den Scheitelpunkten der einsamen Paßstraßen boten die Hospize Unterkunft. Für den mittellosen Wanderer aber gab es mancherorts die ›elenden Herbergen‹ oder die Spitäler. Entlang der Handelswege fand man in den Tafernwirtschaften (vom italienischen ›taverna‹) Zehrung und Nachtlager, während in den größeren Städten auch seinerzeit schon Gasthöfe bereitstanden, die einigen Komfort aufzuweisen hatten. Noch im 16. Jahrhundert aber konnte es vorkommen, daß die Fuhrleute, wegen der größeren Sicherheit sowieso in Kolonnen fahrend, des Nachts ihre Fahrzeuge zu einer Wagenburg zusammenstellten. Jung-Stilling berichtet, daß sein Vorfahr um 1530 bei seinen Handelsreisen durch Deutschland so gehandelt hatte: »Des Abends stellten sie die Karren in einem Kreis herum, so daß einer an den anderen stieß ... einer von ihnen hielt Wache, und die anderen krochen unter ihre Karren ins Trockene und schliefen.«

Als sich aber nach dem Dreißigjährigen Krieg, von den Brennpunkten des Handels ausgehend, wie etwa Nürnberg oder Leipzig, das Postfuhrwesen entwickelte und damit das Fortkommen bei aller Unbequemlichkeit doch leichter wurde, erforderte das System der fahrenden Posten in kürzeren Abständen Gelegenheiten, Pferde und Kutscher zu wechseln, sein Essen einzunehmen oder auch zu übernachten.

Diese Postgasthäuser wurden bald zu Fixpunkten einer mit zunehmendem Verkehr wachsenden Gastronomie.

Wie es, selbst zu nächtlicher Stunde, in einer solchen Postwirtschaft zuging, berichtet Heinrich Heine, der 1824 von Berlin nach Göttingen reiste: »Als wir nun um Mitternacht nach dem Harzgeroder Posthause gelangten, fanden wir die halbe Stube mit Passagieren gefüllt, die teils mit anderen Postwagen, teils mit Extra gekommen waren und dort Kaffee tranken, ihre Pelze an- und auszogen, mit dem Postmeister laut zankten, über das Wetter fluchten und Katzenjammergesichter schnitten.«

Eine ganz normale Übernachtung

Was erwartete aber nun einen Reisenden, der in den ersten Jahrzehnten des 19. Jahrhunderts unterwegs war und ein Nachtlager suchte? Nehmen wir an, dieser Reisende war mit eigenem Wagen gefahren und hatte sich mit Hilfe der Postillions und Rösser der jeweiligen Postverwaltung per Extrapost befördern lassen. Das gab ihm Gelegenheit, sich durch einen Laufzettel, den der vorausfahrende Postwagen mitnahm, sein Nachtlager reservieren zu lassen. Abends fuhr also unser Passagier in einer der vielen schlafmützigen Kleinstädte ein, müde von der langen Tagestour über meist bucklige Straßen, deren Staub ihn nicht nur überpudert, sondern auch die Augen gerötet und die Kehle ausgetrocknet hatte. Vor dem Posthause hält man, dienstbare Geister bringen Koffer und Reisekisten ins Haus, der Wirt selbst läßt es sich nicht nehmen, den Gast auf sein Zimmer zu führen. Wenn unser Reisender Glück hat, ist er dort allein; oft genug aber sind mehrere Betten in dem geräumigen Gemach untergebracht, so daß er mit Schlafgenossen rechnen muß. Daß zusammen reisende Passagiere auch gemeinsam nächtigen, wird meist vorausgesetzt. Eckermann berichtet von einem Ausflug, den Goethe mit ihm 1827 nach Jena unternommen hatte: »Es war indes gegen sechs Uhr geworden, und Goethe fand es an der Zeit in unser Nachtquartier zu gehen, das er im Gasthof ›Zum Bären‹ hatte bestellen lassen. Man gab uns ein geräumiges Zimmer, nebst einem Alkoven mit zwei Betten.«

Als sonstige Ausstattung wird unser Reisender in seinem Zimmer sicher einen Kleiderkasten und eine Kommode vorgefunden haben. Auf letzerer war dann auch die ganze sanitäre Einrichtung des Gemachs untergebracht: Waschschüssel und Wasserkrug, daneben ein oder zwei Handtücher, deren geringe Abmessungen immer wieder Anlaß zu Klagen gaben. An fließendes Wasser war noch lange nicht zu denken; Mitte des Jahrhunderts führte als erste deutsche Großstadt Hamburg eine Wasserversorgung ein, und auch dann dauerte es noch viele Jahrzehnte, bis sich dieser Luxus andernorts durchsetzen konnte. Bad oder Dusche waren im Gasthof sicher nicht zu finden. Als Karl J. Weber 1824 Bayern bereist, stellt er in Augsburg als höchst außergewöhnlich fest: »Die Traube hat etwas, was selbst Franfkurter Gasthöfen abgeht: Hausbäder.« Als Pückler-Muskau einmal in Bamberg übernachtet und ein Bad einnehmen möchte, ist er glücklich, daß die Stadt über eine öffentliche Einrichtung dieser Art verfügt: »Ich begab mich ins Bad, ein sehr wohlgehaltenes und freundliches Etablissement, mitten in einem Garten gelegen, das die Stadt einem jungen Arzt verdankt. Die Menge ist aber in dieser Hinsicht noch sehr unzivilisiert. Der Entrepreneur klagte, kaum auf seine Kosten zu kommen, weil Niemand, dem die Ärzte es nicht als Chur empfohlen, der bloßen Reinlichkeit wegen Bäder zu nehmen pflege.« Selbst als man noch im Jahre 1875 in Berlin das Hotel de Rome modernisiert, wird besonders darauf hingewiesen, daß das Haus nun im Erdgeschoß auch über Bäder verfüge. Vorher hatte dieser angesehene Gasthof lediglich transportable Wasserwannen gehabt. Isidor Kastan, der Berliner Chronist, berichtet, daß damals auch der König sich gerne sein warmes Bad vom Hotel de Rome ins gegenüberliegende Stadtpalais unter den Linden bringen ließ. Als 1898 endlich Cäsar Ritz sein berühmtes Hotel in Paris eröffnet, verfügt nun erstmals jedes Zimmer über eine eigene Badeeinrichtung.

Unser Reisender wird sich also, wohl oder übel, mit seinem spärlichen Wasservorrat begnügen müssen. Draußen ist es inzwischen dunkel geworden, für sein Zimmer hat man ihn nur mit einem bescheidenen Wachslicht versorgt. Etwas heller mochte es da in der Gaststube sein, doch auch dort brennen nur einige Lampen, gespeist mit Petroleum oder Rüböl. Unwahrscheinlich ist, daß der Gasthof den Luxus einer Gasbeleuchtung aufwies; diese fortschrittliche Form der Beleuchtung hatte sich in jenen Jahren erst in einigen Großstädten durchgesetzt und auch dort vorwiegend nur zur Erhellung der Straßen und Plätze. Innerhalb der Gebäude konnte das Gaslicht so recht erst mit der Erfindung des Gasglühstrumpfes ab 1892 Einzug halten. Hatte der Passagier nun sein Nachtmahl eingenommen und sagte ihm am Tisch die Gesellschaft der, wie Hebbel meint, »großprahlerischen Handlungsdiener« nicht zu, so blieb ihm nur noch der Rückzug auf sein Nachtlager. Versehen mit seinem Wachslicht, das eine ganze, lange Nacht genügen mußte, stieg er die Treppe nach oben. Dieses Licht wurde neben Bett und Trinkgeld stets noch gesondert in Rechnung gestellt und war ein Quell ständigen Ärgers bei deren morgendlicher Begleichung. Für die Gasthöfe am Rhein etwa vermerkt Baedeker 1849: Zimmer von 15 Silbergroschen an (der Taler hatte 30 Silbergroschen), Bedienung 5 bis 7 ½ Silbergroschen und für das Wachslicht noch einmal 5 Silbergroschen. Der reisekundige Verfasser hält aber, wie so oft, für seine Leser guten Rat bereit: »Die unangenehme Ausgabe für Wachslicht läßt sich, sofern das Licht nur kurze Zeit zum Schlafengehen brennen soll, zuweilen dadurch beseitigen, daß man dem anzündenden Kellner erklärt, man wolle kein neues Licht, man wünsche ein abgebranntes oder ein Talglicht.«

Hat man nun also mit seinem teuren und kostbaren Licht sein Zimmer erreicht, so erwartet einen in der kühlen Jahreszeit oft eine unangenehme Nacht in einem kalten, klammfeuchten Bett. Ein gutgeheiztes und vorher durchlüftetes Zimmer war ja bei weitem nicht die Regel. »Da nichts der Gesundheit nachtheiliger ist, als in einem Zimmer, das lange verschlossen war, zu schlafen, so sollte man auch allezeit in dem Zimmer, das einem im Wirtshause angewiesen wird, sobald man hineinkommt, die Fenster öffnen lassen, um die Luft zu reinigen. Hauptsächlich solle man auf die Reinlichkeit des Bettes und frisches überziehen desselben in seiner Gegenwart, was auch in einem guten Gasthofe ohnedies immer der Fall ist, bestehen und daß es nicht feucht sei« (Reichard).

Als die Engländerin Frances Trollope 1836 nach Landshut kommt, klagt sie: »Wir hatten hier die dumpfeste Wäsche, die ich je bekam, erhalten. Das aber sagt viel, denn die Gewohnheit wohlgelüftete und trockene Wäsche zu gebrauchen, scheint in den deutschen Städten wenig bekannt ... aber die Vorsorge, daß wir Bettücher mit uns führten, rettete uns, wie schon so oft vor der unangenehmen Wahl, entweder die ganze Nacht sitzend aufzubleiben oder Kopfweh und Leiden aller Art zu riskieren.«

Sich mit eigenem Bettzeug zu versehen, wenn man auf Reisen ging, mochte in jenen Zeiten gar nicht so selten vorkommen: »Einige Personen pflegen in sogenannten Bettsäcken, die von wasserdichtem Leder gemacht sind und auf dem Koffer oder unter dem Bedientenbock aufgeschnallt werden, ein vollständiges Reisebett, Matratze, Decke, Kissen, Bettlaken und auch noch ein leichtes, eisernes, sich zusammenlegendes Bettgestelle bei sich führen« (Reichard). Fürst Pückler, der die Kunst des Reisens perfektioniert hatte, pflegte so ausgerüstet zu sein, daß er sich, ob im vornehmen Hotel oder in der bescheidenen Stube eines Bauernhauses, immer zu helfen wußte. Einmal bleibt ihm, als er in der fränkischen Schweiz spät abends im einzigen Gasthaus kein Zimmer mehr bekommt und auch im nächsten Dorf schon alles im tiefen Schlaf liegt, nur der Ausweg, bei einem Bauern um Quartier zu bitten: »Etwas Migraine geplagt, hatte ich viele Noth, mich in einer elenden Bauernstube einzurichten. Doch ward Alles durch die große Bereitwilligkeit und Gutmüthigkeit der Leute erleichtert, die mit stiller Verwunderung aus meinen Kästen und Nachtsäcken ein ganzes Bett,

unzählige Büchsen, Bürsten und Flaschen, Eßwaaren, Wein,
Vaiselle und Toiletten, Bücher und Schreibmaterialien, Lampen, Perspective und der Himmel weiß, was sonst noch
alles, nach einander hervorkommen sahen, so daß sie einen
Vexierbeutel vor sich zu sehen glaubten.«

Gut beraten war ein Reisender übrigens auch, wenn er
sich, bevor er das Bett aufsuchte, vergewisserte, ob sein
Zimmer mit dem unerläßlichen Nachtgeschirr versehen war,
denn zu nächtlicher Stunde auf finsteren Fluren nach dem
Abtritt zu suchen, mag oft ein Abenteuer mit ungewissem
Ausgang gewesen sein. Karl J. Weber mußte solche Erfahrungen machen, als er bei seiner Donaureise einmal in Kelheim übernachtete: »Das Städtchen braut auch ein berühmtes
Bier, das sehr tückisch an mir gehandelt hat, und doch gab
mir die sonst gefällige Kellnerin keinen Nachttopf. ›Schaun's
der Herr, do ist a Rinnerl‹, und dieses Rinnerl sollte ich
nachts auf einem langen Gang suchen?«

Reichard, dessen ›Passagier auf der Reise‹ in jenen Jahren
ja noch das Vademekum des Reisenden war, hielt auch hier
guten Ratschlag bereit, den zu befolgen freilich nicht immer
praktikabel gewesen sein dürfte: »Ungereinigter Nachtstühle
solle man sich nie bedienen. Grassieren in einer Gegend
ansteckende Krankheiten, z. B. Ruhrepedemien, so handelt
man klüger, wenn man zur Befriedigung des Naturbedürfnis
lieber das Feld, als einen Gasthofabtritt wählt.«

Bevor man solche Empfehlungen belächelt, möge man
bedenken, daß allein die Cholera seinerzeit in manchen Jahren Zehntausende von Menschenleben forderte, bis dann mit
Einführung der Kanalisation eine wesentliche Verbesserung
der sanitären Verhältnisse eintrat. Besser waren auch in diesem Punkt die Einrichtungen in den englischen Gasthöfen,
die, was den Komfort betraf, damals als führend galten. Fürst
Pückler spricht sich befriedigt über die kunstvoll eingerichteten englischen Klosetts aus, und als Ludwig Börne 1830 in
Paris eine Unterkunft sucht und den Mietpreis des besichtig-
ten Zimmers sehr hoch findet, weist die Wirtin darauf hin,
daß der englische Ort doch allerliebst sei. Wie sich aber

die Weltstadt Paris damals noch ihrer Abwasser entledigte, davon gibt uns wiederum Fürst Pückler ein anschauliches Bild. Spät in der Nacht kehrt er von einem Essen mit Freunden in sein Hotel zurück und lernt nun die andere, dem Fremden sonst verborgene Seite der Metropole kennen: »Statt der eleganten, eilig dahin rasselnden Equipagen wälzen sich jetzt nur langsam ungeheure Fässerwagen dröhnend über das Pflaster, hie und da einige Minuten anhaltend, um durch schnell angelegte Röhren und Schläuche den Inhalt der Kloaken aus den Häusern herauszupumpen.«

Doch zurück zu unserem Reisenden. Wir wollen nun hoffen, daß er eine ruhige Nacht haben wird und nicht zu dem von Reichard den Passagieren bei nächtlichem Lärm in den Gasthöfen empfohlenen Mittel greifen muß: »Man stecke in jedes Ohr in Baumöl eingeweichte Baumwolle, ohngefähr von der Größe einer kleinen Nuß, und stopfe darüber andere trockene Baumwolle. So wird man völlig taub gegen alles Geräusch sein.«

Hat der Reisende nun die Nacht leidlich ruhig verbracht und sich von seinem Bett erhoben, so wird man ihm auf sein Klingeln oder Rufen die geputzten Stiefel und seine vom Landstraßenstaub ausgebürsteten Kleider bringen, und wenn es zur Abreise geht, stehen Hausknecht und Zimmermädchen bereit, Kisten und Koffer wieder hinunter zum Wagen zu schaffen. Mit trinkgeldfrohen Blicken hat sich dann die Schar dienstbarer Geister am Kutschenschlag versammelt, um je nach Großzügigkeit des Gastes enttäuscht oder zufrieden dem davonrollenden Wagen nachzublicken.

Mögen damals mitunter die Betten feucht, die Zimmer kalt und schlecht gelüftet, die nächtlichen Flure dunkel und die Möglichkeit der Körperpflege unzureichend gewesen sein, in einem Belang genoß der Passagier jener Tage einen unvergleichlich höheren Komfort als der Reisende unserer Zeit: An helfenden Kräften war kein Mangel, ja häufig hatte man seinen eigenen Bedienten mit auf die Reise genommen oder engagierte bei längerem Aufenthalt in einer fremden Stadt einfach einen Lohndiener.

»Daß der Himmel mir möchte geben billige, freundliche Wirte!«

So etwa mag also ein Reisender in den ersten Jahrzehnten des 19. Jahrhunderts die Nacht verbracht haben; wohlgemerkt, er hatte sich einem guten Gasthause anvertraut. In einfacheren Herbergen ging es wesentlich bescheidener zu, da konnte es schon noch vorkommen, daß am späten Abend in der Gaststube Tische und Bänke zur Seite geräumt und Stroh zum Nachtlager für die weniger zahlungskräftigen Gäste aufgeschüttet wurde. Als Philipp Otto Runge mit einem Freund 1799 nach einem langen Wandertag nach Potsdam kommt, bietet man ihnen solches Nachtlager an: »Wir waren aufs Gehen so erpicht, daß wir geschwinde nach Potsdam, vier Meilen weiter kamen; hier wurden wir zuerst in ein sehr schönes Haus gewiesen, wo sie uns aber ansinnen wollten, unsre Ränzel unter die Bank zu werfen und darauf zu schlafen; wir zogen es daher vor, sie mit hinaus zu nehmen in ein anderes Wirtshaus, wo wir aber bei andren Handwerksburschen im Bette schlafen sollten.«

Waren die Ansprüche damals auch bescheidener, oft gehörte schon die Unbekümmertheit der Jugend dazu, sich mit primitiven Verhältnissen auseinanderzusetzen. Als der junge Johann Georg Rist 1770 von Hamburg nach Jena zum Studium zieht, quartiert er sich dort im Wucher'schen Hause ein: »Etwa dreißig Burschen mochten hier hausen; aber nur allmählich verdrängte die Gewohnheit und die Nichtachtung der Jugend gegen Entbehrungen den Ekel, welchen die schmutzigen Aufwärterinnen, die schmierigen Wände, die zahllosen Wanzen und das von pfeifenden Mäusen wimmelnde Bettstroh in mir erregten.«

Nicht umsonst hatte Johann Gottfried Seume, als er im Winter 1802 zu seinem Fußmarsch nach Syracus aufbrach, in seinem Reisegebet gemeint: »... daß der Himmel mir möchte geben billige und freundliche Wirte!« Genützt hat ihm dies zumindest nichts südlich von Graz, als er in St. Oswald im einzigen Gasthof einkehren möchte. Schon am Vortag hatte er abends in einem anderen Gasthaus viel

Wein trinken müssen, da man ihn bei kleinerer Zeche sonst aufs Strohlager gewiesen hätte. Nun, hier in St. Oswald will der grobe Wirt gar den Fußwanderer überhaupt nicht aufnehmen. Offensichtlich ist man auf bessere Leute eingerichtet, die vierspännig vorfahren: »Was will der Herr?« – »Essen, trinken und schlafen.« – »Das erste kann er, das zweite nicht!« – »Ist hier nicht ein Wirtshaus?« – »Nicht für Ihn!« – »Für wen sonst?« – »Für andere, ehrliche Leute.« Schließlich wird unser Wanderer in die dunkle Nacht hinausgewiesen; es bleibt ihm nur übrig, auf gut Glück weiterzumarschieren.

Selbst für einen bescheidenen Reisenden war es also damals oft Glücksache, ein einigermaßen zumutbares Nachtquartier zu finden. Eine Reisedisposition war ja mangels Telephon und Telegraphie nur bei sehr langfristiger Vorausplanung möglich und bei der Unsicherheit der Wege und der Unzuverlässigkeit der Verkehrsmittel auch wenig sinnvoll. War dann schließlich das einzige, auf Fremde eingerichtete Gasthaus am Ort schon belegt, dann hieß es, sich mit dem zu bescheiden, was sich sonst bot. Als Frances Trollope, die verwöhnte Engländerin, mit Kindern und Freunden auf dem Ordinarischiff von Regensburg die Donau hinunter nach Wien fährt, legt der Schiffsmeister am späten Abend in Pleinting an. Den ganzen Tag hat es ohne Unterlaß geregnet, die Reisegesellschaft hat nun nur einen Wunsch: möglichst schnell im warmen Zimmer die nassen Kleider vom Leib zu bekommen. Die beiden einzigen Gasthäuser am Ort sind jedoch schon belegt; ein Reisegefährte geht auf Erkundung aus, irgendwo eine Bleibe zu finden: »So standen wir dann, während die Nacht immer schwärzer wurde, auf der kleinen, schmutzigen Straße von Pleinting, ohne zu wissen, ob sie nicht unser einziges Schlafgemach bleiben würde. Endlich kehrte der unermüdliche T. von einem dritten Versuch mit der Nachricht zurück, daß er für die ganze Gesellschaft Betten, wie sie nun immer sein mögen, wenngleich in einem unheimlich aussehenden alten Haus nahe der Donau gefunden habe.« Beklommen steigen die Reisenden die finstere Treppe nach oben. Dort finden sie »ein seltsam großes, düster

aussehendes Zimmer. Auf der einen Seite befand sich eine
Reihe Fenster, die über die Donau hängen, auf der anderen
eine tiefe, finstere Nische, in die wir alle nacheinander mit
dem Lichte gingen, um ihren möglichen Zweck zu erforschen; allein vergebens. An verschiedenen Orten des Zimmers standen sechs Betten, ein Sofa, ein Tisch und Stühle,
gleich als wären sie bei der Versteigerung des Hausrats eines
Schlosses aus dem 14. Jahrhundert erstanden worden.« Ein
weiteres Zimmer mit nochmals drei Betten schließt sich
an, so daß für Platz gesorgt ist. Die Zofe untersucht dieses
Gemach, kommt aber schnell zurück: »Sie versicherte uns
schreckensbleich, daß sich unter einem der Betten ein derart
lockeres Brett befinde, daß sie glaube, dasselbe müsse mit
Vorsatz gelegt worden sein. Wenn die Geschichten, die sie
von Deutschland gehört hätte, wo man Leute durch den
Boden ziehe, um sie zu ermorden, wahr wären, so sei dies
gerade ein Platz dazu.« Große Aufregung, jeder der sieben-
köpfigen Gesellschaft besichtigt eingehend das lockere Brett,
die Mehrzahl ist der Meinung, »daß die besagte Diele zu dem
Zweck, den unsere Dienerin erwähnt hatte, wahrscheinlich
jetzt nicht gebraucht werden konnte«. Schließlich kommt
auch noch der Wirt, um grob zu verkünden, daß er die
beiden nicht benötigten Betten fremden Gästen überlassen
wolle. Um diesen unerwünschten Eindringlingen zu entgehen, schleppt man schnell die beiden Lager aus dem Zimmer,
nicht ohne dem protestierenden Wirt zu versichern, daß man
sie trotzdem bezahlen werde. Jetzt endlich kann sich die
durchnäßte Gesellschaft zur Ruhe begeben: Reisealltag im
Jahre 1836.

Die englischen Gasthöfe

Die Engländer waren damals von ihrem Heimatland her
freilich Besseres gewohnt, galten die Gasthöfe auf der britischen Insel doch als vorbildlich. Johanna Schopenhauer hatte
sie schätzen gelernt, als sie mit einigen Freunden das Land
durchreist: »Durchgängig, auch in den Städten, sind die

englischen Gasthöfe sehr lobenswerth; Zimmer, Betten, Bedienung, Reinlichkeit übertreffen alles, was man in anderen
Ländern, besonders in Teutschland, in dieser Art antrifft. Auf
dem Lande ist's, als käme man zu einem längst erwarteten
Besuch. Der Wirth öffnet selbst den Schlag und hilft den
Reisenden heraus; in der Thüre steht die Wirthin; mit dem
freundlichsten Gesichte von der Welt knickst sie ein halb
Dutzend Mal kurz hinter einander, bemächtigt sich der reisenden Damen sogleich, führt sie in ein besonderes Zimmer
und sorgt auf alle Weise für ihre Bequemlichkeit, während
ihr Mann bei den Herren die Honneurs macht. Wenn man
auch nur die Pferde wechselt, ohne das geringste zu verzeh-
ren, so bleibt diese Höflichkeit sich dennoch gleich, Wirth
und Wirthin begleiten den Reisenden an den Wagen, danken
für die erzeigte Ehre und bitten bald wieder zu kommen.«
Um so größer die Freude des Gastwirts, wenn man die Nacht
in seinem Hause verbringt. Bei der Beschreibung englischer
Liegestätten gerät Johanna Schopenhauer ins Schwärmen:
»Welch ein Bett! Die schönsten Matratzen, die feinsten Bett-
tücher und Decken. Schöne Vorhänge umgeben das Bett,
ein hübscher, kleiner Teppich liegt davor, eine feine, weiße
Nachtmütze und ein Paar Pantoffeln fehlen auch nie dabei,
deren sich reisende Engländer, die immer wenig Gepäck mit
sich führen, ohne alle Scheu bedienen.« Zwanzig Jahre später
bereist Pückler-Muskau die Insel; den berühmten Parks des
englischen Hochadels gilt das Interesse des Fürsten, hat er
doch um sein Schloß in der Lausitz eine weithin berühmte
Parkanlage geschaffen. In London lernt er englische Gasthof-
kultur kennen, bei seinem kritischen Vergleich schneidet die
Gastronomie auf dem Festland schlecht ab: »So ist auch in
den Gasthöfen alles weit reichlicher und im Überflusse als
auf dem Continent. Das Bett z. B., welches aus drei überein-
andergelegten Matratzen besteht, ist groß genug, um zwei
bis drei Personen darauf Platz zu geben, und sind die Vorhänge des viereckigen Betthimmels, der auf starken Maha-
gonysäulen ruht, zugezogen, so befindest Du Dich wie in
einem kleinen Cabinet, ein Raum, wo in Frankreich Jemand

ganz bequem wohnen würde. Auf Deinem Waschtisch fin-
dest Du nicht bloß eine ärmliche Wasser-Bouteille mit einem
einzigen Fayence oder silbernen Krug und Becken, nebst
einem langgedehnten Handtuche, wie Dir in deutschen und
fränkischen Hotels und selbst in vielen Privathäusern, geboten wird, sondern statt dessen wahre kleine Wannen von
chinesischem Porcellain, in die man den halben Leib ohne
Mühe tauchen könnte, darüber Robinets, die im Moment
jede beliebige Wasserfluth liefern; ein halbes Dutzend breite
Servietten, eine Menge große und kleine Kristall-Flaschen,
einen hohen Stell-Spiegel, Fußbecken usw., ohne die anderen
anonymen Bequemlichkeiten der Toilette in eleganter Gestalt zu erwähnen.« Auch der Service in diesen britischen
Nobelherbergen findet die Bewunderung des vornehmen
Reisenden. »Braucht man sonst etwas, so erscheint auf den
Ruf der Klingel entweder ein sehr nett gekleidetes Mädchen
mit einem tiefen Knix, oder ein Kellner, der in der Tracht
oder mit dem Anstand eines gewandten Kammerdieners
respectvoll Deine Befehle entgegennimmt.« Auch bei der
Einrichtung der Räume zieht der Fürst Bilanz: »Gute Teppi-
che decken den Boden aller Zimmer, und im hellen Stahl-
Kamin brennt ein freudiges Feuer, statt der schmutzigen
Bretter und des rauchenden oder übelriechenden Ofens in
so vielen vaterländischen Gasthäusern.« Zum Abschluß seines
Vergleichs kommt Pückler-Muskau freilich auch auf die Kosten solchen Komforts zu sprechen: »... ist die Rechnung
dem angemessen und auch die Waiters müssen ziemlich
ebenso hoch wie eigene Diener bezahlt werden. In den ersten
Hotels ist ein Kellner, für seine Person allein mit weniger als
zwei Pfund Trinkgeld die Woche durchaus nicht zufrieden.
Die Trinkgelder sind überhaupt in England mehr als irgendwo an der Tagesordnung, und werden mit seltener
Unverschämtheit, selbst in der Kirche, eingefordert.«

Nun stellten allerdings gewöhnliche Reisende nicht solch
hochgeschraubte Ansprüche wie Pückler-Muskau, der mit
seiner zum Schlafen eingerichteten Reisekutsche und seinem
komfortablen Gepäck, zu dem auch ein zusammenlegbares

Bett gehörte, sowieso nicht auf ein einfacheres Nachtlager angewiesen war. Wer jung und frisch durch die Welt zog und das Abenteuer jedes neuen Reisetages genoß, der fand auch gern ein bescheidenes Quartier noch behaglich. 1818 kehrt der sechzehnjährige Wilhelm von Kügelgen, dessen ›Lebenserinnerungen‹ später zum Hausschatz der deutschen Bürgersfamilien gehören sollten, von einem Sommeraufenthalt in Thüringen ins Elternhaus nach Dresden zurück. In Öderan übernachtet er »in einer ziemlich ordinären Kneipe, der sogenannten Garküche. Der Wirt, ein behäbiger Mann in Hemdärmeln und gestrickter Zipfelmütze empfing uns vor der Haustür und führte uns ins große Gastzimmer. Es war gerade Zeit zum Abendessen und wir speisten mit der Wirtsfamilie Nierenbraten mit geschmorten Pflaumen, Butterbrot und Käse und dazu ward noch zum Überfluß Flöhaer Bier geschenkt, was damals hochberühmt war ... um neun Uhr brachte mich der Wirt auf mein Zimmer, ein hübsches, weiß gekalktes Kämmerchen mit weiß gescheuertem Tisch und Stühlen von Tannenholz und einem appetitlichen Bett, in dem sichs prächtig schlief. Am anderen Morgen erhielt ich in aller Frühe einen guten Kaffee und frisches Weißbrot.« Beklommen fragt der junge Wanderer nach seiner Schuldigkeit, hat er doch nur noch sechzehn Groschen in seinem Beutel, mit denen er bis Dresden auskommen muß: »Zwei Groschen und acht Pfennige – sagte der Wirt – wenn es dem jungen Herrn nicht zu viel ist.« Es war dem jungen Herren freilich nicht zuviel und fünfzig Jahre später noch meint Kügelgen: »Vielmehr war dies die wohlfeilste Zeche, die ich je zu zahlen hatte.«

Mit dem Aufkommen der Eisenbahnen und mit der Einführung der Dampfschiffahrt auf Seen und Strömen setzte eine schnelle Belebung der Reisetätigkeit ein, die rasch zu einer Ausweitung der Gastronomie und einer Verbesserung deren Komforts führte. Einen Abglanz des Nimbus fremder Hoteleleganz borgte man sich dabei nicht von den gerühmten Gasthöfen der britischen Insel; Vorbild waren vielmehr die französischen Etablissements, zumindestens wollte man

Hôtel de l'Europe am Alsterdamm in Hamburg, 1848

durch die Wahl des Namens diesen Anschein erwecken.
Voran gingen bei diesen Anleihen an gallische Hotelkultur
besonders die preußischen Städte. Gilbert gibt 1791 unter
den ›Wirthshäusern der ersten Klasse‹ in Berlin neun Gasthöfe mit deutschem Namen an, wie ›König von Portugal‹
oder ›Der goldene Hirsch‹, und zwei, die sich Hotel nennen,
das eine ›Hôtel de Saxe‹, das andere ›Hôtel de Russie‹. 1816
empfiehlt Reichard sechs Gasthäuser der ersten Kategorie,
darunter sind allein vier Hotels mit französischem Titel (de
Russie, de Rome, de France, de Paris); man beachte die
enorme Phantasie bei der Namenswahl! 1858 sind es dann
bei Grieben zehn Häuser der Spitzenklasse, alle nennen sich
nun Hotel, die meisten immer noch dabei französierend,
allerdings ist jetzt auch ein ›British Hotel‹ vertreten. Unter
den erstklassigen Häusern weisen jetzt übrigens auch schon
drei auf eigene Bäder hin.

Um die Jahrhundertwende aber überwiegt dann eindeutig das britische Element bei der Namenswahl. Da finden wir in Berlin allein unter den Linden oder dicht dabei: das Carlton, Westminster und Royal, das Bristol, Windsor und Britannia; wohl eine späte Verbeugung vor englischem Hotelstandard und Reisepublikum.

Das ganze 18. Jahrhundert über waren ja die Engländer die Reisenden schlechthin auf dem Kontinent gewesen. Für die Bildung des jungen Gentlemans aus guter Familie war es damals unerläßlich, seine Tour durch die europäischen Residenzen gemacht zu haben. Seine Gewohnheiten und Ansprüche bestimmten mancherorts das Niveau der Gastronomie. Selbst noch während der Kontinentalsperre ist diese Reiselust offensichtlich nie ganz unterbunden worden. Als Johanna Schopenhauer 1806 nach Dünkirchen kommt, berührt sie damit eine der Hauptrouten dieses britischen Reisestroms: »Im Posthause, welches zugleich auch der beste Gasthof der Stadt ist, überraschte uns eine Aufnahme, als wären wir längst erwartet. Es empfing uns ein gut erleuchtetes, hübsch decoriertes Zimmer, in welchem ein belebendes Feuer in dem, mit Vasen voll duftender Blumen geschmückten Kamin hell loderte; Alles sah freundlich und bequem aus. So ist's an allen Orten, welche die reichen reisenden Engländer oft besuchen. Freilich muß man diese von ihnen geschaffenen Bequemlichkeiten dann oft auch mit englischen Guineen bezahlen, aber man thut es gern, erinnert man sich dabei der schlechten Bewirthung und der verhältnismäßig nicht geringen Rechnung der Wirthe in den meisten kleineren Städten Teutschlands.«

Am nächsten Morgen kommt Frau Schopenhauer mit ihren Feunden nach Calais. Hier steht der Gasthof des Herrn Dessein, dem Sterne durch seine ›Sentimental Journey‹ zu Weltruhm verholfen hatte. Hier tauschte sein Held Yorick mit Pater Lorenzo die Tabaksdose, hier hatte er an der Remisentür die Begegnung mit der schönen Dame, und hier grübelte er in der Kutsche, die er erwerben wollte, über die Gründe des Reisens nach und meinte, es gebe deren drei:

»Gebrechlichkeit des Körpers, Schwachheit des Geistes oder unumgängliche Notwendigkeit.« Sternes ›Empfindsame Reise‹ hat Literaturgeschichte gemacht, Herr Dessein aber nützte das Aufsehen des Buches, um seinen Gasthof, wie Johanna Schopenhauer meint, zu einem »der größten der Welt« auszubauen. »Alles was Reisende nur wünschen können, um ihre Launen und Bedürfnisse zu befriedigen, war hier auf einem Punkte vereint anzutreffen. Daß es an dem gehörigen Local nicht fehlte, um eine große Anzahl Fremde der verschiedensten Stände zu bewirten und zu beherbergen, versteht sich von selbst. Aber auch alle Handwerker, alle Waaren, die ein Reisender brauchen kann, alle Gattungen Wagen zum Kauf und zur Miethe, dabei die Gelegenheit den eigenen Wagen zu verkaufen, wenn man ihn nicht mit nach England nehmen will, waren hier zu finden, dazu ein hübscher Garten zur Promenade, und ein Theater darinn, in welchem Dessein eine Truppe unterhielt, welche die kleinen französischen Operetten artig genug spielte. Für Alles war gesorgt, Alles aufgeboten, den Fremden und seine Guineen in Beschlag zu nehmen.«

Mit dem Ende der Napoleonischen Kriege aber wird zwar die Reiselust der Engländer nicht geringer, doch stehen die Mittel hierfür offensichtlich nicht mehr schier unbeschränkt zur Verfügung. Wieder ist Frau Schopenhauer unser Zeuge. Als sie im Sommer des ersten friedlichen Jahres 1816 nach Heidelberg kommt, stellt sie fest: »Überhaupt werfen die jetzigen Engländer auf Reisen den Leuten nicht mehr die Guineen an die Köpfe, wie sonst wohl geschah; sie zeichnen sich eher auf ganz entgegengesetzte Weise aus; dafür werden auch in dieser ganzen Gegend die elegantesten Reisekutschen an den guten Gasthöfen aus vorgeblichem Mangel an Raum abgewiesen, sobald der Wirth Britten darin spürt, und ich traute meinen Augen nicht, da ich dies zuerst hörte und sah. So ändern sich die Zeiten und Sitten. Vor zwanzig Jahren durfte ein Deutscher sich mit seinem Geldbeutel kaum in die Gasthöfe wagen, welche von den großen Milords besucht wurden, denn damals war jeder Engländer wenigstens ein

Lord, und jetzt habe ich es wirklich erlebt, daß einer den in Heidelberg sehr billigen Preis der Wirthstafeln für seine Damen noch billiger haben wollte, weil diese weniger äßen als die Männer.«

An der Table d'hôte

Gut und preiswert übernachten zu können war aber nun nur eines der Angebote, auf die der Reisende angewiesen war, ebenso wichtig war ihm auch die Möglichkeit, schmackhaft und günstig zu speisen. Hier hatte sich schon Ende des 18. Jahrhunderts eine Einrichtung durchgesetzt, die für lange Jahrzehnte als Mittagstisch fast obligatorisch sein sollte: die Table d'hôte. Für jedes Gasthaus, Hotel oder Restaurant, das Anspruch auf ein gewisses Niveau erheben wollte, war seinerzeit dieses feste Mittagsmenü unverzichtbar. Jeden Tag, etwa um 13 oder 14 Uhr oder auch später, versammelten sich Hausgäste, durchreisende Passanten, aber auch Essenswillige aus der Stadt im Speisesaal des Hauses. Dort war eine lange Tafel gedeckt, an der, zumindest für die Stammgäste, eine feste Sitzordnung galt. Zu Speisen gab es eine einheitliche Folge von Gerichten oder Schüsseln, wie man gerne sagte, darunter ein oder zwei Fleischgänge und oftmals auch Fisch. Bei einer kleineren Tischrunde wurden die Schüsseln vor den ›dienstältesten‹ Gast gestellt. Der hatte dann das zweifelhafte Vergnügen, den anderen Teilnehmern am Mittagstisch vor-legen zu dürfen. Johanna Schopenhauer hatte schon Anfang des Jahrhunderts diese Sitte in England kennengelernt: »Bei den öffentlichen Tischen herrscht auch ein eigenes Zere-moniel; der zuletzt Angekommene wird ganz unten hin placirt und rückt, sowie er Nachfolger bekommt, immer höher hinauf, bis er endlich die Ehrenstelle oben am Ende der Tafel erhält.« Solches Amt gab aber auch die Möglichkeit, sich selbst mit den besten Stücken zu bedenken oder einen anderen, mißliebigen Gast mit den schlechtesten. Heinrich Heine erzählt in der ›Reise von München nach Genua‹ ein Beispiel: »Es kann sich sogar fügen, lieber Leser, daß Du zu

Cassel an der Table d'hôte neben besagtem Philister zu sitzen kömmst, und zwar an seine linke Seite, und er ist just der Mann, der die Schüssel mit braunen Karpfen vor sich stehen hat und lustig austheilt; – hat er nun eine alte Pique auf Dich, dann reicht er die Teller immer rechts herum, so daß auch nicht das kleinste Schwanzstückchen für Dich übrig bleibt. Denn ach! Du bist just der Dreizehnte bei Tisch, welches immer bedenklich ist, wenn man links neben dem Trancheur sitzt, und die Teller rechts herum gereicht werden. Und keine Karpfen bekommen, ist ein großes Uebel, neben dem Verlust der Nationalkokarde vielleicht das größte. Der Philister, der Dir dieses Uebel bereitet, verhöhnt Dich noch obendrein, und offeriert Dir die Lorbeeren, die in der braunen Sauce liegen geblieben; – ach! was helfen einem alle Lorbeeren, wenn keine Karpfen dabei sind!«

Besondere Ansprüche wurden an die Table d'hôte in den Zentren des Tourismus oder des Handels gestellt, wo zahlreiche Fremde zusammenströmten und die Gasthöfe mit dem Glanz ihrer Tafel sich um deren Gunst bewarben. 1820 kommt der Engländer John Russell nach Frankfurt, es ist gerade Messe und das Gedränge in den Gasthöfen entsprechend: »In den Gasthöfen pulsiert das eigentliche Leben. Koch und Kellermeister haben seit Monaten den großen Feldzug vorbereitet. Speisekammer und Dienerschaft sind in Kriegszustand gesetzt. In einem Hotel finden sich etwa hundertfünfzig Personen in allen Sprachen konversierend, um den langen Tisch.« Auch Hamburg war ein solches Zentrum des Handels, hier wurden die Gepflogenheiten der Gastronomie auch wesentlich von den geschäftlichen Verbindungen der Kaufmannschaft geprägt, und die gehen hier natürlich meist nach England. 1805 kommt der junge Joseph von Eichendorff in die Hansestadt. Mit einem Freund steigt er im ›Schwarzen Adler‹ ab, wo die beiden »ein eigenes Stübchen« bekommen. »Hier bot uns das Gewühle von eleganten Equipagen und Menschen aus allen Nationen ein neues interessantes Schauspiel dar, und wir waren anfangs von dem Leben und Treiben dieses ungeheuren Ganzen halb betäubt. Nicht weniger frappierte uns auch die hiesige Lebensweise, welche ein Vorspiel Londons ist. Nirgends nämlich wird hier vor halb vier zu Mittag oder zu Abend gegessen. Bier, als gewöhnlichen Trank, scheint man hier nicht zu kennen, überall wird durchaus Rotwein getrunken. Wir speisten in unserem Hause an dem glänzenden Table d'hôte, wo wir das Vergnügen hatten, Menschen in achterlei Sprachen auf einmal sprechen zu hören.«

Auch die Restaurants in Paris waren wegen ihrer opulenten Tafel gerühmt. 1836 unternimmt Franz Grillparzer, sonst von der heimatlichen Wiener Küche verwöhnt, eine Reise in die französische Metropole: »Ich schleppte mich in mein Gasthaus, wo ich bis zur Essenszeit (halb sechs Uhr) meinen plan de Paris studierte. Table d'hôte von wenigstens zwanzig (!) Schüsseln, von einer Feinheit der Zubereitung, von der man in Wien, aber die Wahrheit zu sagen, in diesem Grade auch in den meisten anderen Pariser Gasthäusern, keine Vorstellung hat.«

In Wien wiederum war der gemeinsame Mittagstisch nicht üblich, sehr zum Leidwesen der Gäste, die aus den deutschen Staaten an die Donau kamen: »Unsere interessante table d'hôte kennt man garnicht, man speist entweder allein auf dem Zimmer, oder wohl auch in Gesellschaft im Wirthszimmer, aber an besonderen Tischen nach dem Zettel, jeder für sich, stille, vertieft über die Auswahl der Speisen und totus in illis! Diese Art zu speisen, füllet bloß den Magen, löset aber alle Bande der Geselligkeit, Geist und Herz bleiben leer, und der gefüllte Magen geht in einer halben Stunde wieder weiter tutto solo« (Karl Julius Weber). Gerade aber die Möglichkeit der Konversation und des Kennenlernens weiterkommender Reisender wurde von vielen am gemeinsamen Mittagstisch besonders geschätzt.

Auch Reichard weist in seinem Handbuch auf den Vorteil des gemeinsamen Mittagstischs hin, Bekanntschaften zu schließen und Neues zu erfahren: »Jeder einzelne Reisende speiset wohlfeiler und unterhaltender an der Wirthstafel, als allein auf seinem Zimmer. Solche Wirthstafeln sind vorzüglich da aufsuchenswerth, wo rechtliche Einwohner des Orts sich daran mit einzufinden pflegen. Man macht dann oft sehr interessante Bekanntschaften.«

Die Alternative zur Table d'hôte war damals das Speisen auf dem Zimmer. Dorthin konnte man sich die gleiche Speisenfolge, die unten den Gästen gereicht wurde, bringen lassen. Das hatte freilich auch den Vorteil, daß man sicher sein konnte, die einem zustehende Portion auch wirklich zu bekommen, ohne daß andere Gäste sich die besten Stücke aus den Schüsseln angelten: »Eine Unbequemlichkeit haben diese Wirthstafeln: Wer nicht zugreift, sondern den Bescheidenen macht, der riskirt, hungrig aufzustehn und von mancher Schüssel nur den Anblick gehabt zu haben.«

Vor allem die führenden Hotels legten großen Wert auf einen gut besuchten Mittagstisch; trug ein solcher Ruf doch dazu bei, als gesellschaftlicher Mittelpunkt der Stadt zu gelten. Tafeln von insgesamt zweihundert Gästen waren da keine Seltenheit. Grieben vermerkt 1858 für Dresden ›Dehmel's Victoria-Hotel‹ und gibt ihm das Prädikat »großartig«, der Table d'hôte des Etablissements verleiht er sogar die Note »vortrefflich«. Als Zeitpunkt des Menüs wird hier 16 Uhr vermerkt. Einige Häuser wiederholten sogar die Speisenfolge und boten zwei Tischzeiten, etwa 13 Uhr und 16 Uhr an. Bei solch großer Gästezahl war freilich die Intimität der kleinen Tafel, wie sie Johanna Schopenhauer schildert und an der ein bevorzugter Gast die Rolle des Hausherren übernimmt, nicht mehr möglich. Hier mußten flinke Kellner dafür sorgen, daß keiner der Speisenden zu kurz kam. 1830 begleitet Eckermann Goethes Sohn auf dessen Italienreise, von der August von Goethe nicht mehr zurückkehren sollte. Erste Station der beiden ist Frankfurt; Eckermann schildert die dortige Table d'hôte, wo der Oberkellner seine Bewunderung erregt hatte: »Mittags an der Table d'hôte sah ich viele Gesichter, allein wenige von solchem Ausdruck, daß sie mir merkwürdig sein konnten. Der Oberkellner jedoch interessierte mich in hohem Grade, so daß denn meine Augen nur ihm und seinen Bewegungen folgten. Und wirklich, er war ein merkwürdiger Mensch. Gegen zweihundert Gäste saßen wir an langen Tischen, und es klingt beinahe unglaublich, wenn ich es sage, daß dieser Oberkellner fast allein die ganze Bedienung machte, indem er alle Gerichte aufsetzte, und abnahm, und die übrigen Kellner ihm nur zureichten und aus den Händen nahmen ... Und so flogen Tausende von Schüsseln und Tellern aus seinen Händen auf den Tisch, und wiederum vom Tisch in die Hände ihm folgender Bedienung ... Dabei war er immer vollkommen ruhig und sich bewußt, und immer bereit zu einem Scherz und einer geistreichen Erwiderung, so daß ein beständiges Lächeln auf seinen Lippen schwebte.«

Et ego vos restaurabo!

Erst allmählich kann sich neben den Gemeinschaftstischen der Gasthöfe und Hotels auch das Restaurant als Speiselokal ohne Übernachtungsmöglichkeit durchsetzen. Hier aber wird neben der Table d'hôte auch das Speisen nach der Karte angeboten, das dem Gast ein wesentlich größeres Maß an individueller Auswahl bietet und ihn auch vom Zwang der nicht immer angenehmen Tischgesellschaft befreit. Schon Goethe hatte geäußert, »keine Erfindung des Jahrhunderts verdiene mehr Bewunderung, als daß man in Gasthäusern an besonderen kleinen Tischchen nach der Karte speisen könne.« Doch noch 1894 klagt Theodor Fontane über unzeitgemäße Gebräuche und schmäht dabei auch die nun schon in die Jahre gekommene Table d'hôte: »... vor allem weg mit dem großen Reisetyrannen, dem Table d'hôte's-Unsinn, weg mit den sieben Gängen, die bis zum letzten Bissen nichts repräsentieren als einen Wettlauf zwischen Hungrigbleiben und Langeweile. Denn wer wäre je an Leib gesättigt und an Seele erfrischt von diesem Zwei-Stunden-Martyrium aufgestanden! Statt dieses elenden Plunders eine gut ventilierte Stube, ein Stuhl und ein Tisch, eine Matratze und eine wollene Zudecke; vor allem die Freiheit, essen zu können, was man will und wann man will.«

Mit der Französischen Revolution kam nicht nur die Bezeichnung ›Hotel‹ nach Deutschland, auch der Begriff ›Restaurant‹ taucht nun erstmals auf. In Frankreich soll die Benennung eines Speiselokals als Restaurant nicht weiter als ins
18. Jahrhundert zurückgehen. Potthof gibt für diesen Namen
in seiner ›Kulturgeschichte der deutschen Gastronomie‹ eine
hübsche Überlieferung an. 1774 soll ein Pariser Wirt namens
Boulanger die Neuerung eingeführt haben, während des
ganzen Tages kleine Gerichte, wie leichte Suppen, frische
Eier und Geflügel für hungrige Passanten bereitzuhalten.
Über der Tür seines Etablissements lud ein Schild mit lateini-
scher Inschrift die Vorübergehenden ein: »Kommet her zu
mir alle, die ihr Hunger habt und ich werde Euch speisen.
(... et ego vos restaurabo).« Von daher soll sich nun ›restaurant‹ zuerst als Bezeichnung einer kleinen, leichten Mahlzeit
eingebürgert haben. Wie auch der Begriff Hotel, dürfte der
Name dann mit den vor dem Schrecken der Guillotine
flüchtenden Adeligen ins Ausland gedrungen sein.

Reichard spricht bereits 1811 bei der Beschreibung der
Pariser Gastronomie von den »Restaurateurs«, die in ihren
Häusern statt der Table d'hôte eine Vielzahl von Gerichten
nach der Karte anbieten: »Die meisten Fremden müssen
ihre Mahlzeit bey den Restaurateurs suchen und nach der vor-
gelegten Karte, gewöhnlich eine Liste von 100 bis 150 Speisen
auswählen, eine Wahl, die dem, welcher die französische Benennung der Speisen nicht kennt, oder nie seine Küche bestellt
hat, wirklich schwer fällt. Man tritt ein, die Wirthin, die am
Eingang auf einem erhöhten Stuhle sitzt, klingelt, man hat
einen Platz an den mit keinem Tischtuch bedeckten Marmor-
tischen eingenommen, der Kellner (garçon) bringt die Karte
und die Bestellung wird gemacht.« Reichard erwähnt dann,
daß die Portionen gewöhnlich so groß seien, daß sich ver-
nünftigerweise mehrere Gäste zu einem Menu verbünden
sollten: »Am besten theilen sich 5 Personen in 2 Portionen –
sie können, wie die folgenden Entwürfe zeigen, für ohngefähr 5 Livres [entspricht etwa zweieinhalb Gulden] jeder, ein
vortreffliches Mittagessen halten.«

Reichard führt auch einige der gesuchtesten Restaurants der ersten Klasse auf, darunter auch den aus Balzacs Pariser Romanen bekannten ›Rocher de Cancale‹. Von dem Eigentümer meint Reichard: »Herr Baleine ist ein guter, ein freundlicher Bewirther seiner Gäste, in und außer dem Hause. Ein Vertrag mit der Post setzt ihn in den Stand, täglich frische Austern aus Dieppe zu erhalten, und da sein Haus das einzige ist, das diesen Vorzug genießt, so wird es schon darum häufig besucht.« Reichard macht sich in seinem ›Passagier auf der Reise‹ übrigens auch Sorgen um den Leser, der sich vielleicht allzu leichtfertig an den sonstigen Freuden der französischen Hauptstadt delektieren könnte. Mit erhobenem Zeigefinger warnt er vor den Kupplerinnen, die kleine Billetdoux den Fremden ins Hotel schicken und damit ihre Dienste anbieten. Die Sorge Reichards um das Seelenheil seiner Passagiere geht dabei so weit, daß er ihnen sicherheitshalber auch gleich die genaue Adresse jener vermittelnden Damen angibt – wahrscheinlich, damit der Reisende einen großen Bogen um das betreffende Stadtviertel machen konnte. Am Schluß sinniert der Verfasser dann auch noch, wie die übel beleumundeten Damen wohl zu den Namen der angeschriebenen Hotelgäste gekommen seien und meint: »Woher kennen aber jene Damen die, an welche sie ihre Briefe richten? Durch die Lohnlaquays, die Portiers, usw.? Diesen Menschen ist jedes Mittel erwünscht und gerecht, was den Beutel ihres Fremden erleichtern kann.«

1826 werden die ersten Dampfboote auf dem Rhein eingesetzt; die vordem oft mühselige Reise auf dem Strom wird nun bald zu einem Vergnügen, das immer größere Scharen von Passagieren anzieht: Neigebaur meint in seinem Handbuch: »Seit die Concurrenz der Dampfschiffe die Fahrt auf dem Rhein ebenso angenehm als wohlfeil gemacht hat, wird es wohl selten jemand einfallen, auf andere Weise diese Wasserfahrt zu machen.«

Die Gastronomie paßt sich bald den Ansprüchen des sich rasch vermehrenden Reiseverkehrs an. Baedeker, der Unbestechliche, vermerkt: »Die rheinischen Gasthöfe im Allge-

meinen können die ausgezeichnetsten Deutschlands genannt
werden.« Daß manche der Gasthäuser es auch schon vorher
zu großem Ruhm brachten, dafür sorgten die Dichter. In
der ›Krone‹ in Aßmannshausen schreibt Ferdinand Freiligrath
zum Beispiel sein ›Glaubensbekenntnis‹. Im Schlußwort be-
singt er weinselig das Lokal:

> *In Aßmannshausen in der Kron,*
> *Wo mancher Durst'ge schon gezecht,*
> *Da macht ich gegen eine Kron,*
> *Dies Büchlein für den Druck zurecht.*

In Bingen stieg Johanna Schopenhauer mit ihren Freunden
im ›Weißen Roß‹ ab, und als Goethe zum St. Rochusfest die
Stadt besucht, kehrt er im gegenüberliegenden Rüdesheim
im ›Gasthof zur Krone‹ ein. »... und so gelangten wir in
weniger als vierthalb Stunden nach Rüdesheim, wo uns
der Gasthof zur Krone, unfern des Tores anmutig gelegen,
sogleich anlockte.« Berühmt und besungen sind auch der

Hotel zum Ritter in Heidelberg

›Goldene Pfropfenzieher‹ in Oberwesel, die ›Lindenwirtin‹ in Godesberg und das Hotel ›Zum Riesen‹ in Koblenz, wo Freiligrath und Hoffmann von Fallersleben 1843 eine unvergessene Nacht durchzechen:

> *Denk ich wieder wie im Traum,*
> *Jener Nacht im Riesen,*
> *Wo wir den Champagnerschaum*
> *von den Gläsern bliesen.*

Blieb man aber abseits solcher Hauptverkehrsadern, mochte es oft auch anders aussehen. Da mußte der Reisende jener Jahre eine wesentliche Eigenschaft immer mitbringen: die Bereitschaft zur Genügsamkeit; den Gleichmut, auch einmal mit dem einfachsten Nachtlager oder dem kärglichsten Essen zufrieden zu sein. Es konnte eben vorkommen, daß am ganzen Ort, »in einem erbärmlichen Dorf«, wie Frau Trollope meint, nichts aufzutreiben war: »Wir traten in zwei Häuser mit Wirthshauszeichen, und obschon gewillt, nicht wählerisch zu sein, fanden wir buchstäblich nichts vor, womit wir unser langes Fasten hätten unterbrechen können. Schnaps und Schwarzbrot wurden uns geboten, sonst aber nichts.«

Selbst in einem Postgasthaus konnte einem ähnliches zustoßen, wie der Schriftsteller Heinrich Laube erfahren mußte, als er in Süddeutschland reist. Von Frankfurt her ist er nach München unterwegs, es ist ein trüber melancholischer Tag, graue Wolkennebel liegen auf den Bergen. Stunde für Stunde rollt die Kutsche durch den Regen: »Es war mir plötzlich sehr kalt, und ich hüllte mich dicht in meinen Überrock. Allmählich wurde es Nacht. Als wir auf der Poststation ankamen, hatte ich gehörigen Hunger. In einem guten bayerischen Wirtshause ist aber nichts als Bier zu haben. Die schläfrige Magd kochte uns brummend ein Warmbier, und wir aßen trockenes Schwarzbrot dazu.«

Eine abenteuerliche Nacht

Wollte man aber die nächtliche Kutschenfahrt vermeiden und rechtzeitig sich ein Gasthaus für ein Nachtlager suchen, dann hieß es, die Fahrtstrecke bis dorthin richtig zu bemessen. In allen Orten, die als Festung galten, wurden bei Einbruch der Dunkelheit die Tore verschlossen. Noch 1849 vermerkt Baedeker bei einer Stadt wie Straßburg warnend: »Torschluß im Winter um 8 Uhr, im Sommer um 10 Uhr.«

Johanna Schopenhauer, die Anfang des Jahrhunderts mit Freunden durch die Niederlande nach Calais unterwegs war, wollte in Deventer übernachten. In Almelo mietet die Gesellschaft eine Kutsche. Der Postmeister warnt vor der Fahrt, da in Deventer die Tore pünktlich um 10 Uhr geschlossen würden: »Wir rechneten ihm vor, daß man in acht Stunden wohl vier Meilen [dreißig Kilometer!] fahren könne, so ließ er uns denn unserem blinden Willen folgen, gab uns vier große, prächtige Pferde, seinen Herren Sohn zum Fuhrmann, seinen Segen obendrein, und fröhlich rollten wir dahin.« Die Stunden vergehen, ohne große Eile rollt der Wagen durch die eintönige Landschaft. Aus Furcht, den Torschluß zu verpassen, opfern die Reisenden einen Golddukaten, um den trägen Kutscher damit anzuspornen: »Ein ganz klein wenig drehte der Unerbittliche den Kopf nach uns um und blinzte das Goldstück verstohlen an. Hat die Herrschaft so große Eile, fragte er; wir versicherten es ihm aufs lebhafteste. – Ich nicht – sagte er gelassen, und fuhr so langsam weiter wie zuvor.« Das Befürchtete trifft ein, als man schon am Horizont die Türme der Stadt erblickt, »hörten wir aus der Ferne die Trommel zu uns herüber wirbeln, die den Thorschluß von Deventer verkündete.« Nun ist guter Rat teuer, es bleibt nichts übrig, als mit einem sehr einfachen Gasthause, das am Wegrand liegt, vorlieb zu nehmen: »Da standen wir in einer dunklen Bauernstube. Ein von Zeit zu Zeit hell aufloderndes Kaminfeuer und eine Thranlampe verbreiteten ein seltsames, flackerndes Licht auf ein Dutzend Bauern, welche an verschiedenen runden Tischen saßen und

Spülwasser tranken, welches man hierzulande Kaffee nennt.«
Nachdem die Reisenden eine Zeitlang das Stilleben betrachtet haben, erkundigen sie sich nach dem Wirt: »Keiner der
Automaten rührte sich, keiner antwortete, einer endlich er-
barmte sich unser und zeigte mit dem Finger auf eine Seiten-
thür, jedoch ohne sich dabei mehr in Bewegung zu setzen,
als eben nöthig war. Wir folgten dem Winke und traten in
ein zweites, dem vorigen ähnliches Zimmer, in welchem
sich Niemand befand. So wie in Schiffs-Kajüten, waren in
einer ziemlichen Höhe vom Fußboden einige Betten in den
Wänden angebracht. Nur die enge Öffnung, durch welche
man hineinkriecht, verriet ihr Daseyn, eine kleine Gardine
von buntem, großblumigen Kattun hieng davor. Wir fien-
gen jetzt an, unsere Situation komisch zu finden, indessen
gewann allmählich die Sache eine bessere Gestalt. Die alte
Wirthin kam endlich herbei geschlichen, bald loderte ein
freundliches Feuer im Kamin, wir erhellten das Zimmer
mit den Wachslichtern aus den Wagenlaternen, das Wasser
brauste häuslich im siedenden Kessel, wir setzten uns zum
Theetisch vor dem Kamin und suchten mit Lesen, Plaudern
und sonst so gut wir konnten, die Zeit erträglich hinzubrin-
gen.« Doch noch wartet eine Überraschung auf die Reisenden. Die Türe zur Nachbarstube öffnet sich, und die vorher
dort sitzenden Holländer treten ein: »Wir glaubten, die Flöte,
welche einer von unserer Gesellschaft eben geblasen hatte,
habe sie herbeigelockt, ... da sahen wir aber mit Erstaunen,
wie unsere Holländer, ohne sich im mindesten zu geniren
anfiengen ihre Nachttoilette zu machen, und sich immer
drei und drei in ein Bette, zur Ruhe zu begeben. Das war
uns denn doch zuviel, ... uns blieb also nur ein weiser
Rückzug in das von ihnen verlassene Zimmer, wo wir denn
bald ihr melodisches Schnarchen hörten. Endlich erfreute
uns der anbrechende Tag und die Nachricht, daß angespannt
sey; froh stiegen wir in unsere Wagen, schlichen noch eine
Stunde langsam weiter und erreichten endlich Deventer, wo
wir uns von der Übermüdung jener abentheuerlichen Nacht
erholten.«

Eine abenteuerliche Nacht! Johanna Schopenhauer hatte recht. Reisen in jener Zeit war wirklich noch oft ein Abenteuer, hatte noch den Reiz des Unkalkulierbaren, der jederzeit möglichen Überraschung. Heute, da Prospekte, Organisation und langfristige Planung das Reisen zu einem ganz alltäglichen Vorgang machen, ist es für uns nur noch schwer vorstellbar, wie unberechenbar und eigentlich ins Blaue hinein sich seinerzeit eine solche Fahrt oder Wanderung vollzog. Wer sich morgens frisch auf den Weg machte, wußte meist nicht, wo und wie er die nächste Nacht verbringen und wann er schließlich an sein Ziel gelangen würde.

Doch ob man nun seinerzeit in anderen Ländern reiste oder in den deutschen Staaten, ob man zu Fuß unterwegs war oder vierspännig im Postwagen auf staubiger Straße, man wußte es immer dankbar zu schätzen, wenn man mit herzlicher Gastlichkeit empfangen wurde. Kann sich der verwöhnte Reisende unserer Tage überhaupt noch vorstellen, welche Seligkeit es bedeuten konnte, wenn man etwa nach einer halbwach verbrachten, endlosen Nacht im engen, rumpeligen Postkasten am frühen Morgen in einer sauberen und warmen Gaststube empfangen wurde? Therese Devrient hat eine solche Fahrt von Hamburg nach Berlin erlebt: »Der Morgen graute, als ich fröstelnd erwachte. Um mich her schlief alles, ein häßlicher Anblick! Die Köpfe der Schlafenden, ohne Stützpunkt, baumelten hin und her, Mützen, Kopftücher waren verschoben, das Haar zerzaust, ich mußte fortsehen zum Fenster hinaus, und freute mich als die Sonne höher stieg, daß alles heller und belebt wurde. Wir fuhren lärmend über das schlechte Steinpflaster eines kleinen Städtchens und hielten vor dem Posthause still. Das weckte die Schläfer, sie rückten ihre Kleidung, Kopfbedeckungen zurecht, setzten sich aufrecht und schienen mir jetzt verständige, ordentliche Leute. Wir stiegen aus, um zu frühstücken. Im einfachen Gastzimmer stand ein langer Tisch mit rot und weiß kariertem Tuch bedeckt, ringsum saubere Tassen, in der Mitte hoch aufgetürmte Schüsseln mit verschiedenem Gebäck, Zuckerdosen und frische Butter, alles äußerst bescheiden, aber sehr einladend. Die große stattliche Wirtin, von einer Magd gefolgt, brachte den Kaffee und wünschte so freundlich guten Morgen, daß man meinte, er könne nach solchem Wunsche gar nicht anders als gut werden.«

Auch das war Reisen im Biedermeier. Reisen in einer Zeit, wo man noch nicht verlernt hatte, sich der kleinen Wohltaten zu erfreuen, einer Zeit, die zumindest in diesem Punkt vielleicht doch die gute, alte war.

DIE REISEN DER AUSWANDERER

Nun ist die Scheidestunde da,
wir reisen nach Amerika.
Die Wagen stehn schon vor der Tür,
mit Weib und Kind marschieren wir.

(Aus einem beliebten
Auswandererlied um 1850)

Mochte Reisen im gewöhnlichen Sinne meist der Erholung,
der Bildung oder Erbauung dienen, so gab es auch immer
schon eine gewichtige Ursache, die ganze Familien veranlas-
sen konnte, die Heimat aufzugeben und auf Wanderschaft
zu gehen: die Auswanderung.

Auswanderung hat es in den vergangenen Jahrhunderten
freilich immer schon gegeben. Die Gründe waren meist
sozialer und wirtschaftlicher Natur, doch konnte auch Einschränkung der Religionsfreiheit die Ursache sein. Als im
18. Jahrhundert die Türken zurückgedrängt werden konnten, zogen Aussiedler aus Schwaben und der Pfalz die Donau
hinunter, um das frei gewordene Land zu übernehmen.
Friedrich Wilhelm I. nahm 1732 in Preußen fast zwanzigtausend Protestanten aus dem Salzburger Land auf, die um ihres
Glaubens willen ihre Heimat hatten verlassen müssen. Auch
der Norden Amerikas – später das Hauptziel der Auswanderung – zog Kolonisten an, hier war es vor allem Pennsylva-
nien, das von Deutschen besiedelt wurde.

Die Napoleonischen Kriege unterbrachen dann aber für
lange Jahre alle Verbindungen nach Übersee. Die endgültige
Abdankung des Kaisers 1815 leitete schließlich eine lange
Periode friedlicher Entwicklung ein, allerdings geprägt von
umwälzenden Veränderungen der technischen, wirtschaftlichen und sozialen Verhältnisse. Dies alles war begleitet von
einem immer stärker werdenden Freiheitsdrang der Bürger,
dem sich starke restaurative Kräfte entgegenstellten. Damit
ergab sich noch ein weiterer Grund zur Auswanderung: die
politische Unterdrückung. In diesen Zeitläufen des allgemeinen Umbruchs wurden die jungen Vereinigten Staaten zum

Land der unbegrenzten Möglichkeiten und zum Magnet aller, denen die alte Heimat keine ausreichende oder befriedigende Existenz zu bieten schien.

Landarbeiter, Handwerker, nachgeborene Söhne aus Kleinbauernfamilien, ausgediente Offiziere, Kleinadel, allein oder mit Weib und Kind, aber immer Menschen ohne Hoffnung und ohne Glauben an die Zukunft – all das meinte, jenseits des Atlantiks liege das gelobte Land.

Ursache der ersten Auswanderungswelle war aber der Hungerwinter 1816/17, der kurz nach dem Ende der Kriegswirren vor allem in Südwestdeutschland und im benachbarten Frankreich furchtbares Leid über die Bevölkerung brachte. Monatelange Regenfälle hatten im Sommer 1816 die ganze Ernte vernichtet und eine erhebliche Verknappung und damit Verteuerung der Lebensmittel zur Folge. Rachel Varnhagen schrieb im April 1817 aus Karlsruhe an eine Freundin: »Hungersnoth vor der Thür. Solche Noth, daß man gar nichts anderes hört. Im Oberland, einige Meilen von hier, ißt man Brot aus Baumrinde und gräbt todte Pferde aus, das Vieh stirbt dem Bauern aus Mangel an Gras und Futter.« Etwa zwanzigtausend Badener, Württemberger und Pfälzer trieb der Hunger aus der Heimat, die meisten nach Amerika.

Zwar gingen in den folgenden Jahren die Auswanderungszahlen zurück, doch war dies nur vorübergehend. Die allmählich in einigermaßen geordnete Bahnen gelenkte Organisation der Verschiffung und des Transports wie auch die wohl meist verlockenden und allerdings übertriebenen Berichte aus der neuen Heimat ließen ab 1840 die Auswanderung stark zunehmen. Schon 1846 sind es über Einhunderttausend, 1854 gar eine viertel Million, die Deutschland verlassen. Bis zum Ersten Weltkrieg hin schwanken die Zahlen dann, ein zweiter Höhepunkt wird 1881 mit etwa 220000 Auswanderern erreicht. Insgesamt haben die Vereinigten Staaten in dem Jahrhundert von 1815–1915 etwa 5,3 Millionen Deutsche aufgenommen, die größte Volksgruppe neben den Engländern und Iren. Dabei darf man aber nicht vergessen, daß das 19. Jahrhundert – geprägt von der stürmischen Ausweitung der Industrialisierung – sowieso eine konstante Zunahme der städtischen Bevölkerung zu Lasten des flachen Landes mit sich brachte und somit ganz allgemein zu einem Jahrhundert millionenfacher Umsiedlung wurde.

Le Havre, Rotterdam, Hamburg und Bremen

Die Reisewege der Auswanderer nach Übersee wurden vom Herkunftsort, von den Transportmöglichkeiten zur Küste und den Verschiffungshäfen bestimmt. Aus dem süddeutschen Raum wählte man entweder den Landweg durch Frankreich nach Le Havre oder die Fahrt den Rhein hinunter nach Rotterdam und Antwerpen. Le Havre war beliebt, weil man hier dem Atlantik wesentlich näher war und so den langwierigsten und bei weitem unbequemsten Teil der gesamten Strecke, die Schiffsreise auf offenem Meer, nicht unerheblich abkürzen konnte. Von Rotterdam, Bremen oder gar Hamburg aus dauerte es eben bis zu zwei Wochen länger, bis man bei meist stürmischem Wetter die Nordsee und den Ärmelkanal passiert hatte.

Der zweite Weg, den Rhein hinunter nach Rotterdam, bot die Möglichkeit einer verhältnismäßig bequemen Fahrt mit dem Dampfschiff zum Abfahrtshafen, verkehrten ja seit 1827 regelmäßig Dampfboote zwischen Mainz und Köln und bald auch auf der gesamten Strecke von Straßburg nach Rotterdam. Diese Fahrt dauerte etwa vier Tage und kostete 1848 in der billigsten Klasse auf dem Vordeck sieben Taler je Person, selbstverständlich ohne Verpflegung. Bei einer mehrköpfigen Familie mit einigem Gepäck war dies oft ein unerschwinglicher Betrag, hieß es doch, die sauer ersparten Taler zusammenzuhalten für die Gründung einer Existenz in der neuen Heimat. Da nun aber die Kosten der eigentlichen Schiffsreise über den Atlantik unvermeidbar waren, galt es, wenigstens auf dem Weg zum Hafen, möglichst billig zu reisen. Hier boten sich auf der Rheinroute die meist vom Schwarzwald kommenden Flöße an, die auf ihrem Weg

Auswandererschiff vor der Abreise aus Bremerhaven, Holzstich 1866

nach Rotterdam gerne Passagiere mitnahmen. Diese Flöße
waren bis zu 300 m lang und 25 m breit, sie trugen zwölf
bis fünfzehn einfach zusammengezimmerte Bretterhütten
und beherbergten neben vielen hundert Menschen Vorräte,
Vieh und Waren jeglicher Art. Die Fahrt dauerte unter günstigen Verhältnissen acht Tage, konnte sich aber manchmal
bis zu sechs Wochen hinziehen. Diesen Weg nahm übrigens
schon 1780 der siebzehnjährige Metzgersohn Johann Jakob
Astor aus Walldorf bei Heidelberg, später einer der reichsten
Männer der Neuen Welt.

Aus Norddeutschland und den östlichen Provinzen ging
die Auswanderung über Hamburg und Bremen, wobei die
Anreise über Elbe und Weser nur in beschränktem Umfang
erfolgte, vor allem von Osten her war man auf den Landweg
angewiesen.

Mit dem Ausbau des Eisenbahnnetzes war dann etwa ab
1850 Gelegenheit gegeben, aus fast allen Herkunftsorten verhältnismäßig schnell, bequem und billig zu den Schiffen zu
gelangen. Daß dies immer noch langwierig und umständlich
genug war, sei am Beispiel einer Gruppe von Auswanderern
dargestellt, die sich im Sommer 1852 im bayerischen Schwaben auf den Weg nach Le Havre machte: Vom Heimatdorf
nach Augsburg ging es mit dem Pferdefuhrwerk, dann
konnte die neue Bahnlinie über Stuttgart bis Bruchsal benützt werden. Von hier bis Mannheim fuhr man mit Kutschen. Dann den Rhein hinunter bis Köln mit dem Dampfschiff. Einer von ihnen, der die Fahrt noch als Kind erlebt
hatte, berichtet später: »Von Köln ging es auf der Eisenbahn
nach Paris. Hier sei gesagt, daß nur wenige von den jüngeren
der Reisegesellschaft und nicht alle der älteren jemals eine
Eisenbahn gesehen hatten, da es damals nur drei Eisenbahnlinien in ganz Deutschland gab.« In Paris ward ein Tag angehalten, lange genug, daß des Schreibers elfjährige Schwester
Barbara und ihre etwas ältere Kusine Maria Dahlem sich in
dieser Weltstadt verlieren konnten. Sie wurden aber bald
durch Mithilfe der Polizei wiedergefunden. Sich in fremder
Umgebung während der Reise zu verlieren, war damals

sicher eine der größten Sorgen der Familienväter. Auch der
Erzähler dieser Reise war schon hinter Bruchsal bei einem
Kutschenwechsel aus Versehen vergessen worden und mußte
– vierzehn Jahre alt – viele Stunden dem Fuhrwerk zu Fuß
nachlaufen: »Ich lief auf dem Weg nach Westen immer etwa
eine halbe Stunde hinter der Post her. Daß dabei viel Schweiß
über die geröteten Wangen herunterfloß, läßt sich leicht
denken. Endlich gegen 8 Uhr abends langte ich bei der
nächsten Station an, wo der Vater schon unter der Türe
stand und Ausschau hielt. Wer von uns beiden die größte
Erleichterung spürte, kann ich nicht sagen.« Von Paris fuhr
man per Eisenbahn ohne Unfall nach Le Havre, wo man
sich für New York einzuschiffen gedachte. Nach etlichen
Tagen, die man in Le Havre zugebracht hatte, ging es dann
aufs Schiff. Es war ein englisches Segelschiff, ein Dreimaster
von 1500 Tonnen, namens ›Samuel M. Fox‹.

Blieb schließlich noch die sogenannte indirekte Route
über England, bei der man von Hamburg oder Bremerhaven
mit einem der regelmäßig verkehrenden Dampfboote die
Nordsee überquerte und in etwa fünfunddreißig Stunden
Hull erreichte. Durch England ging es dann mit der Eisenbahn nach Liverpool, dem bedeutendsten englischen Auswanderungshafen. Der Vorteil dieser Strecke war neben der
sehr regelmäßigen Verbindung nach England die niedrige-
ren Kosten für die Atlantikpassage. Dagegen überwogen
allerdings die Nachteile, die Traugott Bromme in seinem
›Handbuch für Auswanderer‹ zehnmal höher ansetzt. Es waren dies die primitiven, ja unzumutbaren Bedingungen in
den Nordseedampfern, in deren Laderäume die Auswanderer förmlich »eingeschachtelt« wurden, wie sich ein Polizei-
beamter damals ausdrückte, und auch noch die zusätzlichen
Probleme der Unterkunft in England, also einem Land fremder Sprache und Sitten.

Bremen war als Auswanderungshafen Anfang des
19. Jahrhunderts noch sehr benachteiligt. Die Versandung
der Weser und die zunehmende Größe der Schiffe hatten die
alte Hansestadt für Ozeansegler kaum mehr erreichbar

gemacht. Vor die Frage der wirtschaftlichen Existenz gestellt, erwarb der Senat 1827 vom Königreich Hannover etwa 65 Kilometer stromabwärts an der Wesermündung einen Landstreifen von 122 Hektar Umfang und errichtete hier die Stadt Bremerhaven. Damit besaß man endlich wieder einen in unmittelbarer Küstennähe gelegenen, ausbaufähigen Überseehafen. Als Problem blieb allerdings der Transport der immer zahlreicher werdenden Auswanderer von Bremen zum neuen Einschiffungsort. Die Eisenbahnverbindung wurde erst 1862 fertiggestellt, bis dahin blieb neben dem Landweg nur die Fahrt mit den kleinen, meist überfüllten Weserkähnen. Der junge Friedrich Gerstäcker machte im Jahre 1837 als einundzwanzigjähriger Auswanderer die Reise mit dem Weserkahn und schrieb später seiner Mutter: »Der Weserkahn! Sollte ich Dir den Spectakel und die Verwirrung schildern, meine liebe Mutter, die auf diesem kleinen Fahrzeuge herrschte, Du würdest erstaunen! – Denke Dir einige 60 Menschen auf einem kleinen kaum 25 Schritt langen Fahrzeug, die nun zusammengepackt mit Passagiergut dem Bremerhafen zu fahren sollten!« Diese Fahrt dauerte im übrigen drei Tage und war durch manche Pause unterbrochen, da das Schiff bei hereinströmender Flut jeweils an Land anlegen mußte.

Bremens Vorrangstellung

Bremen erkannte lange vor Hamburg die wirtschaftliche Bedeutung der Auswanderer und förderte gezielt durch manche Maßnahmen die Verbesserung der Unterkunft und Betreuung der Reisenden. Neben den dabei erzielten Einnahmen ergab sich als Hauptvorteil der Beförderung der Auswanderer über den Atlantik eine wesentlich bessere Auslastung der bremischen Schiffe, die vorher nur für die Einfuhr von Überseeartikeln wie Tabak, Reis und Baumwolle ihre Laderäume ausnutzen konnten, während es in der Gegenrichtung meist an entsprechenden Exportgütern mangelte.

Den Stadtvätern war schon bald bewußt, daß man die Vorrangstellung als Auswandererhafen nur erreichen und erhalten konnte, wenn man sich umfassend um das Wohl der Reisenden kümmerte, sei es durch Bereitstellung geeigneter Unterkünfte im Hafen oder durch Schutz vor Betrug beim Abschluß der Passage und beim Einkauf der Lebensmittel für die Überfahrt. Der Unterbringung kam große Bedeutung zu, denn die Auswanderer mußten oft viele Tage, ja Wochen warten, bis sich eine günstige Reisegelegenheit ergab. Anfangs war in der jungen Stadt Bremerhaven erheblicher Mangel an geeigneten und billigen Übernachtungsmöglichkeiten. Um den durch die Überfüllung der wenigen Gasthöfe herrschenden Mißständen abzuhelfen, erließ der Senat eine Reihe von Verordnungen, so 1847 die Vorschrift, jedem Gast außer seiner Bettstelle wenigstens noch einen Fußraum von mindestens einem halben Quadratmeter zuzuweisen. Mitte der vierziger Jahre nahm die Auswanderung aber in einem Umfang zu, der zu besonderen Maßnahmen zwang. Der Senat förderte darum den Bau eines Auswandererhauses von beträchtlichen Ausmaßen, das in neun großen Sälen Massenunterkunft für 1500 bis 2000 Menschen bot. Die Küche konnte gleichzeitig bis zu 3500 Mahlzeiten ausgeben, eine Krankenstation 35 Patienten aufnehmen. Die Beaufsichtigung dieses privaten Unternehmens lag beim Senat, Hausordnung und Preise bedurften seiner Genehmigung. Dieses ›Großhotel‹ war immer voll belegt und sollte 1855 noch erheblich erweitert werden, allerdings machte ein plötzlicher Rückgang der Auswanderungszahlen dies dann überflüssig. Der Anschluß Bremerhavens an die Eisenbahn im Jahre 1862 ermöglichte von da ab eine wesentlich bessere Anpassung der Ankunftszeiten der Reisenden an die Abfahrtstermine der Schiffe, so daß der Aufenthalt der Auswanderer in Bremen auf wenige Tage, oft nur Stunden, beschränkt werden konnte.

Die Betreuung der Auswanderer war zwangsläufig sehr wichtig, denn es handelte sich doch meist um Menschen, die bis dahin kaum über den engsten Umkreis ihres Heimatdor-

fes hinausgekommen waren und so sehr leicht gutgläubige
Opfer von Betrügern wurden. In Bremen und Hamburg
waren es die ›Litzer‹, die sich an die arglosen Auswanderer
heranmachten, ihnen teure Unterkünfte vermittelten und –
was noch schlimmer war – Passagen zu weit überhöhten
Preisen in oft auch noch unzureichend eingerichteten Schiffen aufschwatzten. In der neuen Heimat angekommen,
stellte sich das gleiche Problem, nur daß die lichtscheuen
Typen in New York ›runner‹ genannt wurden. Diesem Übel
abzuhelfen und zu verhindern, daß Bremens Ruf als erster
deutscher Auswanderungshafen Schaden litt, schlossen sich
Reeder und Kaufleute zur Gründung eines Nachweisungs-
bureaus zusammen. Das Bureau genoß den Schutz des Senats
und verfügte auch über erhebliche Vollmachten, solche Be-
trüger festzunehmen und der Polizei zu übergeben.

Ähnliches Augenmerk richteten die Behörden auch auf
die Bedingungen, denen die Auswanderer auf den Schiffen
ausgesetzt waren. Die Verhältnisse im sogenannten Zwischendeck – eine Reise als Kajütpassagier kam ja kaum in
Frage – waren allerdings aus heutiger Sicht nicht nur aben-
teuerlich, sondern schlicht unzumutbar.

Im Zwischendeck

Bei den Schiffen handelte es sich bis in die Mitte des Jahrhunderts um Frachtensegler, die auf der Fahrt von Nordamerika
nach Europa Tabak, Reis oder Baumwolle geladen hatten.
Im Hafen wurde dann ein Teil der freien Laderäume für die
›Ware Aussiedler‹ hergerichtet. Wie nun dieser obere Teil
der Laderäume, das Zwischendeck, beschaffen war, berichtet
Friedrich Gerstäcker seiner Mutter: »Nun will ich mir einmal
Mühe geben Dir das Zwischendeck so genau wie nur irgend
möglich zu beschreiben, denke Dir einmal einen Raum von
ungefähr 11 Schritt Länge, 9 Schritt Breite, 8 Fuß hoch, an
beiden Seiten mit den Schlafstellen oder Coyen versehn, von
denen immer zwei von Brettern genagelt übereinander sind,
ungefähr in der Art wo in jeder Coye 10 Mann liegen, 5

oben und 5 unten, denke Dir nun diesen Raum zwischen
den Reihen Coyen in der Breite von Schritten, in dessen
Mitte aber noch die Kisten und Koffer der Auswanderer
aufgestapelt sind, die aber auch noch an den Coyen entlang
stehen, und Du wirst einsehen, daß gerade noch soviel Platz
ist, daß man mit einiger Vorsicht rund um die Kisten ein
Mann hoch gehn kann! - Denke Dir nun in diesem Raum
bei schlechter Witterung 100 und ungefähr 10 bis 15 Auswanderer eingeschlossen, denke Dir ihre Ausdünstung, das
Lachen, Toben, Übergeben, Lamentiren, Kinderschreien etc,
etc, und Du wirst dann ein ziemlich treues Bild dieses Raumes haben!«

Manchmal gab man sich mit dem Einbau solcher Doppelkojen an beiden Längsseiten des Zwischendecks nicht zufrieden, sondern baute in der Mittelachse des Raumes noch eine
Reihe weiterer Doppelkojen derartiger Notlager ein. Damit
wurde dann der zur Bewegung verbleibende Zwischen-
raum, der noch dazu oft mit den Habseligkeiten der Auswanderer verstellt war, endgültig auf ein Mindestmaß einge-
schränkt.

Der Bremer Senat bemühte sich, durch mehrere Verordnungen über die Beförderung von Schiffspassagieren ein
Minimum an Vorsorge sicherzustellen. Die Höhe des Zwischendecks mußte mindestens sechs Fuß sein, es durften nicht
mehr als zwei Schlafkojen übereinander angeordnet werden,
und jedem Fahrgast sollten darin wenigstens 18 Zoll Breite
zur Verfügung stehen, was allerdings nicht mehr als knapp
50 Zentimeter waren. Die Schlafräume der ledigen Männer
und Frauen waren getrennt, Familien wurden gemeinsam
untergebracht, der – allerdings auch dringend nötigen –
Belüftung große Bedeutung beigemessen. In der Praxis war
dies alles natürlich nicht so wohlgeordnet. Wenn man bedenkt, daß die meist unvermeidlichen Atlantikstürme den
dann seekranken Passagieren das Verlassen der Zwischen-
räume oft tagelang unmöglich machten und die Lüftungslu-
ken auch dicht gemacht werden mußten, um das Herein-
schlagen überkommender Brecher zu verhindern, dann be-

Zwischendeck eines Auswandererschiffes, Holzstich

kommt man ein realistischeres Bild der wahren Verhältnisse.
In den ›Fliegenden Blättern‹ erschien damals eine Karikatur,
die zeigte wie Zwischendeckpassagiere vor der Abfahrt in
Pökelfässer eingelegt wurden: »Es herrscht ein reger Wettstreit, den Auswanderern die Reise auf das Angenehmste zu
machen. Die ihnen überwiesenen Schiffsräume sind hell,
luftig und bequem.«

Als Charles Dickens – schon berühmt – 1842 mit der
›Britannia‹ zu einer Vortragsreise in die Vereinigten Staaten
fuhr, hatte er zwar mit seiner Frau eine verhältnismäßig
komfortable Kabine, konnte aber die Zustände im Bauch
des Schiffes, im Zwischendeck, genau beobachten. Nach
seiner Rückkehr beschrieb er seine Eindrücke im Roman
›Martin Chuzzlewit‹: »Eine dunkle, niedere und steif ma-
chende Kajüte voller Schlafstellen, überfüllt mit Männern,
Weibern und Kindern in verschiedenen Stadien der Seekrankheit und des Katzenjammers …, so vollgepfropft, daß
Matratzen und Betten im Vorraum gestapelt sind und jede

Spur von Bequemlichkeit, Reinlichkeit und Anstand ausge-
löscht ist ... Jede Art künstlicher Leiden, die aus Armut,
Krankheit, Verbannung, Sorgen und langer Reise bei
schlechtem Wetter entspringen, waren in dem kleinen Raum
zusammengezwängt.« Aber versöhnlich fährt Dickens fort:
»... und doch gab es in dieser unwirklichen Arche weit
weniger Klagen und Zank und weit mehr gegenseitige Hilfe
und freundliches Einvernehmen als in vielen Ballsälen.«

Nun gab es aber Segelschiffe, die zwischen dem Zwischendeck und dem darunterliegenden Frachtraum noch ein weiteres Passagierdeck eingebaut hatten, das sogenannte ›Orlopsdeck‹. Hier waren die Verhältnisse am schlimmsten. Die
›Leibniz‹, ein Segler der Hamburger Reederei Sloman hatte
ein solches Orlopsdeck. Im Winter 1867/68 dauerte einmal
eine Überfahrt des Schiffes wegen der widrigen Stürme
siebzig Tage. Mangel an Verpflegung, Bewegung und fri-

Mitteldeck eines Auswandererschiffs, Holzstich

scher Luft hatten zu katastrophalen Zuständen im dunklen und niederen Orlopsdeck geführt. Als man New York erreichte, war ein Fünftel der Passagiere tot. In Deutschland ist die Empörung groß, man spricht von »Slomans Todtenschiffen«. Noch im selben Jahr verbieten die Bremer und Hamburger Behörden, Passagiere im Orlopsdeck zu befördern.

Bohnen, Erbsen, Pökelfleisch

Die Verpflegung war auf den von deutschen Häfen ausgehenden Auswandererschiffen ab 1832 durch Vorschriften geregelt worden. Dabei setzte man die Reise doppelt so lange an, als die Schiffe normal brauchten. Mangelnde Möglichkeiten der Kühlung und Konservierung beschränkte allerdings die Speisekarte auf wenige einfache und immer

wiederkehrende Gerichte: Salzfleisch, Speck, Erbsen, Bohnen, Sauerkraut, Trockenpflaumen, Schiffszwieback.

»Kaffe nennen sie hier ein braunes dünnes Getränk, das
einige Aehnlichkeit mit Kaffe hat! – Dazu verarbeiten wir
eine braunschwarze bimsteinartige Masse die sie Schiffszwieback nennen, die aber in etwas heißes getaucht, und mit
Butter beschmiert recht genießbar wird! – Das Mittagessen
ist verschieden, einen Tag Erbsen, den zweiten Bohnen, den
dritten Erbsen, den vierten Erbsen, den fünften Bohnen, den
6ten Sauerkraut, täglich mit gutem Speck oder salzigem
Pökelfleisch« (Gerstäcker).

Auf den von Frankreich und den Niederlanden ausgehenden Schiffen waren die Verhältnisse anders. Hier hatten die
Passagiere selbst für ihre Verpflegung zu sorgen. Die Familienväter mußten also im Abfahrtshafen für sechs bis acht
Wochen Lebensmittel einkaufen, ein riskantes Unternehmen, da oft die Reisedauer zu gering eingeschätzt wurde.
Den Zwischendeckpassagieren standen Küchen zur Verfügung, die allerdings mit ihren geringen Abmessungen den
Bedürfnissen kaum gerecht werden konnten. Die schon zitierte schwäbische Auswanderergruppe reiste von Le Havre
aus, mußte sich also selbst verpflegen. Für die auf der ›Samuel
Fox‹ mitfahrenden rund 700 Menschen waren vier Küchen
vorhanden, jede etwa zwölf Fuß lang und an den beiden
Längsseiten mit je einem über die volle Länge durchgehen-
den Herd ausgestattet. Das war natürlich viel zu wenig und
führte zu ständigem Streit um die Kochstellen: »Selbstver-
ständlich war der Ofenplatz für die vielen Reisenden im
Zwischendeck sehr knapp und es hieß daher bei Zeiten zur
Stelle zu sein, wenn man Platz auf dem Ofen haben wollte.
Wer zuerst kam, mußte das Feuer unter seinem Teil des
Ofens selbst anzünden, mußte darauf Acht geben, daß er
nicht wieder verdrängt wurde. Trotzdem konnte man es
erleben, daß ein Kessel mit Kartoffeln oder sonst etwas zur
Tür hinausflog, denn bei vielen galt Macht mehr als Recht.
Der Stärkere verdrängte den Schwächeren und nahm dessen
Kessel oder Topf vom Ofen und warf ihn hinaus.«

Die Segelschiffe selbst waren Anfang des Jahrhunderts zweimastige Briggs, um 1840 setzten sich dann dreimastige Segler durch. Die ›Constitution‹, mit der Gerstäcker seine Reise machte, war eine solche Bark. Sie war 95 Fuß lang und 26 Fuß breit, der bremische Fuß maß etwa 0,29 m. Gerstäcker war damit 64 Tage unterwegs, wobei das Schiff allein neun Tage brauchte, um durch den Ärmelkanal zu kommen; hier zeigte sich also der Vorteil der französischen Atlantikhäfen. Dazu kam, daß der erste Teil der Reise entlang der meist stürmischen friesischen Küste mit der gefährlichste war. 1854 strandete vor der Insel Spiekeroog der Bremer Dreimaster ›Johanna‹. Die Brandung spülte die Menschen – meist Auswanderer – über Bord, warf sie gegen das Schiff oder trieb sie ins Meer hinaus. Von 216 Passagieren kamen dabei 80 ums Leben. Viele der Geretteten hatten danach nicht mehr den Mut, nochmals die Überfahrt zu wagen und kehrten in die Heimat zurück.

Mitte des Jahrhunderts wurden dann die ersten Atlantikdampfer für den Transport von Auswanderern eingesetzt, anfangs noch sogenannte Glattdeckschiffe, ohne Aufbauten auf dem Vordeck. 1858 nimmt der neu gegründete Norddeutsche Lloyd mit der ›Bremen‹ die Fahrt auf, im kommenden Jahr folgen drei weitere Schiffe dieser Reederei, die später im Amerikadienst führend werden sollte. Doch auch in den wesentlich größeren Dampfschiffen änderten sich die Verhältnisse nur allmählich, die Reisedauer allerdings verkürzte sich erheblich. Waren es vorher sechs bis zehn Wochen gewesen, so ist man nun nur noch ein Drittel dieser Zeit unterwegs. Um 1870 sind es dann schon 88 Prozent aller Auswanderer, die die Reise mit Dampfschiffen unternehmen.

Die Kosten der Atlantiküberquerung waren über das ganze Jahrhundert einigermaßen konstant. In seinem ›Hand- und Reisebuch für Auswanderer‹ informiert Traugott Bromme 1846 über diesen Punkt: »Von Bremen nach Baltimore, Philadelphia oder New York im Zwischendeck für jede Person über 12 Jahre 40 Thaler in Gold, für jedes Kind

von 8-12 Jahren 30 Thaler und für die Kleinsten immerhin
noch 5-20 Thaler.« Konnte man sich auf dem Vordeck eine
Kajüte leisten, so mußte man etwa mit dem Doppelten dieser
Preise rechnen. Ende des Jahrhunderts zahlte man auf dem
Zwischendeck der Atlantikdampfer auch kaum mehr, der
Norddeutsche Lloyd forderte auf seinen Schiffen im Zwi-
schendeck 160 Goldmark. Inbegriffen war auch hier die
Verpflegung, für die Bromme das übliche Einheitspro-
gramm aus Salzfleisch, Räucherspeck, Erbsen, Bohnen und
Reis vermerkt.

Land! Land!

Der schönste Teil der Reise war natürlich die Ankunft in der
neuen Heimat, für viele das gelobte Land. Voller Erwartung
suchte man in den letzten Tagen im Westen den Horizont
ab: »Heller und immer heller wurde der Horizont, klarer
und klarer die Aussicht, ein dumpfes fernes Donnerähnliches
Brausen schlug an das lauschende Ohr, das war die Brandung, die mit günstigen Winde 12 Meilen weit gehört wird,
dort, dort mußte Amerika liegen, und jetzt immer deutlicher
trat ein schwacher blauer Streifen über dem dunkelen Wellen
Horizont hervor! – ›Land‹ donnerte ich hinunter vom Mast,
und, Land, Land, rauschte es im Zwischendeck hin und her
von einer Lippe zur andern! – Wie aus einem holländischen
Käse die Maden so krochen aus dem engen Eingangsloche
jetzt die schlaftrunkenen Passagiere eilfertig hervor, stellten
sich vorne ans Bugspriet hin, rissen die schlaftrunkenen Augen auf und schrieen ›Land‹ ...« (Gerstäcker).

Auch auf der ›Samuel Fox‹ heißt es: »Land, Land! Was
war das für eine Freude, als man endlich die Erlösung von
dem im Zwischendeck eingepferchten Leben nahe sah.« Und
der Schreiber zieht auch gleich Bilanz, indem er feststellt,
daß sich auf der 52tägigen Reise zwölf Todesfälle ereigneten,
aber immerhin auch drei Kinder zur Welt kamen.

Nach der Ankunft in New York ergaben sich dann ähnliche Probleme wie im Abfahrtshafen. Im Wissen um die

ersparten Taler der Auswanderer drängte sich betrügerisches
Volk an die Siedler heran, sich für allerlei Vermittlungsdien-
ste anbietend. Da waren Zimmer zu vermieten, Fahrkarten
zu verkaufen und vor allem Grundstücke zu angeblich günstigen, in Wirklichkeit schamlos überteuerten Preisen an den
Mann zu bringen. Es war die Stunde der ›runner‹, denen
hier jedes ankommende Schiff neue Schafe in den Pferch
trieb, bereit zur leichten Schur. Zusätzlich machten die
Schwierigkeiten der Sprache, die ungewohnten Sitten und
Lebensverhältnisse die Einwanderer – dies war ja jetzt ihr
neuer Titel – besonders empfänglich für fremde Hilfe. Um
diesen Übelständen zu begegnen, wurde eine Reihe von
Organisationen gegründet, meist von kirchlicher Seite, die
den ›greenhorns‹ zur Seite standen. Hier wurden Unterkünfte und Anstellungen vermittelt und Darlehen gewährt.
Auch der Staat New York leistete seinen Beitrag, indem er
abgeschlossene Betreuungsanlagen errichtete, die das Heran-
kommen der ›runner‹ an die Neulinge erschwerten. Ab 1855
diente im Süden der Halbinsel Manhattan Castle Clinton als
Einwandererdepot, durch das bis 1890 siebeneinhalb Millionen Einwanderer hindurchgingen.

Ihr Freunde weint nur nicht so sehr!

Nach der langen Schiffsreise und der glücklichen Ankunft
waren aber bei weitem die Transportprobleme noch nicht
gelöst. Meist hatte man sich ja schon zu Hause für einen
bestimmten Staat entschieden, wo man von Verwandten
oder Freunden erwartet wurde. Wenn der Mittelwesten das
Ziel war, dann war Mitte des Jahrhunderts noch eine wo-
chenlange Reise nötig, um dorthin zu gelangen. Flußdamp-
fer und Eisenbahnen erschlossen den Kontinent ja erst teilweise, wenn auch der Ausbau des Verkehrsnetzes sehr zügig
voranging und mancherorts mit den ersten Siedlern die
Gleisbautrupps der Bahngesellschaften anrückten. Große
Strecken waren noch mit der ›mail coach‹ zurückzulegen
oder gar mit dem Planwagen. Die Auswanderer, die mit der

›Samuel Fox‹ ankamen, wollten seinerzeit nach Iowa. Sie
fuhren von New York mit dem Dampfschiff den Hudson
hinunter bis Albany, von dort mit der Eisenbahn an den
Niagarafall und weiter mit dem Dampfer auf dem Eriesee
bis Toledo, Ohio. Mit der Eisenbahn ging es von hier nach
Chicago, damals noch eine Stadt von erst 15000 Einwoh-
nern. Die Gruppe wurde »mit Sack und Pack auf der Prärie
abgesetzt«, einen Bahnhof gab es noch nicht. Ein Kanalboot
nahm die Gesellschaft auf und brachte sie zum Illinois-Fluß
und auf diesem weiter bis Peoria. Hier trennte man sich;
eine Witwe, deren Mann auf dem Schiff an Cholera verstorben war, fuhr mit ihren Kindern mit einem gemieteten
Wagen weiter nach Fort Madison in Iowa: »Sie waren drei
Tage auf dieser Fahrt. Unterwegs wurde ihr jüngstes Kind,
ein zweijähriger Knabe, krank und starb am zweiten Tag
in den Armen der Mutter. Weil aber auf 17 Meilen keine
menschliche Wohnung war, so hielt die Mutter das tote Kind
einen halben Tag in den Armen bis sie an einem Farmhaus
anlangten, wo sie übernachten konnten. Am andern Morgen
wurde die Leiche in einem von rauhen Brettern zusammen-
genagelten Kästchen etwa 200 Schritte von dem Farmerhaus
entfernt im Schatten eines nahe am Wege stehenden Baumes
beerdigt.« Welche Sorgen mußten die Menschen damals zu
Hause bedrängt, welche Hoffnungen sie bewegt haben, um
all dieses auf sich zu nehmen.

Durch die Geschichte der Auswanderung zieht sich aber
auch aus verschiedenen Gründen und Richtungen das Bemühen, nach Möglichkeit dem einzelnen zu helfen und zu um-
sorgen. Der schon öfter zitierte Traugott Bromme, 1802 in
Leipzig geboren, war selbst lange Jahre in den Vereinigten
Staaten gewesen und hatte am eigenen Leib erlebt und erlit-
ten, wovor er seine Landsleute nun bewahren wollte. Im
Vorwort seines ›Hand- und Reisebuchs für Auswanderer aus
allen Klassen und jedem Stande‹ schreibt er 1846: »Was ich
erlebt, gesehen, erfahren, errungen und erkämpft im neuen
Lande, sey Euch scheidenden Landsleute hier mit Liebe dar-
gebracht ...«

Eine in Rudolstadt in Thüringen erscheinende ›Allgemeine Auswandererzeitung‹ macht sich ähnliche Bestrebungen zur Aufgabe, übt auch heftige Kritik an Mißständen und
erscheint immerhin über fünfundzwanzig Jahre. Auswande-
reragenten, die mit einem Netz von Expedienten die Verbindung zu den Herkunftsländern und -orten der Auswanderer
herstellen, versuchen bereits dort durch Werbung, aber auch
durch Aufklärung mit Annoncen, Plakaten und Flugblättern
Hoffnungen und Ängste auf das richtige Maß zu begrenzen.

Was übrigens den Transport von Bremen nach Bremerhaven angeht, so wurden 1858 endlich die berüchtigten Weser-
kähne von Leichtern abgelöst, die jeweils zu mehreren von
Dampfbooten geschleppt wurden. Die Fahrzeit konnte damit von zwei oder drei Tagen auf einen Tag gesenkt werden,
immer noch lang genug, wenn man bedenkt, daß die Auswanderer in großer Enge auf den Schleppkähnen stehen
mußten. So zusammengedrängt, durchfuhren sie zum letzten
Mal die alte Heimat, mit den Hoffnungen schon weit über
dem großen Meer, die Gedanken aber noch rückwärts ge-
wandt zu all dem, was man verließ. So konnte man sie über
die grünen Marschwiesen hin sehen, stehend und – wie
es im Auswandererlied heißt – wohl manches Mal auch
singend:

> *Ihr Freunde weint nur nicht so sehr,*
> *wir sehn uns nun und nimmermehr!*

MÜNZ, MAUT
UND ANDERE MISSLICHKEITEN

Es ist gebräuchlich, den guten Willen der
Mauthbeamten durch ein kleines Ge-
schenk sich zu sichern.

Karl Baedeker (1846)

Der Wiener Kongreß hatte im losen Rahmen des Deutschen
Bundes – Österreich eingeschlossen – nicht weniger als 38
souveräne Staaten geschaffen, die nun alle mit Schlagbaum
und Schilderhäuschen sorgsam über ihre Landeshoheit
wachten. Da nun manche der kleinen und kleinsten Duodez-
herrschaften, in Thüringen etwa, aus einem Flickenteppich
ineinander verwobener Parzellen bestanden, führten oft
schon bescheidenere Reisen über eine Vielzahl von Grenzen.
Friedrich Hebbel, der seinerzeit die deutsche Heimat zu Fuß
durchwandert hatte, karikiert diese Kleinstaaterei:

> *Es flog in X. mein Hut mir ab,*
> *Natürlich über die Grenze,*
> *Und als ich, ihn wieder zu holen, lief,*
> *Da gab es vertrackte Tänze.*

Es standen ja der im Biedermeier aufkommenden Reiselust
sowieso schon die Erschwernisse des Transports und die Un-
zulänglichkeiten der Beherbergung entgegen; nun gesellten
sich diesen Schwierigkeiten noch drei Probleme hinzu, die
sich aus der staatlichen Vielfalt ergaben: die meist peniblen
Usancen bei Zoll und Maut, das kleinliche, auf restaurativer
Furcht gründende Paßwesen und das kaum überschaubare
Nebeneinander der verschiedenen Münzsysteme.

»Beschnüffelten alles, kramten herum ...«

Als Napoleon 1806 die Kontinentalsperre verfügt hatte, den
britischen Erzfeind mit der Beeinträchtigung seines Handels
an der empfindlichsten Stelle zu treffen, schützten seine
Douaniers nicht nur die eigenen Grenzen, sondern auch

die der vielen unfreiwillig Verbündeten. Dieser Armee von Zöllnern – zuletzt sollen es nicht weniger als 80000 gewesen sein – sah sich damals der Reisende ausgeliefert. An den Schlagbäumen der Länder und Ländchen und an den Toren der Städte durchwühlten die ungeliebten Späher Kisten und Koffer. Nach dem Befreiungskrieg blickt Brockhaus zurück: »Die Härte und Schärfe, mit der das französische Zollwesen ausgeführt wurde, die Störungen, die es in fast alle Lebensverhältnisse ... brachte, die Plackereyen, welche sich die Douaniers gegen Reisende erlaubten, hatten besonders in den neuen Provinzen die Gemüter außerordentlich wider sie aufgeregt, und der Volksingrimm traf daher bei den Bewegungen, welche 1813 in Deutschland und Holland gegen die Franzosen stattfanden, zuerst diese Menschenklasse und die Zollhäuser selbst, welche in Hamburg und Amsterdam gleich zu Anfang niedergerissen und verbrannt wurden.« Therese Devrient berichtet tatsächlich in ihren Lebenserinnerungen von einem französischen Zöllner, der in jenen stürmischen Tagen, getrennt von den Seinen, in Hamburg unter dem »bestialischen Jauchzen der Arbeiter und Gassenjungen« massakriert wurde.

Mit dem Ende Buonapartes änderte sich aber im Zollwesen vorerst noch wenig, nur daß an die Stelle der verhaßten Douaniers nun preußische, österreichische, badische oder oldenburgische Grenzposten traten und die Bagage der Reisenden ebenso eifrig durchwühlten wie vordem ihre französischen Kollegen:

> *Beschnüffelten alles, kramten herum,*
> *in Hemden, Hosen, Schnupftüchern,*
> *Sie suchten nach Spitzen, nach Bijouterien,*
> *Auch nach verbotenen Büchern.*

Heinrich Heine ist es, der hier bissig Klage über seine üblen Erfahrungen mit preußischen Zöllnern führt. »Verbotene Bücher«, das traf auch ihn; konnten die Werke des im Pariser Exil lebenden Dichters im Heimatland ja meist nur unter geschickter Umgehung der Zensur erscheinen. Im Vormärz war eben nun mal das Mitnehmen von Büchern auf Reisen, wenn sie nicht offensichtlich unverdächtigen Inhalts waren, eine heikle Sache. Besonders empfindlich waren in diesem Punkt die österreichischen Behörden. Noch 1846 warnt Baedeker: »Bücher werden in Beschlag gelegt und an das Censuramt nach Wien geschickt, von wo sie dem Reisenden, insofern sie nicht verboten sind, wieder zugestellt werden.« Als weitere Gegenstände, deren Einfuhr absolut untersagt ist, nennt Baedeker noch: »Spielkarten, Kalender und versiegelte Briefe.« Letztere mit sich zu führen lag seinerzeit freilich nahe, erstreckte sich die obrigkeitliche Zensur doch auch auf die Briefpost. So war es dann eben selbstverständlich, daß jemand, der sich zur Reise anschickte, von Freunden und Bekannten gebeten wurde, den Briefboten zu machen. Max von Boehn schreibt: »Niemand ging auf Reisen, der nicht Stöße von Briefen mitzunehmen gehabt hätte.«

Besonderen Einfuhrbeschränkungen unterlagen seinerzeit vor allem auch Genußmittel, zu denen nicht nur Kaffee oder Tabakwaren, sondern auch Zucker und Schokolade gehörten. Diese Artikel waren im Land mit hohen Verbrauchssteuern belegt, sie einzuschmuggeln lag darum nahe. Um nun den Besuch ihrer zahlreichen Badeorte nicht zu gefährden, zeigten sich die österreichischen Zöllner Kurgästen gegenüber gnädig: »Badegäste, die nachweisen, daß sie zum Gebrauch einer Kur in ein österreichisches Bad reisen, sind folgende Gegenstände frei einzuführen gestattet: 1 Eimer Wein, 15 Pfund Kaffee, 20 Pfund Zucker, 1 Pfund Thee und 5 Pfund Chocolade.« Offensichtlich verstand man es ganz vorzüglich, sich in Gastein oder Karlsbad das eintönige Badeleben zu versüßen.

Freilich half oft ein »kleines Douceur«, wie Reichard es nennt, die Mautbeamten gnädig zu stimmen; für manchen nicht gerade üppig besoldeten Grenzer ein begehrtes Zubrot, das auch schon mal unverhüllt gefordert wurde: »Nun, Sie haben doch ein kleines Biergeldgen mitgebracht?« Diese Frage wird von der Zollwache am Stadttor von Treuenbrietzen an Julius Abegg gerichtet, als er auf einer Reise nach

Berlin hier durchkommt. Von den Zollkontrollen in der preußischen Hauptstadt erinnert sich Abegg: »Die Visitationen waren sehr nachgiebig und wir sehr freigiebig.«

Als Fürst Pückler 1826 nach London kommt, weiß der Weltmann natürlich, was die britischen Zollbeamten von ihm erwarten: »... fand aber am Morgen, wo ich bei der Untersuchung meiner Sachen gegenwärtig war, auch hier den selten trügenden goldenen Schlüssel sehr wirksam, um mir langes Warten und Weitläufigkeiten zu ersparen. Selbst ein paar Dutzend französische Handschuhe, die in aller Unschuld bei meiner Wäsche oben auflagen, schienen durch meine Guinee unsichtbar geworden zu seyn, denn Niemand bemerkte sie.« Von den französischen Douaniers aber meint Reichard lakonisch: »Der Reisende wird von ihnen an der Gränze empfangen und muß sich der Durchwühlung seines Koffers, ja selbst der Durchsuchung an seinem Leibe aussetzen. Durch Geld läßt sich dieser unangenehme Empfang in der Regel mildern.«

Was nun die österreichischen Grenzbeamten betraf, die ja ihrer Strenge wegen gefürchtet waren, so gibt Karl Baedeker, der kundige Reisende, gleich die notwendigen Andeutungen über die übliche Taxe: »... es ist gebräuchlich, den guten Willen der Mauthbeamten durch ein kleines Geschenk (1 bis 2 Zwanziger) sich zu sichern.« Das waren ein bis zwei Zwanzigkreuzerstücke, oder auf heutige Verhältnisse umgerechnet etwa ein Zehnmarkschein, die einem halfen, ohne weitere Belästigungen sein Gepäck über die Grenze des Kaiserstaates zu bringen.

Am 1. Januar 1834 wird unter Führung Preußens der Deutsche Zoll- und Handelsverein gegründet, dem mit Ausnahme Hannovers und der beiden Mecklenburg fast alle nord- und mitteldeutschen Staaten beitreten. Wenigstens im Reiseverkehr innerhalb dieser Staaten entfallen nun die lästigen Zollkontrollen: »Die Deutschen Zollvereins-Staaten geben jetzt zwar schon einen bedeutenden Spielraum zum Reisen, ohne sich um Contrebande bekümmern zu dürfen; dennoch hat man sich bei der österreichischen Grenze und im Norden von Deutschland an der von Hannover usw. vorzusehen, und wenn man nicht weiß, was in dem einen oder dem anderen Staate verbotene oder zu verzollende Ware ist, Alles anzugeben, was man außer den Reisebedürfnissen bei sich hat, oder den Zollbeamten das Nachsehen zu überlassen« (Neigebaur). Nun herrschen also an den schwarz-weißen Grenzpfählen korrekte Verhältnisse. John Murray, der Verfasser des berühmten ›Handbook for Travellers on the Continent‹, das zum Vorbild Baedekers und anderer Reiseführer werden sollte, bereitet seine Leser hierauf vor: »Der einköpfige schwarze Adler und die schwarz-weißen Farben auf Zollschranken und Schilderhäuschen kündigen unverwechselbar die preußische Grenze und die Nähe des Zollhauses an. Die Untersuchung ist streng aber nicht schikanös. Der preußische Zöllner (oft ein alter, invalider Soldat) ist unbestechlich oder vielmehr, strenge Vorschriften beugen dem vor; denn, wer ein Geschenk anbietet, ist einer gesetzlichen Strafe unterworfen.« Und der Verfasser schließt: »Fremde werden mit absoluter Höflichkeit behandelt, freilich vorausgesetzt, sie benehmen sich ebenso.«

Besonders umständlich und langwierig waren die Zollvisitationen verständlicherweise, wenn ein britischer Passagier – die Engländer stellten ja nach wie vor das Hauptkontingent der Reisenden – erstmals den Kontinent betrat. Hier gibt Murray ausführliche Empfehlungen: »Reisenden ist es nicht gestattet, ihr Gepäck vom Schiff selbst an Land zu bringen. Es wird im Ganzen von den Zolldienern, die für die Sicherheit jedes Gepäckstücks verantwortlich sind, zum Zollgebäude gebracht. Dem Reisenden wird empfohlen, es dort von seinem Diener oder einem Agenten des Gasthofes, in dem er zu übernachten beabsichtigt, abholen zu lassen; der, mit allen Schlüsseln versehen, es öffnen und den Inhalt deklarieren kann. Selbst diese Handlung vorzunehmen, ist der guten Laune des Reisenden abträglich, denn dies wäre eine harte Prüfung seiner Geduld. Einmal müßte er lange warten, bis er an der Reihe wäre, und das mitten im Gedränge der Träger und dann schließlich auch noch geduldig

zusehen, wie sein sorgfältig gepackter Koffer mit einer Art
von kühler, hartherziger Höflichkeit durchwühlt wird, die
zwar keinen Anlaß zur Beschwerde gibt, aber genug Grund
zur Wehklage.« So etwas ist nun mal auch keine passende
Beschäftigung für einen Gentleman, dem Murray stattdessen
empfiehlt, sich besser ein oder zwei Stunden anderweitig zu
amüsieren, um dann im Zimmer seines Gasthofs das visitierte
Gepäck vorzufinden. Er warnt auch dringend davor, ver-
schlossene Briefe von Freunden mit sich zu führen, nur, um
diesen das Porto zu ersparen: »Ein solches Verhalten wäre
höchst unverzeihlich!«

Nun wären all diese Mißlichkeiten erträglich gewesen,
wenn der Zoll seine Abgaben nur an der jeweiligen Staatsgrenze gefordert hätte. Es gab aber auch zahlreiche Kontrollen, mit denen beim Passieren von einer Provinz in die
andere oder bei der Einfahrt in größere Städte zu rechnen
war. Wer etwa von Bayern nach Wien reiste und seine
Koffer in Salzburg oder, sofern er den Wasserweg die Donau
hinunter bevorzugte, bei Engelhardszell schon einmal hatte
öffnen müssen, dem stand am Stadtrand Wiens nochmals
eine Untersuchung seiner Bagage bevor: »Der Reisende
muß, sobald er an den äußeren Schlagbäumen Wiens, Linien
genannt, ... ankommt, den Paß abgeben und anzeigen, wo
er zu wohnen beabsichtigt. Er wird zugleich gefragt, ob er
verbotene oder städt. Abgaben unterworfene Gegenstände,
wie Eßwaren und dergl. bei sich führe, und hat eine Untersuchung seines Gepäcks zu gewärtigen« (Baedeker).

»Man zahlt unaufhörlich Chausseegeld!«

Doch auch damit nicht genug. Zu diesen Belästigungen, die
freilich nicht nur fiskalischen, sondern auch handelspoliti-
schen Überlegungen entsprangen, gesellte sich noch eine
Vielzahl sonstiger, oft unter den fadenscheinigsten Gründen
geforderter Abgaben. Da gab es etwa das Geleit, den Chaus-
seezoll, das Brücken- und das Wassergeld und schließlich
auch noch den Pflasterzoll: »Es ist empörend, wenn dem

Reisenden Geleite und Wegegeld abgefordert wird und er sich kaum aus dem Koth herauswinden kann, um dieses Geld zu bezahlen.« So Johann Gottfried Seume auf seinem ›Spaziergang nach Syrakus‹.

Vor allem das Chausseegeld war für die jeweiligen Landesherren eine munter sprudelnde Einnahmequelle, für die Reisenden aber Anlaß ständiger Verärgerung. Noch 1844 bemerkt Varnhagen wütend, daß allein die letzte Poststation vor Homburg sechs oder sieben Schlagbäume habe, »man zahlt unaufhörlich Chausseegeld, als ob die hessischen Fürsten von diesem Zehrpfennig leben müßten«. Zornig fügt der Chronist noch hinzu: »Die Fürsten brandschatzen die Reisenden wie die Wegelagerer« (von Boehn).

Karl Julius Weber, der die süddeutschen Staaten ausgiebig bereist hatte, beklagt vor allem den unnützen Zeitverlust, der dem Reisenden bei solchem Anlaß entsteht: »Es ist nicht um die paar Kreuzer zu tun, sondern um den Aufenthalt, und manche Herren Einnehmer haben solch hohe Begriffe von ihrem Staatsamt und solch niedrige vom Reisenden, daß sie es unter ihrer Würde halten, sich an den Wagen zu bemühen – der Kutscher muß absteigen und seine Pferde stehen lassen.« Und der Reisende führt auch noch einige besonders ärgerliche Beispiele an: »... als ich von Nördlingen nach Ellwangen eine volle halbe Stunde zu Dirgenheim warten mußte, weil ein altes Weib erst den Zettel im Dorf holte und dafür noch ein Trinkgeld forderte! Zu Ellwangen hatte ich vier Kreuzer Pflastergeld bezahlt und so auch in dem langen Dorfe Zöbingen, wo ich trotz meiner scharfen Augengläser gar kein Pflaster bemerken konnte!«

»Wer ist er?«

Nun waren die Visitation der Gepäckstücke, das Entrichten von Zoll-, Brücken- oder Wegegelder nicht die einzigen Unannehmlichkeiten, denen sich der Reisende unterwegs seitens der Obrigkeit ausgesetzt sah. Noch beschwerlicher waren eigentlich die Belästigungen, die dadurch entstanden, daß man sich ständig und allerorten über seine eigene Person ausweisen mußte. Größer noch als das Interesse am Inhalt von Koffern und Taschen war nun mal die Neugierde der Polizeibehörden, wer da die Grenzen des Landes überschritt oder sich in den Mauern der Stadt aufhielt. Da war es nun vor Antritt der Reise die wichtigste Handlung, sich einen Paß ausstellen zu lassen. Da es aber seinerzeit kein allgemein gültiges und anerkanntes Ausweispapier gab, war es notwendig, sich ein solches Identitätspapier für jede Reise gesondert zu verschaffen. In diesem Reisepaß mußte dann die vorgesehene Reiseroute genau vermerkt werden, denn ein Abweichen von dieser Strecke oder ein Weiterreisen über das angegebene Ziel hinaus machte den Ausweis ungültig und erforderte vorher eine entsprechende Korrektur.

Das konservative Österreich war auch hier – unter dem gestrengen Auge Metternichs – besonders penibel. So bemerkt Neigebaur in seinem ›Handbuch für Reisende in Deutschland‹ noch 1843: ».. . hat man aber selbst in Deutschland mehrerer Herren Länder zu berühren, so ist ein Paß durchaus nothwendig, besonders wenn man die österreichischen Staaten besuchen will, und hier vornehmlich muß der Paß ganz allgemein ausgestellt sein; denn lautet derselbige nur nach Wien, so wird man leicht Schwierigkeiten haben, damit auf einem anderen Wege, als wo man gekommen, zurückzureisen; lautet derselbe bloß auf Österreich, so wird man Schwierigkeiten finden nach Ungarn, Österreichisch-Italien, selbst nach Tyrol zu kommen. Man muß daher in den Paß setzen lassen: Für alle österreichischen Staaten. Das Visum eines österreichischen Gesandten oder Consuls ist durchaus nothwendig, ehe man die Grenze überschreitet.« Hier berührt Neigebaur ein weiteres Erschwernis des Reisens in jenen Tagen; es genügte nicht, sich einen speziellen Paß für die geplante Unternehmung ausstellen zu lassen, es war dann auch noch notwendig, sich auf diesem Papier die Visa der Vertreter aller Länder erteilen zu lassen, durch die die Reise geplant war. Doch damit noch nicht genug der

Schwierigkeiten. Kam man nun mit dem wertvollen Ausweis über die Grenzen des Kaiserreichs, so mußte man sich auch in jeder größeren Stadt bei der Polizeibehörde melden und den Paß visieren lassen.

Etwas anders war das Verfahren, wenn man nach Frankreich wollte – Paris gehörte ja zu den bevorzugtesten Reisezielen der Zeit. Zwar wurde auch in diesem Falle der Reisepaß von der Behörde des Heimatlandes ausgestellt und vom französischen Residenten oder Gesandten visiert; erreichte man aber die französischen Schlagbäume, so wurde einem dieses Identitätspapier abgenommen und durch einen sogenannten Interimspaß ersetzt, mit dem man sich in der französischen Hauptstadt bei der zuständigen Behörde zu melden hatte. Den eigentlichen Originalpaß erhielt man im Austausch gegen das Ersatzpapier erst wieder zurück, wenn man die blau-weiß-roten Grenzpfähle hinter sich ließ. Dabei mußte auch in Frankreich dieser Interimspaß in allen größeren Orten von der hohen Obrigkeit visiert werden. Zu streng wurde diese Vorschrift aber wohl nicht genommen, denn Reichard meint, diese »Visa usw. besorgen in der Regel die Wirthe«.

Ganz allgemein läßt sich sagen, daß diese Legitimationsvorschriften innerhalb der einzelnen Länder verschieden streng gehandhabt wurden und vom Beginn den 19. Jahrhunderts an bis zu dessen Mitte hinein eine allmähliche Lockerung erfuhren, bis dann gegen Ende des Jahrhunderts jener paradiesische Zustand eintrat, da man von einem Ende des Kontinents zum anderen ohne ein Ausweispapier reisen konnte.

Stand und Rang des Reisenden machten damals freilich auch Unterschiede. Da war es schon etwas anderes, ob man etwa mit der Extrapost vierspännig durch die Lande fuhr und seinen Bedienten die Visa besorgen lassen konnte oder als Fußreisender oder gar als Handwerksbursch sich solchen Kontrollen unterziehen mußte. Als Johann Gottfried Seume auf seiner Wanderung nach Sizilien, von Leipzig kommend, Wien erreicht, muß er sich dort einen weiteren Paß für den

langen Marsch durch Italien ausstellen lassen. Der Dichter
hat uns die Schilderung seiner Begegnung mit dem Präsidenten der italienischen Kanzlei als bittere Satire hinterlassen:
»Wer ist er? fragte er mich mit einem stierglotzenden Mo-
lochsgesicht in dem dicksten Wiener Bratwurstdialekt.« Und
nun spielt sich das einfachen Reisenden gegenüber übliche
Frage- und Antwortschema ab: »Wo will er hin? Was will
er da machen? Wo will er dann weiter hin?«, um endlich
mit der Erklärung zu schließen: »Es läuft halt sehr viel solch
lüderliches Gesindel herum!« Kein Wunder, daß Seume
schon beim Abmarsch zu Hause in sein Reisegebet die Bitte
um »höfliche Thorschreiber von Leipzig bis Syracus« eingeschlossen hatte.

War nun gar ein Handwerksbursch unterwegs, so wurde
mancherorts nicht nur das Wanderbuch kontrolliert, das in
diesem Fall den Reisepaß zu ersetzen hatte, sondern man
vergewisserte sich auch über eine ausreichende Barschaft. Zu
groß war eben die Sorge, einen fechtenden Tippelbruder
mehr ins Land zu bekommen.

So verläßt 1830 der thüringische Wagnergeselle Ernst
Christian Döbel seine Heimat, um nach Wien und weiter in
den Balkan zu wandern. Des schnelleren und bequemeren
Fortkommens wegen wählt er von Regensburg ab den
Wasserweg: »Da ich, des Fußgehens müde, schneller geför-
dert zu werden wünschte, so miethete ich mir für einen
geringen Preis (von Regensburg bis Wien – eine Strecke
von 50 bis 60 deutschen Meilen – zahlt eine Person auf der
Ordinari 1 bis 8 Gulden) einen Platz auf einem der vielen
Schiffe, welche von hier beinahe täglich nach Passau segeln.
Die Wasserfahrt war mir ebenso neu wie angenehm.« In
Engelhardszell erreichen die Reisenden österreichisches
Staatsgebiet, dort »kann die Donau wegen der daselbst befindlichen Grenzmauth mit einer Maschine gesperrt werden.
Bei dem Visieren der Pässe und Wanderbücher wird zugleich
das Reisegeld vorgezeigt, das den Gesetzen zu Folge nicht
weniger als 5 Reichsthaler betragen darf. Man schaute auf
meine Kleidung und erließ mir die Musterung meines Beu-

tels. Einer meiner Reisegefährten hatte den seinigen mit so
vielen Kreuzern angefüllt, daß er strotzte. Dennoch betrug
der Gesammtwerth kaum einen Thaler. Als er nun nach dem
gewöhnlichen Reisegeld gefragt ward, zog er mit trotziger
Miene den Beutel und stieß ihn klingend auf den Tisch.
›Schon gut!‹ war die Antwort – und die List gelang. Eben
daselbst ward mein Urlaubspaß mit einem Wanderbuch ver-
tauscht, für das ich 30 Kreuzer zahlte, weil mir ohne ein
solches der Eintritt in die österreichischen Lande nicht gestattet werden sollte.«

Der ›Urlaubspaß‹, das war Döbels Legitimationspapier,
das dem Militärdienstpflichtigen zu Hause in Eisenach bei
seinem Bataillon ausgestellt worden war. Das Wanderbuch,
das ihm nun die österreichischen Grenzbeamten ausfertigten,
begleitete den Wagnergesellen auf seiner sechsjährigen Wanderschaft bis in die Türkei und nach Ägypten. Es enthält
neben Angaben über Name, Geburtsort, Alter, Profession,
Stand und Religion des Wanderers noch folgendes
Signalement: »Mittlere Statur, ovales Gesicht, braune Haare,
braune Augen, proportionierte Nase, gewöhnlicher Mund
und ohne besondere Kennzeichen.«

Dieses Wanderbuch weist auch – abgesehen von den Ar-
beitsbescheinigungen der Meister, bei denen Döbel im Lohn
stand – eine Vielzahl von Eintragungen über die jeweiligen
Kontrollen durch die zuständigen Ortsbehörden auf. Als
Döbel 1836 zurückkehrt, sind es allein bei der letzten Etappe
von der österreichischen Grenze bei Salzburg bis zum thüringischen Gera nicht weniger als vierzehn derartiger Sicht-
vermerke.

Die Angaben zur Person und die Beschreibung der kör-
perlichen Merkmale waren freilich nicht nur wesentlicher
Bestandteil eines Wanderbuchs, sondern auch des üblichen
Reisepasses. 1846 stellt das königliche Polizeipräsidium in
Berlin dem Stud. phil. Gustav Parthey einen Reisepaß aus,
in dem vermerkt ist, daß dieser »allein um Besuch von hier
über Leipzig nach Frankfurt und Mannheim reist und durch
Attest als unverdächtig legitimiert ist«. Gustav Parthey war

ein Urenkel des Berliner Buchhändlers und Schriftstellers Friedrich Nicolai und damals achtzehn Jahre alt. Der Reisepaß hat uns das genaue Signalement des jungen Reisenden hinterlassen: »Alter: achtzehn Jahre, Größe: fünf Fuß und sechs Zoll, Haare: blond, Stirne: rund, Augenbrauen: blond, Augen: blau, Nase und Mund: proportioniert, Bart: keiner, Kinn: rund, Gesicht: oval, Gesichtsfarbe: gesund, Statur: schlank, besondere Kennzeichen: keine.« Das wichtige Ausweispapier empfiehlt den Reisenden aber auch der Fürsorge der Obrigkeit: »... werden alle Civil- und Militär-Behörden ergebenst ersucht, demselben ungehindert reisen und zurückreisen, nöthigenfalls ihm Schutz und Beistand angedeihen zu lassen.« Abschließend verpflichtet der Reisepaß den Inhaber noch ausdrücklich, allerorten seinen Aufenthalt sofort anzuzeigen: »Dieser Paß muß aber von der Polizei-Obrigkeit eines jeden Ortes, an welchem der Inhaber sich länger als vierundzwanzig Stunden aufhält, ohne Unterschied zwischen Stadt und Dorf, visiert und ihr deshalb vorzeigt werden.«

Ein anderes Beispiel: Einige Jahre später beschließt der in Rom lebende Baron Ferdinand de Verger in die Schweiz zu reisen, begleitet von seinen beiden Töchtern und deren Kammerjungfer. Als preußischer Staatsangehöriger wendet er sich an den Gesandten seines Heimatstaates, der das Königreich beim Heiligen Stuhl vertritt – Rom war seinerzeit noch Hauptstadt des Kirchenstaates, wenn auch nur von Napoleons III. Gnaden. Mit der Gültigkeit von sechs Monaten erhält er einen Reisepaß, der ihn mit seiner Begleitung dem Schutz aller zivilen und militärischen Behörden anempfiehlt. Noch am selben Tag wird auf dem Reisepapier das Visum des zuständigen Staatssekretärs beim Vatikan eingetragen, einen Tag später der Sichtvermerk des französischen Gesandten sowie des österreichischen Geschäftsträgers. Die Angaben im Signalement werden dem adligen Herren erlassen, die Töchter sind ohne Angabe des Namens aufgeführt, die Zofe anonym als ›femme de chambre‹ vermerkt. Vom Verlauf der Reise wissen wir leider nichts, lediglich ein Visaeintrag zeugt davon, daß schon drei Wochen später bei der Rückreise die Grenze des Kirchenstaates wieder überschritten wurde.

Bei den Kontrollen, wer sich da alles im Lande hin und her bewegte, ließen sich die Behörden von den Gastwirten unterstützen. Murray bereitet seine englischen Landsleute rechtzeitig darauf vor: »Die [deutschen] Gastwirte sind verpflichtet, der Polizei täglich Ankunft und Abreise aller Gäste zu melden und dabei nicht nur Name, Vorname und Heimatland anzugeben, sondern auch Alter, Stand, Familienverhältnisse, Beruf, Religion, Zweck der Reise und alle sonstigen Einzelheiten.« Und der Verfasser des berühmten ›Handbook for Travellers‹ weiß auch, wo diese Angaben alle gesammelt werden: »A book (called das Fremdenbuch, Stranger's Book), ruled into columns, and methodically classed, is presented to the traveller for him to fill up.«

In Quarantäne

Hatte der Reisende sich nun also Reisepaß und alle notwendigen Visa besorgt und auf die Kontrolle und eventuelle Verzollung seines Gepäcks vorbereitet, so standen ihm damals an manchen Grenzen noch weitere und ganz besonders unangenehme Schwierigkeiten bevor. War er nämlich auf der Rückkehr von einem der orientalischen Länder begriffen, etwa der Türkei oder den nordafrikanischen Barbereskenstaaten, so war es fast die Regel, daß er bei Erreichen der Grenze des ersten europäischen Staates unter Quarantäne gestellt wurde. Mit dieser zwangsweisen Isolierung, auch Contumaz genannt, schützten sich die in der Hygiene schon wesentlich fortgeschritteneren Kontinentalreiche vor dem Einschleppen der Pest oder anderer Seuchen. Besonders waren dabei die aus östlichen Regionen ankommenden Schiffe betroffen: »Quarantäne, Contumaz, bedeutet diejenige Zeit«, schreibt 1827 Brockhaus, »während welcher ein Schiff, welches aus einem Hafen kommt, der in Verdacht von ansteckenden Krankheiten ist, an dem Orte seiner Bestimmung

nicht landen, mit Niemanden Verkehr, die Waren nicht aus-
laden, die Reisenden nicht absetzen darf ... Auch im Inneren
des Landes findet Contumaz statt, sobald sich in irgend einer
Stadt oder Provinz eine ansteckende Seuche zeigt.«

Als sich Ida Pfeiffer 1842 auf ihre erste Reise in den Orient
begibt und von Wien aus mit dem Schiff die Donau hinunter
fährt, erreicht sie in Galatz die Grenze des Osmanischen
Reiches. Als Einreisende ist sie zwar von den Quarantäne-
vorschriften nicht betroffen, doch hat sie Gelegenheit, das
Schicksal der Passagiere zu beobachten, die die Türkei verlassen und nach Europa zurückkehren wollen: »Von dem Wirrwarr, der hier herrscht, kann man sich keinen Begriff machen. Ein hölzernes Geländer ist die Scheidewand zwischen
den Gesunden und jenen, welche aus einem Lande der Pest
kommen oder in dasselbe gehen. Wer diese Grenze überschreitet, darf nicht mehr zurück. Soldaten, Offiziere, Beamte und Aufseher, letztere mit Stöcken und Zangen be-
waffnet, stehen am Eingang, um jene, die sich mit Worten
nicht abfertigen lassen, zurückzutreiben.«

Einige Jahre später kehrt Ida Pfeiffer von einer anderen
Reise zurück. Es war ihre ›Frauenfahrt um die Welt‹, die sie
um den ganzen Globus geführt und zur Berühmtheit gemacht hatte. Vom Schwarzen Meer her hat sie Konstantinopel erreicht und möchte nun mit dem Schiff über Athen
heimkehren. Diesmal muß sie das Schicksal der Isolierung
erleiden: »Man hatte mir in Constantinopel gesagt, daß die
Quarantaine im Piräus (sechs engl. Meilen von Athen) abgehalten werde und nur vier Tage währe, da der Gesundheits-
zustand in der Türkei vollkommen befriedigend sei. Statt
dessen erfuhr ich auf dem Dampfer, daß sie auf der Insel
Aegina (16 engl. Meilen vom Piräus) abgehalten werde und
zwölf Tage währe, nicht wegen der Pest, sondern wegen der
Cholera. Für die Pest dauert sie einundzwanzig Tage.« Die
Weltreisende schildert nun eingehend die Umstände dieser
Zwangsisolierung: »Es war schon finstere Nacht als wir
ankamen; man setzte schnell ein Boot aus und führte uns an
den Kai, nahe der Quarantaine. Weder Träger noch Diener

aus dieser Anstalt waren da, uns hilfreiche Hand zu leisten;
wir Reisende mußten selbst unsere Kisten und Koffer nach
dem Gebäude schaffen und schleppen, in welchem man uns
leere Zimmerchen anwies. Nicht einmal ein Licht war zu
bekommen. Ich hatte glücklicherweise eine Wachskerze bei
mir, die ich in mehrere Stückchen schnitt und half so meinen
Gefährten aus. Am nächsten Morgen erkundigte ich mich
nach den Einrichtungen der Quarantaine, sie waren sehr
schlecht und sehr teuer.« Die Weitgereiste führt nun Klage,
daß man für Verköstigung und Unterbringung der Passagiere wahre Wucherpreise verlange, so daß den meisten
nichts übrig blieb, als sich einzuschränken: »Der Arme muß
hier ungleich mehr Entbehrung leiden, als zu Hause; er kann
sich keine warme Speise gönnen, denn der Wirth, der an
keine vorgeschriebenen Preise gebunden ist, fordert das fünf-
bis sechsfache des Werthes.«

Nach zwölf Tagen schlägt endlich die Stunde der Freiheit;
die Reisenden werden nach dem Piräus, dem Hafen der
griechischen Hauptstadt übergesetzt. Doch auch hier finden
die Mißlichkeiten noch kein Ende: »Abends landeten wir am
ersehnten Ziele. Der erste Besuch galt der Gesundheitswa-
che, die unsere, von der Quarantaine mitgebrachten Zeug-
nisse mit gebührender Langsamkeit durchstudierte. Es fand
sich leider niemand unter uns, der ihr Studium durch Spen-
dung einiger Drachmen leichter verständlich gemacht hätte.
Die Polizei durfte natürlich auch nicht übergangen werden,
war aber schon geschlossen, in Folge dessen wir das Städtchen nicht verlassen durften. Ich ging in ein großes, schön
aussehendes Kaffeehaus (diese sind zugleich Gasthäuser), um
ein Nachtquartier zu suchen. Man führte mich in ein Zimmer, in welchem die Hälfte der Fensterscheiben zerbrochen
war. Der Aufwärter meinte, das hätte nichts zu sagen, man
brauche nur die Läden zu schließen. Im übrigen sah das
Zimmer nicht ganz schlecht aus; kaum hatte ich aber vom
Bette Besitz genommen, so zwangen mich gewisse Thiere,
die Flucht zu ergreifen. Ich begab mich auf das Kanapee, wo
es mir nicht besser erging, endlich auf einen Stuhl, auf

welchem ich die Nacht gerade nicht in der besten Stellung verbrachte.«

An diesem Ort muß gesagt werden, daß die mit einer Ausnahme heute leider nicht mehr aufgelegten Reiseberichte Ida Pfeiffers eine ganz vorzügliche Quelle der Umstände des Reisens in jener Zeit sind. Im Gegensatz zu fast allen ihrer schriftstellernden Kollegen verliert sich die Autorin nicht in akribischen Beschreibungen ihrer Eindrücke und Empfindungen beim Erleben bedeutender Kunstwerke oder Landschaften, sondern widmet ihr Augenmerk mehr den wissenswerten Details ihrer Reisen.

Der Arzt Dr. Jakob Röser hatte schon zehn Jahre vor Frau Pfeiffer den Orient bereist. Er tut, im Gegensatz zu dieser, in seinem Reisebericht die Belästigungen durch die Quarantäne, denen er bei seiner Rückkehr ausgesetzt war, mit dem kargen Satz ab: »... fiel der Anker im Hafen von Triest. Hier sind wir nun, um einige Zeit eingekerkert, der europäischen Pestmanie zu frohnen.«

Auch als noch 1867 Mark Twain mit einer amerikanischen Reisegesellschaft Europa durchzieht, muß er verschiedentlich mit der Quarantäne Bekanntschaft machen. In Rom hatte er sich mit einigen Gefährten von der auf dem Schiff verbleibenden Reisegruppe gelöst und den Weg nach Neapel auf dem Lande zurückgelegt. Als sie dann dort die ›Quaker City‹ wieder aufsuchen wollen, erleben sie eine böse Überraschung: »Das Schiff liegt im Hafen von Neapel – in Quarantäne. Es ist seit mehreren Tagen hier und wird noch mehrere Tage bleiben. Wir, die wir mit der Bahn aus Rom kamen, sind diesem Mißgeschick entronnen. Natürlich darf niemand an Bord des Schiffes gehen oder von dort aus an Land. Es ist jetzt ein Gefängnis. Die Passagiere verbringen wahrscheinlich die langen, glühendheißen Tage damit, unter Sonnensegeln hervor den Vesuv und die schöne Stadt zu betrachten – und zu fluchen!«

Als die Gesellschaft später bei Athen an Land gehen will, trifft sie ein zweites Mal dieses Schicksal: »Der Hafenmeister von Piräus kam in seinem Boot heran und sagte, wir müßten entweder abreisen oder aus dem Hafen hinausfahren und in strenger Quarantäne elf Tage lang auf unserem Schiff eingesperrt bleiben! Wir lichteten also den Anker und fuhren hinaus, um etwa zwölf Stunden zur Übernahme von Proviant liegenzubleiben und dann nach Konstantinopel abzusegeln. Es war die bitterste Enttäuschung, die wir bis dahin erlebt hatten. Einen ganzen Tag lang in Sichtweite der Akropolis zu liegen und doch wegfahren zu müssen, ohne Athen besucht zu haben!«

Im weiteren Verlauf des Jahrhunderts konnten dann durch das Zurückgehen der ansteckenden Seuchen die Quarantänebestimmungen immer mehr gelockert und in den meisten europäischen Staaten schließlich fast ganz aufgehoben werden. Reisen waren damit – was ihre Dauer betrifft – bestimmt kalkulierbarer geworden, aber auch ein ganzes Stück nüchterner.

Das liebe Geld

Nun zu einem anderen Problem: Technischer Fortschritt hatte im Biedermeier die Überbrückung größerer Entfernungen einfacher, bequemer und billiger gemacht; ein bescheidener Wohlstand, freilich nur eines Teils der Bevölkerung, förderte diese Entwicklung. Was sich ihr aber nach wie vor in den Weg stellte und auch immer schmerzhafter als Hemmnis empfunden wurde, war die schier unübersehbare Vielfalt der Münzsysteme. Dem Reisenden unserer Tage, der in den meisten Ländern – zumindest denen der westlichen Hemisphäre – problemlos an jedem Bankschalter und jeder größeren Hotelrezeption Scheine und Münzen der einen Währung in die einer anderen umtauschen kann, bereitet es Schwierigkeiten, sich überhaupt einen bescheidenen Überblick von den wichtigsten Währungen und gängigsten Münzarten im Biedermeier zu verschaffen. Den Zeitgenossen aber war dieser Wirrwarr ein offenkundiges Ärgernis.

»Für jetzt aber haben wir noch Karolins, Souverains, Friedrichsd'or, Maxd'or, Karlsd'or, Augustus- und Georgsd'or, Louis, selbst auch Portugaleser, Dukaten, Gulden, Kreuzer, Pfennige und Heller, Taler, gute Groschen, Silbergroschen, Batzen, Dreier, Schockgroschen und Gröschel, Mark und Schillinge, Sechser, Timpfe, Dütchen, Kopfstücke, Stüber, Füchse, Fettmännchen und Petermännchen, selbst Lire, Soldi und Denari. Es fehlt nichts als die Kauris der Neger!«

Karl Julius Weber, der 1826 in seiner Einleitung zu den ›Briefen eines in Deutschland reisenden Deutschen‹ diesen Stoßseufzer von sich gibt, hat nicht übertrieben; er hätte leicht noch ein weiteres Dutzend verschiedenster Münzen angeben können, die in den deutschen Staaten im Umlauf waren, zum erheblichen Teil dabei noch aus dem 18. Jahrhundert stammend. Der von ihm erwähnte Stüber etwa war eine in Ostfriesland, Jülich, Cleve und Berg kursierende Münze von geringem Silbergehalt, im Wert vom sechzigsten Teil eines Talers; das Dütchen wiederum ein in Norddeutschland umlaufendes Geldstück im Wert von drei Schillingen oder einem sechzehntel Taler, der Timpf schließlich war eine in ostdeutschen Bundesstaaten, ja auch in Polen kursierende Silbermünze im Wert von achtzehn Groschen. Schön und gut, aber was für Groschen waren das? Waren es gute Groschen oder Silbergroschen, waren es Schockgroschen oder die von Weber erwähnten Gröschel? Fragen über Fragen.

Um zu den bekannteren Zahlungsmitteln zu kommen: Wo war der Taler zu Hause und welchen Wert hatte er? Wo aber galt der Gulden und was konnte man mit ihm bezahlen? Selbst hier läßt sich keine schnelle und einfache Antwort finden, gab es doch den Reichstaler, den Reichsbancotaler, den Kronentaler und einen Laubtaler, aber auch einen Reichsgulden, einen Conventionsgulden und einen Goldgulden. Um sich also nicht im Dickicht der Begriffe zu verlieren, ist es notwendig zu vereinfachen.

Der Reichstaler war das offizielle Zahlungsmittel im Königreich Preußen und einer Reihe weiterer nord- und mitteldeutscher Staaten wie Braunschweig, Hannover, Kurfürstentum Hessen und Lippe. In Preußen hatte der Taler 30

Silbergroschen zu je 12 Pfennigen, in Braunschweig oder
Hessen aber 24 gute Groschen zu jeweils 12 Pfennigen. In
Sachsen hatte man den Speciestaler, der wiederum in 32 gute
Groschen unterteilt war und an Wert einem Reichstaler und
12 Silbergroschen entsprach.

In den süddeutschen Staaten dagegen rechnete man nach
dem Gulden; das galt für Bayern, Württemberg, Baden, das
Großherzogtum Hessen und eine Reihe kleinerer Staaten.
Der Gulden hatte 60 Kreuzer, diese wiederum zu je
4 Pfennigen. Die Relation des Gulden zum Taler war knapp
zwei zu drei, was ja auch beider Gehalt an Pfennigen
entsprach; hatte der Gulden doch deren 240 (60 Kreuzer à
4 Pf.) und der Taler 360 (30 Silbergroschen à 12 Pf.).

In Österreich besaß man ebenfalls den Gulden als Zahlungsmittel, doch war dies nicht der in den süddeutschen
Staaten übliche, vorerwähnte Reichsgulden, sondern der
Conventionsgulden. Dessen Wert richtete sich nach dem
sogenannten Zwanzigguldenfuß, während für den Reichsgulden der Vierundzwanzigguldenfuß galt. Dieser Münzfuß
sagte aus, wieviel solcher Gulden jeweils einem Gewicht von
234 Gramm reinen Silbers entsprach. Diese Menge Edelmetall hatte die Kölnische Mark, das seit dem Mittelalter übliche
Einheitsgewicht, aus dem sich der jeweilige Münzfuß errech-
nete. Die österreichischen Gulden waren also um etwa ein
Fünftel mehr wert als die Reichsgulden; unterteilt waren sie
ebenfalls in 60 Kreuzer. Gulden und Taler waren im übrigen
Silbermünzen.

Fehlen schließlich noch einige norddeutsche Staaten wie
die Hansestädte Hamburg und Lübeck oder das Großherzogtum Mecklenburg-Schwerin. Hier gab es die Mark zu 16
Schillingen à 12 Pfennigen. Die Mark wurde dem Taler
gegenüber etwa wie eins zu drei bewertet.

Die einzelnen Landesfürsten prägten in der Regel auch
Goldstücke, die ihren Namen trugen; das waren dann in
Bayern etwa der Maxd'or, in Preußen der Friedrichsd'or, in
Sachsen der Augustd'or oder in Braunschweig der Karlsd'or.
Vorbild hierfür war der noch aus dem vorrevolutionären

Frankreich stammende Louisd'or, der auch im Biedermeier allerorten kursierte, ebenso wie sein Nachfolger, der Napoleonsd'or. Ebenso waren beliebtes Zahlungsmittel zwei andere Goldstücke, die ebenfalls noch aus dem vorangegangenen Jahrhundert stammten, der Dukaten und der Karolin. Die Geschichte des Dukaten reicht bis ins Mittelalter zurück, noch im Biedermeier prägte ihn ein großer Teil der deutschen Staaten, sein Goldgewicht betrug rund dreieinhalb Gramm. Der Karolin wiederum war eine Goldmünze, deren Wert bei 11 Gulden lag.

Hatte man nun vor, auf Reisen zu gehen, so war es ratsam, sich mit Münzen zu versehen, die am Reiseziel gängiges Zahlungsmittel waren oder bei deren Umtausch man nur einen mäßigen Verlust hinnehmen mußte. Das traf am ehesten auf Geldstücke zu, die im aufzusuchenden Reiseland bekannt waren und deren Gehalt an Edelmetall keinen Schwankungen unterworfen war. Bot man weniger übliche Münzen an, so konnte sich leicht ein erhebliches Aufgeld (Agio) beim Umtausch ergeben. Reichard ging in seinem ›Passagier auf Reisen‹ ausführlich auf diese Problematik ein. In der achten Auflage von 1834 dieses seinerzeit beliebtesten Reiseführers etwa schreibt er: »Eine Hauptnotiz, die man sich vor der Abreise, von Ländern, die man zu bereisen Willens ist, zu verschaffen suchen muß, ist: was für Münzsorten haben daselbst den besten Kurs? Welche Geldsorte muß sich daselbst ein Agio gefallen lassen? Hiernach richtet man sich in der Mitnahme oder der Auswechslung desjenigen baaren Geldes, das man von dem Orte seiner Ausreise in seiner Schatulle bei sich führt. Da Silber stark lastet, so thut man am besten, auf weiten Reisen sich mit Goldmünzen, Dukaten, Louisd'or, zu versehen, je nachdem diese oder jene Sorte in dem bereiseten Lande am meisten gang und gäbe ist.« Der Verfasser führt dann noch exakt auf, welche Münzen in welchem Lande am günstigten einzutauschen sind und meint schließlich: »Ein Reisender handelt sehr unvorsichtig, wenn er viel baares Geld bei sich führt. Die sicherste Art ist, sich Kreditbriefe oder Wechsel von einer großen Stadt zur anderen zu verschaffen.« Die Verwendung von Wechseln zur Beschaffung von Bargeld an fremden Orten muß seinerzeit wohl sehr üblich gewesen sein, denn nicht nur Reichard, sondern auch eine Reihe von weiteren Autoren von Reiseführern gehen weitschweifend auf dieses Thema ein. Neigebaur – er war ja schließlich auch königlich preußischer Justizrat – hält in seinem ›Handbuch für Reisende in Deutschland‹ gar eine Art Vorlesung über Wechselrecht.

Etwas mißtrauisch stand man offensichtlich noch dem damals in Gebrauch kommenden Papiergeld gegenüber, denn Reichard meint: »Es gibt jetzt so viel Banknoten, Tresor- und Kassenscheine usw., oder Papiergeld, daß ein Reisender nicht immer entübrigt sein kann, einen Theil seiner Wechsel oder Kreditbriefe darin ausgezahlt zu erhalten ... Da bekanntlich alle dergleichen öffentliche Papiere verfälscht oder nachgemacht werden können, so muß ein Reisender bei ihrer Annahme nicht allein sehr vorsichtig zu Werke gehen, sondern auch darauf sehen, daß die Banknoten nicht auf zu große Summen lauten, indem deren Umsatz oft mit einem Diskonto verknüpft ist.«

Auch Murray befaßt sich in seinem ›Handbook for Travellers on the Continent‹ mit diesem Thema (»Paper Money: Kassenanweisungen or Scheine«) ausführlich und rät dann seinem englischen Leser, derartiges Papiergeld ja nicht für die nächste Reise aufzubewahren, da es oft eingezogen würde und aus diesem Grunde ein Umtausch anderwärts ganz unmöglich sei. Solchen Schwierigkeiten war freilich ein Reisender von Rang nicht ausgesetzt; der ließ sich allemal von seinem heimischen Bankier mit Empfehlungsschreiben an dessen auswärtige Geschäftsfreunde ausstatten und konnte so sich überall flüssige Mittel verschaffen.

Die Reisekosten

Doch welcher Betrag war nun zur Durchführung einer längeren Reise notwendig? Hier ließ sich schwer guter Rat finden, war der Umfang der Aufwendungen doch von sehr vielen individuellen Faktoren abhängig. Auch Reichard hat dies erkannt, indem er meint: »Eine genau Norm zu einem solchen Überschlage läßt sich von einem Dritten nicht geben. Ist der Reisende mäßig und haushälterisch? Nascht und schmauset er gern unterwegs? Liebt er Aufwand und theure Gasthöfe?« Der Autor unternimmt dann aber doch den Versuch einer überschlägigen Kostenermittlung, wobei er von einem Passagier ausgeht, der, von seinem Bedienten begleitet, eine Reise durch Deutschland macht, bei der jeweils die Schnellpost benützt wird und auf einen solchen Fahrtag immer zwei Besichtigungstage kommen. Reichard errechnet bei diesen Kriterien einen Aufwand von etwa sieben bis acht Talern für jeden Reisetag und von dreieinhalb bis vier Talern für einen Besichtigungstag, wobei er auch einen Ansatz für Trinkgelder nicht vergißt. Bei einer solchen Reise, meint der Verfasser, würde man dann auf eine Summe von etwa 1600 bis 1800 Talern für ein ganzes Jahr kommen, und er schließt: »Alle hier angegebenen ungefähren Überschlagsmasstäbe reichen jedoch für England nicht hin, und auch in Paris würde man damit nicht auskommen, in Italien jedoch überall.«

Es ist in diesem Buch schon bei mancher Gelegenheit der Versuch unternommen worden, sich ein Bild davon zu machen, was solche Aufwendungen in Taler oder Gulden nach heutiger Kaufkraft etwa zu bedeuten haben. Das Ergebnis derartiger Betrachtungen wird freilich immer fragwürdig bleiben müssen, sind doch die Voraussetzungen bei einem Vergleich von Einkommen und Lebenshaltung zu unterschiedlich. Ganz allgemein wird man wohl von einem Annäherungswert ausgehen können, der für einen Gulden heute bei etwa fünfzehn bis zwanzig DM und bei einem Taler bei fünfundzwanzig bis dreißig DM liegt. Das entspräche bei dem von Reichard angestellten Überschlag der Reisekosten dann Aufwendungen von 100 bis 120 DM für einen Tag, an dem man in einer Stadt übernachtete und Besichtigungen durchführte, und Ausgaben in doppelter Höhe für einen Reisetag, an dem man mit der Schnellpost unterwegs war.

Versucht man auch noch die Mittel umzurechnen, die notwendig waren, ein ganzes Reisejahr in deutschen Landen zu bestreiten, so ergeben sich bei diesem Schlüssel etwa 40000 bis 50000 DM – ein Betrag, der auch heute nicht ganz abwegig erscheint.

Was man verdiente

Wer aber konnte seinerzeit über solche Summen verfügen? Was wurde verdient und wieviel mußte man für die Grundbedürfnisse des Lebens aufwenden? Zuerst zu den einfachen Schichten des Volkes: Ein Taglöhner in Mecklenburg konnte – laut Max von Boehn – in einem Arbeitsjahr mit höchstens 125 Talern rechnen, ein Arbeiter beim Straßenbau mit 150 Talern. Ein ungelernter Fabrikarbeiter in Berlin hatte einen Jahresverdienst von etwa 200 Talern. Die schlesischen Weber kamen, bevor die Konkurrenz der englischen Maschinenware sie brotlos machte, noch auf einen Erwerb von bis zu 200 Talern im Jahr, der dann auf 80 Taler und weniger zurückging, davon konnte freilich eine Familie, auch bei bescheidensten Ansprüchen, nicht mehr existieren. Es blieb den armen Menschen oft nur die Flucht in die Stadt, um dort das nicht viel besser lebende Proletariat zu vermehren.

Nicht mehr ganz so bedauernswert war die Lage der gelernten Arbeiter und Handwerker. Ihr Jahreseinkommen wird mit ungefähr 300 Talern veranschlagt, eine Summe, auf die auch die untersten Beamtenränge kamen. Ein Regierungsrat aber hatte in Preußen in jenen Jahren dann schon ein Jahressalär von 1000 Talern, ein Ministerialrat von 1500 bis 2000 Talern. Nun wuchsen die Einkünfte mit jeder erreichten Stufe der Hierarchie beträchtlich; für den Polizeipräsidenten der preußischen Hauptstadt gibt Boehn 3500 Taler an, für den Oberbürgermeister 5000 Taler und für einen Minister des Königsreiches gar 12000 Taler im Jahr, eine Summe, von der die Gräfin Bernstorff, deren Mann diese Position innehatte, meinte, daß hiervon sechs Familien ganz anständig leben könnten.

Die Spannweite der Einkünfte war also unglaublich, betrug so doch der Verdienst eines Spitzenbeamten das Sechzigfache von dem bescheidenen Einkommen eines ungelernten Arbeiters. Was aber kostete nun das Leben? Das allgemeine Existenzminimum einer Familie wird mit 125 Talern angegeben. Wie dieses Leben dann aussah, beklagt Friedrich List 1844 in der ›Allgemeinen Zeitung‹: »In vielen Gegenden Deutschlands versteht man unter den notwendigsten Lebensbedürfnissen Kartoffeln ohne Salz, eine Suppe mit Schwarzbrot, zur höchsten Nothdurft geschmalzt, Haferbrei, hier und da schwarze Klöße.« Und er schreibt weiter: »Ich habe Reviere gesehen, wo ein Hering an einem an der Zimmerdecke befestigten Faden mitten über dem Tische hängend, unter den Kartoffelessern von Hand zu Hand herumging, um jeden zu befähigen, durch Reiben an dem gemeinsamen Tafelgut seiner Kartoffel Würze und Geschmack zu verleihen.« Wäre nicht Friedrich List, der Nationalökonom und Vordenker des deutschen Eisenbahnsystems, hier Augenzeuge, man möchte es heute für eine Fama halten. Leben im Biedermeier hieß also für weite Kreise, sich aufs äußerste einschränken, und diese Kunst beherrschte nicht nur das Proletariat. Ferdinand Freiligrath war in jungen Jahren Kommis in Barmen. Seinem Freund Levin Schücking schrieb er: »Ich denke hier mit 180 bis 200 Thalern jährlich famos auszukommen.« Friedrich Hebbel wiederum hat während seines Münchner Jahres genau Buch über seine gesamten Ausgaben geführt und kommt auf 302 Gulden, das sind wiederum knapp 200 Taler. Und als er dann nach Hamburg zurückkreiste, da ging das eben nicht nach Reichards Standard mit Bedienten und die Schnellpost benützend, sondern auf Schusters Rappen, seinerzeit gewiß eine durchaus übliche Reiseform. So brachte ja auch eine ganze Volksklasse, die Handwerksburschen, manches Jahr auf Reisen zu. Da nimmt es nicht Wunder, daß Murray seine englischen Touristen schon rechtzeitig auf diese Genossen der Landstraßen hinweist. Es wäre kaum möglich, so meint er, auch nur eine Meile auf einer der großen deutschen Straßen zu reisen, ohne

einigen dieser »Travellling Journeymen or Handwerksburschen« zu begegnen.

»Ah! Ihr, die ihr im Wagen reist!«

Knappheit der Mittel, das war also kein Umstand, der das
Reisen ausschloß, sondern einer, der lediglich Einschränkung
gebot. Daß trotzdem weite Wanderungen mit Gewinn für
Körper und Geist möglich waren, bewies Rodolphe Toepffer, der Genfer Künstler und Pädagoge. Alljährlich machte
er mit Schülern und Freunden ausgedehnte Alpenreisen,
über deren Kosten er genau Buch führte. Einmal (1838)
berichtet er nach einer dreiwöchigen Rundreise durch die
Zentralschweiz: »Die Gesamtausgaben betrugen 2300 Franken, auf jeden Teilnehmer kamen 115 Franken, also pro Tag
und Kopf 5 Franken 50 Centimes alles inbegriffen, Wagen,
Schiff, Führer, Wäsche. Die gemeinsame Reisekasse ist in
gewissen Punkten sparsam, in anderen sehr großmütig; sie
zahlt gute Trinkgelder, belohnt reichlich die Vorsicht der
Bootsführer und Kutscher, knausert nicht mit den Führern
und teilt reichlich Almosen aus.« Fünfeinhalb Franken täglich, das waren knapp zwei Taler pro Person. Es ließ sich
also auch sparsam und preiswert reisen. Welchen Gewinn
solche Bescheidenheit dem Reisenden aber bringt, vergißt
Toepffer nicht zu erwähnen:

»Ah, Ihr, die Ihr im Wagen reist! Ich wollte, daß Euch
eines Tages zu Eurem Frommen und Nutzen ein Rad am
Wagen bricht! Da steht Ihr nun! Kein Stellmacher in der
Nähe, keine Hilfe, der Postillon ist wütend oder betrunken
und schielt nach dem Trinkgeld. Ihr habt genug und ruft
schlechter Laune: Gehen wir zu Fuß! Ihr laßt Euren Koffer
da, nehmt nur Eure Börse, einige Wäsche und die Landkarte
an Euch. Und nun steht Ihr da mit einem oder zwei Freunden
auf der Landstraße! Ihr sucht den Schatten eines Baumes und
stellt die Reiseroute fest. Und nun geht Euch ein Licht auf:
schon seht Ihr Eure Umgebung mit Interesse an, Ihr segnet
den schattenspendenden Baum, und die Orte und Dörfer

der Landkarte nehmen Gestalt an; Ihr wählt nach Eurem Belieben das Reiseziel aus und bestimmt, wo gespeist und geschlafen wird. Ihr genießt mit Behagen unter schattigen Kastanien eine Viertelstunde Ruhe und nehmt mit unbekannten Appetit einen Imbiß ein. Endlich werdet Ihr dann ein volles köstliches Glücksgefühl empfinden, wenn Ihr nach einem gut ausgefüllten Marschtage vor der Türe des Gasthauses die Abendfrische genießt, während das Essen und das Lager zubereitet wird.«

Und der reisende Philosoph schließt seine Betrachtung, indem er den Genuß, den das Reisen bringen kann, und die Aufwendungen hierfür in die richtige Relation rückt:

»Dankt für alles Gesehene und Erlebte dem Rade, das zur rechten Zeit brach und Euch lehrte, was leider so wenige wissen: daß auf der Reise nur diejenigen Vergnügen empfinden, die es sich zu schaffen wissen, nicht aber die, die es sich nur bezahlen können.«

LES TOURISTES DE LA VIA MALA

DIE INFORMATION DES REISENDEN

Europa ist für mich ein wundervoller Garten
mit vielen herrlichen Blumen.
Ich gebe mir Mühe, ein guter Gärtner zu sein.
Karl Baedeker

Das 19. Jahrhundert setzte nicht nur neue Maßstäbe im Tourismus, es veränderte auch völlig eines der wesentlichsten Hilfsmittel des Reisenden, das Reisehandbuch.

Anweisungen für Reisende hatte es schon in der Antike gegeben, die itineraria der Römer enthielten umfassende Angaben über Staßennetz, Poststationen und Ortsentfernungen, aber auch Hinweise für Übernachtungs- und Fahrtkosten. Dabei wurde bei allen Stationen angegeben, ob es sich um eine mutatio (Gasthof) oder aber um eine mansio (Rasthaus) handelte. Der Reisende konnte also dem Handbuch entnehmen, in welchen Entfernungen ihn jeweils eine Gelegenheit zum Einnehmen von Speisen und auch zum Übernachten erwartete. Nach den Hinweisen der itineraria reisten nicht nur römische Beamte oder Kaufleute, im frühen Mittelalter wurden sie auch von den Pilgern benützt. Die Bezeichnung selbst hielt sich für Reiseführer bis ins 17. Jahrhundert, im Französischen wird sie noch im 19. Jahrhundert verwendet (itinéraire descriptif, historique, etc.).

Ein »neuwes Raißbüchlin«

1563 erscheint erstmals der Name ›Reisebuch‹ für ein in Augsburg gedrucktes Werk. Es ist Jörg Gails ›Ein neuwes nützliches Raißbüchlin der fürnemesten Land und Stett‹. Das 272 Seiten umfassende Büchlein im Kleinformat führt nicht nur eine Vielzahl von mit Meilenangaben versehenen Reiserouten auf, die meist von den Handelszentren Augsburg und Nürnberg ausgehen, es nennt auch die wichtigsten Alpenübergänge und besitzt ein ausführliches Ortsregister. Wenige Jahre später übernimmt hieraus der kursächsische Postbereiter Daniel Wintzenberger Material für sein ›Reyse-

büchlin‹, das auch schon eine Zusammenstellung der wesentlichsten Postkurse enthält. Großer Beliebtheit erfreuen sich
auch die ›Rollwagenbüchlein‹, die neben den Streckenanga-
ben mancherlei Anekdoten und Schwänke zur Unterhaltung
der Reisenden enthalten.

Eine Vielzahl von voluminösen Reisehandbüchern verfaßt
dann in der ersten Hälfte des 17. Jahrhunderts der Ulmer
Gelehrte Martin Zeiller. Seine ›Itineraria oder Raysbeschrei-
bung‹ befassen sich mit den meisten europäischen Ländern.
Zeiller, der auch zu einer Reihe von ›Merians Topographien‹
die Texte verfaßte, gibt schließlich 1651 den ›Fidus Achates
oder der getreue Raysgefehrt‹ heraus, der neben zahlreichen
Reiserouten auch viele nützliche Ratschläge und Anweisungen enthält und deswegen später das Prädikat ›erster Baedeker in deutscher Sprache‹ verliehen bekommt. Allenthalben
kommen nun Reisehandbücher in Gebrauch. Ihr Inhalt umfaßt jeweils Postkurse mit Angaben der Meilen- und Stun-
denentfernungen sowie Ortsbeschreibungen: Illustrationen
ergänzen mitunter den Stoff. Aus speziellen Postkurskarten
lassen sich außerdem die Distanzen der verschiedenen Strek-
ken ersehen, dabei wurde unterschieden, ob in den einzelnen
Häusern Pferdewechsel möglich ist, ob es sich um ein Relais
mit Briefsammelstelle oder um eines ohne Expeditionsmög-
lichkeit handelt.

In den Reisehandbüchern wurden gerne Streckenbeschreibungen und Postkurse von den oft umfassenden Angaben über Städte und Sehenswürdigkeiten getrennt. Ein 1791
in Leipzig erschienenes ›Handbuch für Reisende durch
Deutschland‹ von Ludwig Wilhelm Gilbert brachte in einem
Band den ›Topographisch-statistischen Abriß von Deutschland‹, in einem anderen waren dann ›Vollständige tabellari-
sche Post- und Reiserouten von jeder größeren Stadt
Deutschlands zu allen übrigen‹ enthalten. Das gewichtige
Kompendium umfaßte auch ›Regeln für Reisende‹ und eine
ausführliche Darstellung der deutschen Währungen und des
Postwesens, sein Umfang machte es allerdings nur schwer
verwendbar.

Die Reiseregeln in diesem Werk enthielten auch ausführliche Angaben der in den zahlreichen deutschen Staaten gebräuchlichen Längenmaße, es waren nicht weniger als zweiunddreißig; Empfehlungen wurden für den Umgang mit Wirten, Dienstboten und Postmeistern gegeben, mit der Quintessenz: »Man reise in welcher Absicht man wolle, so muß man sich in Gelassenheit und Geduld äußerst üben, und selbst manches kleinere oder größere Unrecht über sich ergehen lassen, ohne ungestüm zu werden.«

Gegen Ende des 18. Jahrhunderts wurde die Schweiz bei Engländern, Franzosen und Deutschen zum beliebten Reiseziel. Bald kommen mehrere Reiseführer in den jeweiligen Sprachen heraus, das wesentlichste Werk erschien 1793 in Zürich: Johann Gottfried Ebels ›Anleitung, auf nützlichste und genußvollste Art die Schweiz zu bereisen‹. Der geborene Sachse Ebel war an sich praktischer Arzt, Sympathien für die Französische Revolution zwangen ihn, in die Schweiz zu emigrieren, dort wurde er als geographischer Schriftsteller tätig und erhielt schließlich das Bürgerrecht. Über Jahrzehnte hin erscheint das Werk in immer neuen Auflagen. Nach dem Tode Ebels nehmen sich Bearbeiter des anfangs vierbändigen Reiseführers an. Der Inhalt wird nun gestrafft, und über lange Jahre hinweg gehört der ›Ebel‹ zum Standardgepäck der Schweizreisenden. Noch 1857 erscheint bei Hachette in Paris ein Handbuch mit dem Markennamen ›Nouvel Ebel‹.

Der Passagier auf Reisen

In Deutschland aber wurde mit Beginn des 19. Jahrhunderts ein anderes Reisehandbuch zum Standardwerk, dessen einprägsamer Titel allein schon Bestsellerqualität hatte, es war der ›Passagier auf Reisen‹ von Heinrich August Ottokar Reichard. Der Verfasser ist einer der vielseitigsten Schriftsteller seiner Zeit gewesen. 1751 in Gotha geboren, studierte er anfangs Rechtswissenschaft und gehörte zum Freundeskreis um Gotter und Bertuch. Reichard übersetzte französische

Operetten, veröffentlichte einen Theaterkalender und wurde
schließlich herzoglich Gothaischer Bibliothekar, später auch
Kriegsrat. Mit Lichtenberg gibt er die ›Gothaische Gelehr-
ten-Zeitung‹ heraus, auch zahlreiche Jahrgänge des berühmten ›Gotha‹ werden von ihm bearbeitet. Aus dem Französischen übersetzt Reichard zahlreiche Reisebeschreibungen;
dieses Genre veranlaßt ihn, umfangreiches Material auf verschiedenen Reisen zu sammeln, um schließlich 1784 selbst
ein Handbuch für Reisende aller Stände zu verfassen. Es folgt
ein ›Guide des voyageurs en Europe‹ und endlich 1801 die
erste Auflage des ›Passagiers auf Reisen in Deutschland und
einigen angrenzenden Ländern‹.

Der

Passagier

auf der

Reise in Deutschland, in der Schweiz,
zu Paris und Petersburg.

Ein

Reisehandbuch

für

Jedermann.

Vom

Kriegsrath Reichard,

auch Redakteur des Guide des Voyageurs.

Zweyter Theil.

Nebst einer großen Reisekarte.

Vierte, ganz umgearbeitete, neuverbesserte und neuvermehrte Auflage.

Reutlingen, 1816.
In der J. J. Mäcken'schen Buchhandlung.

Das rasch beliebte Werk kann über sechs Jahrzehnte sein Ansehen bewahren, es erlebt nicht weniger als neunzehn Auflagen, wobei nach Reichards Tod im Jahr 1828 sein Berliner Verleger die Arbeit fortsetzte. Das Schema des Handbuchs ist übersichtlich: Im ersten Teil werden allgemeine Hinweise gegeben, die ausführlich über die verschiedensten Arten zu reisen informieren, Gesundheitsregeln, Witterungskunde, Posttarife und ein Vergleich der Währungen und Entfernungsmaße ergänzen diesen Abschnitt. In der zweiten Abteilung sind über einhundert Reiserouten durch Deutschland aufgeführt, die Anordnung entspricht allerdings der alphabetischen Reihenfolge der Ausgangsorte. Solche Gliederung hatte zwangsläufig den Nachteil, daß zusammenhängende Strecken auseinandergerissen wurden; diesen Fehler vermieden später die Konkurrenten und Nachfolger des ›Passagiers‹, mit ein Grund für dessen Verdrängung. Die Information über die einzelnen Orte erfolgt jeweils im Verlauf der Streckenbeschreibungen. Der dritte Teil des Werkes bringt dann eine ungewöhnlich ausführliche Darstellung aller Kur- und Badeorte Deutschlands und der angrenzenden Gegenden, ein weiterer Abschnitt ist der Schweizer Reise und den Routen zu einzelnen europäischen Hauptstädten gewidmet. Eine kolorierte Postkurskarte, auf Leinen aufgezogen und später auch die jeweiligen Eisenbahnlinien enthaltend, ergänzt das Handbuch.

An Reichards Erfolg versuchten sich andere Verfasser anzuhängen, so gab z. B. Neigebaur einen ›Cavalier auf Reisen in Italien‹ heraus. In den letzten Jahrzehnten seines Erscheinens hat der ›Passagier auf Reisen‹ selbst um seine Existenz zu kämpfen. Als die Aufmachung der ›Travelbooks‹ des Engländers John Murray – roter Einband mit goldenem Titelaufdruck – von Baedeker übernommen und schnell zum Markenzeichen wurde, stellte sich auch der Herausgeber des ›Passagiers‹ um und ahmte mit anderen Konkurrenten gegen 1850 dieses Erfolgssignum nach, so daß schließlich alle wichtigen Reiseführer einander zum Verwechseln ähnlich wurden, teilweise bis zu typographischen Einzelheiten hin.

»Ziele man nach dem halben Mann«

Vergleicht man den ›Passagier auf Reisen‹ in den letzten
Jahren seines Erscheinens mit seinen jüngeren Konkurrenten,
dann ist seine mangelnde Anpassung an veränderte Zeitum-
stände und Leserbedürfnisse nicht zu übersehen. Das zeigt
sich vor allem bei den Vorbemerkungen. Während Baedeker
und andere bei Reisen im inzwischen verkehrsmäßig und
touristisch besser erschlossenen Mitteleuropa einen einigermaßen selbständigen Reisenden voraussetzen, wiederholt
Reichard bis in die letzten Auflagen hin Ratschläge, die zu
Anfang des Jahrhunderts vielleicht berechtigt waren, nun
aber eher komisch wirken. Da wird Reisenden, die das
Rückwärtsfahren nicht vertragen, empfohlen, sich auf den
bloßen Leib mehrere Lagen von blauem, dickem Zuckerhut-
papier zu legen. Bei Wanderungen im Winter ist es dann
kräftiges Löschpapier, das mehrfach um den Körper gewik-
kelt vor Erfrierungen schützen soll. An derartig kalten Tagen
»tuth auch ein in Schuhen oder Stiefeln anngebrannter oder
zu Asche verwandelter Strohwisch, wo man dann gleich
mit dem Fuße nachfährt, herrliche Dienste«. Für einsame
Wirtshäuser »habe man immer Werkzeug und ein Schrau-
benschloß dabei«, um dieses innen an der Zimmertüre
festzuschrauben; allerdings meint Reichard, »sehen die Wirte
es selten gern, daß die Thüren immer Merkmale davon
behalten«. Ein besonderer Abschnitt ist dem Verhalten bei
»Räuberanfall« gewidmet: »Pistolen mit Doppelläufen sind
die besten Waffen zur Vertheidigung eines Reisenden.« Gilt
der Überfall dem Postillion, der ja öfters größere Geldsum-
men zu befördern hat, so ist es für den Reisenden »fast klüger,
die Sache als einen, ihm ganz fremden Handel zu betrachten«.
Wenn es aber unumgänglich werden sollte, sich seiner Haut
zu wehren, so »schieße man nie zu weit zu, sondern warte,
bis man beim Räuber das Weiße im Auge erkennen kann
und ziele dann nach dem halben Mann«.

John Murrays ›Redbooks‹

Eine völlig neue Form von Reisehandbuch setzte sich dann
etwa um 1840 durch. Vorbilder sind die ›Handbooks for
Travellers‹ des Engländers John Murray, wegen ihres rot-
braunen Einbandes auch ›redbooks‹ genannt. Murray, 1808
geboren, ist Sproß einer alten Londoner Verlegerfamilie; im
berühmten Verlagshaus an der ›Albemarle Street‹ erschienen
so bekannte Periodika wie die ›Quarterly Review‹ und wurden Byrons Werke verlegt. 1829 beginnt John Murray die
für junge Engländer seiner Erziehung fast obligatorische
Reise auf dem Kontinent; sie dauert drei Jahre. Er besucht
Goethe in Weimar, spricht in Wien mit Metternich und
macht Notizen über seine Eindrücke und alle Gegenstände
von informativem Wert: »all the facts, informations, statis-
tics, which an English tourist should be likely to require«.
Das Ergebnis ist 1836 sein erster Reiseführer: ›Handbook for
Travellers on the Continent‹ – ›the first of the world-familiar
red handbooks‹. Dieser Name stammte von Murrays Vater,
die Idee der Formgebung aber, bald bestimmend für fast alle
Werke dieser Gattung, war von Murray selbst. In schneller
Folge erscheinen nun die Bände Frankreich, Süddeutschland,
Schweiz, Spanien, Ägypten und Norditalien.

Was unterschied nun Murrays Handbücher von ihren
Vorgängern? Es ist die umfassende, klar gegliederte und
kompakte Darstellung des gesamten Stoffs. Die Anordnung
der Reiserouten erfolgt nun streng im geographischen Zu-
sammenhang, die Beschreibung der Städte und der sehenswerten Einzelheiten ist in die jeweilige Route eingearbeitet.
Einen sehr weiten Raum nimmt die Darstellung geschichtli-
cher und kunsthistorischer Daten und Entwicklungen ein,
auch sie werden immer in den örtlichen Rahmen eingefügt.
Hinweise über Straßenzustände, Qualität der Unterkünfte,
Entfernungen und die notwendigsten Preisangaben ergänzen
das Material; die Ausstattung mit Karten und Plänen ist
allerdings noch dürftig.

A

HAND-BOOK

FOR

TRAVELLERS ON THE CONTINENT:

BEING A GUIDE THROUGH

HOLLAND, BELGIUM, PRUSSIA,

AND

NORTHERN GERMANY,

AND

𝔄long the 𝔕hine, from 𝔥olland to 𝔖wit𝔷erland.

CONTAINING

DESCRIPTIONS OF THE PRINCIPAL CITIES, THEIR MUSEUMS, PICTURE
GALLERIES, &c.;—THE GREAT HIGH ROADS;—AND THE MOST
INTERESTING AND PICTURESQUE DISTRICTS;

ALSO

Directions for Travellers; and Hints for Tours.

WITH AN INDEX MAP.

LONDON:

JOHN MURRAY AND SON, ALBEMARLE-STREET.

———

MDCCCXXXVI.

Erste Auflage von Murrays Handbuch, 1836

Ein Name wird zum Begriff: Karl Baedeker

Der Mann aber, der dem Reisehandbuch endgültig in Inhalt und Aufmachung eine Form gab, die letztlich noch heute Gültigkeit hat, war Karl Baedeker. Er wurde 1801 in Essen als Sohn des Buchhändlers Gottschalk Dietrich Baedeker geboren, auch er also Glied einer Familie, die seit Generationen im Buchdruck und -handel tätig war. Nach Lehr- und Wanderjahren in Heidelberg und bei Reimer in Berlin macht Baedeker sich 1832 selbständig; er erwirbt in Koblenz eine Verlagsbuchhandlung, zu deren Programm auch ein Reiseführer von Professor J. A. Klein gehörte: ›Rheinreise von Mainz bis Cöln, Handbuch für Schnellreisende‹.

Als Klein stirbt, bearbeitet Baedeker eine Neuauflage, die 1835 herauskommt. Die hierzu notwendigen Studien und Reisen unternimmt er selbst. Von Anfang an ist sein Hauptbestreben, »die Unabhängigkeit des Reisenden so viel als möglich zu befördern, und ihn von der kostspieligen und lästigen Begleitung der Lohnbedienten zu befreien«. In kurzer Folge wird dieser Führer ergänzt, umgearbeitet und den jeweiligen Veränderungen bei Verkehr, Unterkunft und Sehenswürdigkeiten angepaßt. Die ›Rheinreise‹, später auf die Strecke von Basel bis Düsseldorf erweitert und schließlich ›Rheinlande, Handbuch für Reisende‹ genannt, bleibt so bis weit in unser Jahrhundert hinein aktuell, sie erscheint noch 1931 in der 34. Auflage.

Die Aufmachung der ›Rheinreise‹ und der 1839 hinzukommenden Handbücher ›Belgien‹ und ›Holland‹ war noch ein flexibler, gelblicher Pappband, auf der Frontseite des Einbandes umrankten in Biedermeierdekor gestochene Ansichten den Titel.

Als dann Baedeker 1842 – durch den Erfolg ermutigt – beschließt, auch ein ›Handbuch für Reisende in Deutschland und dem Österreichischen Kaiserstaat‹ herauszugeben, greift er auf Material des entsprechenden Werks von John Murray zurück. Im Vorwort schreibt er hierüber selbst: »Als Grundlage hat beim ersten Erscheinen das von dem Buchhändler

Rheinreise

von

Basel bis Düsseldorf

mit **Ausflügen** in

das Elsaß und die Rheinpfalz, das Murg- und Neckar-
thal, an die Bergstraße, in den Odenwald und
Taunus, in das Nahe-, Lahn-, Ahr-, Roer-,
Wupper- und Ruhrthal und nach Aachen.

Sechste verbesserte und vermehrte Auflage der
Klein'schen Rheinreise

bearbeitet

von

K. Bädeker.

Mit fünfzehn Ansichten, zwei Karten, den Plänen der Städte
Straßburg, Frankfurt, Mainz, Koblenz, Bonn, Köln,
Aachen und Düsseldorf, und dem Plane des Schwetzinger Gartens.

Koblenz,

bei Karl Bädeker.

1849.

Der erste Baedeker, der den Namen des Herausgebers führt, 1849

Murray zu London herausgegebene berühmte ›Handbook
for Travellers in Northern und Southern Germany‹, das
›rote Buch‹ der Engländer gedient, ohne welches keiner das
Festland betritt.«

Baedeker betont aber auch, daß seine Arbeit eine »durchaus selbständige [habe] werden müssen, als sich früher schon
gezeigt hatte, wie verschieden die Volks- und Länderan-
schauung des Engländers von der des Deutschen ist«.

Von John Murray übernahm Baedeker aber nicht nur
Material für Inhalt und Aufbau des Handbuchs, sondern
auch die rote Einbandfarbe, die Form des goldenen Schrift-
zuges auf Buchrücken und Vorderfront sowie die Übung,
Bedeutendes und Lobenswertes durch Sternchen zu kenn-
zeichnen. Diese Gestaltungselemente werden von nun an
für alle Handbücher Baedekers zum Markensymbol, nach
einigen Jahren auch für seinen Erstling, die ›Rheinreise‹. Dies
alles geschah im besten Einvernehmen mit Murray, zwischen
beiden Verlegern entwickelten sich nicht nur enge Geschäfts-
beziehungen, sondern eine von gegenseitigem Respekt ge-
tragene Brieffreundschaft.

Baedekers Konkurrenten

Die mit dem Fortschritt der neuen Verkehrsmittel sich um
die Mitte des Jahrhunderts rasch ausweitende Reiselust
brachte einen im gleichen Maß steigenden Informationsbe-
darf der Reisenden mit sich. Neben Baedeker erkannten
auch andere Verleger diese Marktlücke, dabei sind es vor
allem zwei Unternehmen, die eine lange Tradition gründen
und bis in unser Jahrhundert hinein fortsetzen können:
Theobald Grieben in Berlin und Meyers Bibliographisches
Institut in Hildburghausen, später in Leipzig. Grieben glie-
dert seine auch in der Aufmachung sehr stark an Baedeker
angelehnten Reiseführer ähnlich dem Vorbild, doch verwendet er die Illustration als zusätzliches Informationselement.
Seine Bände bezeichnet er deswegen schon im Titel als ›Illustrierte Handbücher für Reisende‹.

Seine Ausgabe für Deutschland von 1858 etwa weist nicht nur 25 Karten und Pläne der wichtigsten Städte und Landschaften auf, sie hat auch nicht weniger als 150 Holzstiche, die in den Text eingefügt dem Leser schon vor Antritt der Reise einen Vorgeschmack der zu erwartenden Eindrücke vermitteln und ihm auch nach der Heimkehr helfen, die Erlebnisse in Erinnerung zu bewahren. Wie Baedeker und später auch Meyer gibt Grieben bald englische und französische Ausgaben seiner wichtigsten Führer heraus.

Daß die Illustration der Handbücher auch übertrieben werden kann, demonstriert der kgl. preußische Postdirektor Jahn. Sein ›Illustriertes Reisebuch. Ein Führer durch Deutschland‹ bringt es auf nicht weniger als 300 Illustrationen; der hierfür aufgewandte Raum fehlt zwangsläufig dem Text, dessen Informationsgehalt so gegenüber den Konkurrenten abfällt.

Der Verleger Josef Meyer und sein Bibliographisches Institut in Hildburghausen machen sich anfangs einen Namen mit dem berühmten ›Conversationslexikon‹ und ›Meyer's Universum‹, einem vielbändigen Ansichtenwerk der Sehenswürdigkeiten aus aller Welt. Meyer selbst ist ein unternehmungslustiger Mann, ganz ein Kind seiner fortschrittsgläubigen Zeit. Er plant ein »Centraldeutsches Eisenbahnnetz« und projektiert die Erbauung der Werra-Bahn, kostspielige Arbeiten gelten der vergeblichen Suche nach Kohle-, Eisen-, Silber- und Goldvorkommen in Thüringen. Erst 1861 erscheint sein erster Reiseführer für Deutschland. Als der Verlag 1865 ein neues, auf vier Einzelbände angelegtes ›Reisehandbuch für Deutschland‹ vorbereitet, machen kriegerische Ereignisse die Arbeit schon vor Erscheinen in einzelnen Teilen verbesserungsbedürftig. Das Königreich Preußen hatte nämlich im deutschen Bruderkrieg das hessische Herzogtum, die Landgrafschaft Homburg und auch die alte Freie Reichsstadt Frankfurt geschluckt; der erste Band ›Westdeutschland‹ muß deswegen nochmals neu in Druck gehen und kann erst 1867 erscheinen. Bei der Illustration dieses Reiseführers greift Meyer nicht auf vorhandenes Material zurück; ein eigener Zeichner seines Verlags wird ausgeschickt, um die Vogelschaubilder, Panoramen und Ansichten an Ort und Stelle aufzunehmen. Verfasser des ›Reisehandbuchs für Deutschland‹ ist Heinrich Alexander Berlepsch, den Meyer schon einige Jahre früher für seinen Schweizführer hatte gewinnen können. Berlepsch ist für den Verlag ein großer Gewinn; er pflegt eine amüsante, niemals trockene Sprache und versteht es, kurzweilig bei den verschiedenen Gegenden literarische und historische Bezüge herzustellen.

Gegen Ende des Jahrhunderts gehören dann ›Meyer's Reisebücher‹ neben Baedeker zu den verbreitetsten Reiseführern deutscher Sprache. Als einzigem neben seinem Koblenzer Vorbild gelingt es Meyer auch, seinen Handbüchern ein über Jahrzehnte gültiges und unverändertes Erscheinungsbild zu geben. Um sich von dem allerorts verwendeten Rot abzuheben, kleidet Meyers Verlag seine Reisebücher später nämlich in dunkelbraunes, flexibles Leinen, aber auch hier wird der jeweilige Titel in Gold geprägt. Spezialgebiet des ›Meyer‹ wird der Orient, die Bände ›Türkei und Untere Donauländer‹, ›Griechenland und Kleinasien‹, ›Palästina und Syrien‹ haben in Erscheinen und Verbreitung zeitweise sogar einen Vorsprung vor Baedeker.

Lange vorher hatten aber schon andere erkannt, daß jene Randzone Europas in den Bereich touristischer Möglichkeiten geraten war. So schreibt der schon erwähnte Justizrat Johann Ferdinand Neigebaur in seinem bereits 1842 bei Brockhaus in Leipzig erschienenen ›Handbuch für Reisende in Griechenland‹: »... ist bereits notwendig geworden, seit durch die Dampfschiffahrt die Verbindung mit diesem jungen Staat so sehr erleichtert ist, daß eine Reise nach Athen jetzt leichter gemacht werden kann, als sonst nach Rom.«

Neigebaur verfaßt sein Werk übrigens vom Schreibtisch aus, seine Informationen erhält er von einem nach Griechenland verschlagenen Kölner, dem Artilleriehauptmann Aldenhoven. Der Verfasser hat daneben auch Reiseführer für Deutschland, Frankreich, Italien und England geschrieben; mit seiner Methode, zu Hause fleißig und mit Akribie alles

Material über die zu beschreibenden Gegenden zu sammeln, ist er allerdings noch ganz den entsprechenden Autoren des vorangegangenen Jahrhunderts verbunden.

»Dem Reisenden dienstbar und förderlich zu sein«

Hier zeigt sich auch der Unterschied zu Baedeker. Dieser war alljährlich den größten Teil seiner Zeit auf Reisen, um neue Handbücher vorzubereiten oder Material für verbesserte Neuauflagen zu sammeln. Nach langen Fahr- oder Wandertagen saß er dann abends im Gasthof und verfaßte seine Notizen. Nachlässige Bedienung, mangelnde Reinlichkeit, feuchte Betten (offensichtlich ein häufig vorkommendes Übel), mäßige Speisen, unfreundliche Wirte: Nichts entgeht seinem Urteil. Den Interessen seiner Leser zu dienen ist ihm oberstes Gebot.

Für Baedekers Genauigkeit, aber auch Ehrlichkeit zwei Beispiele: In seinem ›Handbuch für Reisende in Deutschland und dem Österreichischen Kaiserstaat‹ (1855) müßte er an der entsprechenden Stelle an sich von der Dampfbootstrecke entlang der istrischen Küste von Pola nach Fiume berichten. Baedeker meint aber nur: »Der Schreiber dieser Zeilen hat die Fahrt bei Nacht gemacht und bedauert, von ihr nichts melden zu können!« Von einem Konkurrenten abzuschreiben, wäre wohl unter Baedekers Würde gewesen. Als er dann sein erstes Handbuch für Paris vorbereitet, stellt er die notwendigen Ermittlungen in der französischen Hauptstadt selbst an. In seinem Notizbuch vermerkt er, daß er am 14. April 1854 acht Stunden auf dem Père Lachaise war und am folgenden Tag nochmals fünfeinhalb Stunden, um die Lage der Gräber berühmter Persönlichkeiten auf diesem Prominentenfriedhof zu ermitteln; lagen hier doch Molière, Chopin, Victor Hugo und andere Größen ihrer Zeit. Baedeker macht es sich eben nicht leicht, er erwandert seine Bücher; als Grimm 1862 sein ›Deutsches Wörterbuch‹ herausbringt, führt er Baedeker als Beispiel für ›erwandern‹ an.

Zahlreich müssen übrigens die Versuche der Hoteliers gewesen sein, Baedekers Empfehlungen durch gute Worte zu erschmeicheln oder gar durch Geld oder allerlei Präsente zu erkaufen. Baedeker macht diese Bestrebungen zunichte, indem er seinen Führern schon im Vorwort voranstellt: »Als Antwort auf zahlreiche Briefe von Gastwirten, zum Theil von Geld- oder Viktualiensendungen begleitet, die natürlich sogleich an den Absender zurückgegangen sind, sieht der Verfasser sich zu der Erklärung veranlaßt, daß seine Empfehlungen nie und durch nichts zu erkaufen sind, weder direct noch indirect.« Und Baedeker fährt fort – und dieser Satz kann eigentlich als Bekenntnis all seiner Bemühungen gelten: »[Meine] Aufgabe ist es, ausschließlich dem Reisenden dienstbar und förderlich zu sein.« Aufträge für Anzeigen in den Führern nimmt Baedeker zu keiner Zeit entgegen, übrigens im Gegensatz zu Meyer, dessen Reisebücher meist über einen umfangreichen Annoncenteil verfügen.

Mit dem Buche in der Hand

Baedeker verspricht aber den Gastwirten, »diejenigen am meisten [zu] berücksichtigen, in welchen jeder Reisende, der mit dem vorliegenden Buche in der Hand ins Haus tritt, als ein von mir Empfohlener behandelt wird«.

Mit dem Buche in der Hand – hier spricht Baedeker eine von ihm eingeleitete Entwicklung an, es wird tatsächlich auf Reisen üblich, den kompakten, roten Band nicht aus der Hand zu legen. Adolph von Menzel malt 1892 sein ›Eisenbahncoupé‹: Eine Gruppe Reisender bevölkert ein Abteil erster Klasse, einer von ihnen, Kneifer auf der Nase, hat den berühmten roten Band in der Hand, der Daumen hält die aufgeschlagenen Seiten fest. Als dann Baedeker 1859 stirbt, schließt sich dem Trauerzug in Koblenz ein Reisender an, der zufällig an diesem Tag die Stadt besichtigt, und – wie die ›Gartenlaube‹ in einem Nachruf berichtet – »das rothe Buch in der Hand trägt, als Repräsentant der großen Zunft der dankbaren Reisenden, um welche der Verstorbene sich so hoch verdient gemacht hatte«.

Baedekers schönster Lohn aber ist wohl die Tatsache, daß sein Name selbst schließlich zum Synonym für alle Formen von Reiseführern wurde und damit zum Sammelbegriff dieser Literaturgattung.

Seine Erben haben in seinem Sinne das Werk bis heute fortgesetzt, die Blütezeit seiner Handbücher fällt aber in die Jahrzehnte der Wende zum 20. Jahrhundert. Ständige Verbesserungen der Aktualität, Einbeziehung alles Wissenswerten aus Historie, Kunstgeschichte und Geographie, die Ausdehnung des Informationsmaterials auf anscheinend nebensächliche, für den Reisenden aber wichtige Details und eine verschwenderische Fülle von Plänen, Karten, Panoramen und Illustrationen machen jeden Baedeker zu einem Begleiter, der seinen Besitzer wohl bei keiner Gelegenheit im Stich läßt. Viele Bände enthalten weit über einhundert Karten und Pläne, deren Genauigkeit und Aussagekraft von heutigen Produkten selten erreicht wird. Diese Fülle des Materials ist letztlich eine Herausforderung für den Leser, sie appelliert förmlich an das Pflichtgefühl des Reisenden. Der wollte damals allerdings auch gefordert sein, denn Reisen galten in erheblichem Maße der Bildung und Belehrung, und mancher konnte sie nur mit erheblichen Opfern an Zeit und Geld durchführen.

Mit Baedeker war es nun möglich geworden, sich auch in fremden Ländern zurechtzufinden, weitgehend auf Führer oder Bedienstete zu verzichten und so in Unabhängigkeit alle Eindrücke zu genießen und zu verarbeiten. So ist Baedekers Kunde schließlich der »mündige Reisende« geworden, und das war ja auch von Anfang an Ziel des Verfassers.

Heute noch läßt sich die Exaktheit und Vollständigkeit seiner Angaben auch in Kleinigkeiten nachprüfen. Ein Beispiel: 1881 besuchte der Leipziger Hans Müller nach abgeschlossenem Studium Griechenland; nach seiner Rückkehr erscheinen seine Erinnerungen als ›Griechische Reisen und Studien‹. An kleinen Details seiner Erlebnisse lassen sich nun interessante Vergleiche mit dem kurz darauf erscheinenden Baedeker ›Griechenland‹ anstellen. Als Müller die

Akropolis besuchte, fand er im Parthenon noch Reste eines
zum Teil abgetragenen türkischen Minaretts, in dessen Inneren eine verfallene Treppe zum Giebel des Tempels führte.
Die letzten Meter zum Giebel aber mußte man über einen
schmalen Balken balancieren, nicht ungefährlich, wie Müller
meint. Bei Baedeker wird nun nicht nur die Lage von Mina-
rett und Treppe exakt wiedergegeben, er schreibt auch, »man
kann die schlechte Treppe hinaufsteigen und bei gänzlicher
Schwindelfreiheit über die Deckbalken vorn zur Giebel-
wand gelangen«. Als Müller dann später nach Nauplia
kommt, steigt er im Hotel ›Mykenä‹ ab und findet es als
»unschätzbaren Vorteil«, daß der Sohn des Wirtes, ein Prima-
ner am dortigen Gymnasium, französisch spricht. Was finden
wir nun bei Baedeker? Er führt in Nauplia vier Hotels
auf, das ›Mykenä‹ übrigens an erster Stelle. Anschließend
bemerkt er noch lapidar: »Der Sohn des Wirtes spricht französisch.« In dieser Art lassen sich noch zahlreiche ähnliche
Beispiele finden.

Auch Baedeker macht übrigens in seinen Handbüchern
nützliche Vorbemerkungen für die Reisenden, wenn auch
nicht so umfangreich wie vor ihm Reichard in seinem ›Passagier‹. Gern warnt er auch vor den oft aufbessernden Rechen-
künsten der Kellner oder Wirte. Ein durch alle Reiseführer
sich hinziehender Streitpunkt aber war natürlich das
Trinkgeld: »Es ist eine schlechte Sitte, daß in Gasthöfen,
nachdem alles gehörig berechnet worden ist, auch noch die
Bedienung, die doch vom Hausherrn besoldet wird, sich zu
einem sogenannten Trinkgeld meldet oder dasselbe doch
erwartet.« Baedeker fährt dann resignierend fort: »Da aber
der Gebrauch einmal besteht, so wird der Reisende sich
demselben nicht entziehen können.«

Interessant ist auch, daß sich Baedeker bei der Auswahl
des Sehenswerten und Wesentlichen weitgehend von den
Wertvorstellungen seiner Zeit bestimmen läßt. Zum Beispiel
Griechenland: Es ist für ihn ausschließlich die »älteste Heimat
alles Schönen, der klassische Boden von Hellas«. So wundert
es nicht, daß alle antiken Stätten, auch die geringer Bedeu-

tung, dem jeweiligen Stand der Ausgrabungen entsprechend in lückenloser Darstellung des Sehenswerten – sozusagen bis zur letzten Säulenbasis hin – und mit detaillierter Schilderung historischer und mythologischer Bezüge vorgestellt werden. Vom Mittelalter Griechenlands, der byzantinischen Zeit, den Spuren der fränkischen Kreuzfahrer oder der Venezianer erfährt der Reisende wenig. So ist der nahe Sparta gelegenen byzantinischen Ruinenstadt Mistra, heute einer der großen Sehenswürdigkeiten des Peleponnes, kaum eine halbe Seite gewidmet, während das berühmte Sparta, wo enttäuschend wenig an die große Vergangenheit erinnert, mit sieben rechnen darf.

Von dem zwischen Delphi und Theben gelegenen Kloster Hosios Lukas, mit seinen byzantinischen Mosaiken und Fresken jedem Griechenlandfahrer unserer Tage unvergeßlich, kündigt eine einzige Zeile; ähnlich ergeht es dem berühmten Kloster Daphni am Stadtrand von Athen. Genauso knapp sind auch die Festungen und Bauten der Kreuzfahrer, der Venezianer und der Türken in Monemvasia, Nauplia, Pylos und an vielen anderen Orten behandelt, die heute in der Großzügigkeit ihrer Anlagen und der Schönheit der Lage so sehr beeindrucken.

Doch auch in Deutschland lassen sich solche – aus jetziger Sicht – Fehlurteile feststellen. Die große Enzyklopädie von Brockhaus schreibt beispielsweise heute über das am Juradurchbruch der Donau in der Nähe von Kelheim gelegene Kloster Weltenburg: »Die Abteikirche, 1717-21 nach Plänen der Gebrüder Asam gebaut, ist ein Meisterwerk des Rokoko.« Baedeker meint 1855: »Die Marmorarbeiten und Frescobilder der Kirche sind ohne Wert.« Und auch Grieben kommt einige Jahre später zu einem ähnlichen Ergebnis; ohne Hinweis auf die bedeutenden Architekten, die ja auch die Innengestaltung der Kirche ausführten, schreibt er lediglich: »Die Kirche italienischen Styls ist aus gelbem Marmor erbaut.«

Selbstverständlich gab es neben all diesen Reiseführern auch Handbücher, die jeweils nur ein ganz bestimmtes Lesepublikum ansprachen. So veröffentlichte Traugott Bromme in Bayreuth sein ›Hand- und Reisebuch für Auswanderer‹, das schon erwähnt wurde. Für Fußreisende und Ende des Jahrhunderts für Radfahrer erschienen eine Vielzahl von Führern mit ganz speziellen Empfehlungen, für die Wander-burschen brachte Grieben ›Fröhlich's Reisetaschenbuch für Handwerker‹ in vielen Auflagen heraus. Natürlich gab es auch eine Unzahl von Führern für abgeschlossene Gebiete wie die Umgebung von Kur- und Erholungsorten. Sehr beliebt waren auch Faltpanoramen, vom Rhein etwa oder als Rundsicht von bekannten Aussichtspunkten.

Romantische Wanderungen

Eine Ergänzung zu all diesen Handbüchern sind Reisebe-richte, die weniger als Hilfsmittel für die Durchführung der Fahrt als vielmehr zur allgemeinen Belehrung gedacht waren. Schließlich ging man ja mit offenen Augen und wachen Sinnen auf Reisen, machte allabendlich seine Tage-bucheintragungen und ließ sich dann nach der Rückkehr gerne überreden, einen Reisebericht herauszugeben und so eine staunende Umwelt am Erlebten und Geschauten teil-nehmen zu lassen.

Der fleißigste von all diesen Reiseschriftstellern war wohl Johann Georg Kohl, 1808 als Sohn eines Weinhändlers in Bremen geboren. Kohl studierte in Göttingen, Heidelberg und München, dann zwingt ihn der Tod des Vaters, sein Brot als Hauslehrer bei Baron Manteuffel im Kurland zu verdienen. Von dort aus bereist er mehrmals das Baltikum, St. Petersburg und später ganz Rußland. Nach Deutschland zurückgekehrt, veröffentlicht er 1841 mehrere Schriften über diese Reisen, die einen so großen Beifall finden, daß er beschließt, nun vollends Reiseschriftsteller zu werden.

Zwei Jahrzehnte lang durchwandert Kohl fast alle Länder Europas und über mehrere Jahre hin den größten Teil Nordamerikas; in schnellem Wechsel erscheinen seine Reise-beschreibungen. Sie folgen jeweils so unmittelbar den einzelnen Fahrten, daß von Zeitgenossen schließlich auf ihn das Wort »veni, vidi, scripsi« gemünzt wird. Doch bemüht sich Kohl sehr, geographischen und historischen Zusammenhängen nachzugehen und hat auch stets Interesse für wirtschaftliche Entwicklungen und soziale Probleme. In seinen ›Reisen in England und Wales‹ zeigt er sich sehr betroffen vom Ausmaß der Kinderarbeit in den englischen Gruben: »... daß dazu oft Kinder von 8, 7 und sogar auch zuweilen von 6 Jahren genommen werden und daß diese ebenso lange wie die Erwachsenen bei ihrer unterirdischen Arbeit bleiben.« Kohl besucht jede Fabrik, die sich ihm öffnet, er inspiziert Gefängnisse und Irrenhäuser, am meisten aber beeindruckt ihn der rasche Fortschritt des englischen Eisenbahnwesens, das damals ja erst auf ein Jahrzehnt seit Eröffnung der ersten Strecke mit Personenverkehr von Liverpool nach Manchester zurückschauen konnte: »Wenn man das ganze Land wie ein Vogel überschauen könnte, so würde man sagen, daß es von Lokomotiven, eilenden Wagenzügen und Eisenbahnen wie ein Ameisenhaufen wimmele.« Später wird Kohl Bibliothekar in seiner Vaterstadt Bremen und verfaßt noch eine Reihe verkehrswissenschaftlicher Schriften.

Hatten sich nun die Berichte Kohls und vieler anderer Schriftsteller die Unterrichtung des Reiselustigen zum Ziel gesetzt, so widmete sich ein anderer Typ der Reiseliteratur mehr der Erbauung: Es waren die sogenannten Ansichtenwerke, oft sehr voluminöse und meist auch kostspielige Prachtbände, bestimmt, die Salons der Bürgerhäuser zu zieren. Als Beispiel sei hier eine der beliebtesten Folgen, die bei Wiegand in Leipzig 1837 erscheinende Sammlung ›Das malerische und romantische Deutschland‹ erwähnt. Zehn Bände umfaßte die Serie; die Titel geben Aufschluß über die seinerzeit beliebtesten Reiseziele. Da sind zum einen Rhein und Donau, dann die Mittelgebirge Harz, Sächsische Schweiz, Thüringer Wald und Riesengebirge, die Küsten der Nord- und Ostsee und schließlich noch Franken, Schwaben, die Steiermark und Tirol. Namhafte Schriftsteller wie Carl Simrock, Gustav Schwab oder Ludwig Bechstein wurden für die Texte gewonnen; oft tritt dabei an die Stelle sachlicher Information die romantische Novelle: Ein verliebter Wandersmann etwa folgt seufzend einer unbekannten Schönen von Sehenswürdigkeit zu Sehenswürdigkeit. Der Text bleibt dabei mehr oder weniger Umrankung der jeden Band schmückenden Stiche, darunter auch zahlreiche von Ludwig Richter. Da grüßen stolze Burgen oder zerklüftete Ruinen von waldigen Höhen, in den Auen tanzt ländliches Volk, und die Ströme tragen bewimpelte Nachen. Machte man sich aber, angefeuert von solch anregender Unterhaltung, eines Tages auf die große Reise, so mochte sich gar bald Enttäuschung einstellen, wenn sich dann zu den kühnen Burgen staubige Straßen zogen und vielleicht an die Stelle des schönen Schloßfräuleins die brummige Kastellanin trat.

Les ›Guides Joanne‹

Nun waren Deutschland und England freilich nicht die einzigen Länder, in denen Reiseführer erschienen. Auf eine lange und würdige Tradition konnte Frankreich zurückblicken. So war schon seinerzeit Jörg Gail bei der Herausgabe seines ›Raißbüchlin‹ von einem wenige Jahre zuvor erschienenen Werk des Franzosen Charles Etienne, ›Le Guide des chemins de France‹ angeregt worden. Anfang des 19. Jahrhunderts hatte dann der Vermessungsingenieur Richard eine Reihe von Reiseführern herausgebracht, die schließlich unter dem Begriff ›Guides Richard‹ namensgebend für eine ganze Kollektion von Reisehandbüchern wurden. Das Verlagshaus Hachette, bei dem die umfangreiche Sammlung schließlich erschien, gliederte die Serie in Guides für ein Land, für eine Provinz oder eine Stadt, aber auch für eine bestimmte Eisenbahnlinie. Der Reisende, der mit dem neuen Verkehrsmittel Gegenden, deren Bereisung vorher viele Tage in Anspruch genommen hatte, nun in wenigen Stunden durcheilte, war verständlicherweise höchst interessiert daran, etwas über Landschaften, Orte und Schlösser zu erfahren, die da in Windeseile an seinem Auge vorüberzogen.

Schon 1842 konnte als Bearbeiter vieler dieser Bände Adolphe Joanne gewonnen werden. Joanne machte sich mit seinem kritischen und oft sarkastischen Stil bald einen Namen, was dann auch durch eine Umbenennung der Kollektion in ›Guides Joanne‹ honoriert wurde. Die Serie umfaßte schnell auch entlegene Reiseziele wie Algerien, Ägypten oder Palästina. 1855 bringt Joanne dann den ›Itinéraire de l'Allemagne du Nord‹ heraus. In seinen Vorbemerkungen schreibt er: »Die Führer von Murray, Foerster und Baedeker, von uns oft ergänzt und verbessert, haben uns unsere Aufgabe sehr erleichtert. Wir sind ihnen dafür zu Dank verpflichtet.«

In diesen Vorbemerkungen geht Joanne sehr witzig, aber auch streng mit den für einen französischen Reisenden damals offensichtlich schwer akzeptablen Verhältnissen in der deutschen Gastronomie ins Gericht: »Die deutschen Hotels haben zwei große Mißstände, das Essen und das Bett. Das Essen ist fast überall schlecht und ungenügend.« Und nun führt Joanne eine Mahlzeit an, die ihm bei seiner Erkundungsreise in einem Nürnberger Hotel – noch dazu im besten der Stadt – serviert worden war: »Die Suppe, unbekannt und namenlos, gekochtes Ochsenfleisch mit Gemüsen wie Blumenkohl und Karotten in einer Art vermengt, daß sogar ein wenig anspruchsvolles Schwein es verschmäht hätte.« Anscheinend hatte man ihm einen Eintopf wie Pichelsteiner oder ähnliches zugemutet. »... dann Krebse, Gans, Kompott, Salat, weiter eine warme teigartige Masse, mit dem Namen Kuchen bezeichnet, Käse und Backpflaumen.« Doch kommt Joanne zu dem versöhnlichen Ergebnis: »Aber schließlich, so schlecht das Essen auch war, es war immerhin ein Essen!«

In dem zweiten beanstandeten Punkt ist er aber nicht mehr zu besänftigen: »Leider kann man das vom Bett nicht sagen. Das BETT in unserem Sinne gibt es in Deutschland nicht, denn man kann doch diesen Namen nicht einer Art von kleiner Holzkiste geben, die für einen etwas beleibten Mann viel zu schmal, für einen stattlichen jedoch viel zu kurz ist. Die viel zu zahlreichen Kopfkissen bilden einen rechten Winkel mit der Matratze, die angeblichen Bettücher sind nichts als Handtücher mittlerer Größe.« Joanne muß schlimme Nächte in deutschen Betten durchlitten haben, denn er fährt fort: »... bei der ersten Bewegung, die Sie in dieser schrecklichen Holzkiste zu machen wagen, verschwinden wie durch Zauberei die beiden Handtücher und Sie haben zusätzlich zu all den anderen vorangegangenen Genüssen die Genugtuung, den Rest der Nacht auf einer, übrigens wenig sauberen Matratze zu verbringen, deren Roßhaare Ihnen wie Nadeln den Körper zerstechen.«

Die deutschen Hotelbesitzer hält Joanne offensichtlich für vollendete Schauspieler: »Nichts ist im übrigen seltsamer für einen Betrachter als das Verhalten eines deutschen Gastwirts am Tage der Ankunft oder der Abreise eines Gastes. Wenn er mit lebhaftem Klingeln seine zahlreichen Dienstboten herbeiruft, damit Sie von diesen in Ihr Zimmer begleitet werden, verbeugt er sich bis zur Erde; er sprudelt über vor Feingefühl gegen Ihre Frau und Ihre Kinder, er will Sie nicht einmal Ihren Reiseführer oder Spazierstock selber tragen lassen. Seinem strahlenden Antlitz sieht man das Glück an, das er empfindet, Ihnen seine Gastfreundschaft gewähren zu dürfen; er lächelt bis zu beiden Ohren. Wie verändert jedoch wird er Ihnen dann vorkommen, wenn Sie zu ihm vordringen, um Ihre Rechnung zu verlangen. Welch düstere Miene, gehetzt, beunruhigt und leidend. Er ist so beschäftigt, daß es ihm überhaupt Mühe macht, auch nur die Augen zu öffnen. Warum ersetzen plötzlich drohende Falten sein früheres Lächeln? Ob er nun wirklich von Kummer überhäuft ist oder was wahrscheinlicher, voll von Gewissensbissen, Sie werden es sicher nicht wagen, an einen so unglücklich scheinenden, so abweisenden und so überlasteten Gastgeber eine noch so unbedeutende Bitte um einen Preisnachlaß zu richten. Gehet hin in Frieden, ihr ehrlichen und treuherzigen Touristen, die Komödie ist vorüber!«

Joanne hat noch manches andere auszusetzen, die Qualität des Wassers: »... abscheulich schlechtes Getränk«, des Weins:

»... Flasche, die angeblich Medoc enthalten soll«, die geringe Größe der Handtücher: »... wird es denn eines Tages überhaupt noch möglich sein, sie um das kleinste Stück zu verringern?« und immer wieder das Bedienungsgeld: »... an sich freiwillig, nun zu einer erzwungenen Sache geworden«. Hier ist er einer Meinung mit seinem Kollegen Baedeker und auch fast allen anderen Reiseführern. Am meisten aber ärgert er sich über das »pourboire«, das bei allen möglichen Gelegenheiten gefordert wird. Ihm widmet er ein spezielles Kapitel und stellt darin am Ende eines Reisetages fest: »... achtzehnmal Trinkgeld, dem Kondukteur, dem Postillion, dem Träger, dem Diener, dem Sakristan, einer alten Frau, immer wieder pourboire.«

Bei Hachette kommt auch eine Sammlung von Handbüchern mit dem Titel ›Bibliotèque des chemins de fer‹ heraus. Diese waren ganz auf den Eisenbahnreisenden abgestimmt; sie begannen mit dessen Ankunft auf dem Bahnhof und informierten ihn systematisch über alle Probleme bei der Gepäckabfertigung, beim Zoll, bei der Wahl des Hotels und der Fahrt dorthin. Der erste Band ›Paris illustré‹ aus dieser Reihe erschien 1854; im handlichen, nun schon üblichen Format faßte er auf über 800 Seiten alles an Wissenswertem über die französische Hauptstadt zusammen. »Les monuments, les plaisirs, les beaux-arts, les études, l'administration, l'industrie et le commerce« – für den Reisenden damals einfach zuviel, heute aber eine wahre Fundgrube an Details aus dieser Zeit. Die Sitzplätze aller größeren Pariser Theater fehlten ebensowenig wie eine Fülle von Einzelheiten der Friedhöfe, Gefängnisse, Altersheime und Krankenhäuser. Nicht weniger als 270 Vignetten illustrieren den Text; als Joanne die Reihe übernimmt, steigert er sogar die ›gravures‹ auf die stattliche Zahl von vierhundert.

Was die vorgenannte Ausgabe von 1854 betrifft, weicht sie in der Anordnung des Materials völlig von dem nun schon bewährten Schema ab. Der Bearbeiter kritisiert im Vorwort, daß die üblichen Reiseführer den Benutzer verleiteten, die Besichtigung von Stadtviertel zu Stadtviertel (»de

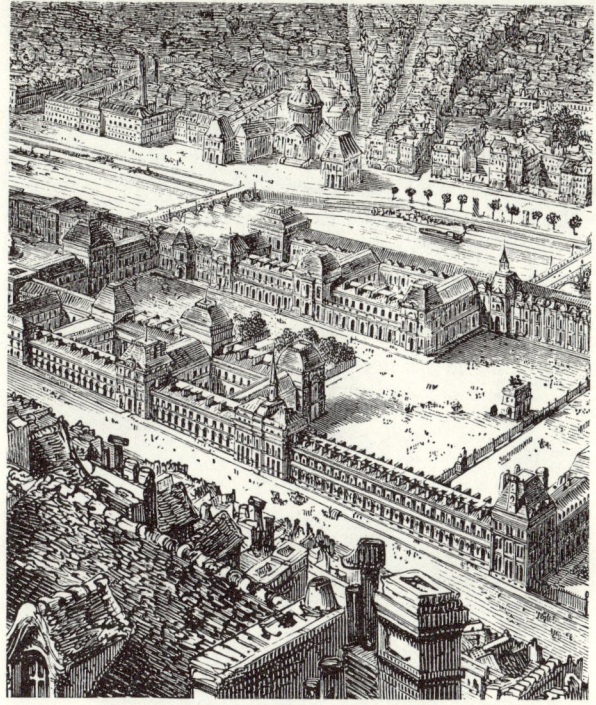

Der Louvre aus der Vogelschau (Paris illustré, 1856)

quartier à quartier«) vorzunehmen und dieser an einem Tage gezwungen wäre, so unterschiedliche Dinge wie »ein Altersheim, ein Theater, eine Kirche usw.« zu besichtigen und dadurch keine Vorstellung erhielte vom Reichtum Paris' an jeder dieser Gattungen. Der Verfasser schlägt dagegen vor – und führt dies im Handbuch auch durch –, sich zuerst alle Kirchen der Stadt, dann alle Plätze, alle Brücken und Brunnen und schließlich alle Altersheime und Krankenhäuser anzusehen, und zwar jeweils in der Reihenfolge ihrer Entste-

hung. Kein Wunder, daß sich diese verwirrende und umständliche Gliederung nicht durchsetzen konnte.

Hachette baute innerhalb seines Verlages die ›Guides‹ immer mehr aus; schließlich führte er nach Baedekers Erfolgs-
rezept eine einheitliche Farbgebung ein, der ›Guide bleu‹
wurde letzten Endes zum Markenzeichen und konnte sich
sogar international durchsetzen.

So ist das Studium der Reiseführer dieser Jahrzehnte eine
ganz vorzügliche Quelle, um sich ein Bild von den Empfindungen, Ansprüchen und Meinungen der Touristen jener
Zeit zu machen. Einer Zeit, die erstmals in großem Maßstab
das Reisen entdeckte, und mit Reisenden, die sich noch
freuen und die sich noch wundern konnten.

Voitures parisiennes.

DAS REISEGESCHÄFT

Seit Menschen sich über größere Entfernungen – einzeln oder in kleinen Gruppen – bewegen, hat es an Versuchen nicht gefehlt, durch die verschiedensten Einrichtungen technischer, wirtschaftlicher oder organisatorischer Art das Reisen zu erleichtern.

Sieht man von den Grundvoraussetzungen des Reisens – Transport, Beherbergung und Verköstigung – ab, so erstreckten sich solche Dienstleistungen vor allem auf die Organisation der Reise selbst, mit dem Ziel, diese dadurch bequemer, einfacher und billiger zu machen.

Schon die Antike kannte den organisierten Massentourismus; mit dem ›cursus publicus‹ sorgte Kaiser Augustus nach persischem und ägyptischem Vorbild für die Bereitstellung von Transportmitteln, Rasthäusern und Übernachtungsmöglichkeiten. Diese in Handbüchern (itineraria) aufgeführten Hilfsmittel machten Reisen bei den großen Entfernungen des römischen Weltreiches überhaupt erst unter erträglichen Belastungen durchführbar. Wenn auch diese Einrichtungen vorrangig den Beamten und Offizieren dienten, so besaß doch auch der freie Bürger ein Anrecht darauf, sie, soweit verfügbar, in Anspruch zu nehmen.

Mit dem Zerfall des Imperiums ging dann nicht nur die Sicherheit des Reisens verloren, es verfiel auch das in Umfang und Zustand so hervorragende Netz der Fernstraßen und mit diesem schließlich auch die segensreiche Einrichtung des cursus publicus.

Das ganze Mittelalter über wurde das Reisen dann zu einem Unternehmen, das der einzelne auf sich gestellt bestehen mußte, so gut es ihm Abenteuerlust, Ausdauer und seine sonstigen Möglichkeiten gestatteten. Sieht man von den Kriegszügen und den meist in größeren Kolonnen durchgeführten Fahrten der Kaufleute ab, so treten größere Touristenströme erst wieder mit den spätmittelalterlichen Pilgerzügen auf. Dabei sind die Ziele Rom, dann Santiago de Compostela im äußersten Westen der iberischen Halbinsel

und vor allem die Wallfahrtsstätten im Heiligen Land. In
Venedig suchen die Wallfahrer aus dem Reich nach günstiger
Passage, in Marseille treffen sich die französischen und englischen Pilger. Hier in den Häfen bildet sich bald ein Gewerbe
von Agenten, die Fahrgäste an die verschiedenen Kapitäne
vermitteln und auch bei der Quartiersuche behilflich sind.

Etwa um die Zeit der Reformation verlieren diese Pilger-
fahrten dann an Bedeutung, das immer stärker grassierende
Unwesen der Seeräuberei im gesamten Mittelmeerraum
wird sicher dazu beigetragen haben. Nun zeigen sich aber
andernorts erste Versuche, dem Reisenden organisatorische
Hilfen anzubieten. Karl Fuß berichtet in seiner ›Geschichte
des Reisebüros‹ von dem Pariser Unternehmer Théophraste
Renaudot, der um 1630 in seinem ›Bureau d'Adresses‹ ein
ganzes Paket von Serviceleistungen offeriert: »1. Sammlung
von Adressen und Reisezielen für jene, die eine Reise in
Gesellschaft zu machen wünschen. 2. Beschaffung von Pferden, Mauleseln, Sänften, Tragbahren, Kutschen, zweirädri-
gen Karren und von Schiffen, die abfahren und leer zurückkehren. 3. Unterkunft, Tag und Stunde der Abfahrt der
Fuhrwerke, Boten und Frachtfuhrmänner.« Dieser Théophraste Renaudot muß überhaupt ein sehr einfallsreicher
Mann gewesen sein, denn in seinem Pariser Bureau waren
unter seiner Regie neben diesen Diensten noch ein Bankinsti-
tut, eine Kunstgalerie und eine Apotheke untergebracht. Er
war auch der Herausgeber der ersten regelmäßig erscheinenden Wochenschrift Frankreichs, gründete und betrieb Kauf-
häuser und Kliniken und schuf auch so nützliche Einrichtungen wie Pfandhäuser und Arbeitsvermittlungsstellen. Sein
›Bureau d'Adresses‹, dem er den Namen ›Coque d'Or‹ gab,
diese Vermittlungs- und Organisationsstelle für Reisende
aber wurde nicht weiter fortgeführt, als Renaudot 1656
starb.

Im 18. Jahrhundert wurden die Kavalierstouren Mode, oft
mehrjährige Reisen durch die europäischen Residenzen, bei
denen sich der junge Herr vom Stande in der großen Welt
umsah. Diese ›Grand Tour of Europe‹ war in jenen Jahrzehn-

ten für den jungen Adligen oder reichen Kaufmannssohn Krönung und Abschluß der Jugendjahre, bevor Beruf und Ehe das Leben in geordnete Bahnen lenkten. Wurden diese Reisen in Gesellschaft durchgeführt, so erwies sich hier ein Agent als nützlich, der als eine Art Reisemarschall für Transport, Unterkunft und Verpflegung bemüht war. Unter der Berufsbezeichnung ›Entrepreneur‹ boten sich vorwiegend pensionierte Offiziere für solche Dienste an.

Etwa um 1800 ließ sich dann in Paris Giovanni Galignani nieder, ein Italiener aus Brescia, der mit mancherlei Dienstleistungen den Reisenden, vornehmlich Engländern, zur Verfügung stand. Er unterhielt in verschiedenen französischen Städten spezielle Lesekabinette für Reisende, gab für in Frankreich reisende Engländer eine Zeitschrift, ›Galignani's Messenger‹, heraus und verlegte auch Reiseführer, bei denen er sich zum Teil allerdings auf die Neubearbeitung erprobter Standardwerke, wie Ebels ›Anleitung auf die nützlichste und genußvollste Art die Schweiz zu bereisen‹, beschränkte. Daß Galignani auch Gesellschaftsreisen organisierte, wird zwar in manchen Nachschlagewerken vermerkt, ist aber letzten Endes nicht nachweisbar. Großen Umfang konnten solche Reisen in jenen Jahren ja auch nicht haben, da sie doch zu ihrer Durchführung eines Massentransportmittels bedurft hätten, und als solches konnte man wohl die gute alte Postkutsche nicht bezeichnen.

Als aber 1830 die erste Eisenbahnlinie von Liverpool nach Manchester in Betrieb genommen wurde und wenige Jahre zuvor die ›Savannah‹ als erstes Dampfschiff den Atlantik überquert hatte, sind die Voraussetzungen geschaffen, organisatorische Hilfsmittel zur Vorbereitung und Durchführung von Reisen in großem Umfang einzusetzen. Hier nun tätig zu werden lag in jenen Jahren förmlich in der Luft, es mußte allerdings erst jemand die richtige Idee haben – und nicht nur die Idee allein, sondern auch den Mut und die Beharrlichkeit, sie zu realisieren.

Die Idee des Thomas Cook

Es war am 9. Juni 1841, als von Market Harborough, einer Kleinstadt in den englischen Midlands, ein junger Mann auf der Straße nach dem etwa 25 Kilometer entfernten Leicester unterwegs war. Er hatte sich schon am frühen Morgen auf den Weg gemacht und wollte um die Mittagszeit in Leicester eintreffen, um dort an einer Versammlung der ›Freunde der Mäßigkeit‹ teilzunehmen. Freunde der Mäßigkeit – so nannte man Gruppen, die sich in jenen Jahren überall in England zusammenschlossen, um der mit dem Aufkommen der Industrialisierung überhand nehmenden Trunksucht entgegenzuwirken. Lang zog sich der Weg nach Leicester, es war wenig Verkehr auf der Straße. So konnte unser Wanderer im Gehen eine Zeitung aufschlagen, um sich mit deren Studium ein wenig den weiten Marsch zu verkürzen. Beim Lesen wurde er plötzlich nachdenklich, eine Idee ging ihm durch den Kopf; er begann zu rechnen. Was hatte ihn auf seiner Wanderung abgelenkt, oder besser noch, wer war es überhaupt, der da im Juni 1841 seine Straßen zog?

Thomas Cook war damals dreiunddreißig Jahre alt. Sein Leben war bis an jenen Tag das eines Durchschnittsbürgers der unteren Mittelschicht gewesen. Aus einfachen Verhältnissen stammend, hatte er das Drechslerhandwerk erlernt und sich auch einige Kenntnisse im Druck- und Verlagswesen angeeignet. Über die Baptisten war er zu den Freunden der Mäßigkeit gestoßen, für deren Ziele er bald seine ganze freie Zeit einsetzte, indem er Versammlungen organisierte, Flugschriften verfaßte und auch eine Zeitschrift herausgab. In Leicester wollte er nun heute mit seinen Freunden über die Organisation eines großen Meetings sprechen, das in wenigen Wochen in Loughborough stattfinden sollte und zu dem Tausende von Temperenzlern erwartet wurden. Auf seinem Marsch hatte Cook nun in der Zeitung einen Bericht über die Eröffnung einer neuen Teilstrecke der Midland Counties-Eisenbahn gelesen, durch die Leicester mit dem nördlich gelegenen Nottingham verbunden wurde. Eisen-

bahnen fuhren in England damals ja erst seit gut zehn Jahren,
das ganze Land war nun vom Eisenbahnfieber erfaßt, und
kaum ein Monat verging, in dem nicht irgendwo auf der
Insel eine weitere Linie eröffnet wurde.

An der neuen Strecke nach Norden lag aber auch Loughborough, der Ort des geplanten Treffens. Und so war Cook
der Gedanke durch den Kopf gegangen, von der Eisenbahngesellschaft einen ganzen Zug zu mieten – zum Sonderpreis
natürlich – und damit die Freunde der Mäßigkeit schnell,
bequem und billig zu ihrem Meeting zu bringen. Heutzutage
hört sich das als die selbstverständlichste Sache der Welt an,
damals 1841 aber begann mit dieser Idee eine neue Form des
Reisens, die es dann schließlich breiten Gesellschaftsschichten
überhaupt erst ermöglichte, die Fremde zu erleben; es war
die Geburtsstunde des organisierten Reisens schlechthin.

Als Cook nun bei der Versammlung zu Worte kommt,
unterrichtet er seine Freunde von seinem Vorhaben. Die
Zustimmung ist groß, wird so doch für die meisten die Reise
mit dem neuen Verkehrsmittel überhaupt erst erschwinglich.
Eine Abstimmung unter den Anwesenden bringt Cook den
Auftrag, die Verhandlungen mit der Eisenbahngesellschaft
aufzunehmen. Noch am gleichen Tag spricht er mit deren
Direktoren; schnell wird man sich einig. Cook ist sich aber
im klaren, daß damit noch nicht alles getan ist; schon am
nächsten Morgen marschiert er weiter nach Loughborough,
um mit den dortigen Gastwirten besondere Bedingungen
für die Beköstigung der Reiseteilnehmer auszuhandeln.

Der erste Vergnügungszug

Wie dann der 5. Juli 1841 gekommen ist, nehmen 570 Passagiere an der Reise teil. Als man fünfzig Jahre später sich des
denkwürdigen Tages erinnert, meint der Chronist: »Dies ist
wohl der erste in England öffentlich angekündigte Vergnü-
gungszug gewesen.« Und er fährt fort: »Die Reisenden wurden wie Helden, die auf einem Eroberungszuge begriffen
sind, behandelt. Ein Musikcorps schritt ihnen auf dem Wege

zum Bahnhof in Leicester voran. In Loughborough wurden sie als Pioniere einer neuen Einrichtung begrüßt, die Bewohner der Stadt hatten sich bei ihrer Ankunft versammelt.« Ähnliches geschieht dann auch, als die Gesellschaft am späten Abend zurückkehrt; unser Berichterstatter schreibt: »Man betrachtete sie wie Leute, die eine große Tat ausgeführt hatten.«

Im engeren Umkreis ist Cook jetzt ein bekannter Mann. Die Mitglieder anderer Vereine ersuchen ihn, auch für sie die Organisation von Fahrten zu ihren Meetings zu übernehmen. Für die Schulkinder von Leicester veranstaltet er eine Reise zu den berühmten Pferderennen von Derby; die Teilnahme von über 4500 Kindern, Lehrern und Eltern macht den Einsatz mehrerer Extrazüge notwendig. Jetzt hat Cook den Mut, seine Fahrten nicht nur für die Mitglieder verschiedener Vereine oder für geschlossene Gruppen zu veranstalten, sondern sie einer breiten Öffentlichkeit anzubieten. Und so erfolgt am 4. August 1845 die erste Gesellschaftsreise von mehrtägiger Dauer. Sie führt mit der Bahn von Leicester zu dem immerhin über 250 Kilometer entfernten Liverpool an der englischen Westküste. Dort stehen Dampfschiffe bereit, mit denen die Teilnehmer Ausflüge zur Insel Man, an die irische Küste oder nach Wales machen können, auch sind überall in den Hotels die notwendigen Zimmer reserviert.

Der Versuch gelingt. Schon eine Woche vor der Fahrt sind sämtliche Billetts verkauft; in den letzten Tagen vor der Abreise werden sie schließlich um das Doppelte ihres Preises gehandelt. Trotzdem können viele Anmeldungen nicht mehr berücksichtigt werden, so daß Thomas Cook schon sechzehn Tage später die Reise wiederholen muß. Beide Unternehmungen verlaufen dank der gründlichen Vorarbeiten des Veranstalters ohne Pannen. Was hatte Cook, der dabei ja ohne Vorbild arbeitete, alles bedenken und organisieren müssen: Mit den Direktoren von nicht weniger als vier Eisenbahngesellschaften, deren Streckennetz man befuhr, mußten preiswerte Arrangements getroffen werden, die Dampfschiffe galt es zu verpflichten, und an den Übernachtungsorten mußte jeweils für ausreichende Möglichkeit des Unterkommens gesorgt werden – auf einen solchen Ansturm war man doch nirgends vorbereitet. Bei dieser ersten großen Aktion zeigte sich endgültig, daß Cook die Fähigkeiten mitbrachte, die wahres Unternehmertum voraussetzt: Phantasie, Mut und Ausdauer. Im richtigen Augenblick das richtige Angebot bereitzuhalten, das einmal gefundene Rezept ständig neuen Erfordernissen anzupassen und dann die Bereitschaft, sich für sein ganzes Leben in den Dienst der selbstgewählten Aufgabe zu stellen: aus diesen Quellen sollte schließlich sein Erfolg gespeist werden.

Jetzt gingen Cooks Pläne schon weiter: Schottland war das nächste Ziel. In's Gebirgsland im Norden der britischen Insel einmal zu reisen muß für die meisten Engländer jener Tage eine Art Wunschtraum gewesen sein. Die Romane Sir Walter Scotts waren die Bestseller dieser Epoche, die Heimat des Grafen ›Montrose‹ oder der ›Lady of the Sea‹ zu besuchen eine wohl unerfüllbare Hoffnung vieler Leser. Cook bietet nun eine Gesellschaftsreise nach Schottland an. Bei zwei Erkundungsreisen hatte er, erstmals von seinem damals zwölfjährigen Sohn John begleitet, die notwendigen Arrangements getroffen. Als nun sein Sonderzug mit den 350 Teilnehmern in Glasgow eintrifft, werden die Reisenden mit Böllerschüssen empfangen und mit Musik zur Stadthalle geleitet. Ähnliches wiederholt sich in Edinburgh und anderen Städten. Eine Vielzahl von zusätzlichen Ausflügen werden den Gesellschaftsreisenden angeboten, ein von Cook speziell für das Unternehmen erarbeitetes ›Handbuch für eine Reise nach Schottland‹ sollte Vorläufer einer Vielzahl ähnlicher Publikationen werden, die von nun an Cooks Kunden auf ihren Fahrten begleiten. Schon einige Jahre später sind es 5000 Engländer, die Cook in einer Sommersaison nach Schottland befördert, und 1861 kann der Chronist stolz vermerken: »Jetzt war der ganze Touristenverkehr Schottlands in seinen Händen; die Eisenbahn-, Dampfschifffahrts- und Fuhrwerks-Gesellschaften boten ihm Vortheile, welche er im Interesse seiner Kunden ausnützte.«

Doch zurück zu den Anfängen. Um 1850 hat er sich in Mittelengland einen festen Kundenkreis geschaffen. Alle näheren Reiseziele werden angeboten. Doch seine Pläne gehen weiter. Wie weit, bringt er selbst zum Ausdruck: »Die Bewohner der Midland-Landschaften waren nun mit den berühmtesten Orten des Landes bekannt; die Eisenbahn-Gesellschaften waren zu der Überzeugung gelangt, daß die Vergnügungszüge ihnen große Vorteile brachten, um so mehr, da die meisten Localagenten überflüssig wurden. Aber obgleich ich mit Plänen für England vollauf beschäftigt war, war ich doch von der Wichtigkeit meiner Aufgabe und von den Bedürfnissen des reisenden Publicums so überzeugt, daß ich schon an weitere Reisen auf dem europäischen Continent, in den Vereinigten Staaten und in den biblischen Ländern dachte.«

Die großen Weltausstellungen

Und so beschließt Thomas Cook, eine Erkundungsreise nach Nordamerika – bis dahin wahrlich kein Touristenziel – zu unternehmen. Auf dem Weg nach Liverpool, dem Ausgangshafen nach Übersee, trifft er in Derby mit John Ellis, dem Präsident der Midland-Eisenbahn-Gesellschaft zusammen. Ellis rät ihm, die Reise aufzuschieben und lenkt seine Aufmerksamkeit auf die 1851 vorgesehene ›World Exposition‹ in London. Mit dieser Veranstaltung begann seinerzeit ja die Kette der großen Weltausstellungen, die von da an in mehrjährigem Zyklus einer damals noch blind fortschrittsgläubigen Menschheit Gelegenheit gaben, menschlichen Erfindungsgeist und technischen Fortschritt zu bewundern. Über 13 000 Produzenten wollten in London ausstellen, und mehr als sechs Millionen Besucher wurden erwartet. Schnell erkannte Cook seine Chance und verschob vorläufig alle Amerikapläne.

Sofort trat er in Verhandlungen mit den großen Eisenbahngesellschaften ein und sicherte sich damit rechtzeitig das notwendige Wagenmaterial. Einen Monat vor Eröffnung der Ausstellung kündigte er seine Sonderfahrten an: Fünfzehn Schilling und später nur noch fünf Schilling kostete die Hin- und Rückreise aus den mittelenglischen Städten in die Metropole an der Themse. Als die Weltausstellung dann zu Ende geht, hat Cook nicht weniger als 165000 Besucher nach London gebracht; jeden einzelnen Extrazug aus York, Leicester oder Sheffield hatten dabei er oder sein nun schon achtzehnjähriger Sohn persönlich begleitet. Wer dabei vorwiegend ihre Kunden waren, schildert der junge Cook später: »In Bradford sah ich, wie die Arbeiter auf ein gegebenes Zeichen ihre Fabriken verließen, ihre 5 Schillinge bezahlten und mit wenigem Geld in der Tasche am Samstagabend nach London fuhren, wo sie den Sonntag und Montag zubrachten, um am Dienstag Morgen ihre Arbeit wieder aufzunehmen.« Wieder bewies sich hier, daß Cook seine Aufgabe nicht nur darin sah, das Reisen zu einer bequemen Angelegenheit zu machen, indem er dem einzelnen alle lästigen Arbeiten der Vorbereitung und des Ablaufs abnahm, sondern daß sein Bemühen vor allem auch den einkommensschwachen Schichten der Bevölkerung galt, denen er durch billige Tarife überhaupt erst die Möglichkeit verschaffte, eine Reise zu unternehmen. Um den Arbeitern in den Gruben und Textilfabriken die Finanzierung ihres Ausstellungsbesuches zu erleichtern, hatte Cook rechtzeitig die Bildung von Clubs gefördert, deren Mitglieder mit kleinsten wöchentlichen Beiträgen die für Fahrt und Unterkunft nötigen Mittel ansparen konnten. Den Industriearbeitern, die bis dahin kaum aus dem Umkreis ihrer Arbeitsstätten gekommen waren, galt auch sein Angebot der sogenannten ›Mondscheinfahrten‹. In den sommerlichen Vollmondnächten ließ Cook übers Wochenende Extrazüge von den Midlands zu den Seebädern an der Nordsee, etwa nach Scarborough, fahren. Die Arbeiter hatten nun Gelegenheit, am Samstagabend nach Werksschluß direkt den Sonderzug zu besteigen, um dann nach einer langen Nachtfahrt den Sonntag am Meer zu verbringen. Die Rückreise erfolgte wieder zur Nachtzeit; nach Ankunft des Zuges kehrten die Reiseteilnehmer direkt

in die Fabriken zurück. Das war nun gewiß ein anstrengendes Vergnügen; in einer Zeit, wo das Wort Urlaub noch eine fremde Vokabel war, bedeutete es aber auch die einzige Chance, wengistens für einen Tag auch einmal zu den Erholungsstätten der oberen Klassen zu kommen.

Vier Jahre später holt dann Napoleon III. die Weltausstellung nach Paris; wieder ist Thomas Cook dabei, und von nun an vergeht keines dieser großen Weltspektakel, bei dem nicht sein Unternehmen mitwirkt. Als schließlich 1867 wieder einmal Paris an der Reihe ist, läßt Cook sogar ein eigenes Hotel errichten, um wenigstens einem Teil seiner Gäste selbst Unterkunft gewähren zu können. Schon lange vorher aber hatte er seine Pläne, auch den europäischen Kontinent in sein Angebot einzubeziehen, verwirklichen können. 1856 bietet er erstmals eine ›Große Rundreise auf den Continent‹ an. Nicht ohne Interesse ist die Auswahl der Reiseziele: Erst wird das Schlachtfeld von Waterloo besucht – Wellingtons Triumph über Napoleon war ja noch in ganz frischer Erinnerung –, dann erreicht man bei Köln den Rhein. Mit dem Dampfschiff geht's nun stromaufwärts, dabei gibt es Abstecher nach Heidelberg, Baden-Baden und Straßburg, und schließlich kehrt die Gesellschaft über Paris wieder zurück.

Von nun an erschließt Cook immer neue Ziele auf dem Kontinent, 1864 ist erstmals auch die Schweiz dabei, die in den vorangegangenen Jahren schon zu einem der beliebtesten Fremdenverkehrsländer geworden war. Fast tausend Teilnehmer finden sich, Cook selbst begleitet die erste Gruppe. Aus Paris schreibt er: »In diesem Augenblick bin ich hier von 500 bis 600 Touristen umgeben, und heute Abend erwarte ich noch 400 oder 500. Schon ist eine Gesellschaft von 100 Personen nach der Schweiz abgereist und ich gedenke ihnen morgen mit 260 bis 300 zu folgen ... Ich glaube, dies ist die größte Gesellschaft, welche je von England in die Schweiz gereist ist; für mich ist das eine unendliche Genugthuung.« Es war aber auch keine kleine Aufgabe, eine solch große Zahl von Reisenden zu betreuen. Nicht nur, daß an den jeweiligen Übernachtungsorten Quartier beschafft werden mußte – eine Aufgabe, die sich nur lösen ließ, indem in mehreren kleineren Gruppen gereist wurde, die dann die jeweils vom Vortrupp frei gemachten Betten beziehen konnten –, auch das Transportproblem selbst war nur mit Schwierigkeiten zu lösen. Im Bau von Eisenbahnlinien nämlich lag die Schweiz damals noch weit zurück, so konnten manche Abschnitte nur mit wahren Karawanen von Kutschen, Karren und Karossen zurückgelegt werden.

Thomas Cook and Son

Übrigens mußte, wer sich Cook anvertraute, nicht immer darauf verzichten, als Einzelreisender nach eigener Planung und ganz persönlichen Wünschen Ablauf und Form seiner Tour selbst zu gestalten. Cook führte nämlich für den Individualreisenden zwei Neuerungen ein, die Touristikgeschichte machen sollten: das Rundreisebillett und den Hotelcoupon. Mit den Rundreisebilletts konnte der Passagier schon am Heimatort für einen bestimmten Betrag Fahrscheine mit einem erheblichen Rabatt lösen, die bald von vielen europäischen Bahngesellschaften anerkannt wurden. Ähnlich verhielt es sich mit den Hotelcoupons. Auch hier löste man eine größere Anzahl von Gutscheinen schon vor Antritt der Reise und konnte dann in den von Cook unter Vertrag genommenen Hotels zu einem stark ermäßigten Preis übernachten, und zwar jeweils in der Komfortklassse, die man gewählt hatte. Jetzt war es auch an der Zeit, den Sitz des Unternehmens vom etwas abseits gelegenen Leicester nach London zu verlegen. 1865 erfolgt dieser Schritt, ein Jahr vorher schon hatte Thomas Cook mit seinem Sohn John die Firma ›Thomas Cook and Son‹ gegründet. John vertritt nun offiziell den Vater, so daß dieser endlich die schon seit einem Dutzend Jahren geplante Amerikareise unternehmen kann. 25 Jahre ist er nun im Reisegeschäft tätig, mehr als eine Million Passagiere hat er befördert, jetzt will er über den Atlantik vorstoßen, um neue Reisewelten zu erschließen. Schon im folgenden Jahr begleitet dann sein Sohn eine erste Reisegruppe mit sechzig Teilnehmern in die Vereinigten Staaten, und bald gelingt es auch, mit den amerikanischen Bahngesellschaften Vereinbarungen über die Anerkennung der Cookschen Rundreisebilletts zu treffen.

Ins Heilige Land

1868 wird wieder ein neues Ziel angesteuert, es ist das Heilige Land; schon das ganze 19. Jahrhundert über im zunehmenden Maße mit seinen vielen Erinnerungsstätten ein Punkt der Reisewünsche vieler Gläubiger. Einen Monat lang soll die Reise dauern, 40 Pfund ist der Preis. Durch Frankreich wird die Eisenbahn benützt, mit Postkutschen geht es dann über den Mont Cenis und schließlich wieder mit der Bahn über Florenz und Rom nach Neapel. Von hier aus erreicht man dann mit dem Schiff Palästina, ein Teil der Gruppe schließt auch noch eine Fahrt nilaufwärts an. Insgesamt 62 Teilnehmer hatten sich gefunden. Pioniere und Vorreiter von vielen Tausenden, die später mit Cook in den Orient reisen sollten. Vor allem die in Palästina zurückzulegenden Strecken über Land stellen Cook bei der Vorbereitung vor völlig neue Probleme. Nicht nur, daß es hier weder Eisen-

Programm von Cook's

Internationalen Reisebillets nach Ägypten

mit Einschluss des

NILS

bis zum

Ersten und Zweiten Katarakt

Luxor, Theben, Assouan, Philae

etc. etc.

sowie nähere Mittheilungen betreffs der Beförderung

mit

Touristendampfern, Postdampfschiffen und Dahabiyes.

Mit Landkarten und Plänen von Dampfern.

Auf Grund der speciellen und ausschließlichen Verträge und Abmachungen

von

THOS. COOK & SON.

Von der ägyptischen Regierung ausschließlich mit dem Postdienst und der Beförderung der Officiere und Regierungs-Beamten zwischen Unter- und Ober-Ägypten betraute Unternehmer, ausschließliche Contrahenten der englischen Regierung für die Beförderung auf dem Nil von Mannschaften, Proviant etc. Alleinige Eigenthümer der einzigen Touristendampfer erster Classe, welche speziell für den Nil gebaut wurden.

Central-Bureau: Ludgate Circus, LONDON.

Haupt-Bureaux

für Deutschland:

CÖLN a. R., Domkloster 2.

für Österreich - Ungarn:

WIEN, I., Stefansplatz 2.
BUDAPEST, Dorottya-utcza 3.

Preis 50 Pf. per Post, franco.

bahnen noch Straßen gab, es fanden sich auch keinerlei Unterkünfte, die man einem europäischen Reisenden hätte anbieten können. Damit das Unternehmen also reibungslos ablaufen kann, ist eine straffe Ordnung innnerhalb der

Cooks Anzeige in einem Reiseführer

Gruppe notwendig. Befriedigt schreibt der Chronist später: »Glücklicherweise folgten sowohl die von Herrn Thomas Cook, als auch die von Herrn John Cook geleiteten Gruppen stets den Anordnungen ihrer Führer; dadurch konnten die

Touren genau in Übereinstimmung mit den vorher entwor-
fenen Plänen ausgeführt werden und gingen angenehm und
nutzbringend von Statten. Wenn solche Rathschläge für
Reisen in Europa sich als nothwendig zeigten, so waren sie
es umsomehr für den Orient, wo die Arrangements weit
verwickelter als in Europa oder Amerika sind.«

Nun bringt jedes Jahr neue Fortschritte. In Brüssel und
Köln werden die ersten Filialbüros auf dem Kontinent errichtet, die Eröffnung des Eisenbahntunnels durch den Mont
Cenis verkürzt die Fahrzeit nach Italien, die Einbeziehung
einer neuen Fahrverbindung von Harwich zum Kontinent
und Verhandlungen mit den deutschen, holländischen und
belgischen Eisenbahngesellschaften führen zu einer starken
Zunahme der Reisen in die deutschen Staaten. Der besondere
Schlager in Cooks Angebot aber sind die Orientreisen; ist
es doch dem gewöhnlichen Reisenden fast unmöglich, ohne
die Erfahrung und Hilfe seiner Organisation mit den Schwierigkeiten im Lande fertig zu werden. Cook hat einmal zusammengestellt, was alles nötig ist, um eine Gruppe von
etwa 60 Personen nach Jerusalem zu bringen. Es sind dies
dreißig Schlafzelte, zwei Speisesalons und drei Küchenzelte.
All das wird befördert von 65 Reitpferden, 87 Packpferden
oder Maultieren und 28 Eseln, für deren Betreuung wiederum nicht weniger als 56 Maultiertreiber nötig sind, ganz zu
schweigen von drei Führern sowie achtzehn Dienern und
Köchen.

Als 1870 der Deutsch-Französische Krieg ausbricht,
scheint dies einen Rückschlag für Cooks Unternehmen zu
bedeuten, da durch die Kriegshandlungen Gegenden berührt
sind, durch die sonst eine Reihe seiner Reiserouten führen.
Doch nun wenden sich ihm ganz neue Schichten von Reisenden zu, die jetzt seiner Hilfe bedürfen. Es sind Geschäftsrei-
sende oder auch Patienten, die einen europäischen Kurort
aufsuchen müssen; sie alle kamen bisher allein zurecht und
sind nun froh, den Rat und die Hilfe des Reisebüros in
Anspruch nehmen zu können.

Als dann der Krieg zu Ende ist, blühen Cooks Unternehmungen schnell wieder auf; er ist nun der Reiseveranstalter schlechthin, der Spezialist in allen schwierigen Fragen des Tourismus. Ob zu den Passionsspielen nach Oberammergau oder zu den Feierlichkeiten der Karwoche nach Rom, ob zu den Badeorten an der Riviera oder gar mit Schiff und Bahn um die Welt: Cook macht alles, organisiert alles, hält immer das passende Angebot bereit. Und bald sind es auch die Amerikaner, die bei ihrem Trip durch ›Good old Europe‹ seine Dienste in Anspruch nehmen und schon vor der Abreise durch ihn die notwendigen Buchungen vornehmen lassen. Eine Reihe weiterer Filialen wird gegründet, nun kann man durch Cook an fast jedem Ort der Welt Reisen für fast jeden Ort der Welt organisieren lassen. Ein spezieller Zweig des Unternehmens aber widmet sich der Durchführung der Fahrten mohammedanischer Pilger nach den heiligen Stätten des Islam in Mekka und Medina.

Einen ganz besonderen Triumph bringt dann dem Unternehmer der 1884 im Sudan ausbrechende Krieg mit den Freischärlertruppen des Mahdi. Der englische General Gordon wird von den Aufständischen in Khartum eingeschlossen; ihn zu befreien wird eine 6000 Mann starke Armee von den Briten ausgerüstet. Aber wie dieses Heer mitsamt seinen Vorräten von mehr als 10 000 Tonnen den Nil hinaufbefördern? Die englische Regierung beschließt klugerweise, die Finger von dieser schwierigen Aufgabe zu lassen und überträgt die Lösung des Problems dem Welt-Reise-Spezialisten Nr. 1, der Firma ›Thomas Cook and Son‹. Diese nimmt den Auftrag an: 28 große Dampfschiffe für die Fahrt von der Insel nach Alexandria werden gechartert, 13 000 Waggonladungen auf der Bahnstrecke von dort nach Assiut eingesetzt und dann auf dem Nil noch weitere 27 Dampfer und 650 Segelschiffe. Doch noch ehe die britischen Einsatztruppen Khartum erreichen, ist die Festung gefallen und General Gordon nicht mehr am Leben. An Cooks Organisation hatte es allerdings nicht gelegen, daß das Unternehmen letztlich ein Fehlschlag bleiben sollte.

1892 stirbt Thomas Cook. Schon lange Jahre vorher hatte

er das Unternehmen ganz in die Hände seines Sohnes gelegt.
Konkurrenten stellten sich nun auch ein; doch was auf dem
weiten Felde der Touristik noch erfunden oder eingeführt
werden sollte, Cook hatte alles schon einmal vorausgedacht.
Wenn einem, dann gebührt ihm der Titel eines ›Vaters des
Reisegeschäfts‹. Die Gedanken des jungen Drechslergesellen
auf seiner Wanderung von Market Harborough nach Leicester, sie hatten in kaum fünf Jahrzehnten die Welt des Reisenden verändert.

Die Reise der ›Quaker City‹

Nun hatte Cooks Unternehmen in jenen Jahren wohl eine
Vorrangstellung, aber selbstverständlich kein Monopol bei
den Gesellschaftsreisen. Wenn er beispielsweise in großem
Umfang Amerikaner über den Atlantik und zu den Sehenswürdigkeiten des alten Kontinents beförderte, so fand er
dabei freilich Nachahmer und Konkurrenten. Auch waren
die Bürger der Neuen Welt selbst wohl der Meinung, daß
sie nicht unbedingt eines Engländers bedurften, um solche
Reisen zu organisieren. So stach Anfang Juni 1867 im New
Yorker Hafen ein amerikanischer Raddampfer von 1800
Tonnen, die ›Quaker City‹ in See, um mit 150 Passagieren
eine Europareise zu unternehmen. Über die Vorgeschichte,
die Umstände und Einzelheiten dieser denkwürdigen Rund-
fahrt sind wir genau unterrichtet, da an ihr als kritischer
und ironischer Beobachter ein junger Journalist von knapp
dreiunddreißig Jahren teilnahm, Samuel Langhorne Cle-
mens, der später mit seinem Pseudonym Mark Twain in die
Literaturgeschichte eingehen sollte.

Der junge Sam war an den Ufern des Missouri aufgewach-
sen, des Stromlaufs also, der mit dem Mississippi in jenen
Jahren die Hauptverkehrsader des Mittelwestens bildete. Das
Heulen der mächtigen Dampfsirenen der großen Steamboats
begleitete seine Kinderjahre, denen er später mit den Aben-
teuern ›Tom Sawyers und Huckleberry Finns‹ ein unver-
gängliches Denkmal setzte.

Als er Anfang 1867 in St. Louis weilt, fällt ihm ein Reise-
programm in die Hände: ›Gesellschaftsreise nach dem Heiligen Land, Ägypten, der Krim, Griechenland und weiteren
auf dem Weg liegenden interessanten Zielen‹. Mark Twain,
wie er sich damals schon nannte, ist fasziniert. Bis ins kleinste
Detail ist hier alles angepriesen, was die glücklichen Teilnehmer an der Reise erwartet.

Zuerst die Reiseroute: Auf dem Weg nach Europa sollte
auf den Azoren angelegt und dann über Gibraltar Marseille
erreicht werden. Nun hatten die Teilnehmer Gelegenheit,
mit der Bahn nach Paris zu reisen, um von dort über die
Schweiz in Genua wieder zum Schiff zu gelangen. Entlang
der italienischen Küste sollte die ›Quaker City‹ dann nach
Palermo fahren, immer mit der Möglichkeit von Abstechern
auf dem Festland, nach Florenz, Pisa, Rom oder Neapel
etwa. Von Sizilien aus sind dann als nächste Stationen Athen,
Konstantinopel und die Halbinsel Krim vorgesehen, letzteres
Ziel war von Bedeutung, konnte man hier doch die Fe-
stungswälle und Schützengräben des Krimkrieges besichtigen. Durch den Bosporus wurde die Reise dann nach Kleinasien und Palästina geführt, bevor die Gesellschaft über
Kairo, Malta, Mallorca und Madeira wieder die Heimat
erreichen sollte.

Der Prospekt enthält auch den Fahrpreis für den Besuch
all dieser Herrlichkeiten – 1250 Dollar – und empfiehlt, die
sonstigen Ausgaben mit etwa fünf Golddollar täglich zu
veranschlagen. Um den Verkauf der Karten zu beschleunigen und dem Ganzen einen exklusiven Rahmen zu verleihen,
geben die Veranstalter schließlich noch bekannt, daß nun
beileibe nicht jedermann an dem Vergnügen teilnehmen
könne, sondern die Auswahl der Reisenden einem kritischen
Komitee vorbehalten bleibe.

Mark Twain kann die Reise dann mit Unterstützung eines
Journals, des ›Daily Alta California‹ mitmachen; nach seiner
Rückkehr erscheinen seine Aufzeichnungen unter dem Titel
›The Innocents Abroad‹ oder ›The New Pilgrim's Progress‹;
das Buch wird ein beispielloser Erfolg und macht ihn zum

höchstbezahlten Schriftsteller seiner Zeit. Auch heute noch ist das Werk von erstaunlicher Frische; wenn auch nicht frei von gewollten und karikierenden Übertreibungen, zeichnet es ein sarkastisches Bild von der Respekt-, aber auch Ahnungslosigkeit, mit der die Söhne der Neuen Welt der Heimat der Vorväter mit all ihren verstaubten Sehenswürdigkeiten entgegentraten. Besonders interessant aber ist des Dichters Schilderung von der Organisation der Landreise von Beirut nach Jerusalem. Es war genau ein Jahr, bevor Thomas Cook mit seiner ersten englischen Gruppe ins Heilige Land kommen sollte und zeigt, daß hier schon vorher ein routiniertes Dienstleistungsgewerbe am Platze war. Mark Twain: »Kurz nach sechs Uhr kam unser beladener Troß an. Ich hatte ihn vorher noch nicht gesehen und war mit vollem Recht verblüfft. Wir hatten neunzehn Diener und sechsundzwanzig Lasttiere! Es war eine vollkommene Karawane ... Ich fragte mich, was zum Teufel wir mit solch riesigen Ausstattungen für acht Mann sollten ... da waren fünf stattliche Zirkuszelte aufgeschlagen, Zelte, die innen in Blau und Gold und Karmesinrot und prächtigen Schmuck aller Art erstrahlten! Ich war sprachlos. Dann brachten sie acht kleine, eiserne Bettstellen und bauten sie in den Zelten auf; sie legten auf jedes Bett eine weiche Matratze und Kissen und gute Decken und zwei schneeweiße Laken ... Es wurde dunkel und sie stellten Kerzen auf die Tische – Kerzen in neuen, kupfernen Leuchtern. Und bald läutete eine Glocke – eine richtige, echte Glocke –, und wir wurden in den Saal gebeten. Ich hatte vorher gedacht, wir hätten ein Zelt zuviel, aber auch das hatte seinen guten Sinn; es sollte ausschließlich als Speisesaal benutzt werden ... Es war ein Schmuckstück. Ein Tisch für acht Personen und acht Feldstühle; ein Tischtuch und Mundtücher, die so weiß und fein waren, daß sie der Sachen, die wir auf dem großen Ausflugsdampfer gewohnt waren, spotteten; Messer und Gabeln, Suppenteller, flache Teller, alles in der hübschesten Ausführung. Es war wundervoll! ... Die stattlichen Kerle in Pluderhosen und mit Turbanen umwundenen Fezen brachten ein Mahl herein, das aus Hammelbraten, Brathuhn, Gänsebraten, Kartoffeln, Brot, Tee, Pudding, Äpfeln und köstlichen Trauben bestand; die Speisen waren besser gekocht als alles, was wir seit Wochen gegessen hatten.« Am Ende dieser Reise durch die Wüste zieht der Autor dann das Fazit: »Das nennen sie im Freien kampieren. Unter diesen Umständen bedeutet es eine großartige Vergünstigung, Pilger im Heiligen Land zu sein.«

Das deutsche Reisegewerbe

In Deutschland gab es noch im frühen 19. Jahrhundert Reisegewerbe ausschließlich in Form der sogenannten Auswanderungsagenten. Sie saßen – oft als Vertreter der großen Reedereien – an Orten, wo im Binnenland die großen Emigrantenströme passierten; so etwa in Mainz, einem beliebten Einschiffungsplatz den Rhein hinunter zu den niederländischen Häfen. Um 1830 sollen hier, wie Karl Fuß in seiner ›Geschichte des Reisebüros‹ berichtet, zehn Agenturen ihren Sitz gehabt haben. Ein Amerikaner, Washington Finlay, verfügte auf dem Kontinent über nicht weniger als 66 Unteragenten, die an die zwei Millionen Auswanderer in die Vereinigten Staaten vermittelt haben sollen. Oft wurden solche Agenturen von Kaufleuten neben ihrem sonstigen Gewerbe betrieben. So war der Inhaber des wohl ältesten deutschen Reisebüros, der 1815 in Stuttgart geborene Johannes Rominger, Inhaber eines Handelsgeschäfts mit Kristallwaren, bevor er zusätzlich die Vermittlungtätigkeit für eine Reederei übernahm, deren Postschiffe von Le Havre aus den Atlantik überquerten.

Gesellschaftsreisen im Stile Cooks aber führte hierzulande als erster der Berliner Karl Riesel durch; sein 1854 gegründetes Unternehmen organisierte Gruppenreisen nach den beliebtesten europäischen Zielen, verkaufte Schiffspassagen und Eisenbahnfahrkarten in- und ausländischer Gesellschaften, gab einen Hotelführer und auch eine Monatsschrift ›Karl Riesels Verkehrs- und Reiseblätter‹ heraus.

Als 1864 österreichische Truppen an der Seite Preußens

gegen die Dänen antraten, fanden sich schnell – die Kampf-
handlungen waren längst vorüber – in Wien findige Unternehmer, »einen Gesellschaftsvergnügungszug zu unseren
deutschen Brüdern und Heldensöhnen nach Schleswig-Hol-
stein bis nach Jütland in das österreichische Lager zu organisieren«.

Es war eine ausgesprochene Lustreise; der Sonderzug un-
terbrach seine Fahrt immer des Nachts, um den Teilnehmern
ausreichende Ruhe in einem behaglichen Hotelbett zu
ermöglichen, am Vormittag blieb die Reisekarawane dann
jeweils eine Stunde in einem geeigneten Bahnhofsrestaurant
zur Einnahme eines Gabelfrühstücks, mittags aber wurde die
Reise für zwei Stunden gestoppt, um an der Table d'hôte in
einem geeigneten Restaurant teilzunehmen. Verschiedene
Ausflüge, etwa in die Sächsische Schweiz oder per Schiff auf
der Ostsee, lockerten das Programm auf; einer der Höhe-
punkte war sicher in Berlin der Besuch des ›Etablissement
Kroll‹ – »das größte der Stadt und faßt 5000 Personen«. Alles
wurde aber übertroffen von dem achten Reisetag, wo man
Fridericia erreichte: »Landen dasselbst bei den Cantonierun-
gen unserer braven Armee und Bleiben an diesem Tag bei
unseren muthigen Landsleuten.« Was schließlich den Preis
des zweiwöchigen Vergnügens betrifft, so waren für Fahrt
und Verpflegung in der zweiten Klasse 215 Gulden zu bezahlen.

Den größten Umfang aber hatte seinerzeit das Reisebüro
der beiden Brüder Stangen in Berlin. Der ältere, Louis Stangen, begann 1863 mit der Durchführung von Gesellschaftsreisen. Waren es anfangs so bescheidene Ziele wie etwa die
Sächsische Schweiz, so unternahm er bereits ein Jahr später
die erste Gruppenreise nach Palästina, in jenen Jahren wohl
der ›Renner der Saison‹. 1868 tritt dann sein Bruder Carl in
das Unternehmen ein, das er bald alleine übernimmt. Der
frühere Postbeamte führt nach Cooks Vorbild ein Coupon-
system für Bahnkarten und Hotelübernachtungen ein, das
bald weite Anerkennung findet. Als 1869 der Suez-Kanal
eröffnet wird, veranstaltet Carl Stangen dorthin eine Gesell-

schaftsreise, und 1878 leitet er persönlich die erste deutsche Reisegesellschaft rund um die Erde. Ende des Jahrhunderts kann seine Firma auf fast siebenhundert organisierte Reisen nach nahen und fernen Zielen zurückblicken.

Als aber 1898 der deutsche Kaiser beschließt, mit seiner Gemahlin nach Jerusalem zu reisen, um dort die evangelische Erlöserkirche einzuweihen, möchte der Hof jedes Risiko vermeiden und legt die schwierige Staatsaktion in die erfahrenen Hände von ›Cook and Son‹. Für die Briten ist die Organisation der pompösen Mammut-Karawane Routine; die Zahlen des Unternehmens beeindrucken aber noch heute: Nicht weniger als hundert ·Kutschen müssen zum Transport des erlauchten Paares und seines Hofstaates aufgebracht werden, gezogen und begleitet von 1300 Pferden und Maultieren. Als dann das Nachtlager aufgeschlagen wurde, war es eine Stadt von 230 Zelten, darunter nicht nur luftige Gehäuse zum Speisen oder Schlafen, auch an ein Raucher- und ein Bibliothekszelt war gedacht worden.

So hatte das Reisegeschäft schließlich in Umfang und Vielfalt den Standard erreicht, der es in unseren Jahrzehnten dann befähigen sollte, alle Probleme des modernen Massentourismus zu bewältigen. Wie schrieb doch der Chronist von den 570 Teilnehmern an Cooks erster Fahrt: »Die Reisenden wurden wie Helden behandelt, die auf einem Eroberungszug begriffen sind.« Auf solch erhebende Gefühle muß allerdings der Gesellschaftsreisende unserer Tage leider verzichten.

REISENDE AUS PASSION

> *»Ich kann Dir nicht sagen, wie angenehm*
> *mir dieses Leben ist. Ich bin frei wie der*
> *Vogel in der Luft!«*
>
> Pückler-Muskau, 1828

Wilhelm Busch, Maler Klecksel

Menschen, denen das Reisen zu einem der Grundbedürfnisse
des Lebens gehört, gab es zu allen Zeiten. Mochte es eine
vage Rückbesinnung auf das Nomadentum der Urväter sein,
eine unbezwingliche Wißbegier für alles Fremdartige oder
auch einfach eine Flucht vor den Beengungen und Zwängen
der Seßhaftigkeit: sich mit offenen Augen und wachen Sinnen in der Welt umzusehen war von jeher schon für manchen
zur Liebhaberei oder zur alles beherrschenden Leidenschaft
geworden. Auch, oder gerade in der ersten Hälfte des
19. Jahrhunderts, diesem Abschnitt einer völligen Verände-
rung aller überkommenen Formen des Tourismus, gab es
nun solche Reisenden aus Passion – Passagiere auf der großen
Landstraß' unserer Erde.

Tage reinsten Glücks: Rodolphe Toepffer

Es ist der 22. August 1842. Tiefe Wolken ziehen über die Höhe des Bernina-Passes. Von Pontresina herauf windet sich ein schmaler Saumpfad, um sich dann weiter hinunter ins Tal von Poschiavo zu verlieren. Ein paar hochbepackte Maultiere mit ihren Führern, Hirten von den benachbarten Almen und vereinzelt auch Touristen beleben hin und wieder den steinigen Weg. Um die Mittagszeit aber nähert sich eine größere Gruppe von Wanderern dem Übergang. Nach und nach erreichen sie die weite Fläche, wo sich erstmals der Blick nach Süden öffnet. Als letzter kommt »ein kleines Touristchen von elf Jahren, das Lämmlein der Herde«. Erwartungsvoll blickt der Knirps zum Führer der Gruppe: »Kann man Venedig schon sehen?« Alles lacht. Seit Tagen ist dies eine beliebte Frage beim Erreichen jeder Paßhöhe, ist die ferne Lagunenstadt an der Adria doch das Ziel des langen Marsches unserer Wanderer.

Dreiundzwanzig sind es, die sich vor nunmehr zwölf Tagen in Genf zu der großen Reise aufgemacht haben, die meisten von ihnen Schüler eines Internats, dessen Leiter Rodolphe Toepffer alljährlich in den Sommerferien ausgedehnte Fußwanderungen mit seinen Zöglingen durch die Schweizer Alpen und Oberitalien unternimmt. Der Pädagoge will mit diesen anstrengenden Märschen nicht nur das Erleben von Natur und Landschaft vermitteln, er sieht darin auch einen wichtigen Beitrag zur Erziehung seiner Schützlinge: »Gut ist es, auf die Reise außer dem Rucksack noch ein gut Teil Mut, Entschlossenheit, Heiterkeit und gute Laune mitzunehmen. Gut ist es auch, für sein Vergnügen mehr auf sich selbst und seine Kameraden als auf die Sehenswürdigkeiten der Städte und die Wunder der Lande zu rechnen. Man genießt, was man hat und vermißt nicht, was man entbehrt.«

Toepffer, dessen Vorfahren nach Genf zugewandert waren, wollte anfangs in die Fußstapfen seines Vaters treten und Maler werden. Ein Augenleiden hinderte ihn daran; sein

Talent als Zeichner aber und die schriftstellerische Begabung gaben dem Künstler auch als Lehrer ein weites Schaffensfeld. Von den Wanderungen mit seinen Schülern entstehen bebilderte Reiseberichte, diese ›Voyages en zigzag‹ finden bald großen Anklang. Seine Doppelbegabung führt ihn schließlich zum Bilderroman; er wird zu einem der Väter dieses neuen Genres. Als Goethe 1831 Toepffers ›Doktor Festus‹ zu Gesicht bekommt, meint er zu Eckermann: »Es ist wirklich zu toll! Es funkelt alles von Talent und Geist!«

Jahr für Jahr nun bricht der Pädagoge mit seinen Zöglingen zu mehrwöchigen Bergwanderungen auf. Das Ausmaß der Tagesetappen nötigt einem uneingeschränkten Respekt ab: Fünfzig Kilometer und mehr wurden da im Geiste Seumes »abtornistert«, dabei manchen Paß überwindend, den wir heute im Kraftwagen oder Eisenbahnwaggon flott und unbeschwert hinter uns bringen.

Und wenn es stürmt oder regnet? Toepffer gewinnt selbst solchem Ungemach positive Seiten ab: »Wenn man wie wir, in großer Zahl zusammen reist, so bilden Regen und Sturm, im Schoße der Einsamkeit und fern vom häuslichen Herd, eine Art Mißgeschick, das annähert, vereinigt und zu gegenseitiger Unterstützung aufruft. Man kennt nicht sein Ziel, man weiß nicht, wo werde ich ruhen am Abend, was wird morgen sein? – jeder hat nur einen Gedanken, das Wohl aller.«

Die Reise nach Venedig sollte die letzte Wanderung mit seinen Schülern gewesen sein, die zunehmende Verschlechterung seines Augenlichts und ein Leberleiden machen nun solche Exkursionen unmöglich. 1846 stirbt Toepffer, noch keine fünfzig Jahre alt, in seiner Heimatstadt Genf. »Philosophen, Christen und Gelehrte«, so meint er einmal, »predigen bei hundert Gelegenheiten, daß hienieden kein Mensch auch nur einen Augenblick eines vollkommenen Glücks teilhaftig werde. Vor meinem Gewissen und vor Gott, der die Wahrheit sieht, erkläre ich, daß für mich wenigstens diese Behauptung nicht zutrifft. Ich kann es aussprechen, daß ich nicht Augenblicke, nicht Stunden, sondern ganze Tage reinsten

Glücks gekannt habe. Und solche Augenblicke, Stunden und Tage habe ich auf der Reise, in den Bergen genossen, meist einen schweren Rucksack auf dem Rücken.«

Rodolphe Toepffer, ein wandernder Moralprediger? Wohl kaum; schon eher ein Mensch, dem im Jean Paulschen Sinne Reisen Leben war, und ebenso sein Leben eine Reise.

Der Vergnügling: Pückler-Muskau

Einige Jahre vorher in Irland. Auf der grünen Insel hatte sich schon früh ein bescheidener Tourismus entwickelt, angelockt von malerischen Szenerien, die so recht dem romantischen Landschaftsideal der Zeit entsprachen. An einem August-abend des Jahres 1828 ritt ein etwa vierzigjähriger Mann über das endlose Torfmoor auf das Dorf Roundwood in der Grafschaft Wicklow zu. Über sechzig Kilometer hatte er an diesem Tag schon zurückgelegt, Schlösser und Parks besich-tigt, Berge erklommen, nun hoffte er auf ein bequemes Nachtlager. Doch die Erwartungen des Reisenden werden enttäuscht; seine gute Laune kann das allerdings nicht verderben: »Als ich in dem Dorfe ankam«, schreibt er noch am selben Abend, »waren beide Gasthöfe schon von Touri-sten besetzt, und ich erhielt nur mit großer Mühe ein kleines Vorzimmer eingeräumt, wo ich auf Stroh schlafen werde. Thee, Butter, Toast und Eier sind vortrefflich, und der Hun-ger würzt überdem das Mahl. Ich kann Dir nicht sagen, wie angenehm mir dieses Leben ist. Ich bin frei wie der Vogel in der Luft!«

Frei wie der Vogel in der Luft! Wer so schreibt, weist sich wohl als passionierter Reisender aus: vor allem, wenn er dann fortfährt: »Mit all den Entbehrungen fühle ich mich wahrlich hundert Mal bequemer, als wenn ich von tausend unnöthigen Bequemlichkeiten belästigt würde.«

Nun darf man dieses Bekenntnis zur Genügsamkeit – seinerzeit eine Tugend, die dem Touristen wohl anstand – freilich nicht allzu ernst nehmen. Hermann Fürst von Pück-ler-Muskau, Standesherr auf Muskau und Branitz, war eher ein Künstler des perfektionierten Reisens, der mit speziell gefertigter Kutsche, mit zerlegbarem Bett und Mobiliar seine Reisen förmlich zelebrierte. Zwei Jahre ist er in England und Irland unterwegs, studiert die berühmten englischen Gärten – galt sein selbst angelegter Park in Muskau doch als große Sehenswürdigkeit – und sucht in den Schlössern des Landadels nach einer jungen, schönen und vor allem reichen Erbin.

Mit einer zweiten Heirat wollte er seine ständig maroden Finanzen aufbessern; die Scheidung von seiner ersten Gattin, einer Tochter des Ministers Hardenberg, war ausschließlich zu diesem Zweck herbeigeführt worden, allerdings hatten die Gatten dabei vereinbart, auch dann weiter zusammenzuleben, wenn – hoffentlich bald – ein goldener Fisch ins Netz gehen sollte. Aus dem Heiratsplan wird freilich nichts, seine Reiseschilderungen aber, die Pückler nach der Rückkehr mit dem Titel ›Briefe eines Verstorbenen‹ anonym herausgibt, finden regen Zuspruch.

So wird der Fürst ermuntert, hinfort neue, ausgedehnte Fahrten zu unternehmen, die ihn schließlich auch nach Algerien, Tunesien, Griechenland und Ägypten führen sollten. Stand und Auftreten verschaffen ihm überall Zugang zu den ersten Häusern, in Ägypten gar freundet er sich mit Mehmed Ali an, der sich soeben als Vizekönig seine Unabhängigkeit vom türkischen Reich erkämpft hatte. Nie reist Pückler dabei allein, ein kleiner Stab von Sekretär, Wächter und Diener bilden seine Begleitung. Zur Bagage gehört auch ein geräumiges Zelt, das sowohl im Freien zwischen Bäumen wie auch in den Häusern zur Absonderung von Ungeziefer und Schmutz aufgespannt werden kann.

Zu Hause erscheinen währenddessen seine Reiseberichte, die ein staunendes Publikum amüsieren, dem Fürsten aber mit den begehrten Talern die Reisekasse füllen. Dabei durchläuft auch so manches Gerücht, provoziert durch den bizarren Lebensstil unseres Helden, die Salons der großen und kleinen Residenzen in der Heimat. Seinem Ruf als ›Homme scandaleux‹ wird er vollends gerecht, als er sich schließlich aus Ägypten eine blutjunge Abessinierin als Sklavin mit nach Hause bringt; für den nun schon im sechsten Jahrzehnt Stehenden eine letzte Leidenschaft, die schließlich tragische Dimensionen annimmt, durch den frühen Tod des armen Mädchens aber ein plötzliches Ende findet. All das mutet er seiner großmütigen Frau Lucie zu, die in den langen Jahren nach der Scheidung immer noch weiter in Muskau das Haus führt. »Wenn ich ankomme«, so hatte er schon von Ägypten aus um gut Wetter geworben, »so ist das Local meines Schlafzimmers … ganz dazu geschaffen, den Harem dort zu etablieren, den Du übrigens nicht mehr zu sehen bekommen wirst, als Dir selbst angenehm ist.« Es wird seine »Schnucke« kaum getröstet haben, wenn Pückler dann endet: »… bin aber immer und ewig, als Türke wie als Christ Dein treuer Lou.«

Pückler unternimmt noch manche Reise, allerdings ohne seine schriftstellerische Tätigkeit dabei fortzusetzen. Als er im fast biblischen Alter von 85 Jahren 1871 auf Schloß Branitz stirbt, hat er – trauriges Schicksal früher Berühmtheit – seinen Ruhm um etliche Jahre überlebt.

Wenn man dem richtigen Reisen nicht nur den Rang einer Lebens-, sondern auch einer Kunstform zubilligt, dann beherrschte Fürst Pückler diese Kunst virtuos. »Vergnügling«, so hatte sich der Meister des vergnügten Reisens gerne genannt: ein wahres Wort!

Eine Frauenfahrt um die Welt: Ida Pfeiffer

Und wieder ein anderer Reisender aus Passion, diesmal eine Frau: die Wienerin Ida Pfeiffer. Kein größerer Kontrast läßt sich denken als der Gegensatz der erstaunlichen Unternehmungen dieser unscheinbaren und genügsamen Touristin zu den meist prunkvollen und aufwendigen Fahrten Pückler-Muskaus.

Um die Art der Reisen Ida Pfeiffers kennenzulernen, ist es angebracht, eines ihrer vielfältigen Abenteuer herauszugreifen. Es ist der 29. Juli 1848. Ort der Handlung: das öde, unwirtliche Grenzland zwischen dem heutigen Irak und dem Nordwesten Persiens. Ida Pfeiffer war vor drei Wochen in Mossul am Oberlauf des Tigris aufgebrochen und hatte seitdem keinen Europäer mehr zu Gesicht bekommen. Mit kleinen Karawanen war sie anfangs durch das bis zu viertausend Meter ansteigende Grenzgebirge gezogen, seit ein paar Tagen nun allein unterwegs mit einem kurdischen Führer, der sie am Urmiasee vorbei nach Täbris bringen sollte. Dort gab es einen englischen Konsul und einige weiße Kaufleute; aber Täbris war weit, und noch lag das unsicherste Teilstück der Reise vor ihnen. Kurdische Räuberbanden durchstreiften das Gebiet, wiederholt schon war sie auf blutige Spuren von Überfällen gestoßen. Nun hatte der Führer den ganzen Tag verstreichen lassen; soweit sie ihn verstand, wollte er auf eine Karawane warten, um sich ihr anzuschließen. Die Stunden vergingen – es wurde Abend. Da bedeutete er seiner ungeduldigen Begleiterin, indem er ihren Mantel auf der Erde ausbreitete, sie solle sich zur Ruhe legen. Das erbost sie aber so, daß sie ihm den Mantel aus den Händen reißt, zu Boden wirft, sich darauf setzt und ihm dabei den Rücken zuwendet: höchstes Zeichen der Verachtung gegenüber einem Anhänger des Propheten. Stundenlang bleibt sie so sitzen. Mitternacht geht vorbei.

»... Nachts um ein Uhr«, so erzählt sie später, »setzte sich mein Führer in Bewegung, packte mein Pferd und hieß mich aufsitzen. Nun kam das Verblüfftsein an mich, denn ich sah nirgends eine Spur der Karawane. – Wollte der Mann Rache an mir nehmen? Warum durchzog er eine Gegend, die er am hellen Tage gemieden hatte, bei Nacht und Nebel? – Ich konnte zu wenig persisch, um hierüber eine gehörige Auskunft zu erlangen. Mit Angst bestieg ich das Pferd und gebot meinem Führer, der hinter mir bleiben wollte, voran zu reiten, – von rückwärts wollte ich nicht überfallen werden, auch hielt ich die Hand fest auf der Pistole. Ich lauschte auf jeden Laut, beobachtete jede Bewegung des Führers, der Schatten meines eigenen Pferdes schreckte mich manchmal auf; doch kehrte ich nicht zurück ...«

In derselben Nacht noch erreichen die beiden eine große, schwer bewaffnete Karawane, der sie sich anschließen können; eine Woche später ist Ida Pfeiffer in Täbris.

Wer war nun diese kleine, schmale und unscheinbare Frau von damals etwa fünfzig Jahren? Zwei Jahre durchzog sie schon die Kontinente; hatte anfangs entlegene Gebiete Brasiliens durchreist, war dann über Chile und Tahiti in das noch in weiten Bereichen Europäern unzugängliche China gekommen, durchquerte schließlich im Ochsenkarren den indischen Kontinent und war nun unterwegs, um von Mesopotamien aus durch Aserbeidschan den Kaukasus und das Schwarze Meer und schließlich über Konstantinopel die Heimat zu erreichen.

Ida Pfeiffer wurde 1797 als Tochter des Wiener Kaufmanns Johann Reyer geboren, für lange Jahre einziges Mädchen unter fünf Brüdern. Mit diesen wächst sie auf, in Spiel, Aussehen und Kleidung ganz den Knaben angepaßt. Reyer versucht seine Kinder an Entbehrungen und Verzicht zu gewöhnen, diese harte, ja spartanische Erziehung wurde bestimmend auch für die charakterliche Entwicklung des Mädchens; Eigenschaften, die ihr Sohn später so schildert: »Ernst, Wortkargheit, Willensstärke, Zähigkeit, Mut, Gleichgültigkeit gegen Schmerz und gegen die Unbequemlichkeit des Lebens.«

Der jungen Ida Pfeiffer bleiben Schicksalsschläge nicht erspart: Der Vater stirbt früh, eine Jugendliebe wird von der Mutter unterdrückt, die Familie verarmt, schließlich muß sie in der Ehe mit einem ungeliebten Mann zwei Söhne unter harten Entbehrungen alleine aufziehen.

Als die Söhne erwachsen sind, regt sich in Ida Pfeiffer immer mehr der Traum ihrer Kinderjahre, fremde Länder, ja die ganze Welt zu bereisen. Ein ungewöhnliches Vorhaben damals, noch dazu für eine Frau, galt es doch für Damen seinerzeit als unschicklich, selbst im sicheren Mitteleuropa eine auch noch so kleine Reise ohne männlichen Schutz anzutreten. Ida Pfeiffer war sich im klaren, daß dieses Problem, neben der Knappheit ihrer Mittel, das größte Hinder-

Die Weltreisende Ida Pfeiffer

nis ihrer Pläne sein mußte: »... doch war ich bald über diese
wichtigen Punkte mit mir einig; was den ersten anbelangt,
daß ich als Frau allein in die Welt hinaus wollte, so verließ
ich mich auf meine Jahre (ich zählte deren schon fünfund-
vierzig), auf meinen Mut und auf die Selbständigkeit, die
ich in harter Schule des Lebens erlangt hatte, als ich nicht
nur für meine Kinder und mich, sondern auch mitunter für
meinen Mann sorgen mußte. In Betreff des Geldpunktes war
ich zur größten Sparsamkeit entschlossen. Unbequemlichkeiten und Entbehrungen schreckten mich nicht.«

Die erste Reise führt sie die Donau hinunter nach Istanbul
und über Palästina weiter bis Ägypten. Eine zweite Fahrt
geht dann nach Skandinavien und Island. Ihre Reiseberichte
machen sie schnell bekannt, mit den Einnahmen stehen ihr

jetzt die Mittel zur Verfügung, sich den größten Traum ihrer Jugend zu erfüllen: eine Reise um die Welt. Ihre Unerschrokkenheit hatte sie ja schon bewiesen, und auch die Kosten schreckten sie nicht: »Durch meine Ersparnisse erhielt ich Summen, mit denen Reisende, wie der Fürst Pückler-Muskau, höchstens auf einer vierzehntägigen Badereise ausgekommen wären, die mir, der einfachen Pilgerin, aber zu zwei- und dreijährigen Fahrten genügend erschienen.«

Über Route und Verlauf dieser ›Frauenfahrt um die Welt‹ – wie sie ihr nach Rückkehr erscheinendes Buch nennt – haben wir eingangs schon gehört. Nun ist die Wienerin endgültig zur Berühmtheit geworden. Die Berliner Geographische Gesellschaft ernennt sie zum Ehrenmitglied, und kein Geringerer als Alexander von Humboldt zählt zu ihren Bewunderern. Er bescheinigt ihr »edle Ausdauer, unbezähmbare Energie des Charakters und eine unbesiegbare Leidenschaft, die Natur und die Gebräuche der verschiedenen Menschenrassen zu erforschen«.

Ida Pfeiffer unternimmt noch eine zweite Weltreise und dann – als letztes Abenteuer – eine Exkursion in das Innere der damals noch wenig erforschten Insel Madagaskar. Hier erkrankt sie zum wiederholten Male an Malaria und kehrt schließlich als Sterbende schon nach Wien zurück, wo am 27. Oktober 1858 das Abenteuer ihres Lebens zu Ende geht.

AM ZIEL

Wie keines zuvor war also das 19. Jahrhundert zum Säkulum des Fortschritts geworden, zukunftsgläubig begrüßt von einem immer selbstbewußter werdenden Bürgertum. Am augenfälligsten zeigte sich dieser Fortschritt in der Entwicklung des Verkehrswesens: Schneller, billiger und bequemer konnte man nun auf Reisen gehen. Wer mochte, wenn er sich den Aufbruch leisten konnte, da noch zu Hause bleiben? So wurden denn schon in jenen Jahrzehnten die vielen Kanäle gegraben, in denen in unseren Tagen ein breiter Strom von Touristen dahinzieht. Die Frage nach dem Gewinn solchen Tuns stellte sich freilich auch schon damals.

Als die Eilpost einen bescheidenen Zuwachs an Schnelligkeit gebracht hatte, steht Kleist dieser Errungenschaft kritisch gegenüber: »Wir fliegen wie die Vögel über die Länder. Aber dafür lernen wir auch nicht viel. Einige flüchtige Gedanken sind die ganze Ausbeute unserer Reise.« Und schon wenige Jahre später ahnt Nikolaus Lenau, daß die noch viel geschwindere Eisenbahn »ein schlimmer Gast« sein wird:

> Pfeilgeschwind und schnurgerad,
> Nimmt der Wagen bald
> Blüt' und Andacht unters Rad,
> Sausend durch den Wald.

Da mochte wohl mancher, der häuslichen Leere zu entflie-
hen, sein Heil in immer neuen Zielen gesucht haben, verfolgt
von seinem Nichtstun und seiner Unfähigkeit zum Genuß,
wie es Delacroix einmal nennt.

Mit solchem Publikum aber wollte sich dieses Buch nicht
befassen. Reisen ist ja gottlob für viele ein mit allen Sinnen
empfundener Teil des Lebens, ja ein Stück Lebenskunst
schlechthin. Das galt gerade in solchen Zeiten des Umbruchs,
wie sie die Jahre zwischen Romantik und Vormärz gewesen
sind. Da gehörte eben noch ein großes Maß an Lust zum
Ungewöhnlichen, eine gehörige Portion Neugier dazu, auf
holprigen und verschlammten Landstraßen, in rumpelnden
Chaisen und zugigen Coupés sein Vergnügen zu finden. Die
Seume, Heine, Hebbel und Toepffer, die Schopenhauer und
Pfeiffer: das war schon eine seltsame, aber glückliche Kum-
panei der Landstraße. Ludwig Börne hat sich zu ihrem Spre-
cher gemacht, als er einmal sagte:

»Eine Reise ist für mich immer ein Maskenballfest der Seele!«

ANHANG

Aberle, Andreas: Nahui, in Gottes Nam! Schiffahrt auf Donau und Inn, Salzach und Traun. Rosenheim o. J.

Assing, Ludmilla: Fürst Hermann von Pückler-Muskau. Eine Biographie. Hamburg 1873

Baedeker, Karl: Handbuch für Reisende in Deutschland und dem österreichischen Kaiserstaate. 3. Auflage Coblenz 1846
– Rheinreise von Basel bis Düsseldorf. 6. Aufl. Koblenz 1849
– Die Schweiz. Handbuch für Reisende. 10. Auflage Coblenz 1865
– Griechenland. Handbuch für Reisende. 2. Auflage Leipzig 1888

Baumgarten, Peter: Nachwort über Karl Baedeker, in: Rheinreise von Basel bis Düsseldorf. (Faksimiledruck). Dortmund 1978

Berger, Manfred: Historische Bahnhofsbauten. Berlin 1979

Berlepsch, H. Alexander: Illustrierter Alpenführer. Malerische Schilderung des Schweizerlandes. Leipzig 1854
– Neuestes Reisehandbuch für Westdeutschland. (Meyer's Reisebücher Bd. IX). Hildburghausen 1867
– Neuestes Reisehandbuch für Paris. (Meyer's Reisebücher Bd. X). Hildburghausen 1867

Bieber, Hugo (Hrsg.): Heine's Briefe. Berlin 1914

Blumenhagen, Wilhelm: Wanderung durch den Harz. (aus: Das malerische und romantische Deutschland). Leipzig 1837

Blumenschein, Ulrich: Luxusliner. Oldenburg 1975

Boehn, Max von: Biedermeier. Deutschland von 1815-1847. Berlin 1912
– Vom Kaiserreich zur Republik. Eine Kulturgeschichte Frankreichs im 19. Jahrhundert. München 1921

Böhmer, Günther: Die Welt des Biedermeier. München 1977

Börne, Ludwig: Gesammelte Schriften. Leipzig 1899

Brennecke, Jochen: Geschichte der Schiffahrt. Künzelsau 1982

Bromme, Traugott: Hand- und Reisebuch für Auswanderer. 4. Auflage Bayreuth 1846

Burton, Anthony: Als die Lokomotiven laufen lernten. München/Berlin 1981

Dayton, Fred: Steamboat Days. New York 1925

Devrient, Therese: Jugenderinnerungen. Stuttgart o. J.

Döbel, Ernst: Des Wagnergesellen Ernst Chr. Döbel Wanderungen durch einen Theil von Europa, Asien und Afrika in den Jahren 1830-1836. Eisenach 1837

Ebel, Johann Gottfried: Anleitung auf die nützlichste und genußvollste Art die Schweiz zu bereisen. (Bearbeitet von G. v. Escher). Zürich 1840

Engelmann, J. B.: Taschenbuch für Reisende durch Deutschland und die angränzenden Länder. Frankfurt 1821

Fallmerayer, Jakob Philipp: Fragmente aus dem Orient. Stuttgart/Tübingen 1845

Förster, Ernst: Handbuch für Reisende in Italien. 2. Auflage München 1842

Fraser, W.: Das Reisegeschäft. Wien 1892

Fürst, Arthur: Die Welt auf Schienen. 3. Auflage München 1925

Fuß, Karl: Geschichte des Reisebüros. Darmstadt 1960

Fußreisende, der, oder was hat man zu thun, um angenehm, nützlich, bequem und sicher reisen zu können. Leipzig 1823

Gelberg, Birgit: Auswanderung nach Übersee. Hamburg 1973

Gilbert, Ludwig Wilhelm: Handbuch für Reisende durch Deutschland. Leipzig 1791

Ginzrot, Joh. Christian: Die Wagen und Fuhrwerke von der Antike bis zum 19. Jahrhundert. Wien 1981

Görges, Wilhelm: Deutscher Post-Almanach für das Jahr 1843. Braunschweig 1843

Grieben, Theobald: Illustriertes Handbuch für Reisende in Deutschland. Berlin 1858

Hachette, Louis. (Hrsg.): Paris illustré. Nouveau guide des voyageurs avec 18 plans et 280 vignettes. Paris 1856

Hauptverwaltung der Deutschen Reichsbahn (Hrsg.): Hundert Jahre deutsche Eisenbahnen. o. O und J. [Berlin 1935]

Hebbel, Friedrich: Tagebücher. Berlin 1885-1887

Heine, Heinrich: Buch der Lieder. 2. Auflage Hamburg 1837

– Reisebilder. Hamburg 1826 bis 1831

– Lutezia. Berichte über Politik, Kunst und Volksleben. Hamburg 1854

– Deutschland, ein Wintermärchen. Hamburg 1844

Heinersdorff, Richard: Die k. u. k. privilegierten Eisenbahnen 1828-1918 der österreich-ungarischen Monarchie. Wien/München 1975

Hitzer, Hans: Die Straße. München 1971

Hoffmann, Moritz: Geschichte des deutschen Hotels. Heidelberg 1961

Hollander, Karl von (Hrsg.): Karoline Bauer. Aus meinem Bühnenleben. Weimar 1917

Huß, Wolfgang und Schenk, Wolf: Omnibusgeschichte. München 1982

Irving, Washington: Gottfried Crayons Skizzenbuch. Frankfurt 1870

Jahn, Carl F.: Illustriertes Reisebuch. Ein Führer durch Deutschland. 4. Auflage Berlin 1851

Jean Paul: Das Kampaner Tal. Sämtl. Werke Bd. 7, Weimar 1931

Joanne, Adolphe: Itinéraire descriptif et historique de l'Allemagne. Paris 1855

– Nouvel Ebel. Manuel du voyageur en Suisse et à Chamonix. 10. Auflage Paris 1857

Kohl, Johann Georg: Hundert Tage auf Reisen in den österreichischen Staaten. Dresden/Leipzig 1842

– Reisen in England und Wales. Dresden/Leipzig 1844

Kolberg, P.: Die Reise von Southampton nach Westindien. (Aus: Woerl's Reisehandbücher. Westindien). Würzburg/Wien 1887

Korwik, Otto: Die Anfänge der Dampfschiffahrt auf der öster-reichischen Donau. o. O. 1937

Kossak, Ernst (Hrsg.): Prof. Eduard Hildebrandt's Reise um die Erde. 4. Auflage Berlin 1873

Kügelgen, Wilhelm von: Jugend-erinnerungen eines alten Man-nes. Leipzig 1924

Laube, Heinrich: Reise durch das Biedermeier. Hamburg 1965

List, Friedrich: Über Eisenbahnen und das deutsche Eisenbahnsy-stem. (In: Das Pfennig-Magazin Nr. 101). Leipzig 1835

Mark Twain: Reise durch die Alte Welt. (The Innocents Abroad [1869]). Hamburg 1964

— Ein Bummel durch Europa. (A Tramp abroad [1880]). Frank-furt 1969

Medau, Carl W.: Erinnerungen an merkwürdige Gegenstände und Begebenheiten. 26. Jg., Prag 1846

Mendelssohn-Bartholdy, Felix: Reisebriefe aus den Jahren 1830-1832. Leipzig 1861

Müller, Alfred: Schweizerische Touristenblätter. Leipzig 1857

Müller, Hans: Griechische Reisen und Studien. Leipzig 1887

Murray, John: A Handbook for travellers on the Continent, being a guide through Holland, Belgium, Prussia and Northern Germany, and along the Rhine, from Holland to Switzerland. London 1836

Neigebaur, Johann F.: Handbuch für Reisende in Griechenland. Leipzig 1842

— Handbuch für Reisende in Deutschland. Leipzig 1843

Oosten, F. C. von: Dampfer er-obern die Meere. Die Anfänge der Dampfschiffahrt. Olden-burg 1975

Parthey, Lili: Tagebücher aus der Berliner Biedermeierzeit. (Her-ausgegeben v. Bernhard Lep-sius). Leipzig 1928

Peillard, Leonce: Auf den Straßen des Ozeans. Oldenburg 1973

Pfeiffer, Ida: Eine Frauenfahrt um die Welt. Wien 1850

— Reise nach Madagaskar. Wien 1861

Potthoff, O. D. und Kossenha-schen, Georg: Kulturgeschichte der deutschen Gaststätte. Berlin o. J.

Pückler-Muskau: Briefe eines Verstorbenen. Stuttgart 1831

Rauers, Friedrich: Kulturge-schichte der Gaststätte. Berlin 1941

Redslob, Erwin: Die Welt vor hundert Jahren. Leipzig 1940

Reichard, Heinrich A. O.: Der Passagier auf der Reise. Ein Rei-sehandbuch für Jedermann. 4. Auflage Reutlingen 1814, 8. Auflage Berlin 1834, 14. Auflage Berlin 1847

Richard: Guide classique du voya-geur en France. Paris 1835

Richter, Ludwig: Lebenserinne-rungen eines deutschen Malers. Wiesbaden 1949

Rosegger, Peter: Als ich noch der Waldbauernbub war. Auswahl aus den Schriften. Bamberg o. J.

Rückblick auf das erste Jahrhun-dert der k. Bayerischen Staats-post (1808-1908). Gesellschaft zur Erforschung der Postge-schichte in Bayern (Hrsg.): München 1982

Schadendorf, Wulf: Von Europas

Eisenbahnen. Festschrift der Waggonfabrik Talbot, Aachen. München 1963
– Das Jahrhundert der Eisenbahn. München 1965
Schaub, Franz: Vom Main zu Donau und Rhein. Geschichte der Mainschiffahrt. Würzburg 1979
Schivelbusch, Wolfgang: Geschichte der Eisenbahnreise. Frankfurt 1979
Schmidt, C. W. (Hrsg.): Mit der Postkutsche durch Deutschland. Reiseerlebnisse aus Romantik und Biedermeier. Berlin 1938
Schopenhauer, Johanna: Reise durch England und Schottland. 2. Auflage Leipzig 1818
– Ausflucht an den Rhein und dessen nächste Umgebungen im Sommer des ersten friedlichen Jahres. Leipzig 1818
Schreiber, H.: Handbuch für Eisenbahnreisende durch das Herzogthum Baden. Carlsruhe 1846
Seume, Johann G.: Spaziergang nach Syrakus. [Braunschweig 1803] München 1979
Sigaux, Gilbert: Geschichte des Tourismus. Lausanne 1966
Smiles, Samuel: The story of the life of George Stephenson. London 1867
Sparkes, Ivan: Stagecoaches and carriages. Bourne End, Buckinghamshire 1975
Sterne, Lawrence: Yoricks empfindsame Reise durch Frankreich und Italien. (Übers. v. J. J. Ch. Bode). Hamburg 1768
Stürmer, G.: Geschichte der Eisenbahnen. Bromberg 1872

Tarr, László: Karren, Kutsche, Karosse. Eine Geschichte des Wagens. Budapest/Berlin 1978
Temming, Rolf: Geschichte des Straßenverkehrs. Braunschweig 1978
Timm, Walter: Schiffe und ihre Schicksale. Bielefeld 1976
Toepffer, Rodolphe: Voyages en zigzag ou excursions d'un pensionnat en vacances dans les cantons suisses et sur le revers italien des alpes. Paris 1844
– Reisen im Zickzack. (Auswahl). München 1912
Tomlin, E. W. F.: Die Welt des Charles Dickens. Hamburg 1969
Treue, Wilhelm: Achse, Rad und Wagen. Fünftausend Jahre Kultur- und Technikgeschichte. München 1965
Trollope, Frances: Briefe aus der Kaiserstadt. Frankfurt o. J.
Vincent, Ernst (Hrsg.): Reisen deutscher Romantiker. Jena 1938
Weber, Karl Julius: Reise durch das Königreich Württemberg. [Stuttgart 1826-28] Stuttgart 1978
– Reise durch Franken. Stuttgart 1980
– Reise durch Bayern. Stuttgart 1980
Weber, M. M. von: Schule des Eisenbahnwesens. 4. Auflage Leipzig 1885
Weigelt, Horst: Bayerische Eisenbahnen. Vom Saumpfad zum Intercity. Stuttgart 1982
Wolf, Georg J.: Ein Jahrhundert München. 1800-1900. München 1919

Register

Nachweise

Autor und Verlag danken den Besitzern der in Farbe wiedergegebenen Gemälde und Aquarelle für freundliche Reproduktionsgenehmigung. Sofern die Aufnahmen nicht von den genannten Sammlungen zur Verfügung gestellt wurden, stammen sie von Artothek, Planegg bei München (III Joachim Blauel; IX Josef S. Martin); Bildarchiv Preußischer Kulturbesitz, Berlin (II, VII Jörg P. Anders). Die Vorlagen zu den Textabbildungen fanden sich in zeitgenössischen Werken in der Bibliothek des Autors und im Archiv des Verlags. Die Vignetten auf den Seiten 7, 19, 37, 81, 233, 373 und hierunter wurden dem Werk von Rodolphe Toepffer: ›Voyages en zigzag‹, Paris 1844, über das der Autor auf Seite 364 des vorliegenden Buches berichtet, entnommen.